中小企业网络创业

沈凤池　刘德华　编著

北京理工大学出版社
BEIJING INSTITUTE OF TECHNOLOGY PRESS

版权专有　侵权必究

图书在版编目（CIP）数据

中小企业网络创业/沈凤池，刘德华编著.—北京：北京理工大学出版社，2016.8（2020.8 重印）

ISBN 978-7-5682-0035-6

Ⅰ.①中… Ⅱ.①沈…②刘… Ⅲ.①中小企业-电子商务-研究 Ⅳ.①F276.3

中国版本图书馆 CIP 数据核字（2016）第 197778 号

出版发行 / 北京理工大学出版社有限责任公司	
社　　址 / 北京市海淀区中关村南大街 5 号	
邮　　编 / 100081	
电　　话 /（010）68914775（总编室）	
（010）82562903（教材售后服务热线）	
（010）68948351（其他图书服务热线）	
网　　址 / http://www.bitpress.com.cn	
经　　销 / 全国各地新华书店	
印　　刷 / 三河市华骏印务包装有限公司	
开　　本 / 787 毫米 × 1092 毫米　1/16	责任编辑 / 施胜娟
印　　张 / 23	文案编辑 / 施胜娟
字　　数 / 540 千字	责任校对 / 周瑞红
版　　次 / 2016 年 8 月第 1 版　2020 年 8 月第 5 次印刷	责任印制 / 李志强
定　　价 / 55.00 元	

图书出现印装质量问题，请拨打售后服务热线，本社负责调换

前　　言

网络创业作为一种全新创业模式，对传统的创业有着重大的影响和冲击。网络创业具有一般意义上创业的共性，同时又具有它独有的特性。创业场合的虚拟化、创业过程的高技术性、创业成本的低廉化、创业过程的互动化都与一般意义上的创业有所不同。网络创业已经成为我国民众自主创业的一种重要形式。网络创业对促进大学生就业具有极其重要的作用，它是企业基于互联网上的电子商务活动中最基本、最重要的商业活动。为了满足学生对网络创业知识与技能的需要，我们编写了这本教材。

本书在内容上力求体现"以职业活动为导向，以职业技能为核心"的指导思想，突出高职高专教育特色。为读者简要介绍最新网络创业机会选择、模式选择、网上开店流程、网上推广技巧、财务管理等知识与技能，每章都配有一定量的案例与实训项目。

本书共分为9个项目。项目一是互联网创业机会的选择，主要介绍发现网络创业机会与选择合适的机会。项目二是互联网创业商业模式选择，主要介绍面对常见的网络创业模式，结合自身优势，选择合适的盈利模式。项目三是互联网创业规划，主要介绍网络创业如何规划，做到创业有预定目标与努力方向。项目四是互联网企业注册，主要介绍电子商务企业如何注册、域名注册流程、网上备案登记的作用与方法。项目五是互联网创业平台建设和推广，主要介绍网站推广的基本知识、电子商务网站建设的基本流程和注意事项。项目六是网络营销方案设计与实施，主要介绍电子商务条件下企业开展网络营销的方法、手段与策略。项目七是网络店铺开设，主要介绍在淘宝、京东平台上如何开设网店。项目八是网络店铺的经营管理，主要介绍网店从规划、设计、制作到管理的方法与技术。项目九是企业理财。

本书内容较为务实，理论以够用为度；实用性较强，重视操作技能的培养；文字叙述简洁，力求内容丰富而形式简练。因此，本书既是高职高专院校学生的专业用书，也可作为相关领域的培训用书。本书在编写过程中得到了北京理工大学出版社的领导和诸多员工的大力支持与精心指导，在此一并表示感谢。

电子商务的发展非常迅速，电子商务职业技能培训又是一个新的领域。大量的新观念、新技术不断出现，使得本书的编写有一定的难度。同时也由于作者水平有限，加之时间仓促，难免有诸多不足之处，敬请读者批评指正。

编著者

目 录

项目一 互联网创业机会的选择 (001)

    任务1.1 互联网创业机会评估 (002)

        1.1.1 知识准备 (002)

        1.1.2 机会评估 (010)

        1.1.3 案例分析 (013)

    任务1.2 互联网创业机会选择 (015)

        1.2.1 知识准备 (015)

        1.2.2 机会选择 (022)

    任务1.3 案例阅读 (025)

        1.3.1 案例一 (025)

        1.3.2 案例二 (026)

        1.3.3 案例三 (032)

项目二 互联网创业商业模式选择 (035)

    任务2.1 网络商贸模式的选择 (036)

        2.1.1 知识准备 (036)

        2.1.2 商贸模式选择 (038)

    任务2.2 经纪与中介模式的选择 (040)

        2.2.1 知识准备 (040)

        2.2.2 经纪与中介模式选择 (043)

    任务2.3 广告模式的选择 (045)

        2.3.1 知识准备 (045)

        2.3.2 广告模式选择 (046)

    任务2.4 案例阅读 (048)

        2.4.1 案例一 (048)

        2.4.2 案例二 (049)

        2.4.3 案例三 (054)

项目三　互联网创业规划 (057)

任务 3.1　互联网创业计划书规划 (057)
- 3.1.1　知识准备 (057)
- 3.1.2　计划书规划 (060)

任务 3.2　互联网创业计划书编写 (062)
- 3.2.1　知识准备 (062)
- 3.2.2　计划书编写 (065)

任务 3.3　案例阅读 (069)
- 案例 (069)

项目四　互联网企业注册 (117)

任务 4.1　工商注册登记 (119)
- 4.1.1　知识准备 (119)
- 4.1.2　注册企业 (122)

任务 4.2　网站域名注册 (124)
- 4.2.1　知识准备 (124)
- 4.2.2　网站域名注册 (128)

任务 4.3　经营性网站备案登记 (130)
- 4.3.1　知识准备 (130)
- 4.3.2　网站备案 (131)

任务 4.4　案例阅读 (137)
- 4.4.1　案例一 (137)
- 4.4.2　案例二 (138)
- 4.4.3　案例三 (140)

项目五　互联网创业平台建设与推广 (142)

任务 5.1　互联网创业平台规划 (149)
- 5.1.1　知识准备 (149)
- 5.1.2　平台规划 (154)

任务 5.2　互联网创业平台设计 (156)
- 5.2.1　知识准备 (156)
- 5.2.2　平台设计 (158)

任务 5.3　互联网创业平台推广 (161)
- 5.3.1　知识准备 (161)
- 5.3.2　平台推广 (163)

任务 5.4　互联网创业平台管理 (168)

    5.4.1　知识准备 …………………………………………………… (168)
    5.4.2　平台管理 …………………………………………………… (173)
  任务 5.5　案例阅读 ……………………………………………………… (178)
    5.5.1　案例一 ……………………………………………………… (178)
    5.5.2　案例二 ……………………………………………………… (179)
    5.5.3　案例三 ……………………………………………………… (180)

项目六　网络营销方案设计与实施 …………………………………… (182)

  任务 6.1　网络营销方案设计 …………………………………………… (184)
    6.1.1　知识准备 …………………………………………………… (184)
    6.1.2　方案设计 …………………………………………………… (187)
  任务 6.2　网络营销方案实施 …………………………………………… (194)
    6.2.1　知识准备 …………………………………………………… (194)
    6.2.2　营销方案实施 ……………………………………………… (198)
  任务 6.3　案例阅读 ……………………………………………………… (211)
    6.3.1　案例一 ……………………………………………………… (211)
    6.3.2　案例二 ……………………………………………………… (213)
    6.3.3　案例三 ……………………………………………………… (215)

项目七　网络店铺开设 …………………………………………………… (218)

  任务 7.1　网上店铺的开通与设置 ……………………………………… (222)
    7.1.1　知识准备 …………………………………………………… (222)
    7.1.2　淘宝网店开通与设置 ……………………………………… (225)
  任务 7.2　网上店铺装修 ………………………………………………… (247)
    7.2.1　知识准备 …………………………………………………… (247)
    7.2.2　网上店铺装饰 ……………………………………………… (248)
  任务 7.3　网店支付与物流 ……………………………………………… (253)
    7.3.1　知识准备 …………………………………………………… (253)
    7.3.2　网店支付与物流 …………………………………………… (255)
  任务 7.4　案例阅读 ……………………………………………………… (263)
    7.4.1　案例一 ……………………………………………………… (263)
    7.4.2　案例二 ……………………………………………………… (264)

项目八　网络店铺的经营管理 …………………………………………… (268)

  任务 8.1　网络店铺推广 ………………………………………………… (270)
    8.1.1　知识准备 …………………………………………………… (270)
    8.1.2　网络店铺推广 ……………………………………………… (271)

任务 8.2　网店客户管理 ……………………………………………………………（275）
　　8.2.1　知识准备 ………………………………………………………………（275）
　　8.2.2　网店客户管理 …………………………………………………………（277）
任务 8.3　网上销售管理 ……………………………………………………………（284）
　　8.3.1　知识准备 ………………………………………………………………（284）
　　8.3.2　网店经营管理 …………………………………………………………（286）
任务 8.4　案例阅读 …………………………………………………………………（297）
　　8.4.1　案例一 …………………………………………………………………（297）
　　8.4.2　案例二 …………………………………………………………………（301）
　　8.4.3　案例三 …………………………………………………………………（304）

项目九　企业理财 …………………………………………………………………（306）

任务 9.1　企业纳税申报 ……………………………………………………………（307）
　　9.1.1　知识准备 ………………………………………………………………（307）
　　9.1.2　企业纳税申报 …………………………………………………………（313）
任务 9.2　财务报表分析 ……………………………………………………………（327）
　　9.2.1　知识准备 ………………………………………………………………（327）
　　9.2.2　财务报表分析 …………………………………………………………（344）
任务 9.3　案例阅读 …………………………………………………………………（355）

项目一
互联网创业机会的选择

引导案例

"新裁缝时代"撞上跨境电商，拼的是 3D 技术和大数据

量体裁衣，这个成语用在浙江孤品品牌管理有限公司 CEO 倪卫清的身上似乎不合适，作为新时代的裁缝，倪卫清可以"拍照裁衣"——只要消费者用手机拍两张正面和侧面全身照，倪卫清就能根据这个数据定制一套合身的西装。因此，这家位于杭州市下城区中国（杭州）跨境贸易电子商务产业园的杭州企业，服务半径就顺理成章地扩展至全球。

3D 技术和大数据是核心竞争力

真的这么神奇吗？倪卫清详细地讲解了"拍照裁衣"背后的技术量。首先是 3D 可视化技术，该技术不仅能够为客户提供款式的选择，而且可以细致到纽扣的样子，甚至是衣服上的细痕。其次是版型大数据库和体型大数据库。那么系统又是如何进行尺码修正的呢？原来这家公司建起了一个大数据库，数据库里有 20 多万个人的体型数据。"只要客户报上身高、体重就可以找到属于自己的人体模型，定制满意度达到 95%。"倪卫清说："结合客户传来的照片，系统会自动纠偏，再加上经验丰富的版师最终把关，能确保每套西服最大限度地合身。"

这真的是独一无二的"私人定制"！就如这家公司网站上所说的，"西装只有一个尺码，那就是您的尺码"。

如果你想在衣服上绣上名字，还可以选择用什么样的字体，具体绣在衣服的哪个位置……倪卫清还透露，公司男装产品所用主材料都是全天然的，面料选用的是上等棉、麻、丝、毛等，连纽扣都是贝壳扣、牛角扣、果实扣。根据客户的需求，这些全天然材料制作出来的服装合体而环保，而这些材料也是面向全球采购的，成衣后则面向全球销售。

全程手机上完成，满意度极高

最近，有人在现场体验了一次，满意度极高。

打开一个"拍照量体"软件，先在"定制勾选"栏目中选择你要定制西服的颜色、面

料、衣领造型、衣扣种类等。然后对着身体正面和侧面各拍一张照,再输入身高和体重,量体数据自动生成。经过系统修正后,数据就如同裁缝店里的师傅拿着卷尺量出来的一样精确。最后,只要单击"在线支付"按钮即可。整个过程全在手机上完成。

如此方便快捷的"私人定制"西服,吸引了海内外客户的眼球。这家年轻的公司,去年的营业额是 800 万元,今年时间过半,销售额已超过去年全年的营业额。倪卫清透露,公司今年的销售目标是冲到 5 000 万元。

这家公司的英文品牌叫作 OWNONLY,正切合定制"专属,独一无二"的个性化诉求。"男人大多讨厌逛街,我们做的就是让他们足不出户完成私人定制。接下来,我们除了继续做跨境贸易外,还会在线下开出更多的体验店,包括杭州生活馆。目前我们已经开设的有北美及法国、日本等国家和地区的体验店,这是为了弥补部分客户网购体验不足的缺憾。此外,我们今后还将在国内为客户提供服装搭配的上门服务。"倪卫清说。

更重要的是,通过公司网站定制的西服价格要比实体店便宜很多。奥秘就在 OWNONLY 团队掌握的先进互联网定制技术及创新的 C2B2O 的商业运作模式,大量的渠道成本被剔除,客户付的钱都用在高品质的产品和周到的体验服务上。

倪卫清坦言,自己早年在广东从事传统外贸,普通外贸加工厂毛利有 6% 已经不错了,后来从事一般低进高出的跨境电商贸易,但利润也是逐年降低。没有品牌,不掌握渠道,这个死循环将永远存在,而这也正是促使他们转型,创建"OWNONLY"品牌定制男装的直接原因。目前,公司的成员都非常年轻,总共 40 位员工,大多是"85 后",数位"90 后"员工已经是公司的管理层;公司在美国纽约、法国图卢兹设有分公司。

"我们按照'工业 4.0'和'移动互联网+'的理念,创立着自己的品牌,一手掌握除生产外的包括设计、打样、营销、推广等所有业务。2013 年事业开创不久,公司就拿到了 1 000 万元的天使投资,2015 年又将完成新一轮融资。"

(案例来源:每日商报,2015 - 07 - 17)

任务 1.1　互联网创业机会评估

1.1.1　知识准备

1. 创业的概念及其分类

"创业"一词由"创"和"业"两个字组成。"创"有"开创"、"开始做"、"初次做"之意,从字面上理解有"创办"、"创造"、"创立"、"创设"、"创新"、"创造"之意;而"业"可以是"行业"、"职业"、"产业"、"事业"、"家业"、"企业"等意思。所以,创业的概念有狭义的创业和广义的创业之分。

狭义的创业。创建一个新企业的过程。而新创建一个企业需要符合以下几个方面的条件:第一,企业创办必须符合法定程序;第二,创业要求企业提供能够满足市场需要的产品和服务;第三,新创企业需要确立适于产品或服务的营销模式;第四,新创企业需要一个创业团队,并能根据企业发展的需要进行有效的管理。

广义的创业。企业创造事业的过程，即企业经营事业。包括两个层次的内容：创建新企业和企业内创业。创建新企业也就是狭义的创业，而企业内创业又称为"公司创业"，是指在现有企业的框架内，通过在观念、技术、市场、制度、管理等方面的创新，创造新的价值，使企业产生更大活力的过程。

2. 创业机会及其分类

创业是从发现、把握、利用某个或某些商业机会开始的。所谓创业机会，是指创业者可资利用的商业机会。创业者要发现创业机会，首先需要了解形成特定创业机会的原始动力。只要把握了引发创业机会的原始动力，随时关注这类原始动力的变化，就能够及时发现创业机会，及时辨识潜在的、利己的创业机会，及时预期未来的创业机会。

一般来讲，引发特定创业机会的原始动力主要有：新的科技突破和进步；消费者偏好的变化；市场需求及其结构的变化；政府政策、国家法律的调整及发展经济的国际环境。

在创业机会原始动力的驱动下，通常可能产生三类创业机会：技术机会、市场机会和政策机会。

1）技术机会

所谓技术机会，就是技术变化带来的创业机会。这是最为常见的创业机会，主要源自新的科技突破和社会的科技进步。通常，技术上的任何变化，或多种技术的组合，都可能给创业者带来某种商业机会。

一般而言，技术机会的具体表现形式主要有以下几种：

（1）新技术替代旧技术。当在某一领域出现了新的科技突破和技术，足以替代某些旧技术时，创业的机会就来了。

（2）实现新功能、创造新产品的新技术的出现。当一种能够实现新功能、创造新产品的新技术出现之时，无疑会给创业者带来新的商机。

（3）新技术带来的新问题。多数新技术都有两面性，即在给人类带来新的利益的同时，也会给人类带来某些新的"灾难"。这就会迫使人们为了消除新技术的某些弊端，再去开发新的技术。而开发这些"新技术"并使其商业化，即可能成为新的创业机会。

2）市场机会

所谓市场机会，不外乎是市场变化产生的创业机会。一般来讲，主要有以下四类：

（1）市场上出现了与经济发展阶段有关的新需求。即随着一国经济的发展、经济建设和人民生活水平的提高，以及个人消费意识和企业经营意识的变化，必然会产生一些新的需要。其中，一些是新的最终消费需求，一些是企业的中间性消费需求。相应地，就需要有企业去满足这些新的需求，这同样是创业者可利用的商业机会。

（2）当期市场供给缺陷产生的新的商业机会。市场是不可能真正供求平衡的，总有一些供给不能实现其价值，而只能以"伪均衡价格"价售出，也总有一些需求不能真正得到满足，需求者只能以其他商品来近似地"满足"自己的消费欲望。由此可见，创业者如果能发现这些供给结构性缺陷，同样可以找到可利用的创业的商业机会。

（3）先进国家（地区）产业转移带来的市场机会。一般而言，发达国家（地区）的经济发展进程快一些，发展中国家（地区）的发展进程慢一些，即便在同一个国家，不同区域的发展进程也不尽相同。这样，在先进国家（地区）与落后国家（地区）之间，就有一个发展的"势差"。当这类"势差"大到一定程度，由于国家（地区）之间存在的"成本差异"，为制造同一产品，先进国家（地区）的成本（特别是人力成本）无疑会大于落后国家（地区）的成本，再加上经济发展到一定程度，环保问题往往会被先进国家（地区）率先提到议事日程上。这时，先进国家（地区）就会将某产业向外转移，这就可能为落后国家（地区）的创业者提供创业的商业机会。

（4）从中外比较中寻找差距，差距中往往隐含着某种商机。改革开放以来，存在这样一种现象，即沿海学国外，内地学沿海。为什么会有这样的学习模式？从创新经济学和发展经济学的角度看，沿海与国外、内地与沿海，其差距不外乎是产品上的、技术上的、产业上的、商品经济发达程度上的，或者是市场经济制度完善程度上的。只要经常将本地区、本企业与先进地区或国家相比较，看看别人已有的哪些东西是我们"没有的"，这就是差距，从中即可发现某种商业机会。

3）政策机会

所谓政策机会，实际上是政府政策变化提供给创业者的商业机会。简言之，是政府给予的创业机会。

（1）政策变化可能带来新的商业机会。我国正处于改革开放的关键时期，整个经济体制处于转轨时期，经济结构处于调整时期，经济环境处于变化时期。特别是我国加入世贸组织之后，政府必然不断调整自己的政策，而政府政策的这些变化，即可能给创业者带来某些新的商业机会。

（2）政府可能的政策变化。要从政府政策变化中发现适当的创业机会，这就需要研究政府目前的政策及其可能的变化。通常，有可能产生创业机会的主要表现在有关产业技术、产业发展、区域发展、环境保护、资本市场、经济制度甚至社会公平等方面的政策变化上。

显然，创业的关键是要把握政府政策的变化，充分利用政府政策变革带来的盈利机会和创业空间。

所有的创业行为都来自某一个特别的创业机会，创业团队与投资者均对于创业机会所透示的前景寄予极高的期待，创业者更是对创业机会在未来可能带来的丰厚利润满怀信心。

对于具有敏锐眼光的创业者来说，创业机会每时每刻都在出现。但是，并非所有的创业机会都是通向成功与财富的康庄大道；相反，一个看似前景远大的创业机会背后，往往隐藏着危险的陷阱。毫无经验的创业者，如果仅凭激情行事，匆忙做出决定，就很容易误入歧途，掉进失败的泥沼中无法自拔。因此，首先要选择合适的创业机会，并在发现创业机会后对其进行客观的评估，以理性的方式来决定下一步的行动，这是一名优秀的创业者所必须具备的能力。

3. 创业机会的理性辨识

面对众多的可能的创业机会，创业者应做的一项重要工作就是进行创业机会的理性辨识。

什么是机会辨识？具体来说，就是要了解某个机会的方方面面，发现其吸引人和不吸引人的方面；判断某个特定机会的商业前景是什么。

进行创业机会辨识，目的是在众多的机会中，通过分析、判断和筛选，发现利己的、可以利用的创业的商业机会。机会之中蕴含着商业利润；发现具有吸引力的商业机会是创业成功的基石。

对某一创业机会进行辨识，通常需要对如下内容进行分析和判断。

1）较好商业机会的特征

（1）在前景市场中，前五年的市场需求稳步且快速增长。不难设想，如果某个商业机会的市场需求不能稳步而快速增长，新创企业将不可能在足够大的盈利空间之中立住脚，也就不可能迅速成长起来。在激烈的市场竞争中，新创企业无疑会纷纷落马。这对创业者是极为不利的。

（2）创业者能够获得利用特定商业机会所需的关键资源。这里所称的资源，涵盖利用特定商业机会所需的技术资源、资本资源、财力资源、资讯资源，甚至包括公共关系资源。理性地看，某个商业机会即便存在巨大的盈利空间，如果创业者缺少利用该机会所需的关键资源，那么其也无法利用这一机会。

（3）创业者不会被锁定在"刚性的创业路径"上，而是可以中途校正自己的创业路径。原因在于，市场千变万化，科技日新月异，政府政策不断调整，创业者需要根据这些变化不断调整自己的"创业路径"。这里所谓的创业路径，即创业的战略思路、组织结构、运营策略、市场技巧、技术路线等。如果创业者利用特定商业机会的创业路径是不可调整的，无论是因为主观的原因，还是因为客观的原因，创业者都不可能真正抓住和利用相应的商业机会。

（4）创业者可以通过创造市场需求来创造新的利润空间，牟取额外的企业利润。历史经验告诉我们，市场是可以创造的，企业要占领市场、获取利润，往往需要靠自己去创造新的市场需求。

（5）特定商业机会的风险是明朗的，至少有部分创业者能够承受该机会。在风险面前无所作为，是企业经营的大忌之一。显然，如果某一商业机会的风险是不明朗的，无法弄清风险的具体来源及其结构，创业者就无法把握风险、规避风险或抑制风险，就无法降低风险损失、提高风险收益。因此，一个好的商业机会，其风险必须是明朗的。同时，至少应有部分创业者能够承受该机会的风险，因为如果没有一定数量的创业者能够承受相应的风险，在该商业机会面前，创业者就可能"壮志未酬身先死"。

2）特定商业机会对某个创业者自身的现实性

一般而言，即便某个商业机会是较好的机会，前景市场中前五年的市场需求会稳步且快速增长，创业者能够获得利用该机会所需的关键资源，创业者不会被锁定在刚性的创业路径上，创业者可以通过创造市场需求来创造新的利润空间、牟取额外的企业利润，机会的风险是明朗的，至少有部分创业者能够承受该机会的风险，但对于特定的创业者而言，其还需要进一步分析、判断这一机会是不是自己可以利用的机会，这一机会是否值得利用。

对特定的创业者而言，为了做出理性的判断，必须注意以下问题：

（1）自己是否拥有利用该机会所需的关键资源，如相应的企业运作能力、技术设计与制造能力、营销渠道、公共关系等。

（2）自己是否能够"架桥"跨越"资源缺口"。在特定的商业机会面前，希望利用该机会的创业者不一定必须自有所需的全部资源，多数情况下也不可能自有所需的全部资源，但其必须有能力在资源的拥有者与自身之间架起桥梁，以弥补相应的资源缺口。

（3）尽管会遇到竞争力量，但自己有能力与之抗衡。现实中，一旦某个商业机会逐渐显露，就会有不少的创业者、竞争者蜂拥而上，这是十分平常的现象。但是，假如某个创业者想利用特定机会并获得创业的成功，他就必须具备与其他创业者、竞争者相竞争的能力。

否则，他就可能在利用机会的竞争中败北。

（4）存在可以创造的新增市场及可以占有的远景市场。理性地看，机会是否值得创业者利用，除了要有足够大的原始市场规模之外，其市场也应是可创造、可扩展的，具有足够的成长性，存在远景市场。

（5）利用特定机会的风险应该是可以承受的。创业者要想利用商业机会，他就必须具备利用该机会的风险承受能力，包括承受相应的技术风险、财务风险、市场风险、政策风险、法律风险和宏观环境风险的能力。

从总体上看，就特定的商业机会而言，创业者只要拥有利用该机会所需的关键资源，能够架桥跨越资源缺口，有能力与可能遇到的竞争力量抗衡，可以创造新的市场并有能力占有前景市场份额，可以承受利用该机会的风险，这一机会才是该创业者可利用的商业机会。

3）特定商业机会的原始市场规模

所谓特定商业机会的原始市场规模，即特定商业机会形成之初的市场规模。

（1）一般地看，原始市场规模越大越好。因为某个新创企业即便占有了很小的市场份额，只要原始市场规模足够大，其也可能获取较大的商业利润。

（2）对于那些资本能力弱、技术能力差、运营能力低的新创企业来讲，原始市场规模较小的创业机会可能是更为可取的。因为在这种商业机会下，新创企业可能只面对较少、较小、较弱的竞争者，并且可以根据市场的成长性和成长进程不断地调整自己，使自己适应市场的成长。

4）特定商业机会的时间跨度

一切商业机会都只存在于一段有限的时间之内，这是由特定行业的商业性质决定的。在不同行业，这一时间的长度差别很大。一般而言，特定商业机会存在的时间跨度越长，新创企业调整自己、整合市场、与他人竞争的操作空间就越大。对于某个新创企业来说，只要操作得恰到好处，就可能在市场中一展宏图。

4. 互联网创业机会评估标准

创业机会评估，其实就是要回答目标市场是否存在、有多大规模，以及作为主体的企业或创业者是否适合这个市场的问题。一般来说，创业机会评估的第一步是对市场的了解与把握：目标客户是哪些人？这些人为什么会有需求？他们会为了这种需求付出多高的价格？对市场需求的分析与明确可以确保创业者不陷入盲目的乐观情绪中去，被虚幻的市场前景冲昏头脑。同时，还需要对市场的容量和增长速度做出评估，例如，这个市场有多大？最近几年的销售总额分别是多少？增长速度是否让人满意？在整个市场容量中，你有可能获得的部分是多少？

创业机会的评估一般有以下几条衡量标准：产业和市场、资本和获利能力、竞争优势、管理班子等。这些可以作为创业者从第三人角度看自己，进行自我剖析的重要参考。

1）产业和市场

（1）市场定位。

一个好的创业机会，或一个具有较大潜力的企业必然具有特定的市场定位、特定的客户需求，同时也能为客户带来增值的效果。因此评估创业机会时，应从以下几个方面着手：第一，市场定位是否明确，即别人不做的，我做；别人没有的，我有；别人做不到的，我做得到。第二，客户需求分析是否清晰，是否从客户需求或需求变化趋势着手，发现市场产品的问题、缺陷，寻找进入市场的机会。第三，客户接触通道是否流畅，是否有效地建立起与客户沟通的途径和方法，能及时寻找和发现有价值的营销机会。第四，产品是否持续衍生，也就是说，产品能否从深度和广度上不断拓展，产品是否能有效地进行各类组合等。从以上几个方面可以来判断创业机会可能创造的市场价值，创业带给客户的价值越大，创业成功的机会也就越大。对用户来说，回报时间如果超过3年，而且又是低附加值和低增值的产品或服务是缺乏吸引力的。一个企业如果无力在单一产品之外扩展业务也会导致机会的低潜力。

（2）市场结构。

针对创业机会的市场结构可以进行以下几项分析，具体包括：第一，进入障碍。潜在竞争者进入细分市场，就会给行业增加新的生产能力，并且从中争取一定的重要资源和市场份额，形成新的竞争力量，降低市场吸引力。如果潜在竞争者进入行业的障碍较大，那么竞争者进入市场就比较困难。第二，供应商。如果企业的供应商提价或者降低产品或服务的质量，或减少提供产品的数量，那么该企业所在的细分市场就没有吸引力，因此，与供应商建立良好关系和开拓进货渠道才是防御上策。第三，用户。如果某个细分市场中用户的讨价还价能力很强，他们便会设法压低价格，对产品或服务提出更多要求，并且使竞争者互相斗争，导致销售商的利润受到损失，所以要提供用户无法拒绝的优质产品和服务。第四，替代性竞争产品的威胁。如果替代品数量多、质量好，或者用户的转换成本低，用户"价格的敏感性"和强替代性产品生产者对本行业的压力就大，行业吸引力就会降低。第五，市场内部竞争的激烈程度。如果某个细分市场已经有了众多强大的竞争者，行业增长缓慢，或该市场处于稳定的衰退期，撤出市场的壁垒过高，转换成本高，产品差异性不大，竞争者投资很大，则创业企业参与竞争就必须付出高昂的代价。

由以上的市场结构分析可以得知，新企业未来在市场中的地位，以及可能遭遇竞争对手打击的程度。对新创企业来说，将要进入的市场具有一个怎样的市场结构，市场竞争是否十分激烈，对于创业的成功具有重要意义。一个分裂的、不完善的市场或正在形成的企业常常产生未满足的市场空缺，这对于市场机会的潜力大小也就具有重大影响。例如，在可以获取资源所有权、成本优势这些好处的市场上，即使存在竞争，其盈利的可能性也是相当大的。

（3）市场规模。

市场规模的大小与成长速度，也是影响新企业成败的重要因素。一般而言，市场规模大者，进入障碍相对较低，市场竞争激烈程度也会略为下降。如果要进入的是一个成熟的市场，那么纵然市场规模很大，由于已经不再成长，利润空间必然很小，因此新企业就不值得再投入。反之，一个正在成长中的市场，通常也会是一个充满商机的市场，所谓水涨船高，只要进入时机正确，必然会有获利的空间。一般来说，一个总销售额超过1亿美元的市场是有吸引力的，在这样一个市场上，占有大约5%的份额甚至更少的份额就可以获得很大的销售额，并且对竞争对手并不构成威胁，这样可以避免高度竞争下的低毛利风险。

（4）市场渗透力。

市场渗透力也就是增长率，对于一个具有巨大市场潜力的创业机会，市场渗透力（市场机会实现的过程）评估将会是一项非常重要的影响因素。聪明的创业者知道选择在最佳时机进入市场，也就是在市场需求正要大幅增长之际，做好准备等待接单。一个年增长率达到30%、50%的市场为新的市场进入者创造新的位置。

(5) 市场占有率。

在创业机会中预期可取得的市场占有率，可以显示新创公司未来的市场竞争力。一般而言，成为市场的领导者，最少需要拥有20%以上的市场占有率。如果低于5%的市场占有率，则这个新创企业的市场竞争力不强，自然也会影响未来企业上市的价值，尤其处在具有赢家通吃特点的高科技产业，新企业必须拥有成为市场前几名的能力，才比较具有投资价值。

(6) 产品的成本结构。

对于创业者来说，如果创业计划显示市场中只有少量产品出售而产品单位成本都很高时，那么销售成本较低的公司就可能面临有吸引力的市场机会。产品的成本结构，也可以反映新创企业的前景是否光明，例如，从物料与人工成本所占比重之高低、变动成本与固定成本的比重，以及经济规模产量大小，可以判断新创企业创造附加价值的幅度及未来可能的获利空间。

2）资本和获利能力

产品与市场评估只是创业机会评估工作的一个方面，并且很多时候难以量化，资本与获利能力评估就是更为全面的价值评估，它需要对未来企业的收益情况有量化的评估，不论对创业者还是投资者都是非常有益的参考依据。

(1) 毛利。

单位产品的毛利是指单位销售价格减去所有直接的、可变的单位成本。对于创业机会来说，高额和持久的获取毛利的潜力是十分重要的。

毛利率高的创业机会，相对风险较低，也比较容易取得损益平衡。反之，毛利率低的创业机会，风险则较高，遇到决策失误或市场产生较大变化的时候，企业很容易遭受损失。一般而言，理想的毛利率是40%。当毛利率低于20%的时候，这个创业机会就不值得考虑。例如，软件业的毛利率通常都很高，所以只要能找到足够的业务量，从事软件创业在财务上遭受严重损失的风险相对比较低。

(2) 税后利润。

高而持久的毛利通常转化为持久的税后利润。一般而言，具有吸引力的创业机会，至少需要能够创造15%以上的税后利润。如果创业预期的税后利润是在5%以下，那么就不是一个好的创业机会。

(3) 损益平衡所需的时间。

损益平衡所需的时间也就是取得盈亏相抵和正现金流量的时间。合理的损益平衡时间应该能在两年以内达到，如果三年还达不到，恐怕就不是一个值得投入的创业机会。不过有的创业机会确实需要经过比较长的耕耘时间，通过这些前期投入，创造进入障碍，保证后期的持续获利。比如保险行业，前期仅注册资金就需要数亿元，而一般投资回报周期为7~8年，这样的行业一般来说不适合初次创业者。在这种情况下，可以将前期投入视为一种投资，才能接受较长的损益平衡时间。

(4) 投资回报率。

考虑到创业可能面临的各项风险，合理的投资回报率应该在25%以上。一般而言，15%以下的投资回报率，是不值得考虑的创业机会。

(5) 资金需求量。

资金需求量较低的创业机会，创业者一般会比较欢迎，资金额过高其实并不利于创业成功，有时还会带来稀释投资回报率的负面效果。通常，知识越密集的创业机会，对资金的需求量越低，投资回报反而会越高。因此在创业开始的时候，不要募集太多资金，最好通过盈余积累的方式来创造资金。而比较低的资金额，将有利于提高每股盈余，并且还可以进一步提高未来上市的价格。

(6) 策略性价值。

能否创造新创企业在市场上的策略性价值，也是一项重要的评价指标。一般而言，策略性价值与产业规模、利益机制、竞争程度密切相关，而创业机会对于产业价值链所能创造的加值效果，也与它所采取的经营策略与经营模式密切相关。

(7) 退出机制。

所有投资的目的最终都在于更大的回收。从某种意义上看，投入就是为了退出。因此退出机制与策略就成为一项评估创业机会的重要指标。企业的价值一般要由具有客观鉴价能力大的交易市场来决定，而这种交易机制的完善程度也会影响新企业退出机制的弹性。由于退出的难度普遍要高于进入的难度，所以一个具有吸引力的创业机会，应该要为所有投资者考虑退出机制，以及退出的策略规划。

3) 竞争优势

(1) 可变成本和固定成本。

成本优势是竞争优势的主要来源之一。成本可分为固定成本和可变成本，从另一个角度来看，又可分为生产成本、销售成本等。较低的成本给企业带来较大的竞争优势，从而使得相应的投资机会较有吸引力。一个新企业如果不能取得和维持一个低成本生产者的地位，它的预期寿命就会大大缩短。

(2) 控制程度。

如果创业者能够对价格、成本、销售渠道等实施较强的或强有力的控制，那么这样的创业机会就比较有吸引力。这种控制的可能性与市场势力有关，例如，一个对其产品的原材料来源或者销售渠道拥有独占性控制的企业，即使在其他领域较为薄弱，它仍能够取得较大的市场优势。占市场份额40%、50%甚至60%的一个主要竞争者通常对供应商、客户和价格的制定都拥有足够的控制力，从而能够对一个新企业形成重大的进入障碍，在这样一个市场上创办的一家新企业将几乎没有自由。

(3) 进入障碍。

如果不能把其他竞争者阻挡在市场之外，新创企业的"欢乐"就可能迅速消失。这样的例子可以在硬盘驱动器制造业中发现。在20世纪80年代早期到中期的美国，首先研制成功的企业通过专利技术建立起进入市场的障碍，到了1983年年底，就有约90家硬盘驱动器公司成立，激烈的价格竞争导致该行业出现剧烈震荡。因此，如果一家企业不能有效地构建起其他企业进入市场的障碍，那么这个创业机会就没有吸引力。

4) 管理班子

企业管理队伍的强大对于机会的吸引力是非常重要的。这支队伍一般应该具有互补性的专业技能，以及在同样的技术、市场和服务领域有赚钱和赔钱的经验。如果没有一个称职的管理班子或者根本就没有管理班子，这种创业机会就没有吸引力。

1.1.2　机会评估

创业是一个系统工程，它要求创业者在上述准则下全面识别和评估创业机会，其中对市场机会的分析与评估对初创者尤为重要。

经过创业机会的识别过程后，创业企业找出了有可能进入某个细分市场的机会，但是，这并不表示所有这些可能的市场机会都是创业企业应该利用的机会，创业企业还必须有一个对进入机会进行评估和选择的阶段以及检验市场机会要素是否与创业企业能力和资源相匹配，是否真的值得创业企业把其作为目标市场。

1. *市场进入机会的吸引力分析*

创业机会评估与选择的目的就是找出对创业企业最有价值的市场机会，所以需要对市场进入机会的吸引力进行评估。市场营销机会对创业企业的吸引力即是创业企业利用该机会可能创造的最大效益，所以评估市场机会的吸引力也就是评估市场需求规模和机会的发展潜力等方面。

1）市场需求规模评估

市场需求规模评估主要是分析市场机会当前市场需求总容量的大小，即分析市场机会产生的目标市场是否拥有足够的消费者，形成的市场规模有多大，创业企业进入此目标市场后可能达到的最大市场份额有多大。一种产品或一项服务，如果没有足够的市场容量，对创业企业来讲肯定是不构成市场机会的。

在预测市场需求时，主要考虑两个变量：一是愿意并有能力购买的潜在消费者数量；二是愿意并有能力购买的潜在消费者的购买次数。

市场规模等于这两个变量的乘积。通过市场容量的预测，如果确定市场容量足够大，创业企业进入后能使自身获取较高的盈利，对创业企业来说是个机会，反之则只能放弃。

2）机会的发展潜力评估

了解市场机会需求的发展趋势及增长速度情况，主要看是否有比较大的潜在增长空间。如果潜在增长空间比较小，即使当前市场规模比较大，有时也要放弃，因为它不能支持创业企业的持续成长。但是，即便创业企业此次面临的机会所提供的市场规模很小，利润也不高，但若其市场潜在规模或企业的市场份额有迅速增大的趋势，则该市场机会仍对创业企业具有相当大的吸引力。

2. *市场机会的可行性分析*

只有吸引力的市场机会并不一定是企业实际的发展良机，具有较大吸引力的市场机会必须具有较强的进入可行性才是对创业企业具有高价值的市场机会，创业企业必须通过一定方法评估获取成功利用市场机会的可能性。

1）关键成功条件评估

关键成功条件评估就是分析开发利用某市场机会而要求企业创办的必要成功条件，这些关键成功条件包括创业企业的经营目标、经营战略、市场定位、营销策略、经营规模、资源状况等内容，企业的经营目标又可具体划分为经营宗旨、发展目标、长期规划等，创业企业只有具备这些关键条件，才具有成功开发利用市场机会的可能性，如果创业企业不具备市场机会需要的这些成功条件，则只有放弃这种机会。一般来说，关键成功条件涉及多个方面，具体到不同行业和不同产品又有所不同。

2）SWOT 分析法

SWOT 分析法是创业企业进行市场进入机会评估的重要方法之一。通过评价企业的优势（Strengths）、劣势（Weaknesses）、竞争市场上的机会（Opportunities）和威胁（Threats），用以对创业机会进行深入、全面的评估和选择分析。从整体上看，SWOT 可以分为两部分：第一部分为 SW，主要用来分析内部条件；第二部分为 OT，主要用来分析外部条件。利用这种方法可以从中找出对自己有利的、值得去选择创业机会的因素，以及对自己不利的、要避开的东西，发现存在的问题，找出解决办法，并明确做出是否创业的抉择。根据这个分析，可以将问题按轻重缓急分类，明确哪些是目前急需解决的问题，哪些是可以稍微拖后一点儿的事情；哪些属于战略目标上的障碍，哪些属于战术上的问题；并将这些研究对象列举出来，依照矩阵形式排列，然后用系统分析的思想，把各种因素相互匹配起来加以分析，从中得出一系列相应的结论，而结论通常带有一定的决策性，有利于创业者做出较正确的决策和规划。

3）分析环境因素

运用各种调查研究方法，分析出企业所处的外部环境因素和内部环境因素。外部环境因素包括机会因素和威胁因素，它们是外部环境对企业发展直接有影响的有利和不利因素，属于客观因素。内部环境因素包括优势因素和弱点因素，它们是企业在其发展中自身存在的积极和消极因素，属于主动因素，在调查分析这些因素时，不仅要考虑到历史与现状，更要考虑未来发展问题。

优势，是组织机构的内部因素，具体包括：有利的竞争态势、充足的财政来源、良好的企业形象、技术力量、规模经济、产品质量、市场份额、成本优势、广告攻势等。

劣势，也是组织机构的内部因素，具体包括：设备老化、管理混乱、缺少关键技术、研究开发落后、资金短缺、经营不善、产品积压、竞争力差等。

机会，是组织机构的外部因素，具体包括：新产品、新市场、新技术、外国市场、竞争对手失误等。

威胁，也是组织机构的外部因素，具体包括：新的竞争对手、替代产品增多、市场紧缩、行业政策变化、经济衰退、客户偏好改变、突发事件等。

4）构造 SWOT 矩阵

将调查得出的各种因素根据轻重缓急或影响程度等排序方式，构造 SWOT 矩阵，在此过程中，将那些对公司发展有直接的、重要的、大量的、迫切的、久远的影响因素优先排列出来，而将那些间接的、次要的、少许的、不急的、短暂的影响因素排列在后面。

5）制订行动计划

在完成环境因素分析和 SWOT 矩阵的构造后，便可以制订出相应的行动计划。制订计划的基本思路是：发挥优势因素，克服弱点因素，利用机会因素，化解威胁因素；考虑过去，立足当前，着眼未来。运用系统分析的综合分析方法，将排列与考虑的各种环境因素相互匹配起来加以组合，得出一系列公司未来发展的可选择对策。

SWOT 分析法的优点在于考虑问题全面，是一种系统思维，而且可以把对答式的"诊断"和"开处方"紧密结合在一起，条理清晰，便于检验。通过此分析，创业者和创业企业能客观评价自身资源以及存在市场机会的相关因素，即便企业正面对着市场上极具吸引力的市场机会，如果企业自身的劣势与来自企业外部环境的威胁是不可克服的，则这样的市场机会就不能成为创业企业的机会。但是如果创业企业自身的劣势和外部环境的威胁是可以成功避免的，那么企业可以发挥自身的优势去努力把市场机会转化为企业自身的机会并有效利用。必须注意的是，SWOT分析法具有很强的主观性，因此不要过多地依赖它，企业可以将SWOT分析法作为参考，但不能作为唯一的方法。

3. 市场进入机会的综合分析

通过进行市场进入机会的吸引力评估和市场进入机会的可行性评估，创业者或创业企业就可以对潜在进入市场做一个综合的量化评估，作为能否进入一个新市场的重要参考因素。表1-1-1为一个创业者对其准备进入的新市场所做的一个综合性的量化评估。

表1-1-1 市场进入机会综合分析评价表

评价项目	权数/%	评分值					评价
		10	8	6	4	2	
市场总量	20						
市场发展潜力	20						
市场开发难度	10						
市场进入障碍	15						
渠道可利用程度	5						
潜在竞争强度	10						
推广与销售能力	10						
营销成本	5						
盈利能力	10						
……							
总计	100						

附：SWOT分析法运用实例

沃尔玛SWOT分析：

优势——沃尔玛是著名的零售业品牌，它以物美价廉、货物繁多和一站式购物而闻名。

劣势——虽然沃尔玛拥有领先的IT技术，但是由于它的店铺布满全球，这种跨度会导致对某些方面的控制力不够强。

机会——采取收购、合并或者战略联盟的方式与其他国际零售商合作，专注于欧洲或者大中华区等特定市场。

威胁——所有竞争对手的赶超目标。

星巴克SWOT分析：

优势——星巴克集团的盈利能力很强，2004年的收入超过6亿美元。

劣势——星巴克以产品的不断改良与创新而闻名（译者注：可以理解为产品线的不稳定）。

机会——新产品与服务的推出,例如在晨会销售咖啡。

威胁——咖啡和奶制品成本的上升。

耐克 SWOT 分析:

优势——耐克是一家极具竞争力的公司,公司创立者、CEO 菲尔·奈特最常提及的一句话便是"商场如战场"。

劣势——耐克拥有全系列的运动产品。

机会——产品的不断研发。

威胁——受困于国际贸易。

(案例来源:《锐得营销杂志》,2005 年)

1.1.3　案例分析

案例1　找准市场从小做大

当年,26 岁的冯某在家闲着没事干,正好街坊中有户人家装修留下一大堆垃圾,找清洁工,人家非要 120 元,他把这活干了,收了 100 元。不久又有一户人家也来找他运垃圾,他就借了辆三轮车运起垃圾来,又赚了 200 元。这两笔活计给了他启发,于是他买了辆三轮车,专门替人运装修垃圾。第一个月,他赚了 1 000 元,后来慢慢活儿多了,自己干不过来,他就转包给别人,差不多每天都能赚上几百元,他又借钱买了辆跃进 130 汽车,一个月居然赚了 2 万元,还碰上了新活儿:人家装修要买材料,请专车运,每次都得花一两百元,他又给承包了,免得放空,虽说只收半价,却等于又白捡了一笔钱。有一次碰上一家餐馆装修,中途主雇间干起仗来,装修老板拍屁股走人,餐馆老板可发了急,冯某此时已对该行业见多识广,技术娴熟,就热心地顶了上去,没想到一单下来,竟然赚了 6 万多元,于是开始筹办起自己的装修公司,如今已经腰缠万贯。

(案例来源:《点击创业》,梅薇薇、梅雨霖著,暨南大学出版社)

案例2　本土汽车品牌市场机会

研究细分市场的消费者,把生活形态概念化,形成所谓的产品性概念,根据产品性概念,由设计者研发出多款概念性产品,进行市场测试,看是不是符合概念中的核心元素,之后再进行市场的定量测试,来决定量产规模。

在管理模式更新后和量产能力提升后,未来不仅在国内市场,同时在国际市场上也是机会很大的。中国的市场在梯度发展,但是在顶端中间,真正新富人群也就占总人口的 1%～25%,其中中产阶层为 18% 左右,而事实上想购买车的人占人口总数的 30%,在未来几年内这种需求还会继续增长。在这个大的需求基数里有很大一部分属于低端消费的爱车群体。

除乘用车之外,商用车也有较大机会,比较而言,轻型商用车的机会还是相当大的,主要原因是中国人口分布和现在产业分布的多元化。人口多元化就决定了要有物流配送模式,使产品快速传递到社会各个角落。目前,我国 92% 的村庄有公路通车,依然需要较多的中短途配送,而且很长一段时间,这种配送无法让物流公司来做,需要依靠低成本、低水平的粗放式物流运营模式来实现。所以相对低价的轻型卡车在中国市场上还会有相当大的空间。轻卡和三轮车在印度也将有很大的机会。他们的路比我国差得很远,印度的路很适合三轮车。从世界范围内来看,商用车无论是轻型的还是重型的,技术要求都不是很高,劳动力成本在这里起的作用比较大,产业强势还是很大的。

(案例来源:人生指南,http://www.rs66.com)

案例3 源于自身体验的Yahoo!

杨致远在攻读博士初期,本想从事自动软件的开发工作,但由于少数大公司垄断了市场,所剩机会不多,他不知从何入手。

为了完成博士论文,每天他和他的同学花费数小时泡在网上查找信息,然后将各自需要的信息链接在一起,上面有各种东西,如科研项目、网球比赛信息等。雅虎就从这里发展起来。开始时他们各自独立地建立自己的网页,只是偶尔对别人的内容感兴趣时才互相参考,渐渐地,他们链接的信息越来越广,他们的网页也就放在了一起,统称为"杰里万维网向导","杰里"是杨致远的英文名。他们共享这一资源。

这个"向导"规模迅速扩大,分类越来越细,而且不胫而走,在网上广为传播,任何知道网址的人都可以使用它。世界各地的自由用户在浏览了他们的"向导"后,也常常反馈回来一些有用的信息,这大大帮助他们了解哪些信息是有用的、受欢迎的。1994年秋季,它的访问量已首次突破100万人次。他们对"向导"的持续高速发展有些担心,编辑工作占用了大量时间,寝食亦不得安宁。一想起了"正经事"——攻读博士学位,更觉烦恼。但最终他们做出了选择,暂时放弃正事,专心建设搜索引擎。

当时网上已存在一些同类搜索引擎,如Lycos和InfoSeek,它们也能对输入的关键词进行网络搜索,最后返回一个详细清单。但与雅虎相比,这些索引搜索工具过于机械化,雅虎则建立在"手工"分类编辑信息的基础之上,相对而言更具人性化、更实用,用简单的算法是无法复制雅虎的。这当然不是说"索引式搜索"没有意义。雅虎也包含索引式搜索,只是不限于此,把信息组织得更规范而已。雅虎引擎采取分层组织信息的方式,更适合科学研究人员方便地找到自己所需的信息。比如,考古科学家和天文学家,都可以很快搜索到自己专业上的话题及动态信息,而且一般不会有重大的遗漏,这一点是其他搜索引擎无法比拟的。

到1994年年底,雅虎很快就成为业界领袖。杨致远和费罗一方面累得苦不堪言;另一方面为自己突如其来的成功欣喜若狂。他们发现千载难逢的机会终于到来了:网景公司的导航器测试版刚刚发行,HotWired也开通了网络广告站点,通过网络赚钱的时机开始成熟。第一个找上门的公司是路透社。虽然路透社在美国名气还不算大,比不上美联社,但在世界上它的影响很大,它经营的新闻业务已有150年的历史。路透社市场部副主任泰森一次外出,在一家地方报纸上读到有关雅虎的消息,便产生了兴趣,他之后在网上经常光顾雅虎网址。泰森迅速认识到"雅虎"消除了距离的远近,架起了用户与其欲寻找的信息之间的联系,路透社可以利用它扩大自己的影响。杨致远对泰森说:"如果你们不找我们,我们可能也要找你们。雅虎不只是一个目录,还是一种媒体资产。"

路透社与雅虎是朋友,但不是伙伴,合作过程中雅虎并未得到多少实惠。聪明的杨致远认识到,自己必须制订一个周密的商业计划,通过广告盈利。杨致远找到自己的老同学布拉狄,他此时正在哈佛商学院读书。杨致远和布拉狄参考HotWired公司发布广告盈利的经营方式迅速起草了一份商业计划。带着这份计划书,他们到处寻找风险投资者。

1995年，杨致远和费罗根据斯威福特所著的《格列佛游记》中的野兽将其网站命名为 Yahoo！

杨致远在创业之前对自己的商业模式已经小试牛刀。他在创业之前就感悟到搜索引擎巨大的市场需求，成功的体验加上敏锐的商业头脑使杨致远放弃了攻读博士学位而去创业，因此雅虎的成功不是偶然的。

任务1.2 互联网创业机会选择

1.2.1 知识准备

1. 互联网创业机会选择的方法

创业的过程就是创业者寻求创业机会、选择创业领域、开拓事业发展新路的过程。创业机会无时不在、无处不在，创业机会又与创业领域密不可分，尽管发现了机会，但如果选错了创业领域，也将事与愿违。创业领域没有好坏之分，没有对与不对，只有适合与不适合。每个人都有各自不同的优势和特长，必须认真分析自己的特点，找到适合自己做的事业。因此，选择一个自己擅长的、喜爱的，而且有发展前途的事业，是成功创业的决定性因素。选择创业机会要遵循的准则是：正确选择行业，善于识别机会，做自己感兴趣的事，发掘自身的特色。这样去创业，才易于取得成功。

1）正确选择行业

正确选择行业要求把握行业的未来。一般而言，成功的企业家大多出自成长快速的行业。预测行业的未来，要看经济发展的形势，特别是要把握好国家产业结构调整的方向。在进行创业时，要自觉按国家产业政策指导，尽量选择国家鼓励发展的行业，避免国家限制的行业，不要介入将要淘汰的行业。与此同时，把握行业发展的方向，也要关注传统产业的发展。温州人开创的"小商品、大市场"的模式就是很好的启迪。在温州人眼里，职业没有高低贵贱之分，能否赚钱才是最主要的。正因如此，温州人才四处闯荡，占据了外地人不屑一顾的领域，从"小"字起家，不声不响地富了起来。改革开放后，在中国的角角落落，都活跃着一群群浪迹天涯、不辞辛劳、精明肯干的温州人，最初他们并不起眼，人们只是从小发廊、修鞋铺、小裁缝及兜售眼镜、纽扣和腰带中认识他们，他们总是默默地干活、做生意，但是人们慢慢地发现，温州人做生意，最注意从小处着手，他们非常能吃苦，意志非常坚定，按他们自己通俗的说法是，既能当老板，又能睡地板。他们务实苦干，只要有一分钱赚就会不遗余力地去干，从不好高骛远，从不好大喜功。纽扣、标签、商标、标牌、小饰品、小玩具，这些外地人看不上、懒得去做的"小玩意"，温州人都做，他们不怕赚钱少，就怕做不来。温州人给自己总结出的成功经验之一就是：大钱小钱都赚，能赚几分几厘的机会也绝不放弃，一粒纽扣的利润真的不足一厘，他们也做得兢兢业业、高高兴兴的，"不积跬步，无以至千里；不积小流，无以成江海"，温州人就靠这一分一厘集腋成裘，完成了他们的原始积累，为后来的第二次、第三次创业奠定了雄厚的资金基础。

2）善于识别机会

对于创业者来说，创业机会的甄别类似投资项目的评估，对投资能否取得收益无疑是重要的。善于发现有价值的创业机会必须做到：

(1) 看准所选项目或产品、服务的市场前景。

只有市场前景好，才可能带来一定的利益。一个具有较大潜力的商业机会能够为创业目标产品或服务找到一个市场，并且这项产品或服务能满足一个重要客户群的需求。从某种角度来说，任何商品从产生、发展到消亡的过程，始终都处于不断的完善之中，潜力市场是永远存在的，问题在于能否看准它。

(2) 把握市场结构适宜的进入时机。

市场结构非常重要，包括销售者的数目、销售者的规模、分销的方式、进入和退出的环境、购买者的数量、成本环境、需求对价格变化的敏感度等因素。市场结构主要反映了创业者生产的产品或服务在市场竞争中的地位。细分的、不完善的市场或者新兴行业常常存在一些真空和不对称性，它们会产生一些还没有人进入或进入者不多的夹缝市场，这对于创业机会的潜力大小具有重大影响。此外，存在信息或知识鸿沟的市场和可以带来超额利润的竞争性市场也是有潜力的，而那些高度集中、完全竞争，以及存在对资本的要求，或者要赢得分销和营销优势需付出巨大成本的市场是不存在有较高潜力的商业机会的。

(3) 预测市场会不断增长。

一个有价值的创业机会，它所定位的市场将是一个有一定规模并不断持续发展的有吸引力的成长型市场。那些处于成熟期或者衰退期的行业是典型的没有吸引力的行业，也是创业者不应该轻易进入的市场。要关注未来的热门和冷门行业，热门行业就是发展势头好、盈利空间大的行业，它具备的特征：第一，新兴的朝阳行业，发展迅猛，机会较多，如家政服务业；第二，行业人才济济，竞争激烈，有利于锻炼自己的能力，如多媒体设计行业；第三，行业内工作环境优越，从业者收入水平相对较高，如广告行业、互联网行业；第四，行业的未来发展前景看好，如私人侦探行业、律师行业等。冷门行业则多为传统行业，随着科技的发展，预计这些行业市场前景不乐观，从业人员会不断减少，但随着经济发展阶段的不同，冷、热门行业也会发生转换。

3）做自己感兴趣的事

成功创业必须要有创业的热情，选择创业领域可以从选择自己热衷的领域入手。做你爱的，爱你所做的。当从事自己喜欢做的事情时，人们会投入巨大的热情，也就容易取得成功。同时，要尽量做自己熟悉的事。俗话说"做生不如做熟"，创业要尽量选择自己熟悉的事来做，特别是在创业初期，能否做下去，在很大程度上还取决于创业者对这个项目的熟悉程度。隔行如隔山，要扬己之长避己之短，每个行业都有其自身的经营之道，如果创业要涉足自己并不熟悉的领域，一定要慎之又慎，不能盲目从事。我国古代著名的军事家孙子说过："知己知彼，百战不殆。"对于创业者而言，"知彼"是了解整个市场情况，"知己"则是盘点好自己的知识、气质等"内存"，换言之，就是要在摸清自己的职业兴趣类型的基础上，合理选择自己创业的目标。我国青年的职业兴趣类型主要分为：艺术型、事务型、经营型、研究型、社会型、技术型、自然型，不同的职业兴趣特点对于不同的人选择合适的创业范畴可能更有利，明白了这一点，显然有利于科学合理地确定自己能干且乐意干的创业目标。

4）发掘自身的特色

选择一个好的领域，还要不断地去发掘所选项目的特色。这种特色可以概括为四句话：别人没有的、先人发现的、与人不同的、强人之处的。别人没有的，可以是某种资源与某种特定需要的联系，可以是某种公认资源的新商业价值；先人发现的，是指发现他人尚未意识到的创业机会，并创造出新的产品或服务；与人不同的，往往只要一点点的与人不同，就会成为小特色，就能开拓一片创业的天空，如根据自己的爱好和特长，开一家小小的特色店，它投资不大，容易实施，还易取得成功；强人之处的，是在一项事业中不论哪个方面，哪怕有一点高人一筹、优人一档就是强人之处，从而易于成功。

5）从低成本创业积累经验

大学生创业有自身优势和劣势，优势在于理论，劣势在于实践，因此作为创业初期选择，不妨从低成本创业开始积累经验，以下介绍几种常用的创业方式。

（1）一边打工一边创业。

这种方式一般是利用自己的专业经验和自身的厂商资源在上班时间外进行创业尝试和增加收入，好处是没有任何风险，但应该处理好本职工作与创业的关系。

A先生是某服装企业的采购，从事了几年的采购工作后颇有心得，对服装有了一定的敏感度并熟悉各种服装加工企业，由于服装企业现在很多是虚拟经营，即便是熟悉的知名品牌（如班尼路、美特斯邦威）也只是负责产品设计，本身并不设厂，设计出衣服样式后找服装厂加工制成成衣，然后加上品牌标识发往全国的零售终端，现在A先生就经常接一些用户提供的服装样式，然后他负责采购面料和找加工厂，最后交付成衣。一个单子下来多则几万元，的确非常惬意。这种方式的好处是没有风险，自己在有固定收入的同时可以创造更多价值。

可能有人认为此方法欠妥，有对公司不忠的嫌疑，但只要掌握一个法律尺度，该方法还是非常可行的，利用闲暇时间去开拓自己的事业并且增加收入也无可厚非。在此建议：

◆ 应该知道自己发展的主次，在企业打工除了养家糊口也利于个人能力和资历的增长，因此，重心是完成好本职工作，推进个人能力和职业发展的进程。

◆ 保持以下尺度：客户不能是你所在企业的竞争对手；不要占用任何上班时间，那个时间属于为你提供薪酬的企业；不泄露任何企业的商业秘密。保持自己的职业操守和信用对于个人发展有不可估量的作用。

（2）依靠商品市场创业。

专业的商品市场（比如眼镜批发市场、服装批发市场等），都会为租户代办个体工商执照，只需一次性投入半年或一年租金，以及店内货品的进货费，所有投入在3万~5万元以内。依靠人气旺的商品市场，风险也比较小，在调查中发现很多温州人起家就是从商品市场做起来的。

B女士以前是服装设计师，后来从服装公司辞职自己创业，转租别人的带营业执照的商户（现在有很多商品市场可以买、可以租，有些人买下后通过出租盈利，并且经营的证照齐全），在一家服装市场中经营批发零售业务，凭借自身的设计能力和多年的行业经验，B女士自己设计，找服装厂加工成衣后在自己的店铺内销售。目前销售情况良好，已经开了第二家店。在此建议：

◆ 一定要找人气旺的市场，可能比起经营较差的市场租金要高，但客流量是店铺存活的最基本条件。

◆ 在同一个市场也有生意好和差的区别，因此需要你对自己经营的产品比较熟悉。例如，熟悉该类商品的消费者喜好；熟悉该商品的进货渠道，能以更低价格进货等。

（3）大卖场租场地创业。

这种方式类似代理销售，不过必须眼光独到，风险比较大一点，但是回报也是非常可观的。这种方式比较适合有营销经验的人员采用。

C先生到X市出差发现松子在当地价格比较便宜，回来后经过简单调查发现本地很少有人销售松子，而且价格昂贵。因此，C先生在春节前很早就到X市订购了一批松子，并且在本地人流最大的家乐福争取到了进门的一块场地，在春节期间开始用大缸装着松子进行销售，一个月下来赚得30万元利润。在此建议：

◆ 用你所代理或销售产品的生产厂家相关证明（卫生许可证、厂商证明等）和卖场办理手续。否则不能进场。

◆ 风险比较大，一定要对市场行情有所把握，并且注意产品的销售季节和保质期（有人从外地批发水果到卖场销售，运输途中耽搁了一下，结果很多没卖完就烂掉了）。

◆ 考虑本地人对该产品的接受程度，最好做个简单的调查（有些东西尽管本地很少销售，但是不一定适合本地人口味，例如有的商家曾经在一些城市推广槟榔，但是当地的人并不习惯槟榔的味道，因而失败）。

（4）加盟连锁创业。

现在有很多小的饰品店、冷饮店等加盟的费用不高，但是选对店铺和产品还是很赚钱的，加盟连锁一定要看准，并且早点介入成功的可能性比较大。

D女士在某市加盟石头记饰品连锁店，由于当时此类产品在市场上比较少见，属于竞争少、利润高的行业，因此短短两年就赚了接近百万元，等到各种饰品连锁店低价竞争时，她早就转行，开了一家眼镜店。例如，加盟有实力的房产中介公司，自己只需租个门面，有电话、桌椅等设备就可以开展业务，房源信息来自售房户、出租户在中介公司的免费登记，你可以在小区的信箱内投递一些征求房源的信息，由于房源信息登记是免费的，所以你很快能找到一些房源信息，接下来通过门市会有求购、求租的客户上门，你提供信息并带领看房，双方成交时，出租户和租房者各支付月租金的30%作为佣金，一笔月租2 000元的项目中介成功就可以获得1 200元，收入非常可观，操作也很简单。在此建议：

◆ 选择行业门槛低但回报高的产业，如房产中介。

◆ 选择新兴产品，一旦竞争产品增多，营业额下降时，立即转向，如小饰品店等。

◆ 整个投资不宜过大，找利润高、投入少的小产品加盟。没有经验的人切忌加盟大的连锁项目，没有一定的经营经验很有可能会失败，千万别太相信加盟企业的"无经验"一样经营、"全程营销辅导"的谎言。

（5）工作室创业。

E先生与G女士都是设计专业出身，在广告公司工作几年后想自主创业，他们一起开办了一家设计工作室。开办工作室的好处是手续简便，正规点的到工商局登记即可，有些工作室实际无须办理任何手续，也没有办公场地的费用支出，在家"经营"即可。他们主动联系出版社、学校、印刷厂等机构，由于工作室除了设计用的纸张和油墨外几乎没有其他成本，因而服务价格相当具有竞争力，再加上多年的设计经验，无论手绘还是电脑设计都让客户比较满意,因此现在业务越做越大,几年下来他们已经买了属于自己的房产和汽车。再有G小姐对时尚饰品比较感兴趣,自己买了许多珠子、贝壳、绳子等,在家开了工作室,专门制作手工饰品,然后卖给饰品店,现在她的手工饰品已经小有名气,供不应求。在此建议:

◆ 个人要有比较好的专业技能,因为性价比是你在市场中胜出的关键,价格再便宜,但产品让人不满意也不可能维持经营。

◆ 刚开始必须通过各种关系,主动开展业务,同一些有需求的客户建立联系你才能将自己的产品卖出去。以上的创业模式只是个人低成本创业的最简单模式,由于风险小、投入少而适合普通的创业人群。但需要强调的是,任何创业行为都会存在一定风险,在创业前进行系统分析及有针对性的知识补充、能力培训等将大大提高创业的成功概率。

2. 竞争策略与市场定位

1) 网络市场基本竞争策略

谁是你的竞争对手?那些已经出现在市场上,正在开展业务的竞争者固然是你的竞争对手;那些潜在的,未来有可能与你展开竞争的更是你的竞争对手。理论上,任何人都可能成为你的竞争者,但是事实上,只有掌握相关资源、与目标市场有一定联系的企业才是最重要的潜在竞争对手。除了对竞争对手进行分析外,还需对自己的市场竞争优势进行充分剖析,才能"知己知彼",找出自己潜在的优势和劣势,制定有效的竞争性市场营销策略,给竞争对手施以更有效的市场营销攻击,同时也能防御较强竞争者的"攻击"。

每个企业都会有很多优势和劣势,任何的优势和劣势都会对相对成本优势和相对差异化产生作用,对于竞争者的发现和辨别是企业确定竞争策略的前提。降低成本、实施产品或服务差异化可以使企业提高客户价值和客户满意度,可以使企业比竞争对手更好地应对各种竞争,能使新创企业获得较好竞争位置的三种基本竞争策略如下。

(1) 总成本领先策略。

总成本领先策略是指通过有效途径对成本加以控制,使企业的全部成本低于竞争对手的成本乃至行业最低成本,以获得同行业平均水平以上的利润,这种低成本可以抵御来自竞争对手的攻击,可以抵御买方和供应方力量的威胁,还可以抵御来自替代品的威胁等。格兰仕就是成功采用总成本领先策略的典范,格兰仕自进入微波炉行业以来,"咬定青山不放松",从未游离于这一策略。为了使总成本绝对领先于竞争者,格兰仕壮士断腕,先后卖掉年盈利丰厚的金牛型产业——羽绒厂、毛纺厂,把资金全部投入微波炉的生产中,仅用了五年的时间,就打败所有竞争对手,成为世界第一。

(2) 差异化策略。

为使企业的产品与竞争对手的产品有明显的区别和形成与众不同的特点,必须采取差异化策略,这种策略的重点是创造被全行业和客户都视为独特的产品和服务及企业形象。实现差异化的途径多种多样,包括产品设计、品牌形象、保持技术及性能特点、分销网络、客户服务等多个方面。农夫山泉运动盖是最典型的差异化策略制胜的案例,在运动盖横空出世之前,虽然也有很多的瓶装水制造厂家,但是产品大多雷同,没有强烈的与众不同的诉求点。农夫山泉进行了长时间的市场调研,推出了运动型包装的农夫山泉,瓶盖的设计摆脱了以往的旋转开启方式,改用所谓"运动盖"直接拉起的开瓶法。瓶身采用显眼的红色,加印一张千岛湖的风景照片,这"水的纯净、亮与红色的差异性"使农夫山泉在众多品牌饮用水中脱颖而出,抓住了客户的目光,赢得了市场。

(3) 集中策略。

集中策略是指企业把营销的目标重点放在某一特定的客户群体上，运用一定的营销策略为它们服务，建立企业的竞争优势及其市场地位。集中策略的核心是集中资源于特定客户群体，取得在局部市场上的竞争优势，集中策略可以是总成本领先，也可以是产品差异化，或是二者的折中结合，这样可以使企业盈利的潜力超过行业的平均水平。

上述三种策略是企业应对日益严峻的竞争环境的基本策略，但是不能同时并用，一般来说，一段时期只能运用一种策略，三者的关系如下：

◆ 总成本领先策略和差异化策略的市场范围宽泛，而集中策略的市场范围狭窄。

◆ 总成本领先策略主要凭借成本优势进行竞争；差异化策略则强调被客户认识的唯一性，通过与众不同的产品特色形成竞争优势；而集中策略强调市场的集约、目标和资源的集中，以便在较小的市场形成优势。

2）网络市场产品定位策略

(1) 产品定位原则。

商场犹如战场，众多品牌的不断涌现，特别是产品间的差异性越来越小，同质性越来越高，市场争夺日益困难。同时，消费者在商品的汪洋大海之中显得无所适从，从而使不少公司更因无法博得"上帝"的欢心而处心积虑、冥思苦想。到底如何才能在竞争中脱颖而出，获得成功呢？唯一的办法就是要尽力造成差异，追求与众不同，让消费者易于将其与其他品牌分开，在其心中占有一席之地，击中消费者的心。这就是营销理论和实务中所称的定位。

新创企业所有的市场机会分析、规划工作最后都必然落脚于市场进入，而市场细分、目标市场选择及市场定位则是市场进入的核心，是企业市场成功的基础。

杰出的战略定位的第二个要素在于找到"谁、什么、如何"三个问题的答案。谁是目标客户？应该向他们提供什么产品和服务？应该如何有效地去做？"谁"和"什么"基本上是战略性的问题。杰出的战略定位的第三个要素是开发必要的企业能力和适宜的组织环境（内容）以支撑所做出的选择。

消费者购买产品，追求的绝不是产品本身，而是某种需要和欲望的满足，强调的是产品的实质性，即产品提供给消费者的一种效用和利益。为了拥有竞争优势，企业对自己的产品或服务要比竞争对手对他们的产品或服务了解得更深，要让你的产品或服务项目必须有明显的特色或优点。

◆ 差异化，打造竞争性卖点。产品定位既要考虑产品某个因素与消费者偏好紧密结合，形成与同质产品明显的差异，也要考虑产品若干因素与市场的组合，形成产品整体的特色。农夫山泉巧借"申奥"东风，创造与众不同。2001年1月1日至7月30日，公司从每一瓶销售的农夫山泉产品中提取一分钱，作为捐赠款，支持北京申奥事业。"农夫山泉有点甜"的差异化策略，与体育这个健康媒介的长期合作，使农夫山泉品牌不断深入人心，并使品牌的无形资产持续增值并发扬光大。

◆ 以消费者为导向。企业的定位技巧再高明，其成功的关键还是迎合消费者的心理，使传播的信息真正成为消费者的关心点，并让消费者感到真正的满意。创新的服务方式，拉近了与消费者的距离。2003年11月，夏新公司在全国聘请了100名"服务监督员"，定期听取消费者的意见和建议，以提高产品品质和改进服务，深度把握客户需求，为产品定位提供重要参考。

（2）产品定位策略。

产品定位，就是要加深消费者对企业和产品的认知，使企业和产品能在消费者心目中占据有利位置。要使消费者有购买需求时就能及时想到本企业的产品，在产品定位时就要考虑：别人不做的，我做；别人没有的，我有；别人做不到的，我做得到。从上述思想出发，企业或产品在市场上的定位常用的几种策略如下。

◆ 产品差异定位法。任何企业生产的产品和提供的服务都不可能完全一样，因此企业定位可以从产品和服务的差异点出发，应考虑本企业所销售的产品，有什么显著的差异性。如果差异之处明显，就更容易吸引消费者的注意。可以产生差异的地方很多，如产品、服务、人员和形象。产生差异性有时很容易被模仿，特别是表层的差异性，有时很快就会消失，但产品特征如果真正是产品本来就有的特征，就不容易被模仿了。海尔集团在产品同质化的时代，开展了全方位的售后服务，大大吸引了人们的注意力，通过反价格战提升自己的产品价格，一举奠定了海尔在中国市场的领导地位。产品定位始于差异性，而这些差异性对目标市场都是有意义的。

◆ 主要属性/利益定位法。采用主要属性/利益定位法就是要研究企业提供产品的利益在目标市场中的重要性如何。因为产品提供的价值大多包括多个层次，处于不同角度思考的人对产品价值理解可能大不相同。摩托罗拉是我国手机市场的首先进入者，20世纪90年代中期的市场占有率曾超过50%，但正是由于企业的成功经验，该企业一直坚持认为人们购买手机重视的是产品功能，即手机的沟通功能，因此在产品的形式部分一直没有进行深入开发。而诺基亚作为一个市场后来者，在关注核心产品开发的同时，也注意形式产品的开发，因此在摩托罗拉一年推出几种产品的时候，诺基亚一年可以推出十几种甚至几十种产品，大大满足了中国手机消费者追求时尚的心理。诺基亚后来者居上，成为我国手机市场的主力军。在零售业中，最重要的消费者特征，其莫过于品质、选择性、价格、服务及地点等，关注消费者特征是企业生存发展的基本要求，应率先塑造，并且确实掌握。

◆ 客户定位法。应找出产品确切的使用者/购买者，这样会使定位在目标市场上显得更突出，在此目标组群中，为产品、服务等，特别塑造一种形象。金利来靠一句"金利来领带，男人的世界"而风靡全国，成为我国专为男人打造服饰的著名品牌，而太太药业有限公司，定位于妇女健康而取得了巨大成功。

◆ 使用定位法。使用定位法是通过将自己的产品使用地点或使用时间做特别传播而定位。有时可依据消费者如何及何时使用产品，将产品予以定位。柯达把自己定位于"记录激动一刻"而占领了胶卷市场，把人们的激动和欢乐都转变成可以记录、可以触摸的照片。而柯达的主要竞争对手富士则把自己定位在旅游市场，把人们外出旅游的珍贵记忆变成了时时刻刻可以历历在目的照片。

◆ 分类定位法。这是非常普遍的一种定位法。产品并不是要和某一事实上的竞争者竞争，而是要和同类产品互相竞争。当产品在市场上属于新产品时，不论是开发新市场，或为既有产品进行市场深耕，此方法特别有效。一句"七喜，非可乐"就把七喜与所有可乐区别开，虽然与所有可乐竞争，但由于开发出了一种新的定位观念而使七喜成为可乐之外最有影响力的软饮料之一。

◆ 针对特定竞争者定位法。这种定位法是直接针对某一特定竞争者，而不是针对某一产品类别。可口可乐和百事可乐之间的竞争就比较典型，由于可乐市场基本被可口可乐和百事可乐所垄断，因此它们之间必然要采取相互针对的竞争定位法，可口可乐推出的传播口号为"这才是可乐"，强调它是可乐的发明者，是正宗的可乐，给消费者以某种暗示。而百事可乐则针对可口可乐在市场中存在时间比较长、产品有些老化、消费者年龄偏大的特点，推出"百事可乐年轻人的选择"这一竞争理念。挑战某一特定竞争者的定位法，虽然可以获得成功（尤其是在短期内），但是就长期而言，也有其限制条件，特别是挑战强有力的市场领袖时，更趋明显。市场领袖通常不会松懈，他们会巩固其定位。

比附定位法。企业通过各种方法和同行中的知名品牌建立一种内在联系，使自己的品牌迅速进入消费者的心中，占领一个牢固的位置，借名牌之光而使自己的品牌生辉，这就是比附定位策略。

1.2.2 机会选择

1. 竞争对手分析

竞争对手分析，顾名思义，就是对现在的和潜在的竞争对手的各项关联指标进行分析，主要从以下几个方面来展开。

1）竞争对手的市场占有率分析。

市场占有率通常用企业的销售量与市场的总体容量的比例来表示。对竞争对手市场占有率的分析目的是明确竞争对手及本企业在市场上所处的位置，分析市场占有率不但要分析在行业中竞争对手及本企业总体的市场占有率的状况，还要分析细分市场竞争对手的市场占有率的状况。

分析总体的市场占有率是为了明确本企业和竞争对手相比在市场中所处的位置是市场的领导者、跟随者还是市场的参与者。

分析细分市场的市场占有率是为了明确在哪个市场区域或是哪种产品是具有竞争力的，在哪个区域或是哪种产品在市场竞争中处于劣势地位，从而为企业制定具体的竞争战略提供依据。

2）竞争对手的财务状况分析。

竞争对手的财务状况分析主要包括盈利能力分析、成长性分析和负债情况分析、成本分析等，下面介绍一下盈利能分析和成长性分析。

竞争对手盈利能力分析：分析盈利能力通常采用的指标是利润率。比较竞争对手与本企业的利润率指标，并与行业的平均利润率比较，判断本企业的盈利水平处在什么样的位置上；同时要对利润率的构成进行分析，主要分析主营业务成本率、营业费用率、管理费用率及财务费用率，看哪个指标是优于竞争对手的，哪个指标比竞争对手高，从而采取相应的措施提高本企业的盈利水平。比如，本企业的营业费用率远高于竞争对手的营业费用率，这就要对营业费率高的具体原因做出详细分析，营业费用包括：销售人员工资、物流费用、广告费用、促销费用及其他（差旅费、办公费等），通过对这些具体项目的分析找出差距，并且采取相应的措施降低营业费用。

竞争对手的成长性分析：主要分析的指标是产销量增长率、利润增长率，同时对产销量的增长率和利润的增长率做出比较分析，看两者增长的关系，是利润的增长率快于产销量的增长率，还是产销量的增长率快于利润的增长率，一般来说，利润的增长率快于产销量的增长率,说明企业有较好的成长性。但在目前的市场状况下,企业的产销量增长,大部分并不是来自自然的增长,而主要是通过收购兼并的方式实现,所以经常也会出现产销量的增长率大于利润的增长率的情况。所以在进行企业的成长性分析时,要进行具体的分析,剔除收购兼并因素的影响。

3)竞争对手的产能利用率分析。

产能利用率是一个很重要的指标,尤其是对于制造企业来说,它直接关系到企业生产成本的高低。产能利用率是指企业发挥生产能力的程度。很显然,企业的产能利用率高,则单位产品的固定成本就相对低。分析该指标的目的是找出与竞争对手在产能利用率方面的差距,并分析造成这种差距的原因,有针对性地改进本企业的业务流程,提高本企业的产能利用率,降低企业的生产成本。

4)竞争对手的学习与创新能力分析。

目前企业所处的市场环境是一个超竞争的环境,企业的生存环境在不断地变化着,在这样的状况下,很难说什么是企业的核心竞争力。企业只有不断地学习和创新,才能适应不断变化的市场环境,所以学习和创新成为企业主要的核心竞争力。对竞争对手学习和创新能力的分析,可以从以下几个指标来进行:

(1)推出新产品的速度,这是检验企业科研能力的一个重要指标。

(2)科研经费占销售收入的百分比,这体现出企业对技术创新的重视程度。

(3)销售渠道的创新,主要看竞争对手对销售渠道的整合程度。销售渠道是企业盈利的主要通道,加强对销售渠道的管理和创新,更好地管控销售渠道,企业才可能在整个价值链中(包括供应商和经销商)分得更多的利润。

通过对竞争对手学习与创新能力的分析,才能找出本企业在学习和创新方面存在的差距,提高本企业的学习和创新能力。只有通过不断的学习和创新,才能打造企业的差异化战略,提高企业的竞争水平,以获取高于行业平均利润的超额利润。

5)对竞争对手的领导者进行分析

领导者的风格往往决定了一个企业的企业文化和价值观,是企业成功的关键因素之一。一个敢于冒险、勇于创新的领导者,会对企业做出大刀阔斧的改革,会不断地为企业寻求新的增长机会;一个性格稳重的领导者,会注重企业的内涵增长,注重挖掘企业的内部潜力。所以研究竞争对手的领导者,对于掌握企业的战略动向和工作重点有很大的帮助。

对竞争对手领导者的分析包括:姓名、年龄、性别、教育背景、主要的经历、培训的经历、过去的业绩等。通过对这些方面的分析,全面地了解竞争对手领导者的个人素质,以及分析他的这种素质会给他所在的企业带来什么样的变化和机会,当然这里还包括竞争对手主要领导者的变更情况,分析领导者的更换为企业的发展所带来的影响。

对竞争对手领导者的分析,每一项都应该有针对性。有的企业在对竞争对手领导者进行分析时,往往把所能掌握的竞争对手领导者的信息都罗列出来,但之后便没有了下文,所以要明确对竞争对手领导者分析的目的是什么。按照战略管理的观点,对竞争对手领导者进行分析是为了找出本企业与竞争对手相比存在的优势和劣势,以及竞争对手领导者给本企业带来的机遇和威胁,从而为企业制定战略目标提供依据,所以对竞争对手领导者的信息也要有一个遴选的过程,要善于剔除无用的信息。

2. 网络市场竞争优势分析

网络市场竞争优势分析主要是指企业的资源分析，包括自身资源和市场资源，可以从效率、品质、创新方面，企业的价值链方面，核心竞争能力方面，企业内部特异能力等方面来进行分析，下面对新创企业特别要重视的两项能力进行阐述。

1）核心能力分析

核心能力是指居于核心地位并能产生竞争优势的要素作用力，具体地讲是组织的学习能力和集体知识能力，通常指企业的知识、管理方式、商誉、企业文化。

核心能力的评价标准和特点如下。

（1）可占用性程度比较低：主要指企业竞争优势赖以建立的专长被企业内部私人占有的程度比较低。

（2）持久性好：企业的核心专长建立在各项资源整合和管理制度上；建立在产品设计与构思上而不是生产上，只有这样，才会持久发展。

（3）可转让性或模仿性比较低：主要指专长的可转移性和可复制性低。

核心能力是一种能用于不同产品、不同企业具有关键性的技术或技能的能力，一旦企业掌握了一系列的能力，它能比竞争对手更快地引进使用核心能力的不同新产品。核心竞争能力能使企业比其他竞争对手做得更好，它能应用于多种产品，而竞争对手却不能很快地模仿。

2）内部特异能力分析

特异能力是一项具有重要竞争意义的活动，在这项活动中，企业要比其他竞争对手做得出色。每一家企业都有某项具有重要竞争意义的活动比其他所有的活动要做得好，因此可以把这项活动叫作核心竞争能力。企业的某项核心能力是不是特异能力，取决于在与竞争对手相比较时这项核心能力的良好程度，企业内部所评价出来做得最好的活动如果不是在市场竞争中做得相当出色，就不能称之为特异能力，例如，绝大多数零售商都认为在产品选择和店内商品采购方面有核心能力，但是很多把其战略性的目标建立在这些核心能力之上的企业都遇到了麻烦，因为他们的竞争对手在这些领域内做得更好。因此，核心能力只有在成为特异能力时才能成为竞争优势的基础。特异能力在战略制定中的重要意义在于：

（1）能给企业带来具有某种宝贵竞争价值的能力。

（2）具有成为企业战略基石的潜力。

（3）可能为企业带来某种竞争优势。

如果一家企业在那些竞争活动中拥有特异能力，如果它的竞争对手没有与这种特异能力相抗衡的能力，同时，如果竞争对手模仿这种特异能力的成本很大，需要花费很多时间，那么这家企业就容易建立起竞争优势。因此，特异能力是一种有着特别价值的资产，能成为企业在竞争中取得成功的关键因素。

3. 市场定位实务

实际中，市场定位应将产品固有的特性、独特的优点、竞争优势等，和目标市场的特征、需求、欲望等结合在一起考虑。具体步骤如下：

（1）分析本企业与竞争者的产品。分析本企业与竞争者所销售的产品，是市场定位的良好起点。

（2）找出差异性。比较自己的产品和竞争对手的产品，对产品目标市场正面及负面的差异性必须详细列出适合所销售产品之营销组合的关键因素。有时候，表面上看来是负面效果的差异性，也许会变成正面效果。

（3）列出主要目标市场。

（4）指出主要目标市场的特征。写出简明、扼要的目标市场的欲望、需求等特征。

（5）与目标市场的需求。把产品的特征和目标市场的需求与欲望结合在一起。有时候营销人员必须在产品和目标市场特征之间，画上许多条线，以挖掘消费者尚有哪些最重要的需求/欲望，未被公司产品或竞争者的产品所满足。

任务1.3　案例阅读

1.3.1　案例一

大山里的淘宝店

2013年12月11日，与所有淘宝店主一样，杜千里忙着准备"双十二"活动，派发了3万多元的红包。如今他的"太行山山之孕土特产"淘宝店年销售额稳定在300万元左右。而杜千里被大家称呼最多的是"杜老师"。因为除了淘宝店主外，他的另外一个身份是乡村教师。5年前他从郑州大学MBA毕业，因找不到工作就回家乡当起了老师，那时他穷得连母亲治疗癌症的手术费都凑不齐。

"一条网线，联系你我；立足山区，服务全球；帮助别人，快乐自己。"正如杜千里自己所言，在太行山大山深处，他用一根网线改变了自己的命运，将老家的野生核桃、野生山药等土特产卖到全国各地，成为全国农村电商的"红人"。

2008年下半年，杜千里因在城里找不到理想的工作就回到老家，结果遭到身边人的鄙视，朋友也开始催促他还债。心烦意乱的杜千里就经常独自一人去山上转悠。一天，他得知老山民挖了好多党参、血参、野灵芝等好药，就是没人要，卖不上价格。杜千里就打算把山区的土特产通过互联网销售出去。第二天他买了一台二手电脑，又拉了一根网线，在淘宝网上注册了"太行山山之孕土特产"店铺。"山之孕，就是大山里孕育出来的天然绿色食品。"杜千里说。

开店一个月后接到的第一单是有个金华的客户要野生山药。他赶紧到农民家里去收购，收购价是10元/千克，转手卖给那个客户每千克30元。2008年年底，他被调到更偏远的上八里镇鸭口小学。他就利用课余时间，骑着自行车下乡去收货。有时候在大山中走几公里才见到一家农户，杜千里就这样挨家挨户地跑，回来时在后座架绑上两个麻袋，驮到辉县县城去发货。

令杜千里没想到的是，经过头两个月的"冷清期"后，他的土特产忽然在网上开始畅销。开店第三个月时,每天的营业额达到三四百元。一年时间不到,他就把债全部还清了。"如果靠我教书的工资来还债,不知要等到猴年马月啊!"杜千里感慨地说。

2010年,"山之孕"网店的年销售额突破100万元,利润达到30%。为了发货方便,杜千里把仓库搬到了辉县县城。2011年,销售额突破200万元,"山之孕"网店被评为"阿里巴巴全球百佳网商",杜千里也获得"最佳创业奖"。

在杜千里的示范和影响下,辉县的农村电子商务迅速发展。当地土特产和农产品网店从无到有,一直增加到现在的300多家。濒临关门的快递公司也起死回生,全国各大快递公司纷纷在辉县设立网点。杜千里迅速致富的故事在当地广为流传。甚至《河南新闻联播》用6分钟的时间大篇幅报道。

在创业的过程中,杜千里也有"贵人相助"。2011年,他在全国返乡大学生论坛上认识了中国社科院信息化研究中心主任汪向东。在汪向东的促使下,2013年8月,农业部和河南省农业厅联合到杜千里的淘宝店调研"农超对接"的问题,建议杜千里开实体店,采取O2O模式(互联网交易和线下商务的结合)。当地政府也无偿提供200亩土地,让杜千里做种植基地,作为辉县的农业示范点。

"网店加实体店加基地的O2O模式,是做网络销售的唯一出路。实体店是网店的体验店,能让客户见到产品实物,基地又能让客户参观产品的生产过程,增加信任。"杜千里打算用3年的时间,在新乡市开10~15家土特产实体店。

2013年11月,他的第一家实体店"巴马工社"开张了,是他联合另外四位老板一起开的。"农村人才少,有广阔天地,只要你找到了自己的方向就大胆地回来。"杜千里还是淘宝大学的农村电商讲习所的讲师,经常被阿里巴巴邀请到全国各地去演讲,呼吁农村青年返乡搞农村电子商务。他提醒返乡青年,首先要规划好自己回家干什么,家乡有什么优势与劣势,否则盲目返乡就得不偿失了。

1.3.2 案例二

王老吉品牌市场定位策略

凉茶是广东、广西地区一种由中草药熬制、具有清热去湿等功效的"药茶"。在众多老字号凉茶中,又以王老吉最为著名,王老吉凉茶发明于清道光年间,至今已有100多年历史,被公认为凉茶始祖,有"药茶王"之称。到了近代,王老吉凉茶更随着华人的足迹遍及世界各地。

20世纪50年代初由于政治原因,王老吉药号分成两支:一支被政府收编归入国有企业,发展为今天的王老吉药业股份有限公司(原羊城药业),主要生产王老吉牌冲剂产品(国药准字);另一支由王氏家族的后人带到中国香港。在中国,王老吉的品牌归王老吉药业股份有限公司所有;在中国以外有凉茶市场的国家和地区,王老吉的品牌基本上都为王氏后人所注册。

加多宝是位于东莞的一家港资公司,由香港王氏后人提供配方,经王老吉药业特许在中国独家生产、经营红色罐装王老吉（食健字号）。

背景

在2002年以前，从表面看，红色罐装王老吉（以下简称红色王老吉）是一个活得很不错的品牌，销量稳定，盈利状况良好，有比较固定的消费群，其红色王老吉的销售业绩连续几年维持在1亿多元，发展到这个规模后，加多宝的管理层发现，要把企业做大，要走向全国，他们就必须克服一连串的问题，甚至连原本的一些优势，也成为困扰企业继续成长的原因。

而这些所有困扰中，最核心的问题是企业不得不面临一个现实难题——红色王老吉当"凉茶"卖，还是当"饮料"卖？

现实难题表现一：现有广东、浙南消费者对红色王老吉认知混乱。

在广东，传统凉茶（如冲剂、自家煲制、凉茶铺所卖等）因下火功效显著，消费者普遍把其当成"药"服用，不经常饮用。而"王老吉"这个具有上百年历史的品牌就是凉茶的代称，可谓说起凉茶想到王老吉，说起王老吉就想到凉茶。因此，红色王老吉受品牌名所累，并不能很顺利地让广东人接受它作为一种可以经常饮用的饮料，销量大大受限。

另外，加多宝生产的红色王老吉配方源自香港王氏后人，是国家批准的食健字号产品，其气味、颜色、包装都与消费者观念中的传统凉茶有很大区别，而且口感偏甜，按中国"良药苦口"的传统观念，广东消费者自然感觉其"降火"药力不足，当产生"下火"需求时，不如到凉茶铺，或自家煎煮。所以对消费者来说，在最讲究"药效"的凉茶中，它也不是一个好的选择。

在广东，红色王老吉拥有凉茶始祖王老吉的品牌，却长着一副饮料化的面孔，让消费者觉得"它好像是凉茶，又好像是饮料"，陷入认知混乱之中。

而在加多宝的另一个主要销售区域浙南，主要是温州、台州、丽水三地，消费者将"红色王老吉"与康师傅茶、旺仔牛奶等饮料相提并论，没有不适合长期饮用的禁忌。加之当地在外华人众多，经他们的引导带动，红色王老吉很快成为当地最畅销的产品，企业担心，红色王老吉可能会成为来去匆匆的时尚，如同当年在浙南红极一时的椰树椰汁，很快又被新的时髦产品替代，一夜之间在大街小巷里消失得干干净净。

面对消费者这些混乱的认知，企业急需通过广告手段提供一个强势的引导，明确红色王老吉的核心价值，并与竞争对手区别开。

现实难题表现二：红色王老吉无法走出广东、浙南。

在两广以外，人们并没有凉茶的概念，甚至调查中消费者说"凉茶就是凉白开吧"，"我们不喝凉的茶水，泡热茶"。传播凉茶概念显然费用惊人。而且，内地消费者的"降火"需求已经被填补，大多是通过服用牛黄解毒片之类的药物来解决。

做凉茶困难重重，做饮料同样危机四伏。如果放眼整个饮料行业，以可口可乐、百事可乐为代表的碳酸饮料，以康师傅、统一为代表的茶饮料、果汁饮料更是处在难以撼动的市场领先地位。

而且，红色王老吉以"金银花、甘草、菊花等"草本植物熬制，有淡淡的中药味，对口味至上的饮料而言，的确存在不小障碍，加之红色王老吉3.5元的零售价，如果加多宝不能使红色王老吉和竞争对手区分开，它就永远走不出饮料行业"列强"的阴影。

这就使红色王老吉面临一个极为尴尬的境地：既不能固守两地，也无法在全国范围内推广。

现实难题表现三：企业宣传概念模糊。

加多宝公司不愿意以"凉茶"推广，限制其销量，但作为"饮料"推广又没有找到合适的区隔，因此，在广告宣传上也不得不模棱两可。很多人都见过这样一条广告：一个非常可爱的小男孩为了打开冰箱拿一罐王老吉，用屁股不断蹭冰箱门。广告语是"健康家庭，永远相伴"，显然这个广告并不能体现红色王老吉的独特价值。

在红色王老吉前几年的推广中，消费者不知道为什么要买它，企业也不知道怎么去卖它。在这样的状态下，红色王老吉居然还平平安安地度过了好几年。出现这种现象，外在的原因是中国市场还不成熟，存在着许多市场空白；内在的原因是这个产品本身具有一种不可替代性，刚好能够填补这个位置。在中国，容许这样一批中小企业糊里糊涂地赚得盆满钵满。但在发展到一定规模之后，企业要想做大，就必须搞清楚一个问题：消费者为什么买我的产品？

重新定位

2002年年底，加多宝找到成美顾问公司，初衷是想为红色王老吉拍一条以赞助奥运会为主题的广告片，要以"体育、健康"的口号来进行宣传，以期推动销售。

成美顾问公司经初步研究后发现，红色王老吉的销售问题不是通过简单的拍广告可以解决的——这种问题目前在中国企业中特别典型：一遇到销量受阻，最常采取的措施就是对广告片动手术，要么改得面目全非，要么赶快搞出一条"大创意"的新广告——其首要解决的问题是品牌定位。

红色王老吉虽然销售了7年，其品牌却从未经过系统定位，连企业也无法回答红色王老吉究竟是什么，消费者更不用说，完全不清楚为什么要买它——这是红色王老吉的品牌定位问题，这个根本问题不解决，拍什么样"有创意"的广告片都无济于事。正如广告大师大卫·奥格威所说：一个广告的效果更多的是取决于你产品的定位，而不是你怎样写广告（创意）。经过一轮深入沟通后，加多宝公司最后接受了建议，决定暂停拍广告片，委托成美顾问公司先对红色王老吉进行品牌定位。

品牌定位的制定，主要是通过了解消费者的认知（而非需求），提出与竞争者不同的主张。因为每个品牌都是建立在消费者需求分析基础之上的，因而大家的结论与做法亦大同小异，所以符合消费者的需求并不能让红色王老吉形成差异。具体而言，品牌定位的制定是将消费者的心智进行全面研究，研究消费者对产品、红色王老吉、竞争对手的认知、优劣势等。

又因为消费者的认知几乎不可改变，所以品牌定位只能顺应消费者的认知而不能与之冲突。如果人们心目中对红色王老吉有了明确的看法，最好不要去尝试冒犯或挑战。就像消费者认为茅台不可能是好的"威士忌"一样。所以，红色王老吉的品牌定位不能与广东、浙南消费者的现有认知发生冲突，才可能稳定现有销量，为企业创造生存及扩张的机会。

为了了解消费者的认知，研究将从市场上红色王老吉、竞争者所传播出的信息入手，厘清他们可能存在于消费者心智中的大概位置，以及他们的优势和弱点。成美的研究人员在进行二手资料收集的同时，对加多宝内部、两地的经销商等进行了专家访谈。在研究过程中，发现"红色王老吉拥有凉茶始祖王老吉的品牌，却长着一副饮料化的面孔"，这等于一个产品有了相互矛盾的双重身份。而加多宝并不清楚消费者的认知、购买动机等，如企业一度认为浙南消费者的购买主要是因为"高档"、"有'吉'字喜庆"。面对这种现实情况，企业决定由成美牵头，引进市场调查公司协助了解消费者的认知。

由于调查目的明确，很快就在"消费行为"研究中发现，广东的消费者饮用红色王老吉的场合为烧烤、登山等活动，原因不外乎"烧烤时喝一罐，心理安慰"、"上火不是太严重，没有必要喝黄振龙"（黄振龙是凉茶铺的代表，其代表产品功效强劲，有祛湿降火之效）。

而在浙南，饮用场合主要集中在"外出就餐、聚会、家庭"，在对于当地饮食文化的了解过程中，研究人员发现该地的消费者对于"上火"的担忧比广东有过之而无不及，座谈会桌上的话梅蜜饯、可口可乐无人问津，被说成了"会上火"的危险品（后面的跟进研究也证实了这一点，发现可口可乐在温州等地销售始终低落，最后可口可乐和百事可乐几乎放弃了该市场，一般都不进行广告投放）。而他们评价红色王老吉时经常谈到"不会上火"，"健康，小孩、老人都能喝，不会引起上火"。可能这些观念并没有科学依据，但这就是浙南消费者头脑中的观念，这是研究需要关注的"唯一的事实"。

这些消费者的认知和购买消费行为均表明，消费者对红色王老吉并无"治疗"要求，而是作为一个功能饮料购买，购买红色王老吉的真实动机是用于"预防上火"，如希望在品尝烧烤时减少上火情况的发生等，真正上火以后可能会采用药物，如牛黄解毒片、传统凉茶类治疗。

再进一步研究消费者对竞争对手的看法，则发现红色王老吉的直接竞争对手，如菊花茶、清凉茶等由于缺乏品牌推广，仅仅是低价渗透市场，并未占据"预防上火"的饮料的定位。而可口可乐、茶饮料、果汁饮料、水等明显不具备"预防上火"的功能，仅仅是间接的竞争。

同时，任何一个品牌定位的成立，都必须是该品牌最有能力占据的，即有据可依，如可口可乐说"正宗的可乐"，是因为它就是可乐的发明者。研究人员对企业、产品自身在消费者心中的认知进行研究。结果表明，红色王老吉的"凉茶始祖"身份、神秘中草药配方、一百多年的历史等，显然是有能力占据"预防上火的饮料"的品牌定位。

由于"预防上火"是消费者购买红色王老吉的真实动机，显然有利于巩固加强原有市场。是否能满足企业对于新定位的期望"进军全国市场"，成为研究的下一步工作。相关二手资料、专家访谈等研究一致显示，中国几千年的中药概念"清热解毒"在全国广为普及，"上火"、"去火"的概念也在各地深入人心，这就使红色王老吉突破了地域品牌的局限。成美的研究人员认为："做好了这个宣传概念的转移，只要有中国人的地方，红色王老吉就能活下去。"

至此，品牌定位的研究基本完成，在合作一个月后，成美向加多宝提交了品牌定位研究报告，首先明确红色王老吉是在"饮料"行业中竞争，其竞争对手应是其他饮料；其品牌定位——"预防上火的饮料"独特的价值在于——喝红色王老吉能预防上火，让消费者无忧地尽情享受生活：煎炸、香辣美食、烧烤、通宵达旦看足球……

这样定位红色王老吉，是出于现实格局通盘的考虑，主要益处有以下四个：

其一，利于红色王老吉的推广走出广东、浙南。

由于"上火"是一个全国普遍性的中医概念，而不再像"凉茶"那样局限于两广地区，这就为红色王老吉走向全国彻底扫除了障碍。

其二，避免红色王老吉与国内外饮料巨头产品的直接竞争，形成独特区隔。

其三，成功地将红色王老吉产品的劣势转化为优势。

淡淡的中药味，成功转变为"预防上火"的有力支撑。

3.5 元的零售价格，因为"预防上火的功能"，不再"高不可攀"。

"王老吉"的品牌名、悠久的历史，成为预防上火"正宗"的、有力的支撑。

其四，利于加多宝企业与王老吉药业合作。

正由于加多宝的红色王老吉定位在功能饮料，区别于王老吉药业的"药品"、"凉茶"，因此能更好地促成两家合作共建"王老吉"品牌。两家企业已共同出资拍摄一部讲述创始人王老吉行医的电视连续剧《药侠王老吉》。

成美在提交的报告中还明确提出，为了和王老吉药业的产品相区别，鉴于加多宝是国内唯一可以生产红色王老吉产品的企业，宣传中尽可能多展示包装，多出现全名"红色罐装王老吉饮料"。

由于在消费者的认知中，饮食是上火的一个重要原因，特别是食用"辛辣"、"煎炸"食品，因此成美在提交的报告中还建议在维护原有的销售渠道的基础上，加大力度开拓餐饮场所，在一批酒楼打造旗舰店的形象。重点选择在湘菜馆、川菜馆、火锅店、烧烤店等。

凭借在饮料市场丰富的经验和敏锐的市场直觉，加多宝董事长陈鸿道当场拍板，全部接受该报告的建议，并决定立即根据品牌定位对红色王老吉展开全面推广。

"开创新品类"永远是品牌定位的首选。一个品牌如果能够将自己定位为与强势对手所不同的选择，其广告只要传达出新品类信息即可，而效果往往是惊人的。红色王老吉作为第一个预防上火的饮料推向市场，使人们了解和接受了这种新饮料，最终红色王老吉就会成为预防上火的饮料的代表，随着品类的成长，自然拥有最大的收益。

确立了红色王老吉利的品牌定位，就明确了营销推广的方向，也确立了广告的标准，所有的传播活动就都有了评估的标准，所有的营销努力都将遵循这一标准，从而确保每一次的推广，在促进销售的同时，都对品牌价值（定位）进行积累。

这时候才可以开始广告创意，拍广告片。

品牌定位的推广

明确了品牌要在消费者心智中占据什么位置，接下来的重要工作，就是要推广品牌，让它真正地进入人心，让大家都知道品牌的定位，从而持久、有力地影响消费者的购买决策。

紧接着，成美为红色王老吉制定了推广主题"怕上火，喝王老吉"，在传播上尽量凸显红色王老吉作为饮料的性质。在第一阶段的广告宣传中，红色王老吉都以轻松、欢快、健康的形象出现，强调正面宣传，避免出现对症下药式的负面诉求，从而把红色王老吉和"传统凉茶"区分开。

为更好唤起消费者的需求，电视广告选用了消费者认为日常生活中最易上火的五个场景：吃火锅、通宵看球、吃油炸食品薯条、吃烧烤和夏日阳光浴，画面中人们在开心享受上述活动的同时，纷纷畅饮红色王老吉。结合时尚、动感十足的广告歌反复吟唱"不用害怕什么，尽情享受生活，怕上火，喝王老吉"，促使消费者在吃火锅、烧烤时，自然联想到红色王老吉，从而导致购买。

红色王老吉的电视媒体选择从一开始就锁定覆盖全国的中央电视台，并结合原有销售区域（广东、浙南）的强势地方媒体，在2003年短短几个月，一举投入4 000多万元，销量立竿见影，得到迅速提升。同年11月，企业乘胜追击，再斥巨资购买了中央电视台2004年黄金广告时段。正是这种疾风暴雨式的投放方式保证了红色王老吉在短期内迅速进入人们的头脑，给人们一个深刻的印象，并迅速红遍全国大江南北。

2003年年初，企业用于红色王老吉推广的总预算仅1 000万元，这是根据2002年的实际销量来划拨的。王老吉当时的销售主要集中在深圳、广州和浙南这三个区域，因此投放量相对充足。随着定位广告的第一轮投放，销量迅速上升，给了企业极大的信心，于是不断追加推广费用，滚动发展。到2003年年底，仅广告投放累计超过4 000万元（不包括购买2004年中央台广告时段的费用），年销量达到了6亿元——这种量力而行、滚动发展的模式非常适合国内许多志在全国市场，但力量暂时不足的企业。

在地面推广上，除了传统渠道的POP广告外，配合餐饮新渠道的开拓，为餐饮渠道设计布置了大量终端物料，如设计制作了电子显示屏、灯笼等餐饮场所乐于接受的实用物品，免费赠送。在传播内容的选择上，充分考虑终端广告应直接刺激消费者的购买欲望，将产品包装作为主要视觉元素，集中宣传一个信息："怕上火，喝王老吉。"餐饮场所的现场提示，最有效地配合了电视广告。正是这种针对性的推广，消费者对红色王老吉"是什么"、"有什么用"有了更强、更直观的认知。目前，餐饮渠道业已成为红色王老吉的重要销售传播渠道之一。

推广效果

红色王老吉成功的品牌定位和传播，给这个拥有一百多年历史的、带有浓厚岭南特色的产品带来了巨大的效益：2003年，红色王老吉的销售额比去年同期增长了近4倍，由2002年的1亿多元猛增至6亿元，并以迅雷不及掩耳之势迅猛冲出广东。2004年，尽管企业不断扩大产能，但仍供不应求，订单如雪片般纷至沓来，全年销量突破10亿元。2005年再接再厉，全年销量稳过20亿元。

同时，肯德基已将王老吉作为中国的特色产品，确定为其餐厅现场销售的饮品，这是中国目前唯一进入肯德基连锁的中国品牌。

（案例来源：http://hi.baidu.com/okxiaoping/blog/item/2e2fb201742ad705728da50a.html）

结　语

红色王老吉的巨大成功，总结起来，加多宝公司有几个方面是其成功的关键所在：
➢ 为红色王老吉品牌准确定位。
➢ 广告对品牌定位传播到位，主要两点：广告表达准确；投放量足够，确保品牌定位进入消费者心智。
➢ 企业决策人准确的判断力和果敢的决策力。
➢ 优秀的执行力，渠道控制力强。
➢ 量力而行、滚动发展，在区域内确保市场推广力度处于相对优势地位。

1.3.3 案例三

万寿亭"微信菜场"如何做到月销售额近 20 万元？

2014 年 6 月，吴伟明开始筹备做万寿亭"微信菜场"，目的是抵抗超市、社区蔬菜门店等对菜场的冲击。销售模式的变化，让作为市场经理的他，开始关注由农贸市场到消费者之间的"最后 1 公里配送"。

去年 10 月，万寿亭"微信菜场"上线，虽然上线当日，不过销出两单，但在近 9 个月里，吴伟明并没有停止努力。

吴伟明说："现在，平均一天能接 30~50 单，由于每个订单中涉及不同类型的产品，对经营者来说，相当于有 100 多单。"月销售额近 20 万元称不上一个很大的数目，但在他看来，"没有放弃，还在思考，还在坚持，并且对前景看好"，就是最好的消息。

下一步，吴伟明想攻克的是从基地到农贸市场的"最后 1 公里配送"难题，这比"从农贸市场到消费者"这一环节，更复杂。他说："我需要足够的体量，与基地谈判。"但显然，现在还不到时候。

2014 年 10 月，万寿亭"微信菜场"一成立，就吸引了各方的关注，这是吴伟明筹划了 4 个多月的成果。考虑到越来越多的超市重视生鲜板块、社区蔬菜门店的价格优势，他决心在销售模式上进行变革，为农贸市场多增设一个生存渠道。

一开始，吴伟明是冲着"为懒人服务"去的，让这些消费者也能拿到和农贸市场一样的蔬菜，在价格上，两者同步，加上微信菜场的一些优惠活动，说不定还是后者更划算。

吴伟明采取了和杭州当代互联科技有限公司合作，后者提供技术支持，接单、发单都在微信公众号平台上，而农贸市场要扮演的角色，就是组织货源、质量把控及打包送货。打包送货，这是非常关键的一个环节。

"如果早上下单，晚上送到，这样的配送服务太常见，而我们要打造的是，1 公里范围内送货，最快半小时到达。"吴伟明说。虽然对外宣称 1 公里，倘若碰上配送员们不忙，2 公里也是可以接受的。

那么，问题的关键来了，这些配送员角色，由谁来承担？

请第三方配送，不划算！微信菜场的价格和农贸市场的菜价是一样的，这意味着并没有多余的营业额来承担这一部分支出。考虑再三后，吴伟明想到了菜场内的商户，调度的原则是"谁有空、谁来送"。

当代互联科技创始人黄欣解释调度的具体过程，一个订单下完后，商户会收到相应商品信息，在准备好商品后，商户便将产品送至农贸市场的分拣处，由农贸市场调度配送。

一个订单上往往包含着不同摊位的产品，针对不同的产品，农贸市场都精选了商家。黄欣透露，平均1个订单对应5~6家商户。如今，在万寿亭微信菜场上，已经上线了上千种产品。

目前，万寿亭"微信市场"平均日接30~50单，月销售额近20万元，项目仍处于贴钱运营状态。

在吴伟明看来，把量做大并不是很困难，但随着数量从100单提升到1 000单，外部的成本就会增加，要解决这些成本，并实现一定的盈利，就要从价格问题着手。如何用更低的成本获得这些蔬菜？去除二级市场环节、直接与基地、供销社对接，是一个不错的法子。

如此一来，又一个"最后1公里难题"亟待解决。

基地的蔬菜种类是有限的，除非体量增大到一定程度，否则一些产品，仍然避免不了从二级市场进货。如此一来，基地、二级市场、农贸市场，会面临一场博弈。吴伟明说，这类案例，自己也曾有耳闻。

他还有另一层考虑。当下，在微信菜场采购，价格优势并不明显，对于那些时间充裕的"马大嫂"来说，逛逛菜场也无妨。但倘若与基地、供销社直接对接，网上蔬菜价格便会下降，"马大嫂"们势必会寻找更便宜的蔬菜购买。这样一来，对线下的实体农贸市场肯定有影响。一场新的博弈再次产生。

吴伟明并不否认方向的正确性，"未来的农贸市场，不是人员密集型的、粗放型的，而是精品型的。""在农贸市场里，可能只有10~30个经营户，你不会看见'不同摊位卖着同样蔬菜'这一景象；农贸市场的规模或许也不会动辄上千平方米，反而是一种体验店的形式。"他说。

那么，到时候面向消费者的配送又将如何？

"配送不是难题，倘若订单数量足够大，专门组建一支全职配送队，也是可行的，而且一旦基地与农贸市场环节打通，这些成本可以得到消化。"吴伟明说。

他想象着，会不会有投资商对这些感兴趣，毕竟前期的资金是个挺大的缺口。要解决的问题不少，一切还得从长计议。

据当代互联科技创始人黄欣透露，目前公司已拓展至5家农贸市场，预计下一个半年实现杭城全覆盖。除此之外，也有一些从业者正在探索。

（案例来源：商报讯，2015 - 07 - 16）

结 语

农贸市场的"最后1公里难题"，尤其是从二级市场到零售市场这一环节的困惑存在已久。这往往是蔬菜加价最猛的阶段。除此之外，从农贸市场到消费者手中的"最后1公里"也越发引人重视。当超市生鲜、社区蔬菜门店、电子商务等快速发展之时，农贸市场正在试图打通基地、供销社到市场这一环节，也在尽可能地用互联网手段拉近市场与消费者之间的距离。很多第三方公司，也试图趁着这一波形势转变，找到新的商机。万寿亭菜场是杭城首个运用手机智能微信技术开设的"微信菜场"。微信菜场是传统菜场试水O2O的典型，它的成长故事，足以折射出农贸市场"最后1公里配送"的现状。

本项目教学建议

1. 教学要求

通过本项目的学习与实训,使学生对互联网创业具有充分的心理准备与理性认识,随时准备抓住难得的创业机会。本项目要求学生学会市场创业机会的调查与分析方法,掌握网络商务信息的常见收集渠道,了解商业机会识别,掌握SWOT分析方法,学会准确评估创业机会,并做出合理的选择。

2. 教学重点

网络商务信息收集、网上调查的实施、创业机会评估、创业机会的选择。

3. 教学难点

互联网创业机会的选择、竞争策略与市场定位。

项目二
互联网创业商业模式选择

引导案例

顺丰嘿客的商业模式

2014年12月,顺丰嘿客全国布局半年有余,由最初的518家门店,扩张到目前的超2 500家,终于在近日低调上线嘿客电商平台,至此嘿客已将线上电商和线下门店打通,初步形成了O2O的闭环。

仔细观察,嘿客的O2O又与大多数的O2O模式不同,通常意义上的O2O包括两种形式:一种是线上平台结合线下万千商家(有门店),用户上门消费,例如餐饮类、娱乐类;另一种是线上平台结合线下企业或个人服务(无门店),企业或个人主动上门服务,用户接受体验,例如上门美甲、预约厨师上门、汽车上门保养等。两者都是线上营销、预订,线下消费、体验,线上为线下导流。

之所以强调"如果",是因为嘿客拥有传统电商不具备的以上优势,但嘿客也要面临用户习惯和黏性培育的困难,这种困难主要相对于传统实体店而言。嘿客是实体店,没有实物也没有库存压力,但用户想购买商品,又要通过网购形式购买,商品还得在路上"折腾",耗时不说,体验也不好,因此没有传统实体店现场试穿试用、即买即付的时间便利。

嘿客店如何吸引客流,从而为嘿客电商导流?既然嘿客的选址或定位在社区,社区因素就成为导流的关键。相比商业街、购物中心、写字楼等商圈,社区的人流量小,但人流主要来自长期定居附近的居民,人群相对稳定、变化较小,而且租金相对商圈也更低,于是社区成为各路商业势力渗透的必争之地。便利店、社区银行、药店、水果和蔬菜超市、洗衣店等各种便民服务纷纷落脚社区,它们各自提供的服务相对居民的需求而言比较互补,但也相对单一。

门店数量(计划总数为4 000家)和服务种类的扩展,是横向和纵向的扩展,都有利于增加嘿客的客流总量,增加居民接触和体验嘿客服务的次数,活跃社区关系,增强居民对嘿客的信任感和存在感,以及培养用户通过嘿客网购的习惯和黏性。

不管是实体店完善电商体验,还是电商从实体店引流,嘿客是商城和门店的O2O结合体。而不管"用词"是消费者、客户、居民,还是用户,嘿客服务的对象都是指向"个人"

而非企业（即 B2C，而非 B2B），这也就是不久前顺丰创始人王卫所言"B2C 是市场未来的发展方向，布局嘿客是为了探索一种能够更好地服务 C 类客户的模式"。

O2O 也好，B2C 也好，都是一种商业模式的统称，只是 B2C 是企业和个人关系的特指，概念和模式已相对成熟和固定，而 O2O 是线上和线下结合的商业模式的泛指，概念和范围比 B2C 更广，发展中也呈现出更多变化和不确定性，顺丰嘿客明显属于 O2O 中的 B2C。

但嘿客在盈利模式未明之前，就大规模扩张建设门店的举动，让我想起一句话"只要方向是对的，就尽管往前走"，嘿客的方向是否选对了？低调、实干、屡战屡胜的王卫，在嘿客上能否延续战绩呢？

（案例文章来源：iDoNews）

任务 2.1 网络商贸模式的选择

2.1.1 知识准备

1. 互联网创业商业模式的种类

所谓"商业模式"是指一个企业从事某一领域的经营的市场定位和盈利方式，以及为了满足目标客户主体需要所采取的一系列的、整体的战略组合。

一个企业的商业模式（Business Model）至少包括以下三方面内容：企业的经营内容、企业的服务对象、企业的收入来源。

企业的经营内容是指企业经营的是产品还是服务，是有形产品还是无形产品。企业的服务对象是指企业的受众，可以是特定的目标群体，也可以是不定的大众群体。企业的收入来源是指企业获取经营收入的方式，包括销售收入、广告、佣金、会员费、服务费等。考察任何一个企业的商业模式大致都可以从这三方面入手。

电子商务为商业模式增加了许多新的种类，目前，在 Web 上可以观察到的网上创业的商业模式基本包括以下几种：

商贸模式。商贸模式是模拟传统的商品和服务的批发商及零售商的模式。基于列表价格或拍卖的方式进行销售。

代理模式。代理模式就是创造一个市场，把买方和卖方撮合在一起，并且促成双方交易行为的模式。代理从其撮合成功的每项交易中收取一定的费用。

广告模式。Web 上的广告模式是传统的媒体广告模式在 Internet 上的扩充，是指网站以广告收入为主要来源的商业模式。在这里，一个 Web 网站提供内容和服务（如 E-mail、聊天室、论坛等），同时包含标题广告（Banner）。该网站可以是内容的提供者，也可以是内容的分发者。只有当浏览量非常大或者高度专业化时，广告模式才能正常运作。

信息中介模式。信息中介模式是指某些信息中介公司通过 Internet 收集信息并把信息卖给其他公司来获得利益的商业模式。在信息中介模式中，有关消费者和他们的购物习惯的信息是非常有价值的，特别是当这些信息被用来指导定位市场销售活动时。信息中介模式也能以另外的一些方式起作用：在经过市场细分后，为消费者提供有用的网站信息，以此为他们节约开支。

会员模式。会员模式是和一般化的门户入口模式相反的模式。进入网站的用户，需要缴纳费用注册成为会员，才能够得到更多的服务。网站一般通过收取会员费用获得收益，也可以通过广告和给用户提供共享软件获得利润。在会员模式中，人们无论在哪儿上网冲浪，该模式都会为他们提供购买机会。会员模式对于 Web 来说是相当便利的，这也是它为什么流行的原因。例如，中国灯饰网（www.china-lamp.net）采用的就是会员模式。

订阅模式。订阅模式是指消费者访问网站，订阅某些信息，并为网站付费的商业模式。这种模式的网站必须提供高附加值的内容，以满足消费者的需要。网上订阅模式主要被企业用来销售报纸杂志、有线电视节目等。目前这一领域的电子商务获得了极大的成功。网络游戏成为继"网络门户"争夺战后第二重要领域，如 Microsoft、Excite、Infoseek 及世嘉、VM 实验室等，纷纷在网络游戏方面强势出击。中国的盛大网络游戏、联众游戏吸引了成千上万的消费者，赢得了广阔的在线娱乐市场。

信息搜索模式。在 Web 上，各种信息浩如烟海，要查询到自己需要的信息并不容易，于是有了专门为用户提供快速搜索信息的网站，如谷歌、百度等，这类网站的浏览量非常大，它们主要是通过对信息竞价排序收费来获得利润。因为，在 Web 上的企业，都想被人们发现并访问，增加商业机会，搜索结果排序在前面的企业，当然具有优势，对于数百页的搜索结果，排在后面的企业，可能不会被搜索者发现。

这些模式以不同的方法被实现。任何一个公司可以把不同的模式组合在一起作为它的 Web 商业策略的一部分。从而可以发现一个广告模式可以和一个订阅模式混合在一起，产生一个能有利润的全面的商业策略。商业模式在 Web 上迅速发展，可以预计未来将出现许多新的商业模式。

2. 网络零售创业准备工作

由于网络的便捷、高效和方便管理，不少创业者都把初次创业的方向定在网上零售。在互联网上从事零售业务的渠道主要有两种：第一种是在专业的电子商务网站上开店，如在淘宝、易趣上开设自己的网店。有些电子商务专业平台是免费提供使用的，比如淘宝。对于资金有限的初次创业者来说，在免费的电子商务网站上开店是一种低成本的启动方式；第二种是建立一个创业者专有的电子商务网站。这需要一定的启动资金和运营费用，但是这种方式创业起点高，更有利于建立创业企业品牌和市场信誉。

创业者在建立自己的专业网站时应该做好以下准备工作。

1）确定网络零售的销售对象

创业者作为网络零售的主体是要为客户提供产品和服务的。尤其是在创业初期，创业者必须明确谁是自己的客户，他们需要什么，创业企业能够为他们提供什么，是否能够满足他们的需求。这些问题对创业者十分重要。有些选择网络零售的创业者并不知道自己的客户是谁，他们需要什么，而是能够拿到什么便宜东西就去卖什么，这样做的结果也许在短期内能够有一定的收入，但是不利于长远发展。

2）网络零售的价值分析与资源准备

从创业的长远发展考虑，创业者应该对自己的产品定位进行分析。什么是客户需要的商品？是否有稳定的高质量的货源？是否具有价格上的优势？与竞争对手相比较，自己的优势或差异是什么？这种优势和差异能否对客户产生足够的吸引力。

网上零售由于信息丰富、交流方便、价格低廉已经得到越来越多的消费者的青睐。但是随着网络零售业务的普及，创业者要想在众多的网络零售商中被消费者"相中"就愈加困难。因此创业者需要同时采取差异化和低成本的策略，使自己的产品和服务优于竞争者，而成本低于竞争者，只有这样才有可能脱颖而出。

作为网络零售商可以创立自己的品牌，产品委托加工，也可做某个商品的代理，不需要在品牌培养上做大的投入，当积累了一定的客户资源，就可以适时推出自己的品牌。

3）网络零售的业务流程设计

网络零售是商家在虚拟世界中向消费者提供产品和服务的商业形式。在买卖双方并未谋面的情形下，传统商业中依赖销售人员个人素养的销售技巧和经商之道，比如"微笑服务"、"热情待客"、"童叟无欺"等在虚拟世界中都难以奏效。网络零售要吸引消费者并且留住老客户，就需要在业务流程上下功夫，要站在消费者的立场上进行网络零售流程的设计，要让消费者登录到网络零售网站上同样有"宾至如归"的感觉。

对于具有独立网站的网络零售商，网络零售业务流程需要精心设计，网络零售业务流程的设计原则如下：

（1）商品齐全、价格合理。网络零售对于消费者来说，图的是方便快捷，但是如果网络零售的商品货号短缺，方便就变成了不方便。因此，网上零售可以采取专业化经营，但是必须做精做细。网络零售的商品还必须占有价格优势，网络零售没有店铺，无须大量的销售人员，节省了营业费用，网络零售商应将节省下来的费用，让利于消费者，在商品的价格上获得竞争优势。

（2）信息翔实、检索便捷。在网络零售业务流程的设计中，首先要方便消费者的网上购买。网络零售商应在网上提供充分的商品信息和便捷的检索方式，让消费者在虚拟世界中尽量全面细致地了解商品。甚至在不影响浏览速度的前提下，尽可能提供三维商品展示。

（3）安全可靠的网站管理。在互联网电子商务中，网络零售网站是访问量最大的一类网站，也是最容易受到黑客攻击和不法分子觊觎的网站。因此在网络零售网站的设计中，必须采取可靠的措施保证网站的安全性和客户信息的安全性。

（4）纵横链接、快捷到位。网络零售是否能够成交，除了零售商在提供商品信息、制定商品价格等方面的因素以外，在很大程度上取决于消费者的购买欲望。而今天的消费者，其购买欲望已经不仅仅由其生理需求所决定，还由其精神需求所决定。因此网页的设计要能够让消费者赏心悦目，让消费者方便地查找到所需的商品信息。

2.1.2 商贸模式选择

1. 选择虚拟商店

虚拟商店也称网上商场或电子商场，是电子零售商业的典型组织形式，是建立在 Internet 上的商场。在 Internet 上，虚拟商店的网站主页就是客户和店主进行交流的店面。

虚拟商店是一个仅通过 Web 进行经营的公司，提供传统的或 Web 上的商品或服务。销售的方法可以是列表价格或拍卖。例如，当当网就属于这种类型。虚拟商店每天吸引着成千上万的客户，发展前景十分看好。在国外，Amamn 网上书店是最大的网上虚拟零售企业，AMP 公司以在网上供应电子零件而闻名，戴尔电脑公司的网上商店被公认为最大的计算机系统网上供应商；在国内，西单商场、城乡华懋、翠微百货、世都百货等许多著名大型商场都开办了网上虚拟商店。

企业选择虚拟商店形式开展营销活动必须进行总体营销策划和设计。从营销理念上要树立起为消费者提供快捷、方便、可靠服务的经营指导思想。

一家虚拟商店要想脱颖而出，并成为消费者最佳的选择，关键在于其要拥有良好的信誉。信誉良好的虚拟商店会在网友之间广为传播，逐渐取得消费者的信任。虚拟商店还可以通过提供免费送货、无条件更换保证、降低价位、采用优惠卡等方式建立商店的信誉。原来在真实空间就拥有信誉的商店，再开办虚拟商店将享有先天优势。

目前在虚拟商店里参与交易的商品可以分为三类：实体商品，如书籍、饮料、化妆品、电子产品等；信息与媒体商品，如电脑游戏、Java 软件、应用软件等；在线服务，如在线预约服务、代理中介服务、在线订阅服务、在线娱乐服务等。这些商品有一个共同特征，即商品质地统一、不易产生歧义。其中，信息和媒体商品最适合通过虚拟商店销售，礼品、食品也是虚拟商店的主要销售商品。但是并非所有的商品都适合在虚拟商店销售，如要在虚拟商店中经营服装就比较困难，因为在 Internet 上一时难以实现人们先试穿后购买的习惯要求。

在价格策略上，目前我国网络消费者收入不太高，在未完全排除网上购物的不安全因素之前，商品价位以中低为主。对于网络消费者中的部分高收入者，他们对价格的敏感度较低，而对购物的便利性和商品的独特性要求却很高，可以采用高价策略。在广告策略上，对于高相关性产品，商店应偏重于咨询性信息的提供，其广告的教育成分可提高；对于低相关性产品，消费者购买时风险感较低，商店可大大提高广告的娱乐性，以增加吸引力。另外，融于网络游戏中的游戏广告与娱乐相联系，受众集中、性价比优良，能让消费者在愉快的体验中主动接受品牌，产生购买欲望；通过网络邮箱做广告，也是一种最新方式，因为邮箱广告具有作用时间长、非强迫、艺术性强等优点。

主页就像公司的门面，关系到客户对商店的第一印象。在 Internet 上，商店可以是一个电子邮件信箱或者是一个 Internet 小册子。设计好主页，根据 Internet 的特性促销商品，是开设虚拟商店的核心课题。Internet 主页的设计，应遵循简洁、精美、专业化等原则，注意给客户留下良好印象。其内容主要包括 LOGO、欢迎词、简介、产品与服务项目和索引等。

建立强大的虚拟商店信息管理系统十分必要。强大的虚拟商店信息管理系统包括以下六个子系统：商品资料库管理系统，网页商品目录上显示的相关资料都建立在资料库中，通过首页与资料连接，可节省人工重复输入资料的时间；商品自动上柜系统，把资料库要更新的商品资料图案等整批自动产生 HTML 程序，正式上柜前可预先浏览；会员管理系统，包括消费者消费行为模式分析、VIP 会员管理；网上订购及订单管理系统；网上安全支付系统；后台作业处理规划系统。

2. 选择比特卖家

比特卖家是一个严格地只卖数字产品和服务的商家，同时在 Web 上处理销售和分发业务。例如，在 Web 上卖手机铃声、软件等数字产品，用户自行下载，上网缴费获得许可。如华军软件商城（http：//www.pcsoft.com.）就是典型的比特卖家。

这种模式是一种完全的电子商务模式，一般而言，它不需要借助传统的物流方式，仅仅依靠网络就实现了商品买卖的全过程。

3. 选择赠予模式

赠予模式是一种非传统的商业运作模式。它是指企业借助于 Internet 全球广泛性的优势，向 Internet 上的用户赠送软件产品，扩大知名度和市场份额。通过让消费者使用该产品，让消费者下载购买一个新版本的软件或购买另一个相关的软件。

由于所赠送的是无形的计算机软件产品，用户通过 Internet 自行下载，所以投入的成本很低。因此，如果软件的确有使用价值，那么是很容易让消费者接受的。

RealAudio 音频播放器软件是第一个能在网上直接实时播放音频的播放器。RealAudio 在网上赠予了成千上万份的音频播放器软件，希望并鼓励软件开发商将该软件的图标放到开发商的网址上，进而在软件开发时购买其播放器软件。

网上赠予模式的实质就是"先试用，然后购买"。用户可以从网站上免费下载喜欢的软件，在真正购买前对该软件进行全面的测评。以往人们在选择和购买软件时仅靠介绍和说明，以及人们的口碑，而现在可以免费下载，试用 60 天或 90 天后，再决定是否购买。

适宜采用网上赠予模式的企业主要有两类：软件公司和出版商。电脑软件公司在发布新产品或新版本时通常在网上免费提供测试版。网上用户可以免费下载试用。这样，软件公司不仅可以取得一定的市场份额，而且也扩大了测试群体，保证了软件测试的效果。当最后版本公布时，测试用户可以购买，因为参与了测试版的试用可以享受到一定的折扣。有的出版商也采取网上赠予模式，先让用户试用，然后购买。例如，《华尔街日报》对绝大多数在线服务商以及其他出版社一般都提供免费试用期。《华尔街日报》在进行免费测试期间拥有 65 万用户，其中有很大一部分都成为付费用户。

4. 选择厂商模式

厂商模式是指生产企业直接面向消费者销售产品的商业模式。厂商模式是被预言最能体现 Web 强大力量的模式，它使厂商直接接触消费者，因此压缩了分销渠道，省去了批发商和零售商。一般来说，厂商模式可以降低成本，从而可以降低消费者的负担，能提高客户服务水平，更好地了解客户喜好。例如，美国戴尔电脑公司依靠 Internet 和电话网络直销，取得了巨大的成功。

这种模式会和厂商已经建立起来的供应链，如 Intel、Apple 产生渠道冲突。如何调整供应链上各个企业之间的利益、保证供应链的有效性，是企业必须解决的问题。

任务 2.2　经纪与中介模式的选择

2.2.1　知识准备

1. 互联网盈利模式

盈利模式是创业项目为创业者或经营者获取收入的方式、方法和程序的总和。换句话说，一个创业项目的盈利模式决定了创业者是否能够从创业项目的营运中赚钱。如果说价值分析是站在客户的角度对创业项目进行审视，那么盈利模式则是站在创业者和经营者的角度对创业项目进行设计。

盈利模式对于各种形式的创业来说都是一个至关重要的问题。盈利模式直接关系到创业活动的生命周期——一颗创业的种子是否能够成长为一棵参天大树，是否能够成为一项常青基业，取决于是否有一个明确的可持续的盈利模式。对于互联网创业来说，盈利模式是否清晰更成为互联网创业的核心问题。这是因为互联网创业的盈利模式往往更容易被先进的技术、新颖的概念所取代，创业者的关注力也往往更容易被某些技术细节所吸引。而如果没有一个清晰的盈利模式，互联网创业是不可能取得成功的。

即便是一个非常有创意的创业点子，即便是能够为客户创造价值的创业项目，但是未必能够为创业者带来利润。盈利模式不是互联网创业与生俱来的产物，而是创业者精心设计的结果。成功的互联网创业各有各的成功之道，而失败的互联网创业往往都是没有明确的盈利模式。

电子邮件最早出现在20世纪70年代，一直以来人们都把它作为一种免费的电子沟通手段，直到90年代，一对美国的律师夫妇用电子邮件轻轻松松赚了10万美金，人们才意识到原来电子邮件也可以成为一种赚钱的工具。因此对于互联网创业者来说，在对互联网创业项目进行价值分析的同时要对盈利模式进行设计。

一个好的互联网创业项目首先能够为客户提供价值，最好是为广大的客户提供价值。能够为客户提供价值的互联网创业项目，说明它能够满足特定的市场需求，有其存在的必要性。客户越广泛，其市场覆盖面就越大。

如果创业者所提供的产品和服务被每一个客户所需要，那么是不是创业就一定成功呢？答案是否定的。理由非常简单，如果有人能够免费提供午饭，全世界的人都愿意成为他（她）的客户，但是他（她）也就马上破产了。因此创业项目还必须能够为创业者获取利润，创业者能够从互联网创业项目中获取利润是激励创业者创业的动力之一。

最后，互联网创业项目还要能够持续地盈利，而不是短期盈利。能够实现持续盈利的互联网创业项目才能够持久发展、不断壮大。

创业者如何为创业项目设计一个好的盈利模式呢？通过对成功的互联网创业进行分析发现，互联网创业项目的盈利模式不外乎两大类：出售商品或提供服务（这似乎与传统创业没有什么两样）。如果再进一步对出售商品和提供服务进行细分，可以发现，同样是出售商品或提供服务，但是盈利模式并不相同。为了能够更加突出互联网的特色，对互联网的盈利模式的划分还可以用另外一种方法：销售型盈利模式和流量型盈利模式。

在互联网上通过出售商品或提供服务而直接获取收入的经营方式就是销售型盈利模式。销售型盈利模式与传统的销售经营方式并没有本质的区别，最大的区别就是出售商品或提供服务的场所是在互联网上。

销售型盈利模式的核心是所出售的商品或提供的服务（服务也可以被称作是一种产品）能够直接满足客户的需求，即所提供的商品或提供的服务本身能够为客户创造价值。销售型盈利模式是一种直接的价值交换方式——商品与货币的交换。商家在线出售商品，买方用货币在线或离线支付，同时商品交付给买方，商品所有权进行了转移。

流量型盈利模式是靠浏览量或点击量获取收入的经营方式。流量型盈利模式通常是以免费出售非实物商品来吸引用户，这些创新的互联网电子商业模式虽然没有直接从商品出售或服务中产生收入，但是由于它能够吸引大量的关注，从而为其他间接的盈利创造机会。

在互联网创业中，将销售型盈利模式和流量型盈利模式巧妙地结合在一起往往就孕育出创新的商业模式。因此善于设计吸引用户注意力的流量型模式，同时又善于将流量转化为销量是互联网创业成功的不二法则。

2. 网络经纪与中介服务

经纪业务泛指各种代理和中介业务。网络经纪就是通过互联网提供经纪业务或中介服务的电子商务模式。利用互联网提供经纪业务或中介服务是一种低成本的创业途径，是建立在创业者自身的经验、知识和对信息的收集判断等智力活动基础上并依托互联网而实现的创业活动。从广义上讲，所有为买卖双方提供交易与交流的平台都可以纳入网络经纪的范畴。包括网络竞价平台、供求信息发布平台，旅游中介网站、贸易中介网站、人才中介网站、婚姻中介网站，等等。

作为创业者在选择某种网络经纪或中介业务时，首先要准确判断和把握该模式的商业价值，是否存在相应的市场需求决定了创业项目未来是否能够存活。其次要评估创业者（或创业团队）是否具备相关的经验、知识或资源。二者齐备，创业才有可能。

1）贸易中介网站

贸易中介网站是为买卖双方提供供求信息和交易服务的第三方网络平台。贸易中介网站的商业价值，是以海量的供求信息为基础使买卖各方能够从中方便地寻求到交易的机会。经营贸易中介网站的关键资源就是供求信息，而供求信息的来源在于拥有大量的有效客户，特别是买方客户。如果创业者没有第一手的供求信息——直接来自于客户的信息，而是通过转载来获取的信息，这样的中介网站注定是"短命"的。

以贸易中介作为创业选择的互联网创业者，除了要具备网络经纪所需要的知识、经验和相关资源之外，还应该精心设计业务流程，避免出现被客户"甩掉"的情况。也就是买卖双方通过贸易中介网站取得联系以后，就不再需要贸易中介网站了。

互联网创业者可以充分发挥互联网的作用，以防止出现此类情况。一是采取会员制，有价信息，有偿使用（需缴纳会员费），而且作为贸易中介公司应该提供更多的增值服务，通过增值服务"粘"住客户。比如，阿里巴巴就是一个贸易信息中介网站，但是阿里巴巴并不担心被客户甩掉，因为有价值的客户都是阿里巴巴的会员。当阿里巴巴的会员足够多的时候，每一个加入阿里巴巴的会员都会从其网络效应中获得更多的好处，如果为了省去会员费，甩掉阿里巴巴，就会失去更多的商机。二是阿里巴巴还通过提供支付宝、诚信通、阿里旺旺（贸易通）等附加服务和增值服务成为买卖双方都不愿甩掉的"保险带"。

2）旅游中介网站

旅游产品与金融服务相似，是数字化程度非常高的一个领域，利用互联网能够构筑起旅游经纪的电子商务模式，为个人旅游者、商务旅行者提供快捷灵活、体贴周到而又充满个性化的旅行服务。

旅游经纪网站以免费的旅游信息服务和预订业务吸引客户。旅游信息包括旅游景点介绍、旅游景点的人文景观、餐饮住宿和天气预报等。预订业务则包括酒店订房、飞机票、旅游线路等预订业务。

旅游经纪类网站的收入来源主要如下：

（1）从预订业务中收取佣金。旅游经纪公司需要与各酒店、航空公司、旅行社等建立合作伙伴关系，从相应的预订业务中收取佣金。

（2）通过对旅游景点、旅行社、宾馆的网上展示收取费用。

（3）其他旅游产品的广告收入。

旅游经纪网站不仅仅提供信息服务和预订业务，同时需要解决物流和资金的支付问题。

客户在网上订票提交以后，要按照客户指定的时间和地点将票送达客户。因此旅游经纪公司需要建立起庞大的配送网点。配送网点的覆盖面实际上决定了旅游经纪网站的业务覆盖面。

目前旅游经纪网站采取的资金支付手段有多种形式：一是网上支付，旅游经纪公司在与各种信用卡发卡机构分别签署信用卡受理协议以后，即可实现在线支付；二是网下支付，如邮汇、电汇或现金支付。

3）婚恋交友网站

现代社会，生活节奏越来越快，人们的生活压力越来越大，随之而来的是人与人之间交流的时间越来越少。这使得越来越多的人希望借助互联网来扩大交友的范围，甚至通过互联网喜结良缘。

婚恋交友网站的商业价值是显而易见的，但是其盈利模式是需要创业者精心设计的。目前，几大婚恋交友网站的盈利模式主要还是建立在流量的基础上。当流量成为一种资源时，创业者要寻求将流量转化为销量的盈利模式。将流量资源与销量资源整合起来，才能拓展网络婚恋交友网站的空间。

2.2.2　经纪与中介模式选择

1. 选择买/卖履行

买/卖履行就是代理商把买方和卖方撮合在一起，履行某种合同，完成一些交易行为的模式。

买/卖履行可以是一个在线的金融代理，类似 eTrade 用户发出买和卖订单，进行金融投资的交易。目前，我国广泛开展的网络证券交易就是这样一种模式，证券公司作为买/卖履行代理商把证券交易者集合在一起，实现证券交易。在这种模式中，代理向买方和/或卖方收取交易费用。有些模式基于规模经营，用很低的费用就可以发送出最好的交易价格，例如，携程旅行网创立于 1999 年，总部设在上海，目前在北京、广州、深圳、成都、杭州有五个分公司，并在 30 多个城市有分支机构，现有员工 3 000 余人。

作为我国领先的综合性旅行服务公司，携程旅行网向超过 1 000 余万注册会员提供包括酒店预订、机票预订、度假预订、商旅管理、特惠商户及旅游资讯在内的全方位旅行服务。

2. 选择中介代理

中介代理是一个把购买者和在线商家撮合在一起的代理公司，同时提供交易服务，如金融结算和质量保证等。它是一个虚拟商场，但同时，它又处理交易，跟踪订单，提供开账单和催收费用的服务。这种中介通过确保提供令人满意的商家来维护消费者利益。该代理公司收取商家的初建费，并对每笔交易收取一定的费用。著名的淘宝网就具有中介代理的作用，其开发的支付宝实现了金融结算和质量保证的功能。

淘宝网采用会员制，只对注册会员提供交易服务，对交易的物品称"宝贝"。另外，淘宝网提供第三方支付工具——支付宝，帮助交易双方完成交易，提高网上交易的信用度。有类似 QQ 的即时交易沟通工具"淘宝旺旺"等，目的是使双方更加方便快捷地进行网上交易。淘宝网的注册认证机制，用激活的用户账号登录集买家、卖家管理和交易工具于一体的"我的淘宝"网页，即可选择购买宝贝，还可以发布求购信息让卖家找上门来。对于卖家则要求通过实名认证，再发布10件宝贝，才可以在淘宝网上开店，淘宝网现在为卖家提供电子店铺主页、橱窗位等供商品展示。淘宝网的实名认证需要提交的证件为：电子版身份证照片，可数码拍摄或原件扫描。淘宝网对商品和交易的管理：淘宝网建立投诉机制，对炒作信用度、哄抬价格、知识产权侵权之商标侵权、销售行为侵权、外观设计侵权、著作侵权等行为进行自律。

3. 选择拍卖代理

拍卖代理是为卖方（个人或商家）处理拍卖的网站。其拍卖方式可以分为多种。

正向拍卖以一个最低点为基础，卖方从购买者那里获得最高投标金额。拍卖根据报价和出价规则的不同而有所不同。目前我国知名的拍卖网站有：易趣网、中拍网、雅宝拍卖网、易必得、八佰拜电子拍卖等。反向拍卖就是"报出你的价格"的商业模式，也称为"需求收集"和"请求销售"。预期的购买者为某一商品或服务报出最终价格，代理则为他寻求相应的卖家。在某些模式中，代理收取的费用是报价和成交价之间的差额，或者是一个处理费用。通常，这种模式的目标定位于一些高档的物品，如汽车等。

还有一种反向拍卖方式——英式反向拍卖，也被广泛应用于商务。这是一种供应商报价逐次降低供货价格的市场方式，由市场结束前最后一位报价者，即最低出售价的报价者，获胜并取得采购商的整批货品采购的订单。这类公司经营的内容是促成企业之间的交易，其收入来源是拍卖代理收取的一定代理费用。

4. 选择市场交换

市场交换就是买卖双方通过中介交易市场实现商品买卖的模式。市场交换是在 B2B 市场中不断得到应用的通用模式。在此交换模型中，代理向卖方收取基于销售额的交易费用，或者收取一定的会员注册费。价格机制可以是一个简单的出价/购买（offer/buy），出价/协议购买（offer/negotiated buy），或者是一个拍卖出价/投标的处理方法（auction offer/bid approach）。

5. 选择商业贸易组织

商业贸易组织也称垂直型网站，垂直型网站指提供某类产品及其相关产品（互补产品）的一系列服务（从网上交流到广告、网上拍卖、网上交易等）的网站。该类网站的优势在于产品的互补性和购物的便捷性，例如，在一个汽车网站不仅可买到汽车，还可以买到汽车零件，甚至汽车保险，客户在这一类网站中可以实现一步到位的采购，因而客户的平均滞留时间较长。

垂直型网站的成功案例之一是 PlasticNet.com。该网站致力于塑料业厂商的信息中介服务，以提取交易费（5%~10%）为主要收入来源。中国化工网就是十分成功的垂直型网站。

6. 选择购买者集体议价

购买者集体议价模式是由 Accompany 最先使用的，它把来自 Internet 的个体购买者聚集成一个群体，这样，购买者就可以享受在传统购买活动中给批量购买者的优惠价格。销售者在每笔交易的基础上，给每个购买者打一个小小的折扣。

参加议价的人越多价格就越便宜。集体议价又可以分为两种：一种是预先由发起人预估销售量，直接跟商家把货买断，以大量订购的方式取得低价，然后转卖给其他的购买者；这种方式发起人本身要负担一些风险，因为可能预估不准，万一没有全部卖出去，自己要负担后续处理的费用；另一种是先征集需求，然后与厂商商量各个购买数量级别的价格折扣。当然，购买的人越多价格越低。这种做法，经营者比较安全，风险较低。

在我们的日常生活中，要找到大量的想跟我们买同样东西的人，根本是不可能的。但是通过网络，我们就可以把有同样需求的人集合起来，完成议价的过程。

7. 选择分销商

分销商模式是把大量的产品厂商和批量、零售购买者连接起来，通过网站实现信息共享和销售的模式。这种模式在 B2B 中越来越通用。代理使特权分销商和他们的贸易伙伴之间的交易更加方便。对于购买者，可以使他们更快地进行市场交易，更快地获取批量，同时，降低获取成本。为购买者提供来自最好的分销商的报价，显示特定购买者的价格、交易时间，并推荐次分销商，以使交易更加有效。对于分销商，通过报价、订单处理、跟踪订单状态，使分销商更快地适应变化，减少劳动力，从而降低销售成本。

8. 搜索代理

搜索代理就是使用一个代理（如一个智能软件或"机器人"），为购买者指定的一项商品或服务搜索出最好的价格，或者努力定位发现信息的商业模式。中华英才网无疑是这方面的杰出代表。中华英才网成立于 1997 年，是国内最早、最专业的人才招聘网站之一。

作为中国第一的招聘网站，中华英才网始终以客户需求为导向，用权威的专业服务，做好企业与人才的对接。中华英才网是企业的人才之源、个人的职业伙伴。

任务 2.3 广告模式的选择

2.3.1 知识准备

1. 流量型盈利模式

流量型盈利模式是靠浏览量获取收入的盈利模式。互联网的奇妙之处就是它在传统的销售模式之外创造了更多的新的盈利模式。一些创新的电子商务模式虽然没有直接从商品出售和服务提供中产生收入，但是由于它能够吸引大量的眼球，从而为其他间接的盈利方式创造机会。比如，免费的搜索引擎、音乐下载、电子邮件服务、QQ、MSN、博客、免费电子书下载，等等。这些流量型电子商务模式所提供的服务具有广泛的市场需求，能够为广大的客户提供价值，而且是免费的，所以很容易吸引大量的眼球，形成一个巨大的客户群体和市场覆盖面，于是附加价值就很容易产生。

例如，搜索引擎的竞价排名和关键词广告。由于搜索引擎是免费使用的，所以它成为人们用得最多的互联网工具。尽管搜索引擎的创建者无法直接从搜索引擎的使用中获得收入（想象一下，如果搜索引擎需要付费才能使用，还会有多少人使用搜索引擎来查找信息），但是庞大的用户群却吸引了众多的商家，要想在搜索引擎中被用户找到就需要在搜索结果中获得好的排名，就得购买竞价排名或关键词广告。于是搜索引擎的创建者获得了间接的收入——堤内损失堤外补。

流量型盈利模式是建立在获取浏览量的商业模式之上的。所以尽管许多创新的商业模式在刚刚问世时并没有为创业者带来直接的利润，但是只要经过精心设计，这些具有较高浏览量的商业模式，往往会衍生出令人意想不到的盈利模式。

许多人对腾讯QQ今天如火如荼的景况完全没有预见到，甚至包括腾讯的创建人马化腾和张志东在内也是如此。

流量型盈利模式的基础是流量，或者说是用户群。基础打好了，接下来的关键是要为用户提供有价值的服务。因为有了庞大的用户群，再推出对用户有价值的收费服务或产品，盈利自然是"水到渠成"。

从腾讯的发展过程可以得到以下启示：

◆ 价值与免费，缺一不可。流量型盈利模式的盈利基础是面向大众的有价值的免费服务；要想获得巨大的浏览量，价值和免费二者缺一不可。

◆ 流量型盈利模式需要设计盈利点。流量型盈利模式不是免费服务的必然产物，而是需要进行设计的；如果不精心设计，即便产生了流量也不一定能够盈利。

◆ 流量型盈利模式需要利用"网络效应"。流量型盈利模式的持久性是建立在用户的忠诚度上，即盈利模式应用的"网络效应"上。没有网络效应的网络服务，即便免费服务也不可能产生流量。

2. 网络媒体及其特点

互联网突破了传统媒体的限制，创造了形式新颖、内容丰富的新媒体，人们对互联网的最初的定义就是第四代媒体。互联网作为继报纸杂志、广播、电视之外的第四代新媒体，不仅涵盖了传统媒体所具有的功能，同时又具有传统媒体不可比拟的优势。

互联网本身就是一个庞大的信息载体，因此从广义上说，已成为网络媒体的代名词。从狭义上说，只有在互联网上专门从事内容传播和出版发行的应用模式才是真正的网络媒体。随着互联网的应用和普及，网络媒体的形式与载体也越来越丰富。最初网络媒体以文字、图片为主要表现形式，以专业化的网站为信息发布平台，以互联网为信息传播渠道。自2005年中国互联网传播进入Web2.0阶段以来，网络媒体的表现形式从以文字和图片为主，转变为多媒体的表现形式，视频、音频成为人们更加喜闻乐见的表现形式。信息的发布和传播载体也越来越丰富。即时通信、博客、播客、聚合新闻服务等发布平台，手机网站、手机报刊、IP电视、移动数字电视、网络广播、网络电视等新兴传播载体给网络媒体带来了蓬勃发展的又一春。

2.3.2 广告模式选择

1. 选择一般化的门户入口

一般化的门户入口网站是面向所有消费者的，作为这样的门户网站，需要高浏览量，一般需要每月有千万的浏览量，才能称为一般化的门户网站，才能获得广告主的青睐，例如，最著名的一般化门户入口网站有搜狐、新浪和网易等。高浏览量才使广告有收益，并且高浏览量为网站各种各样的服务提供了可能性。为了提高网站的浏览量，这类网站一般推出了一整套的免费内容和服务，例如，电子邮件、股票信息、公告板、聊天、新闻和本地信息等，以满足各类消费的需求。

2. 选择个性化的门户入口

一般化的门户入口网站通常会降低用户的忠诚度，导致一些门户入口网站允许对界面和内容进行客户化的处理，以满足客户的需要。通过个性化的网站来消费自己的时间，会提高用户的忠诚度，因为大多数客户都非常关注本地新闻，关注发生在自己身边的事。这种网站的收益基于用户选择的信息量和可能的信息价值。个性化能够满足那些需要开辟本地市场的广告主的需求，一方面使广告更加有针对性；另一方面也节省了在一般化的门户网站做广告的高额费用。

3. 选择专业化的门户入口

专业化的门户入口网站也被称为"垂直入口"网站。这种模式具有一个比较固定的用户数，要比高浏览量更重要。例如，一个网站只吸引打高尔夫球的人，或家庭购物者，或新婚夫妇。作为某类广告的聚集地，该网站能够被大量地搜索访问，广告主也愿意为了能获得这些特殊的浏览者而付出费用。

4. 选择免费模式

免费模式就是企业免费为用户提供一些东西，吸引消费者浏览该企业网站，获得较高的浏览量，以便吸引更多的广告主在该网站投放广告。例如，FreeMerchant、Web 服务、Internet 访问、免费硬件、电子贺卡。免费赠品为广告创造了较高浏览量。如果仅依赖广告收入，生存将会是艰难的，和信息中介模式相结合将会使生存机会增加。

在网络游戏领域，最近也流行免费模式，吸引消费者玩免费网络游戏，运营公司通过消费者在游戏过程中购买游戏装备来获得利益，例如，上海巨人网络科技有限公司的网络游戏《征途》就属于这种模式。

5. 选择打折商品

打折商品模式就是企业为用户提供一些打折商品，其网上销售价格远远低于网下销售价格，从而吸引消费者浏览该企业网站，获得较高的浏览量，最终吸引更多的广告主在该网站投放广告。

以打折商品吸引消费者最引人注目的网站是 Buy.com，通常它以成本低或低于成本的价格销售商品，以吸引消费者浏览网站，获得高浏览量，它主要通过广告产生收益。

6. 选择注册模式

注册模式是基于内容的网站，能够把内容免费提供给浏览者，但是需要用户进行简单的注册，通过注册收集用户的一些信息。注册允许对用户的网站使用方式进行跟踪，从而能为目标的广告公司产生具有潜在价值的数据。这是信息中介模式中最基本的形式。

现在在 Internet 上会发现有很多使用这种模式的公司，它们往往提供人们感兴趣的研究报告、论文和数据等，用户只需注册成为网站的合法用户便可以免费下载这些资料，其目的就是要收集用户的个人数据，然后他们通过数据挖掘发现这些群体的消费倾向和消费习惯等有价值的信息，从而把这些信息资料销售给目标公司，实现盈利。

任务 2.4　案例阅读

2.4.1　案例一

百度的商业模式

百度，全球最大的中文搜索引擎、最大的中文网站，2000 年 1 月创立于北京中关村。百度已经成为中国最具价值的品牌之一，英国《金融时报》将百度列为"中国十大世界级品牌"，成为这个榜单中最年轻的一家公司，也是唯一一家互联网公司。而"亚洲最受尊敬企业"、"全球最具创新力企业"、"中国互联网力量之星"等一系列荣誉称号的获得，也无一不向外界展示着百度成立数年来的成就。

从创立之初，百度便将"让人们最便捷地获取信息，找到所求"作为自己的使命，成立以来，公司秉承"以用户为导向"的理念，不断坚持技术创新，致力于为用户提供"简单、可依赖"的互联网搜索产品及服务，其中包括：以网络搜索为主的功能性搜索，以贴吧为主的社区搜索，针

对各区域、行业所需的垂直搜索，MP3 搜索，以及门户频道、IM 等，全面覆盖了中文网络世界所有的搜索需求，根据第三方权威数据，百度在中国的搜索份额超过 80%。

在面对用户的搜索产品不断丰富的同时，百度还创新性地推出了基于搜索的营销推广服务，并成为最受企业青睐的互联网营销推广平台。目前，中国已有数十万家企业使用了百度的搜索推广服务，不断提升着企业自身的品牌及运营效率。通过持续的商业模式创新，百度正进一步带动整个互联网行业和中小企业的经济增长，推动社会经济的发展和转型。

为推动中国数百万中小网站的发展，百度借助超大流量的平台优势，联合所有优质的各类网站，建立了世界上最大的网络联盟，使各类企业的搜索推广、品牌营销的价值、覆盖面均大面积提升。与此同时，各网站也在联盟大家庭的互助下，获得最大的生存与发展机会。

作为国内的一家知名企业，百度也一直秉承"弥合信息鸿沟，共享知识社会"的责任理念，坚持履行企业的社会责任。自成立以来，百度利用自身优势积极投身公益事业，先后投入巨大资源，为盲人、少儿、老年人群体打造专门的搜索产品，解决了特殊群体上网难等问题，极大地弥补了社会信息鸿沟问题。此外，在加速推动中国信息化进程、净化网络环境、搜索引擎教育及提升大学生就业率等方面，百度也一直走在行业领先的地位。2011 年年初，百度还特别成立了百度基金会，围绕知识教育、环境保护、灾难救助等领域，更加系

统规范地管理和践行公益事业。

2009 年，百度更是推出全新的框计算技术概念，并基于此理念推出百度开放平台，帮助更多优秀的第三方开发者利用互联网平台自主创新、自主创业，在大幅提升网民互联网使用体验的同时，带动起围绕用户需求进行研发的产业创新热潮，对中国互联网产业的升级和发展产生巨大的拉动效应。

2.4.2 案例二

2013 十大电商创新商业模式

爱样品：免费体验营销的落地模式；创始人：马向东

爱样品网，是一家为消费者提供样品免费线下领取的网站。通过网站搭建的平台，线下商家每月缴纳 5 000 元入驻，通过自主发布免费样品进行营销。而用户只需通过手机认证后，即可进入线下门店领取或体验。

创始人马向东将爱样品定义为一个体验营销平台：通过爱样品网为线下实体店带去消费者，品牌商不但能通过爱样品的开放后台实实在在地获取用户的账号、性别、手机号码等精确信息，还能对实地来取货的消费者完成进一步的促销和导购。

与导购网站纯线上逻辑不同的是，爱样品做的是提供落地服务，通过形成从线上到线下的闭环，向上游说服商家，在下游给予消费者眼见为实的质量保证。

快书包：一小时配送的破解模式；创始人：徐智明

快书包，顾名思义，最大的特点在于快捷，不仅向客户承诺一小时送达服务，还免运费，这恰恰适合办公室商圈白领的需求。

快书包的创新之处：在产品上，坚持选择畅销书；在目标客户上，锁定有良好网购基础的白领细分人群。但它的缺点也同样明显：成本结构过重和毛利率过低。

创始人徐智明的破解办法是：①适当程度扩大产品品种；②快速扩张，扩大规模；③增加分仓数提升效率。随着人员和城市数量的急剧扩大，运营管理和本地化将是考验快书包的关键。

尽管存在种种困扰，并不意味着快书包无胜算可言。而快书包在微博上持续的话题性以及相当高的用户忠诚度，证明了"一小时配送"仍然存在广大的市场。

青芒果:"纯在线+半预付"的OTA电商模式;创始人:高戈

国内酒店在线预订市场就像一个两层蛋糕。上层以商务酒店、星级酒店为主要构造,形状日趋规整,正逐渐被OTA巨头瓜分蚕食。而下层市场仍生涩松散,其间中小酒店星罗棋布,呈现高度原子化,导致在线预订服务难以标准化。

青芒果正是要在这蛮荒之地寻找生路,将触角伸向传统OTA一直忽视的中小酒店市场。青芒果用自己的方式进行了排列组合,将酒店细分为四大类、九小类。与传统OTA"电话预订、前台面付"的模式不同,青芒果开始尝试"纯在线+半预付"模式。

取消电话预订使得他们比携程模式节省1/3的成本。又因为预付模式,青芒果能从酒店拿到更好的价格,与酒店之间不用结算,又节省1/3的成本,因此在向酒店收取服务费时有更大的弹性,也能提供更多的让利给消费者。

青芒果颠覆了传统OTA的电话预约模式,突出网络预订的体验优势,预付模式的实现标志着它成为行业内一家真正意义上的电商网站。

MFashion:基于地理位置的移动导购模式;创始人:肖宇

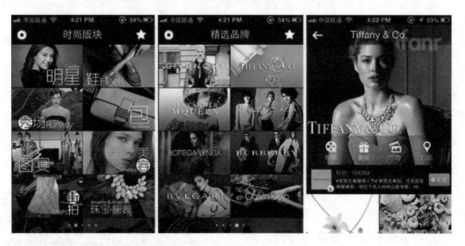

与一般聚合电子杂志APP不同的是,MFashion会将每张图片打上标签,包括风格、色系、品牌等,这为用户的分类检索提供了方便,同时也令导购成为一种可能。

MFashion为消费者提供LBS导航,让消费者通过地理位置获得邻近的奢侈品店铺信息,进而可以为消费者提供这些店内产品的信息。例如,在微信上,你可以单击"+"菜单,选择位置图标按钮定位和发送当前地理位置,即可获得按距离远近进行排列的品牌专卖店信息。

MFashion规避了奢侈品电商最难的两个环节——品牌和渠道,以满足消费者的阅读需求为切入点,拉近消费者与品牌的距离,以轻制胜。

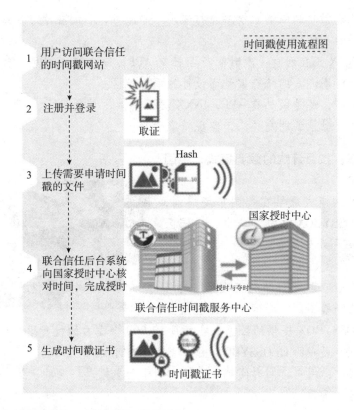

时间戳：电商维权利器；创始人：张昌利

简单来说，时间戳是一种电子凭证，用来证明某个电子文件的申请时间及确保其内容的完整性。可信时间戳非常适宜电子商务产品的维权：维权速度快、费用低。对于使用者来说，只需要上传自己想确定归属和时间的文件，即刻就可获得相应的时间戳文件。

例如，深圳市基本生活用品公司是一家主打创意生活用品的电商公司，在使用时间戳进行文件备份后，基本生活把盗用其图片的企业——告上法庭，有力证据就是可信时间戳，九个案件全部胜诉。

目前，联合信任时间戳服务中心是国内唯一提供可信时间戳服务的公司。每一份时间戳文件，联合信任收取的费用是10元。

由于市场普及度不够，无论是电商企业还是消费者，对可信时间戳的认识都太少，利用时间戳维权，这条路还很长。

INXX：聚合用户的圈子营销模式；中国区运营经理：吴伟强

INXX是一家国际高街潮流品牌集合店，B2C官网于2013年12月初上线，12月底在上海大悦城开出了第一家线下体验店。店内的每一款商品都附带一个二维码，扫一扫就能在手机上看到模特的试穿效果及搭配建议。下单、付款、自提或配送，客户都可以任意选择在线上或者店内完成。

此外，店内还提供自制的酒水饮料、打碟娱乐等服务，目的在于营造一个潮人们喜欢的空间，甚至是一个聚会的场所。

在移动端，INXX 正在研发一款时尚行业社交 APP，一个依托明星、红人、设计师、艺术家、时装编辑、时尚潮人的特殊偏爱而设计的垂直社区。

无论是开线下店，还是做社交 APP，INXX 真正想做的是通过人、场所、社交工具等方式与目标客户建立有黏性的朋友关系，实现精准营销。

GLOSSYBOX：按月订购的微调模式；中国区负责人：洪铭坤

美妆类按月订购模式最早在美国市场喷涌，2011 年 3 月，GLOSSYBOX 在德国成立，中国区公司在 2011 年 10 月开始筹备，当年 12 月发出了第一批盒子。

GLOSSYBOX 把订购周期分为三档：三月、六月、一年。三档价格不同，时间越长，优惠力度越大。根据 GLOSSYBOX 提供的数据，在每月 12 000 个左右的付费用户中，VIP 的数量远远超过了普通用户，更多的 GLOSSYBOX 用户选择长期订购。

从某种程度来说，用户订阅时间越长，越有利于凸显按月订购的优势——在没有库存压力的情况下有节奏地运营。

按月订购模式是一种很透明的模式，GLOSSYBOX 所扮演的角色就是连通化妆品品牌和美妆消费者的平台与桥梁，一方面吸引喜欢尝鲜的消费者；另一方面为品牌方提供 CRM 数据支持。

车纷享：会员制汽车租赁模式；创始人：来晓敏

汽车共享在国外因其能够降低汽车使用量、绿色环保而为大众所熟知。而在国内，也出现了神舟租车、一嗨租车等租赁公司。来自杭州的车纷享则开启了一种新模式：汽车租赁从预订到取车再到还车的自助交易过程全部由用户在手机端完成，客户可以随借随走。

以杭州地区为例，车纷享和神州租车的模式不同之处在于，车纷享没有自己的门店，所谓的网点便是停车位。用户租赁汽车的方式是自助的，所以不存在需要车纷享的员工将车送到目的地的情况。

爱回收：二手产品回收的便捷模式；创始人：孙文俊 陈雪峰

爱回收，顾名思义，提倡用户将不需要的二手产品卖给爱回收网，用户获得了实惠，爱回收则设法将其变废为宝。目前在爱回收网站上，二手产品仍主要锁定在手机等数码产品上。

爱回收网除了提供快递上门取货的服务之外，将重点放到数码产品的定价方式上。目前有两套定价机制同时支持运作，即回收商的竞价机制优先、爱回收的报价机制辅助的方式。

目前爱回收坚持的仍然是自建的物流团队上门取货，由于一些热门产品，例如苹果和三星往往涉及仿冒问题，如何建立一个专业的评估队伍就成为其中的关键。

爱回收为消费者提供了便利和专业的回收服务，但大多数消费者并不具备将电子产品作价处理的意识，教育市场的成本仍然较高。

e 家洁：家政服务的整合模式；创始人：云涛

e 家洁的创始团队上一个项目是嘟嘟打车，受市场竞争和政策影响，嘟嘟打车的发展陷入瓶颈，团队转向了家政领域。

打车和家政两项 O2O 应用的相同之处在于都是整合线下的人，但不同点更多：司机们都有智能手机，而阿姨们习惯于电话接活；打车是标准化的，而保洁服务缺乏标准。

e 家洁从相对简单又具有广泛需求的钟点工入手，统一定价每小时 20~25 元，用号称"全市最低"的价格吸引客户，零提成聚拢阿姨。

如果说 e 家洁在上线之初遇到的最大挑战是如何把阿姨快速集聚起来，那么随着规模的扩大，不断提高服务质量又成为更迫切的问题。

APP 只是一个工具，e 家洁做家政 O2O 的关键不是线上产品，而是线下服务，如何提供优质标准化的家政服务才是后续发展的关键。

如果把创新分为革命性和渐进性两种，以上选择的 10 个电商商业模式案例基本上可以归为渐进性创新，他们对行业内传统的互联网商业模式做出了一定程度的改良，改良的方向大致可以归纳为几点：①细分再细分市场；②改善用户体验；③充分利用移动互联网特性（即时、碎片化、LBS 等）；④本地化平台化。

这些关键点看上去都不新鲜，但在实践的过程中会遇到各种各样的挑战。我们的报道只是阶段性的，这些勇敢的模式探索者一直在摸索前进，等待他们的可能是康庄大道，也可能是悬崖峭壁。

（案例来源：天下网商）

2.4.3 案例三

一个生鲜电商失败者的经验分享

优菜网创始人丁景涛：

现有的平台包括淘宝、京东等都不适合做生鲜，因为都是全局电商，没有"本地化基因"，而生鲜非常适合本地化经营。

可能我是第一个创业失败了还勇敢站出来分享经验的吧（自嘲一下）。我有两个目的：一个是为新进入这个行业的创业者提供一些失败的教训；另一个是能听到业内人士的意见，让优菜网能凤凰涅槃。

自从新浪科技报道优菜网以150万元出售的新闻以来，陆续见了几十位业内、外资深人士，受益颇多，包括"正谷"让我耳目一新的生态农业，"生态人"期货农业的构想，"青蔬园"电商优先式基地设想等，也有其他行业与生鲜电商进行资源整合的构想。其实到此刻为止，我大致有一个生鲜电商未来的构想，再次借新浪科技的力量，引来更多的玉，目的还是让农业电商真正做成功。

我对电商和生鲜电商的一些观点如下。

只看好平台电商，京东、亚马逊等不约而同地向淘宝（天猫）方式靠拢，其原因是多方面的：

（1）淘宝的几百万商家都是淘宝免费的宣传员，在各大论坛、线下、微博进行宣传。

（2）听说过淘宝店主劳死，没听说过京东等的员工过劳死，也许就是创业和打工的本质区别。所以未来商业模式更倾向于平台基础上的众多企业模式，而不是大企业模式。

标准化产品的垂直电商要么死掉，要么进入各大平台。很简单的理由，如果平台之间的价格战选择某分类，比如化妆品，通过化妆品降价，平台电商会增加客户和其他商品的销售，而垂直电商，降价就代表损失，三个月价格战就拖垮了。

通过上述分析，我们再来看生鲜电商，单一电商我不看好，最终会淘汰或者转型，优菜网也一样。水果类电商（属于生鲜中标准化程度高的产品）现在活得蛮不错的，但是未来也会选择平台或者被淘汰。

优菜网的发展过程如下。

1. 像送牛奶一样的送菜模式

优菜网的模式是我思考了两年才出手做的，最核心的思路是解决生鲜的物流问题，通过"像送牛奶一样送菜"让低成本生鲜物流成为可能，像三元牛奶一样，厢货先将菜送到社区，然后通过电动三轮车送到千家万户，并且通过取菜箱，实现不见面配送，不但降低成本，而且"菜等人"的模式可以让客户有更好的体验；通过区域化运作，深挖掘，增加订单密度，降低物流成本；通过订单式农业，降低蔬菜损耗，并降低库存面积需求；通过先进的后台 ERP 系统，加快车间的处理速度。取菜箱又能起到不间断广告效果，降低客户发展难度，并增加客户黏性等。一个区域做好后，迅速复制。所有这一切，在我这个 IT 人眼里非常完美，但是，生鲜问题的复杂性，让这次创业成为灾难。

2. 有机起步

优菜网刚开始做的是中高端，主要是有机和绿色蔬菜，并与北京知名企业合作，在世纪城迅速做到 100 单，并实现了盈利，因此获得 200 万元的天使投资，天使投资的进入，让我们觉得模式完全没有问题，开始盲目扩张。此时，问题出现了，我们发现供货商给我们的并不都是有机蔬菜，以次充好严重，所以果断停止了合作。另外找有机蔬菜基地才发现，问题比我们想象得复杂，经常缺货，品类太少，导致客户满意度下降。

3. 普通菜不稳定

后来我们想，有机蔬菜难做，就做普通蔬菜，就开始从新发地进货，新发地的蔬菜占北京蔬菜的 90%，各种品质的菜都有（没有有机蔬菜，如果有有机蔬菜，优菜网的模式就成功了），我们一般都采购优质的，但是，因为我们主要的采购时间是凌晨 3~5 点，很多时候在这个时间段内，并不能买到符合我们采购标准的菜。所以，客户收到的蔬菜时好时坏，体验大打折扣，虽然短时间内我们做到了 500 单，最终无法阻挡客户的流失。

优菜网失败原因分析如下：

（1）没有稳定的货源。单一农场不能满足电商的需求；新发地采购无法保证质量；多个农场供货，采购量小，物流成本高。

（2）不能提供比菜市场更好的购物体验。去菜市场买菜，可以挑选自己爱吃的，比如苹果，同样是红富士，口味却非常多。在网上购买，送到家的苹果可能千滋百味。

（3）环节太多了。进货、仓储、装配、物流、IT、客户发展等。

（4）货车进城问题。这是压垮优菜网的最后一根稻草，没有进城证，原来是认罚，9 月开始，不光罚款，还要扣分，我们不得不缩小经营区域。

（5）信息不对称，劣币驱逐良币。比如黄瓜，客户认为的好黄瓜和优菜网认为的好黄瓜有巨大差异，客户认为：①颜色浅且鲜艳；②直；③顶花带刺。这是劣币，但是客户的思想很难改变，需要一个权威的信息对称。

优菜网未来设想如下：

本地化生鲜平台是未来的必然，也是优菜网转型的方向，通过平台进行专业化分工，基地只管种菜，电商只管发展用户和服务用户，平台负责 IT 解决方案，物流外包给专业生鲜物流企业等。只有专业化分工才能真正让各个环节的效率达到最高。我对这个平台已经思考了很久了，希望您能一起来实现梦想。

我看好生鲜电商的未来：

（1）方便。这个不多说了。

（2）损耗小。订单式农业，隔夜菜极少，也没有人为挑拣损耗。

（3）可想象的空间大。毕竟超市受地域和面积限制。

但是，目前生鲜电商还需要解决如下问题才会有未来。

（1）标准化。比如，能做到比自己选菜还好的客户体验，就是说在网上买到的，就是自己喜欢吃的。同样是苹果，口味可差得太大了。通过标准化生产和标准化标注才能实现这点，还有很长的路要走。

（2）安全感。客户信奉眼见为实，线下销售有一个推销过程，而线上很难实现，往往客户被忽悠了，还觉得自己买菜经验很丰富。引入专家，实现信息对称，将是很好的解决方案。

（3）生鲜物流。本地化生鲜物流方面是平台成功的关键：①政府投资，像建设高铁一样，这个应该比高铁更有价值。②企业联合体来做，需要 IT 串联。目前我认为还是合作，优菜网已经尝试了很多种方式，包括与送牛奶合作，与实体店合作，与城市 100 合作，自营等。

对新人的忠告：

（1）诚实，如果靠欺骗赚钱，就不要做农业了，"积恶之家，必有余殃"，是殃及子孙的事情。

（2）做好持久战准备。

（3）小范围试点，然后扩大规模。

（4）借鉴别人的经验，而不是自己摸索。

（案例来源：案例教学公众号，2015-07-24）

本项目教学建议

1. 教学要求：

通过学习与训练，学生应深入理解电子商务商业模式的意义，了解一些典型的 B2C、B2B、C2C 电子商务平台。分析各电子商务平台的经营特色与商业模式，能根据自身的特长，理性地选择符合自身条件的创业模式。

2. 教学重点：

各种网络创业模式的特点、网络创业模式的比较、网络创业模式的选择。

3. 教学难点：

中介/代理模式的联系与区别、经纪模式的选择。

项目三
互联网创业规划

引导案例

Eyes 威客网站创业方案（节选）

威客的英文 Witkey 是 The Key of Wisdom 的缩写，是指通过互联网把自己的智慧、知识、能力、经验转换成实际收益的人，他们通过在互联网上帮助他人，通过解决科学、技术、工作、生活、学习中遇到的问题来获得报酬，从而让知识、智慧、经验、技能体现出应有的经济价值。

21 世纪初，互联网开始加速发展，各种创新型应用和互联网新概念不断出现，例如搜索引擎、电子商务、博客等。这些应用和概念与知识管理都有着或多或少的关系。如何利用互联网进行知识管理已引起互联网界和知识管理学界诸多学者的高度关注。威客模式就是在这个大的背景下产生的，它是利用互联网进行知识管理的网络创新模式。但随着很多威客网站的建立和许多威客的产生，也出现了很多的问题。比如，威客的知识产权的问题；还有竞标失败后，威客付出劳动却无法得到回报等问题也是阻碍威客和威客网站发展的重要因素。

尽管威客网站存在种种缺陷，但它实现了知识商品的网络营销，具备得天独厚的优势，经过周密的调研分析，我们决定设计 VI Eyes 威客网站以"VI（Vision Identity）设计"为知识商品，为威客（Witkey）和海客（Seeker）构建一个交易与沟通的平台。

任务 3.1 互联网创业计划书规划

3.1.1 知识准备

1. 创业计划书的概念与作用

在创业者完成创意、机会评估等基础工作后，应积极投入制订完整的创业计划工作。通过创业计划书的规划与撰写向现实的和潜在的合作伙伴、投资者、员工、客户及供应商等全面阐述公司的创业机会，阐述创立公司、把握创业机会的措施及实施过程，说明所需的资源，揭示风险和预期回报。另外，一份综合的创业计划也是创业者对创业项目在发展方向问题上的综合意见和反思的结果，它是决定企业基本运作的主要工具，也是管理企业的主要文件。

创业计划书，也被称为商业计划书，是详述筹建企业的书面文件，是对与创业项目有关的所有事项进行总体安排的文件。创业计划覆盖了创业企业的各个方面：项目、市场、研发、制造、管理、关键风险、融资、阶段或时间表等。所有这些方面的描述展现了这样一幅清晰的画面：本企业是做什么的；企业的发展方向是什么；创业者怎样达到他的目标。总之，商业计划是创业者成功创建企业的路线图。

首先，对创业者而言，一个创业项目在头脑中酝酿时，往往比较有把握，但从不同角度仔细推敲时，可能有不同的结果。通过编制创业计划书，创业者对创业活动可以有更清晰的认识，深入探讨项目的可行性。可以说，创业计划首先是把计划中的项目推销给创业者自己，使创业活动能有条不紊地进行。

其次，创业计划书是筹措资金的重要工具。投资者不是慈善家，投资者投资的目的在于获取投资带来的收益。投资者对于投资项目的选择也是十分谨慎而苛刻的。由于投资者的时间、精力都有限，对于任何潜在投资项目他们不可能身体力行地去考察。具体来说，对于投资者而言，一份理想的商业计划应明确企业经营的构想和策略、产品市场需求规模与成长潜力、财务计划、投资回收年限及风险等要素的阐述与评估。

再次，创业计划书可以为企业的发展提供指导。创业计划书的内容涉及创业的方方面面，可以使创业者对产品开发、市场开拓、投资回收等一些重大的战略决策进行全面的思考，并在此基础上制订翔实的营运计划，周密安排创业活动，发挥指导作用，降低创业风险。就像盖房子之前要画一个蓝图，才知道第一步要做什么，第二步要做什么，或是同步要做些什么。而且大环境和创业的条件都会变动，事业经营也不只两三年，有份计划书在手上，当环境条件变动时，就可以逐项修改，不断地更新。

最后，创业计划书帮助创业者把创办的企业推销给潜在的合伙人、银行家、供应商、销售商以及行业专家、政府行业管理部门、新闻媒体。从这种意义上说，创业计划书还担负潜在资源积聚与整合的功能。对于大学生创业者而言，创业计划书还是争取各类政府优惠与扶持政策待遇必不可少的通行证。

2. 创业计划书的特征

作为创业的纲领性文件，创业计划书具有以下基本特征。

1）开拓性

创业计划书最鲜明的特点是具有创新性。这种创新性是通过其开拓性表现和反映出来的，而开拓性最本质的体现在于对新项目、新内容、新的营销思路和运作思路的整合上，这也是创业计划书不同于一般的项目建议书的根本之处。

2）客观性

创业计划书的客观性是创业计划书又一个十分重要的特点。这种客观性突出表现在创业者提出的创业设想和创业商业模式，是建立在大量的、充分的市场调研和客观分析的基础之上的，是项目具有实战性和可操作性的基础。

3）整体性

创业计划书的整体性要求创业者把严密的逻辑思维融会在客观事实中体现和表达出来。通过项目的市场调研、市场分析、市场开发及生产安排、组织、运作,以及全程的接口管理、过程管理和严密的组织,去把你提出和设计好的商业模式付诸实施,把预想的效益变成切实的商业利润。因此,创业计划书的每一个部分都是为这个整体目标服务的。每一个部分又是这个整体目标的一种论据、一种支撑。

4）实战性

创业计划书的实战性是指创业计划书具有可操作性。写在计划书上的商业模式不仅是可以运作的,而且是必须运作进行实战的。这种实战性尽管没有设计出每一个运作细节,但项目运作的整体思路和战略设想应该是清晰的。实战的过程中尽管可能做出若干调整,但项目的鲜明商业特点和可操作性是不能也不会变化的。

5）增值性

创业计划书是一种与国际接轨的商业文件,有着十分鲜明的商业增值特点,主要体现在:创业计划书的创新性及创收点、创业计划书鲜明的证据支持及包括投资分析、创收分析、盈利与回报分析在内的清晰的商业价值观。

3. 创业计划书的框架结构

一份详细的创业计划书的框架通常由九部分构成,下面提供了一份标准计划书的大纲,在实际撰写过程中,可以根据具体情况与撰写风格进行适当、灵活的调整。

创业计划书大纲

1. 执行摘要
2. 企业描述
   A. 企业的一般描述
   B. 企业理念
   C. 企业的发展阶段（针对已创办企业）
3. 产品/服务
   A. 产品/服务的一般描述
   B. 产品/服务的竞争优势
   C. 产品/服务的品牌和专利
   D. 产品/服务的研究和开发情况
   E. 开发新产品/服务的计划和成本分析
4. 市场分析与营销策略
   A. 市场调研分析
   B. 营销计划策略
5. 产品实现
   A. 产品生产制造方式
   B. 生产设备情况
   C. 质量控制
6. 管理团队

  A. 管理机构
  B. 关键管理人员
  C. 激励和约束条件
 7. 财务计划
  A. 企业过去三年的财务情况（针对已创办企业）
  B. 未来三年的财务预测
  C. 融资计划
 8. 关键风险、问题和假设
 9. 附录

3.1.2 计划书规划

  创业计划书一旦准备就绪，接下来的主要挑战就是如何将计划书介绍、推广、投送给相关者。在大部分情况下，口头介绍是推荐给潜在投资者最普遍也是最关键的一步。事实上，创业者应该清晰地认识到：口头表达能力不仅对推介创业计划书与筹集资金至关重要，实际上，它还是创业者促使新产品开发、买卖交易、巩固合作关系、招聘员工等一系列活动达成协议的基本工具。

  创业计划书的推介主要包括前期准备、演示创业计划及访谈三个基本环节。

 1. 前期准备

  口头表达与书面表达存在巨大的差异，其要点是快速地切入主题，恰当地解释创业项目，语言内容需要好好地予以斟酌，同时不乏风趣灵活，结构上需要体现较强的系统性与逻辑性，同时在表达过程中可以自由添加或改变某些点作为介绍的拓展，一份背下来的介绍是无法激发投资者的激情与兴趣的。

  创业者在做创业计划推介准备时，首先要训练自己言简意赅的表达能力，训练自己用一分钟来表达、阐述创业企业的性质与职能。正如《创业的艺术》的作者盖伊·川崎所说：如果一位企业家来找我，一开始就知道谈论他想如何筹集资金；如果一个非营利机构的负责人来找我开口就要赞助，那么我根本就没有耐心从头到尾听完他们的谈话，我希望他们能够利用头15分钟时间，向我简述他们的人生故事；如果你不这么做，你的听众不可避免地会产生这样的疑问：他的公司是做什么的呢？在现实推介过程中，创业者往往会用自传式篇幅与方式来阐述，想当然地认为只要自己说这么一通开场白，听众自然会明白新创公司从事的行业与提供的产品或服务。创业者可以利用定时器，训练自己在一分钟内阐述公司的性质与目前状况，并请听众写出一句表达你公司性质与职能的话，把他们的答案收集起来，与自己说的内容进行比较，通过对比结果修正自我表达方式与内容。

  在前期准备中，创业者还应积极了解与分析推介对象。创业者往往认为出色发言的基础在于激起听众热情的能力。实际上，出色发言的基础源于推介前对推介对象所进行的调研。首先，创业者应了解究竟什么对推介对象来说比较重要。可以通过事先向"主办者"或"中介方"提出诸如：最想了解公司的三件重要事情是什么？什么促使对方对创业项目产生兴趣？可能会问什么特殊、尖刻的问题？会议参与人员年龄多大、背景与特长如何等。创业者还可以通过网络搜索、资料收集、业内打听等方式清晰地了解公司背景、管理者背景等方面信息；并通过换位思考、团队讨论的方式，群策群力、集思广益地梳理各种可能性，为推介工作做好前期调研工作。

创业者还应该依照"10/20/30"原则做好推介内容、长度和文字表现的准备工作。"10/20/30"原则是指通过10张幻灯片、20分钟时间、30磅的文字字体来指导推介演讲。

在演讲过程中，推荐使用较少的幻灯片，表面上看起来少了一些，但是你挑选出来的10张幻灯片具有真正的实质内容。你可以再稍微增加几张，但一次演讲的幻灯片绝不能超过20张。你需要的幻灯片越少，你讲述的内容越引人注目。创业者可以用标题、解决方案、商业模式、项目优势与独特性、市场营销、竞争、管理团队、财务计划及主要指标，以及目标实现时间与资金的使用作为幻灯片的核心标题，进行内容的组织。

一般推介会议时间多为一个小时，因此，创业者应该在20分钟内完成陈述与演讲。这样，一方面可以加强创业者对推介会议的时间控制；另一方面也可以让与会人员有更充足的时间进行交流与讨论。创业者应在推介前通过内容提炼、积极准备与反复预演，训练自己在介绍活动中将陈述内容集中在10张幻灯片和20分钟时间以内。

而严格上的幻灯片文字内容不能用较小的字体，因为，一方面说明你将过多的细节内容写在幻灯片上；另一方面也将给风险投资商带来阅读上的麻烦，特别是一些上了年纪的投资商（由于行业的关系，这些人占很大的比例）。因此，创业者应该认识到使用幻灯片的目的是吸引大家，而不是为了让大家阅读更多的信息。创业者应该通过口头表达的方式对内容做进一步的阐释及补充。由于人们阅读的速度比讲话的速度快，所以大篇幅的内容与细节在创业者讲完之前已经被阅读完毕，自然无法激起风险投资商的倾听兴趣了。

在演示创业计划之前，创业者还应该完成会场布置与设备准备。创业者必须事前检查、确认相应设备如手提电脑、投影仪等是否到位，并检查它们的兼容性与使用可靠性。创业者备份演讲文稿并检查演讲文稿是否能在手提电脑、投影仪等设备中正常运行，同时还应准备打印机，以备在万一设备出现问题的情况下，将需讲述的内容打印出来。这些工作需要创业者在演示前天准备就绪，并于演示当天提前检查。创业者必须认识到，倘若会议一开始陷入乱糟糟的地步，再想把它好好地恢复起来几乎是不可能的事情。

2. 演示创业计划

演示创业计划是创业者展示自己能力的大好机会，同时也是创业投资者考察创业者的关键阶段。尽管项目好坏才是创业投资者考虑的主要方面，但是大多数情况下，创业投资者不会将资本交给一个连自己的创意都表达不清楚的人。

在做好包括推测对方可能提出的问题、如何应对展示期间可能出现的意外，以及确定展示重点等信息调查与前期准备工作后，创业计划书即进入实质演示阶段。

演示开始后，可以通过诸如"我能够占用各位多长时间？""各位最需要我回答的三个问题是什么？""我可以先完成我的演示内容，然后再回答大家的问题吗？如果各位认为确实需要提出问题，也可以随时打断我"等开场白，表达对推介对象的尊重与双向交流的意愿，加上事先布置的讲台，可以营造良好的开端并积极带动投资者参与的积极性。此外，在演示过程中，应该保持条理清晰的风格，要有针对性，突出市场前景以吸引投资者的注意力。如果没有特殊要求，演示者不要过分强调技术因素或故意使技术环节复杂化。

此外，创业者还需要注意掌握以下几个细节：包括在演示前不要发放有关管理经营费用的材料，在演示中用热情洋溢的语言表达；积极与投资者实现互动，但不要与投资者发生争执。即将结束时，插入一些表格资料向与会者说明公司的财务状况；在演示休息时间，在投资者离场前，简短总结演示的效果及需要改进之处；演示期间积极记录、演示后重新整理会议记录与讲演内容等。

创业演示过程中还应该注意的一个问题是不要出现喧宾夺主的情况。创业者心中往往抱有这样的念头：投资者、客户与合作伙伴想让更多的人参与进来，而众人的参与体现出了所谓的团队精神！在这种推理下，创业团队相信来自他们公司的四五个人应该参加推介会议，而且他们每个人在会议上都应当扮演一个角色，只有这样才能表明团队精神得到贯彻。这种逻辑下的推介会往往会出现"轮流坐庄"、"救驾"不断的局面。实际上，这是一种糟糕的举动，恰恰给推介对象一种创业团队缺乏凝聚力的印象。在演示会中，创业领袖（核心）或公司 CEO 应占全部讲话的 80% 以上，其他高层人员（不应该超过 2 位）可以在会议时间讲述一两张幻灯片内容或回答提问，这些内容与问题都应该是他们各自专业领域的内容。

3. 访谈

访谈也是创业计划推介的重要环节。对于通过初步审查的创业项目，下一步就是与创业者直接交流。由于创业者的素质是决定创业能否成功的关键，所以必须对创业者进行访谈，以达到以下三个目的：一是面对面地考察创业者的综合素质；二是根据审查创业计划的情况，核实创业项目的主要事项；三是了解创业者愿意接受何种投资方式和退出途径、投资者能以何种程度参与企业决策与监控。

为了取得良好的访谈与计划推介效果，首先，创业者要制订谈判计划，包括明确谈判的最低目标、中间目标及最高目标；拟定谈判的进程；选择合适的谈判时间和地点；确定参与谈判人员及分工。其次，做好谈判的心理准备，准备应对大量提问、应对投资者对管理的查验、准备放弃部分业务及准备做出妥协。再次，掌握一定的谈判技巧，如展示自己实力时采取暗示的办法，为增强谈判的吸引力要给对方心理上更多的满足感，谈判中多听、多问、少说等，创业者可以在日常生活中积累这些技巧，必要时也可以进行相关知识的培训。

任务 3.2　互联网创业计划书编写

3.2.1　知识准备

1. 创业计划书编写要素

当选定了创业目标与确定创业的动机之后，并且在资金、人际关系、市场等各方面条件都已准备妥当或已经累积了相当实力，这时候，就必须提出一份完整的创业计划书，创业计划书是整个创业过程的灵魂，这份计划书主要详细记载了一切创业的内容，包括创业的种类、市场分析、营销规划、产品实现、融资与财务分析、风险评估、内部管理规划。具体如何系统地、规范地撰写创业计划书，以及如何向潜在利益方推介已完成的创业计划书，这些都是创业者接下来必须面临的紧迫任务与重大挑战。

如何写创业计划书？成功创业计划书的关键内容又是什么？应该说，投资者对项目最关心的问题集中在项目是否能够成功、能否保障自我资金的回报与安全两个方面。那些既不能给投资者以充分的信息，也不能使投资者激动起来的创业计划书，其最终结果只能是被扔进垃圾箱里。

我国传统文化将成功归因于天时、地利、人和三大要素，而且"天时不如地利，地利不如人和"。同理，成功的创业计划也可以积极围绕产品、市场与竞争、团队三个关键要素展开，即是否具备产品优势的天时、是否具备市场环境与竞争优势的地利，以及是否具备成功实现创业活动人力资源的人和。另外，出色的创业计划书还应该考虑撰写结构、文字组织等方面对潜在投资者的影响。

1）产品与服务

在创业计划书中，应提供所有与企业的产品或服务有关的细节，包括企业所实施的所有调查。这些问题包括：产品正处于什么样的发展阶段？它的独特性怎样？企业分销产品的方法是什么？谁会使用企业的产品，为什么？产品的生产成本是多少，售价是多少？企业发展新的现代化产品的计划是什么？等等。创业计划书应通过言简意赅的语言对产品进行阐述，要让出资者有投资的感觉与冲动。

2）市场与竞争

创业计划书要给投资者提供企业对目标市场的深入分析和理解，要细致分析经济、地理、职业及心理等因素对消费者选择购买本企业产品这一行为的影响，以及各个因素所起的作用。创业计划书中还应包括一个主要的营销计划，计划中应列出本企业打算开展广告、促销及公共关系活动的地区，明确每一项活动的预算和收益。

在市场营销环节中，创业者将不可避免面临竞争对手的挑战。因此，在创业计划书中，创业者应细致分析、阐述竞争对手的情况。竞争对手都是谁？他们的产品特点如何？竞争对手的产品与本企业的产品相比，有哪些相同点和不同点？竞争对手产品时竞争优势在哪里？竞争对手所采用的营销策略是什么？等等。创业计划书要使它的读者相信，本企业不仅是行业中的有力竞争者，而且将来还会是确定行业标准的领先者。在创业计划书中，创业者还必须提出企业所面对的风险及本企业所采取的对策。

3）管理团队

把一个思想转化为一个成功的风险企业，其关键因素就是要有一支强有力的管理队伍。这支队伍的成员必须有较高的专业技术知识、管理才能和多年工作经验。在创业计划书中，应首先描述一下整个管理队伍及其职责，然后分别介绍每位管理人员的特殊才能、特点和造诣，细致描述每位管理者将对公司所做的贡献。创业计划书中还应明确管理目标及组织机构图。

2. 创业计划书的格式规范

在撰写创业计划书的过程中，一方面要积极关注创业计划书的核心要素；另一方面由于创业计划书面对的读者往往是具有专业背景的投资专家，因此，创业者也需同时关注创业计划书的书写格式与规范。

1）要简洁明了

创业计划应当简洁明了。人们在阅读一份自己特别感兴趣的创业计划时，应能立即找出问题及其解决办法，因此对于那些可能会引起读者兴趣的主题都应该全面而简洁地阐述。一般来说，创业计划最佳长度为 25~35 页。

2）写作风格要掌握适中

好的创业计划既不要太平淡无奇引不起读者的胃口，又不要太花里胡哨，过于煽动性。计划书要有冲击力，能够抓住投资者的心，但不等于煽情。一定要记住，创业计划书既不是动员报告，也不是文艺作品，它是一篇实实在在的说明书。

3）尽量客观

创业计划应当客观，应当用事实说话。凡是涉及数字的地方一定要定量表示，提供必要的定量分析。一切数字要尽量客观、实际，切勿凭主观意愿估计。有些人在讲述他们的创意时会得意忘形。的确，有些事情需要以一种充满激情的方式讲述，但你应该尽量使自己的语气比较客观，使投资者有机会仔细地权衡你的论据是否有说服力。在创业计划书中，创业者应尽量陈列出客观、可供参考的数据与文献资料。像广告一样的创业计划并不能起到很好的吸引投资者的作用，反而会引起别人的逆反心理及怀疑、猜测，而使他们无法接受。

4）让外行也能看懂

创业计划应当做到让外行也能看懂。一些创业者认为他们可以用大量的技术细节、精细的设计方案、完整的分析报告打动读者，但这样做的效果并不好。因为往往只有少数的技术专家参与创业计划的评估，许多读者都是全然不懂技术的门外汉，他们更欣赏一种简单的解说，也许用一个草图或图片做进一步的说明效果会更好。如果非要加入一些技术细节，可以把它放到附录里去。

5）保持写作风格一致

创业计划的写作风格应一致。一份创业计划，通常由几个人一起完成，但最后的版本应由一个人统一完成，以避免写作风格和分析深度不一致。创业计划是企业的敲门砖，不仅要以一种风格完成，而且应该看起来很统一、很专业。例如，标题的大小和类型都应该和本篇的内容和结构相协调。另外，也要注意可以恰当地使用图片，图文并茂。

3. 互联网创业计划书的编写步骤

成功的创业计划书的撰写不是一蹴而就的事情，创业者需做好大量的前期准备工作，并在写作过程中遵循一定的写作步骤与写作原则。

1）前期准备阶段

首先，成功的创业计划应有周详的前期准备与启动计划。由于创业计划涉及的内容较多，编制之前必须进行充分的准备，关于创业企业所在行业的发展趋势、同类企业组织机构状况、行业内同类企业报表等方面的资料；其次，确定计划的目的和宗旨；最后，组成专门的工作小组，制订创业计划的编写计划，确定创业计划的种类与总体框架，确定创业计划编写的日程安排与人员分工。

2）创业计划初步草拟阶段

前期准备完成后，接下来是创业计划初步草拟阶段。主要是全面编写创业计划的各部分，包括对创业项目、创业企业、市场竞争、营销计划、组织与管理、技术与工艺、财务计划、融资方案及创业风险等内容进行分析，初步形成较为完整的创业计划方案。

3）完善阶段

在完成创业计划书的草拟后，创业者应广泛征询各方面的意见，进一步补充、修改和完善草拟的创业计划，即创业计划书的完善阶段。编制创业计划的目的之一是向合作伙伴、创业投资者等各方人士展示有关创业项目的良好机遇和前景，为创业融资、宣传提供依据。所以，在这一阶段要检查创业计划是否完整、务实、可操作，是否突出了创业项目的独特优势及竞争力，包括创业项目的市场容量和盈利能力，创业项目在技术、管理、生产、研究开发和营销等方面的独特性，创业者及其管理团队成功实施创业项目的能力和信心等，力求引起投资者的兴趣，并使之领会创业计划的内容，支持创业项目。

4）定稿阶段

创业计划书撰写的最后阶段为定稿阶段，创业者在这一阶段定稿并印制成创业计划的正式文本。

5）自我评估阶段

创业者精心构思的创业计划书，很可能将面临投资者的所谓"5分钟阅读法"。第一步，投资者通过阅读计划摘要判断企业性质和行业；第二步，通过对负债额、投资需求、资产净值的阅读判断计划的资本机构；第三步，通过阅读资产负债表判断创业企业的资本流动性、净值及负债与权益比例；第四步，通过对创业团队成员背景资料的阅读判断创业团队的才能，这往往是最重要的部分；第五步，确定创业企业的特色，找出项目与众不同之处；第六步，从头到尾快速阅读一遍，翻阅整个计划的图、表、例证及计划的其他部分。

"知己知彼，百战不殆"，在了解投资者的评价、行为模式的基础上，创业者应采取积极的应对措施。因此，在创业计划书写完之后，创业者对计划书自我评估、检查一遍，评估计划书是否能准确回答投资者的疑问，争取投资者对创业项目的信心。对计划书的评估、检查应从以下几个方面展开：

（1）创业计划书是否显示出你具有管理公司的经验。如果你缺乏能力管理公司，那么就要明确地说明，你已经雇用了一位合适的经营人才来管理企业。

（2）创业计划书是否显示了你有能力偿还借款。要保证给预期的投资者提供一份完整的市场分析。

（3）创业计划书是否显示出你已进行过完整的市场分析。要让投资者坚信你在计划书中阐明的产品需求量是确实的。

（4）创业计划书是否容易被投资者所领会。创业计划书应该备有索引和目录，以便投资者可以较容易地查阅各个章节。此外，还应保证目录中的信息流是有逻辑的和现实的。

（5）创业计划书中是否有计划摘要并放在最前面。计划摘要相当于创业计划书的封面，投资者首先会看它。为了保持投资者的兴趣，计划摘要应写得引人入胜。

（6）创业计划书是否在文法上全部正确。如果你不能保证，那么最好请人帮你检查一下。计划书的文字错误或排印错误能很快使企业的机会丧失。

（7）创业计划书能否打消投资者对产品/服务的疑虑。如果需要，你可以准备一件产品模型。创业计划书中的各个方面都会对筹资的成功与否有重大影响。因此，如果你对你的创业计划书缺乏成功的信心，最好去查阅一下计划书编写指南或向专门的顾问请教。

3.2.2 计划书编写

由于每一份创业计划需要强调和突出的重点有所不同，因此创业计划并没有硬性规定的格式，是人们经过不断的实践总结，在创业计划的制订过程中逐步形成了约定俗成的基本格式。一般来说，一份完整而周密的创业计划书的编写大致包括以下几个主要部分。

1. 撰写计划摘要

计划摘要列在创业计划书的最前面，它是浓缩的创业计划书的精华。计划摘要涵盖计划的要点，以求一目了然，以便读者能在最短的时间内评审计划并做出判断。

计划摘要一般包括以下内容：公司介绍；主要产品和业务范围；市场概貌；营销策略；销售计划；生产计划；管理者及其组织；财务计划；资金需求状况等。

在介绍企业时，首先要说明创办新企业的思路，新思想的形成过程及企业的目标和发展战略。其次要交代过去的背景、企业现状和企业的经营范围。在这一部分中，要对企业以往的情况做出客观的评述，不回避失误。中肯的分析往往更能赢得信任，从而使人容易认同企业的创业计划书。最后，还要介绍创业者自己的背景、经历、经验和特长等。企业家的素质对企业的成绩往往起关键性的作用。在这里，创业者应尽量突出自己的优点并表示自己强烈的进取精神，以给投资者留下一个好印象。

在计划摘要中，企业还必须回答下列问题：企业所处的行业，企业经营的性质和范围；企业的主要产品；企业的市场在哪里，谁是企业的客户，他们有哪些需求；企业的合伙人、投资人是谁，企业的竞争对手是谁，竞争对手对企业的发展有何影响。

2. 企业描述

企业描述是创业企业或创业者拟创企业总体情况的介绍，其主要内容包括：企业定位、企业战略及企业的制胜因素等。

企业定位是指创业企业的行业选择、业务范围及经营思路的确定，是对创业企业的现实状况的必要说明，也是计划书其他部分的基础。

企业战略是公司生产、销售策略的总体概括。创业者应该对如何成功地经营创业企业并使之与众不同有一个指导性的原则。

3. 介绍产品与服务

在进行投资项目评估时，投资人最关心的问题之一就是企业的产品、技术或服务，能否及在多大程度上解决现实生活中的问题，或者风险企业的产品（服务）能否帮助客户节约开支，增加收入。因此，产品介绍是创业计划书中必不可少的一项内容。通常，产品介绍应包括以下内容：产品的概念、性能及特性，主要产品介绍，产品的市场竞争力，产品的研究和开发过程，发展新产品的计划和成本分析，产品的市场前景预测，产品的品牌和专利。

在产品（服务）介绍部分，创业者要对产品（服务）做出详细的说明，说明要准确，也要通俗易懂，使非专业人员的投资者也能明白。产品介绍要附上产品原型、照片或其他介绍。产品介绍必须回答以下问题：客户希望企业的产品能解决什么问题，客户能从企业的产品中获得什么好处？企业的产品与竞争对手的产品相比有哪些优缺点？客户为什么会选择本企业的产品？企业为自己的产品采取了何种保护措施？企业拥有哪些专利、许可证，或与已申请专利的厂家达成了哪些协议？为什么企业的产品定价可以使企业产生足够的利润？为什么用户会大批量地购买企业的产品？企业采用何种方式去改进产品的质量、性能，企业对发展新产品有哪些计划等。

产品（服务）介绍的内容比较具体，因而写起来相对容易。撰写过程中应注意几个问题：第一，写作应置于客户的位置，站在客户的角度来评价产品和服务；第二，集中于最重要的产品，突出重点，避免本末倒置；第三，避免过多的技术细节，投资者往往不是技术方面的专家，因此，计划书没有必要进行详细的技术论证，如果必须加入相关技术论证，也要采取通俗易懂的术语，避免过于专业隐晦；第四，还应避免过度的夸大与承诺，企业家和投资家所建立的是一种长期合作的伙伴关系，如果企业不能兑现承诺，不能偿还债务，企业的信誉必然要受到极大的损害，给创业活动造成严重影响。

4. 分析市场情况

当企业要开发一种新产品或向新的市场扩展时，首先要进行行业与市场分析。如果分析与预测的结果并不乐观，或者分析与预测的可信度让人怀疑，那么投资者就要承担更大的风险，这对多数风险投资者来说都是不可接受的。

市场分析首先要对需求进行预测。市场是否存在对这种产品的需求？需求程度是否可以给企业带来所期望的利益？新的市场规模有多大？需求发展的未来趋向及其状态如何？影响需求的都有哪些因素？其次，市场预测还要包括对市场竞争的情况及企业所面对的竞争格局进行分析，市场中主要的竞争者有哪些，是否存在有利于本企业产品的市场空当，本企业预计的市场占有率是多少，本企业进入市场会引起竞争者怎样的反应，这些反应对企业会有什么影响等。

在创业计划书中，市场预测应包括以下内容：市场现状综述，竞争厂商概览，目标客户和目标市场，本企业产品的市场地位、市场特征等。创业企业对市场的预测应建立在严密、科学的市场调查基础上。创业企业所面对的市场，本来就有更加变幻不定的、难以捉摸的特点。因此，企业应尽量扩大收集信息的范围，重视对环境的预测和采用科学的预测手段与方法。

5. 陈述公司组织

有了产品、市场预测之后，创业者第二步要做的就是组成一支有战斗力的管理队伍。企业管理得好坏，直接决定了企业经营风险的大小。而高素质的管理人员和良好的组织结构则是管理好企业的重要保证。

因此，风险投资者会特别注重对管理队伍的评估。企业的管理人员在专业、经验乃至性格上都应该是互补的，而且要具有团队精神。一个企业必须具备负责产品设计与开发、市场营销、生产作业管理、企业理财等方面的专门人才。在创业计划书中，必须对主要管理人员加以阐明，介绍他们所具有的能力，他们在本企业中的职务和责任，他们过去的详细经历及背景。此外，在这部分创业计划书中，还应对公司结构做一简要介绍。

6. 确定市场营销策略

市场营销是企业经营中最富挑战性的环节，影响营销策略的主要因素有：消费者的特点、产品的特性、企业自身的状况、市场环境方面的因素。最终影响营销策略的则是营销成本和营销效益因素。

在创业计划书中，营销策略应包括以下内容：市场机构和营销渠道的选择、营销队伍的管理、促销计划和广告策略、价格策略。

对于新创业企业来说，由于产品和企业的知名度低，很难进入其他企业已经稳定的销售渠道中。因此，企业不得不暂时采取高成本、低效益的营销战略，如上门推销、商品广告、向批发商和零售商让利，或交给任何愿意经销的企业销售。对发展企业来说，一方面可以利用原来的销售渠道；另一方面也可以开发新的销售渠道以适应企业的发展。

7. 制订生产计划

创业计划书中的生产计划应包括以下内容：产品制造和技术设备现状；新产品投产计划；技术提升和设备更新的要求；质量控制和质量改进计划。

在寻求资金的过程中，为了增大企业在投资前的评估价值，创业者应尽量使生产计划更加详细、可靠。一般来说，生产计划应回答以下问题：企业生产所需的厂房、设备情况如何；怎样保证新产品在进入规模生产时的稳定性和可靠性；设备的引进情况，谁是供应商；生产线的设计与产品组装是怎样的；供货者的前置期和资源的需求量；生产周期标准的制定及生产作业计划的编制；物料需求计划及其保证措施；质量控制的方法是怎样的及相关的其他问题。

8. 编制财务计划

财务计划需要花费较多的精力来做具体分析，其中包括现金流量表、资产负债表及损益表的制备。流动资金是企业的生命线，因此企业在初创或扩张时，对流动资金需要有预先周详的计划和进行过程中的严格控制；损益表反映的是企业的盈利状况，它是企业在一段时间运作后的经营结果；资产负债表则反映在某一时刻的企业状况，投资者可以用资产负债表中的数据得到的比率指标来衡量企业的经营状况及可能的投资回报率。

财务计划一般要包括以下内容：创业计划书的条件假设；预计的资产负债表；预计的损益表；现金收支分析；资金的来源和使用。可以这样说，一份创业计划书概括地提出了在融资过程中创业者需做的事情，而财务计划则是对创业计划书的支持和说明。因此，一份好的财务计划对评估企业所需的资金数量，提高创业企业取得资金的可能性是十分关键的。如果财务计划准备得不好，会给投资者以企业管理人员缺乏经验的印象，降低评估价值，同时也会增加企业的经营风险，那么如何制订好财务计划呢？首先要取决于企业的远景规划是为一个新市场创造一种新产品，还是进入一个财务信息较多的已有市场。

着眼于一项新技术或创新产品的创业企业不可能参考现有市场的数据、价格和营销方式。因此，它要自己预测所进入市场的成长速度和可能获得的纯利，并把它的设想、管理队伍和财务模型推销给投资者。而准备进入一个已有市场的企业则可以很容易地说明整个市场的规模和改进方式。企业可以在获得目标市场的信息的基础上，对企业头一年的销售规模进行规划。

企业的财务计划应保证和创业计划书的假设相一致。事实上，财务计划和企业的生产计划、人力资源计划、营销计划等都是密不可分的。要完成财务计划，必须明确下列问题：

（1）产品在每一个期间的发出量有多大？
（2）什么时候开始产品线扩张？
（3）每件产品的生产费用是多少？
（4）每件产品的定价是多少？
（5）使用什么分销渠道，所预期的成本和利润是多少？
（6）需要雇用哪几种类型的人？
（7）雇用何时开始，工资预算是多少？

9. 分析关键风险、问题和假设

创业计划总会包括相关的一些隐含的假设，因此，创业计划必须描述一些有关所在行业、公司、人员、销售预测、客户订单和创立企业的时机、融资的风险及其负面结果的影响。

积极讨论创业项目中的风险,可以证明创业者作为一名经理人的技能,并能增加创业者和创业项目在风险投资者或私人投资者心目中的可信度。主动分析与讨论风险也有助于创业者对创业项目完成风险评估与对策研究,"未雨绸缪"方能降低创业风险。

创业者应首先客观地讨论创业计划中的假设和隐含风险,如市场假设、竞争假设、销售假设、研发风险以及生产能力风险等;在风险与假设评估的基础上,创业者还应指出哪些假设或风险对企业成功与否最关键,并描述将采取哪些针对措施将不利于企业成长的各种影响降到最低程度的应对计划。

任务 3.3　案例阅读

案例

"甜心巧匠"轻珠宝定制创业策划书

金华职业技术学院

一、项目概要

电子商务在我国发展了十几年之后,上网购物早已不是什么新鲜事了,网购以其便捷性、丰富性等优点深入人心。然而,目前的网购是建立在传统的生产零售体系之上的,电子商务只是用互联网的手段把零售的效率提升了。

随着"80后"、"90后"新生代消费群体的崛起,常常会有用户抱怨:网购时常常会迷失在海量商品中却依然找不到合乎心意的那一款,商家不了解自己的真正需求,自己只是一个被动的接受者而无权表达自己的喜恶……C2B模式正是在这样的需求下出现的。

在这样的电子商务的发展趋势下,我们"甜心巧匠"轻珠宝定制应运而生。从创新者角度出发,为企业节约生产成本,减少库存;为消费者制造唯一并且个性化的珠宝饰品。立志成为手工定制珠宝品牌的佼佼者!

相比传统的淘宝店铺和微信店铺来说,我们拥有自己的品牌和商标。珠宝除了本身的价值之外,还赋予佩戴者一种身份的象征,因此品牌对于珠宝来说至关重要。

相比传统的珠宝店铺来说,我们的产品设计更加灵活,销售方式更加广泛。除了拥有一支以"90后"为主的设计团队之外,每一个消费者也都是我们的设计师,一对一的客服可以第一时间准确了解客户的需求,并按照客户需要草拟设计图并投入生产制作。

可以说"甜心巧匠"轻珠宝定制的运营模式,将线上店铺与线下客户亲自参与设计的诉求结合在一起,形成了一种全新的购物体验。

轻珠宝概念的产品主要是以珍珠、水晶、银饰、14K金饰等为主的相对价格较低,能够被普通大众所接受,且性价比较高的珠宝饰品。"甜心巧匠"轻珠宝定制的目标客户是"80后"、"90后"追求时尚生活、崇尚个性的年轻人。

"甜心巧匠"轻珠宝定制现阶段以淘宝店铺和微信店铺作为主要的平台。业务覆盖中国各大省、市、自治区,且有部分客户来自海外。在未来的1~3年,我们致力于开发自己的网站及手机客户端APP,更好地带给消费者轻珠宝定制的个性化体验。

二、市场分析

(一)行业现状分析

1. 国内以珍珠为代表的轻珠宝行业市场情况

历经几年,珠宝行业在电子商务中发展较理想,但仍存在问题。如图3-3-1所示数据显示,从2011年至2014年,珠宝热度呈缓慢上升态势。相比国外发展较早且较为成熟的珠宝电子商务体系,国内的珠宝电子商务起步较晚、基础薄弱。我们真正开展珠宝电子商务也只有5~8年的时间,虽然经过这些年的发展,国内珠宝电子商务取得了一些成就,但仍然有诸多的问题需要解决。

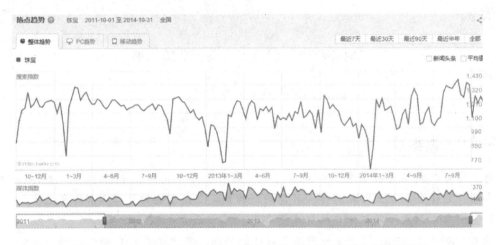

图3-3-1　2011年10月1日—2014年10月31日全国珠宝搜索指数

珠宝的美好形象与蕴意是作为礼物的最佳选择。2013年3月,彭丽媛陪同习近平总书记首次出访,佩戴阮氏珍珠并以国礼相赠,激起了我国对珍珠的追捧。专利产品"爱迪生珍珠"的批量上市,众多珍珠品牌国内市场的挺进,都彰显出了对我国珍珠市场的信心。我国拥有悠久的珠宝文化,对珠宝的渴望和追求从没有,也绝不会停下自己的脚步。全国每年大约有1 000万对新人结婚,其中用于购买珠宝首饰的平均花费超过5 000元。我国有着过生日、祝寿福的传统风俗,购买或馈赠具有纪念意义的珠宝是一个重要礼仪,而每年十几个重要节日,更是成为选购珠宝的由头和契机。例如,莱百2014年元旦一天销售额达到2亿元,2014年春节七天,销售额平均每天过亿元。因此,国人在婚庆、寿庆、节庆等,对珠宝刚性的需求前景依然看好,潜力仍然很大。

"互联网+"是互联网对传统行业的渗透和改变。李克强总理在政府工作报告中提出的"互联网+"概念是以信息经济为主流经济模式,体现了知识社会创新2.0与新一代信息技术的发展与重塑。互联网对于传统企业来说不仅是电商。今天这个世界上所有的传统应用和服务都应该被互联网改变,如果这个世界还没有被互联网改变是不对的,一定意味着这里面有商机,也意味着基于这种商机能产生新的格局。我们看到每一个传统行业都孕育着"互联网+"的机会。传统珠宝行业在电子商务的冲击下,也必将寻找新型的发展方式,形成传统珠宝+电子商务的模式,如图3-3-2所示。

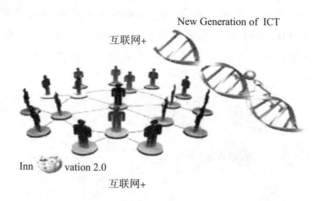

图3-3-2 互联网+示意图

2. 国外以珍珠为代表的轻珠宝行业市场情况

国外珠宝行业的电子商务发展起步较早,且发展潜力巨大。当前在国外众多的珠宝电子商务公司中,以Blue Nile.com(蓝色尼罗河)、Polygon公司和Bidz公司的业绩最为突出。Blue Nile.com主营业务为钻石(占到其所有珠宝业务78%的份额),而所有的钻石都是以网店模式销售的。其电子商务模式主要以B2C方式经营,同时其加盟计划体现了B2B的经营方式。另外,它还提供了通往C2C网站如epinions.com的链接。Blue Nile公司网站如图3-3-3所示。

采用电子商务销售模式的珠宝企业得到迅速发展。2005年,Blue Nile的销售额高达2.03亿美元;2006年,其年收入就达到2.5亿美元,远远超过了其最大的几家竞争对手——Polygon、Cartier和Tiffany等老牌珠宝公司。Blue Nile的成功创造了珠宝电子商务销售史上的一个奇迹。

图3-3-3 Blue Nile公司网站

3. 价格还会成为市场竞争的主轴

产品的价格是市场竞争的主轴。在珠宝行业的价格战中，虚高标价乱打折，虚假促销靠揭秘等恶性竞争一直被行业内外所痛斥，一些心术不正的人，能捞一点是一点。在过剩危机的逼迫下，一些支撑不住的人，能抓一把是一把。而我们的产品适应"80后"、"90后"的目标群体，价格定位为100～400元，为消费者提供高性价比的产品，以塑造品牌、营造良好口碑为主要任务，改变传统珠宝行业给消费者带来的不良印象。消费者购买珠宝的价位环形图如图3-3-4所示。

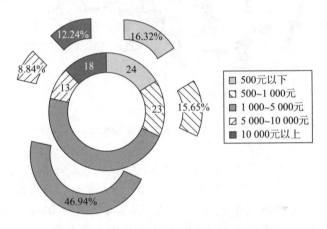

图3-3-4 消费者购买珠宝的价位环形图

（二）市场前景预测

1. 自我品牌的前景预测

我们的品牌是自创的，我们创立品牌最初的目的就是赋予普通的珠宝饰品以品牌化概念，赋予其更高的价值，让所有的人都知道"Sweet Smith"（甜心巧匠）这个品牌是轻珠宝手工定制的领导者！为了宣传我们的品牌，我们在给客户发货时会附带一张小卡片，上面印着我们的品牌LOGO，如图3-3-5所示。

图3-3-5 品牌LOGO

2. 基于网络平台的轻珠宝前景预测

（1）珍珠产业在淘宝的市场竞争压力较小，发展前景广阔。目前，我们营业最成熟的就是淘宝店，而在淘宝网上，与我们店铺一样主营轻珠宝淡水珍珠的店铺只有35家，而钻级的店铺只有19家，其中一家就是我们，所以相对来说我们的竞争压力不是很大，在淘宝这个平台上我们的生存空间很大，如图3-3-6所示。

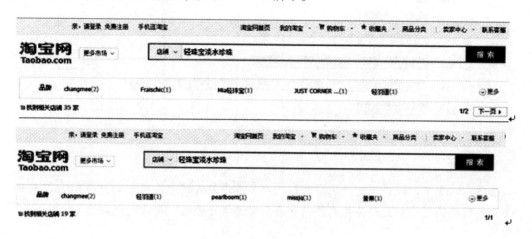

图3-3-6　淘宝网搜索结果

我们的店铺在经营的这几年里，已经积攒了一定的客户，其中很多都是老客户，多次购买我们店铺的产品，并且对我们的产品赞不绝口，所以我们的很多产品的评价里都有买家秀，简直是好评如潮！

（2）轻珠宝的优势多多。轻珠宝是珠宝行业中细分出来的一个类目，而轻珠宝也包含很多种类型，我们的主营项目是其中最常见的淡水珍珠。淡水珍珠相对于其他珠宝来说优势在于：价格比较平民化，能被广大消费者接受。全国产量高，货源充足。发展势头强劲，市场开发还存在很大的空间。这些优势都为我们的创业项目提供了前提条件。

3. 珠宝品牌的发展须多样化

我们的营销途径多样化。目前，我们的营销模式最成熟的是淘宝网，但是淘宝网毕竟只是一个平台，它只局限于淘宝网上的交易，假如没有淘宝账号，那么你永远都买不到我们的产品，在淘宝网，不管是卖家还是买家，都要按照淘宝网的规则来交易，有时候确实会有些不便！所以为了我们品牌的长久发展着想，我们会建立自营网站和手机APP，满足更加多元化的消费选择。在自营网站和手机APP中会加入一些特色功能，例如提供模块供消费者自主设计，形成设计图并下单直接购买等。

（三）目标客户与目标市场

1. 目标客户分析

珍珠首饰消费者需求由消费者、购买力和购买欲望三个主要因素构成，它们之间的关系如下：

珍珠首饰消费需求 = 消费者 × 购买力 × 购买欲望系数

在这三个因素中，珍珠首饰市场的消费主体是消费者，因此消费者是构成这个函数的基本条件，购买力是必要条件，而购买欲望则是购买力专项珍珠首饰消费的动力。

(1) 消费者。

我们对购买珠宝的人群做了初步的调查,得出了如图3-3-7所示的消费者年龄结构人数条形图。

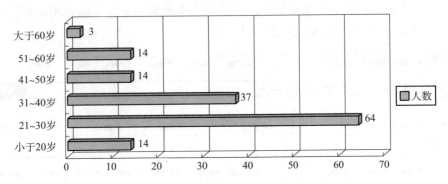

图3-3-7 消费者年龄结构人数条形图

在图3-3-7中,所得出的结论是我们的产品最主要的消费人群年龄阶段处于21~40岁,这个年龄阶段的消费者会比较在意自己的外表,对追求外表美、追求时尚的欲望比较大,那么利用他们爱美的心理把我们的产品推销给这一部分人群。

(2) 购买力。

人们的消费需求具体体现在人们的购买行为及各项购买活动中。购买力,顾名思义,即消费者购买产品和服务的能力,这种能力是靠他们以货币形式支付的。国家的发展水平程度高及居民的收入水平高会直接影响人们的购买能力。经研究,"甜心巧匠"轻珠宝定制的目标客户以有一定购买力的都市女性为主。

(3) 购买欲望。

珍珠首饰购买欲望是指消费者购买珍珠首饰的动机,如图3-3-8所示。在我们的案例中,从生理动机来看,消费者属于享受性购买;而从心理动机来看,属于情绪动机、感情动机,然而通常这两种动机是交织在一起的,但是其中一种动机起主导作用,这里起主导作用的应该是感情动机,因为消费者追求美,而他们觉得我们的珍珠饰品恰好能点缀他们的美,所以他们有了购买行为。

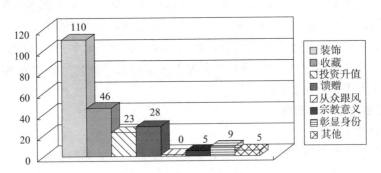

图3-3-8 消费者购买动机人数柱形图

为了更好地了解消费者的购买行为,我们对"消费者购买珠宝首饰看重的是什么"做了一个调查,如图3-3-9所示。

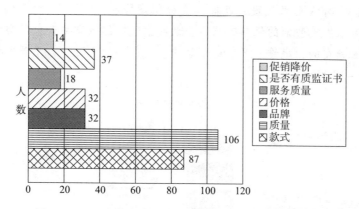

图 3-3-9 消费者购买珠宝首饰看重什么的人数条形图

由图 3-3-9 可以看出，首先，服务质量被大多数的消费者所看重，其次是首饰的款式，最后看中的则是是否有质监证书。因此，我们可以针对消费者看重的方面进行调整，提高我们珠宝饰品的质量，并且增加我们的首饰款式，突出我们产品的与众不同。

2. 目标市场

目标市场，就是企业营销活动所要满足的市场，是企业意欲介入并打算为之服务的市场。选择目标市场有 5 种方法，分别是集中选择、多重选择、产品专门化、市场专门化、完全覆盖市场。

微信、淘宝双管齐下，扩大销售市场。以前，我们选择目标市场采用的方法是集中选择，因为我们只是在淘宝这个平台上推广我们的产品，我们的客户也只能通过淘宝这个平台来购买我们的产品，因此有很大的局限性。我们的目标市场永远只有一个淘宝网那么大，我们不会有任何突破，当然，风险也很小，但是我们作为一个创业团队，又怎么甘心于只在淘宝网发展呢！我们需要更大的市场，需要更多的人知道我们的产品，因为我们的终极目标就是把我们的品牌推广出去，让我们的品牌在将来的某一天成为众所周知的大品牌！所以我们现在选择目标市场的办法就是多重选择，正所谓不要把所有的鸡蛋都放在同一个篮子里！不但在淘宝上卖我们的产品，还要开发微信营销，扩大我们的销售市场。

（四）相关分析

1. 可行性分析

（1）市场环境可行性分析。

淡水珍珠饰品在我国的市场占有率很低，则成长空间比较大，并且现有的珍珠饰品花样少、缺乏创意，而我们的轻珠宝定制正好可以弥补这一不足。

（2）营销模式可行性分析。

轻珠宝定制的网络营销市场广阔，操作简易，营销可行性高。目前我们的营销模式主要基于淘宝网和微信平台。淘宝网适合于发布产品，展示产品，供淘宝的用户进行购买。而微信平台将我们和消费者的距离拉近，可以快速准确地发掘消费者的真正需求，将消费者的定制想法转化成现实，定制属于消费者独一无二的珠宝饰品。微信营销还有一个最大的优点就是，推广速度快，粉丝也变得越来越多，因为微信营销是建立在代理的基础上，你的微信营销做得好,自然就会有人要做代理,就像设立分销商那样。那么品牌、产品就以倍数在增长,短时间内就可以扩大我们的销售市场,当然我们现有的淘宝平台也不会放弃,至少在淘宝平台我们是有基础的,也维系了一些老客户。我们今后会更着力于开发微信市场。微商模式图如图3-3-10所示。

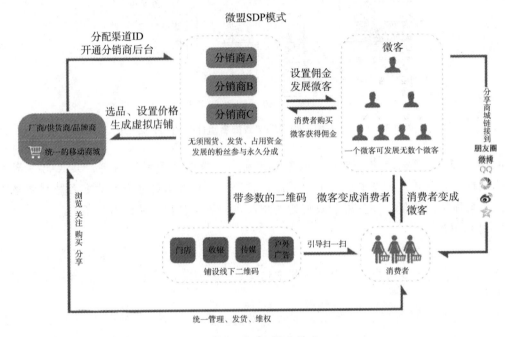

图3-3-10 微商模式

2. SWOT 分析

(1) 优势(Strengths)。

A. 网络直销便利、成本低,缩短经营周期和产品上市时间,市场广。

B. 大学生消费群体的独特、时尚、个性的饰品经营仍处于一个空白区域,因而开发经营饰品市场潜力很大。

C. 在网络化、信息化时代,网购已经成为人们习以为常的行为,因此网上创业有着广大的消费群体。

D. 相对于同行其他商家,我们的珠宝饰品种类繁多,每个月我们都会根据市场需求推出新品,我们会征求消费者的意见和建议,为某些消费者量身定做一些珠宝饰品。

因此,我们也对消费者想购买的珠宝种类进行了调查,调查结果如图3-3-11所示。

(2) 劣势(Weakness)。

A. 消费者对所购产品没有任何直观的感受。

B. 网购存在安全隐患问题。

C. 消费者只能通过淘宝这个平台了解及购买我们的产品。

(3) 机会(Opportunities)。

A. 时尚元素的流行。

B. 年轻群体的增加,生活水平的提高。

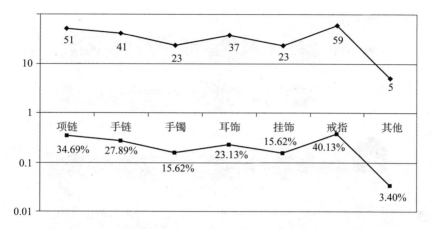

图 3-3-11 消费者购买珠宝种类情况示意

（4）威胁（Threats）。
A. 产品更新速度快。
B. 市场压力大。
C. 巨大的商品群。

总结：针对微信进行销售，在原来淘宝店铺的基础上扩大我们的销售市场，对我们自身而言，要不断地积累经验，并根据消费者的需求不断地更新产品，同时还要提高我们的服务质量和产品质量，打造一个值得消费者信赖、能够满足消费者需求的品牌。

三、项目规划

（一）项目主营业务规划

通过市场分析，我们规划了"甜心巧匠"轻珠宝定制创业项目的主营业务，并设计出"甜心巧匠"轻珠宝定制的主要业务流程图，如图 3-3-12 所示。

从图 3-3-12 中可以看到我们主要业务的运营脉络十分清晰，这基于我们前期做了大量的市场调研与分析，明确了目标客户与目标市场，最终做出了不同于其他珠宝饰品商店的创新、创意。

1. 卖家的业务流程规划

作为手工定制的卖家，我们主要的业务操作流程是：产品设计→材料购买→样品制作→产品拍摄→发布产品→买家订单→产品制作→收取货款。

（1）产品设计。作为一个定制的卖家，我们的设计是具有创新性的，为满足不同客户的不同要求，我们会为其设计并制作符合客户要求的产品。

（2）材料购买。在产品设计完之后，将进行产品所需的制作材料的购买。

（3）样品制作。在收到材料之后，开始进行样品的制作。

（4）产品拍摄。在将样品制作完后，将样品放置于专业的摄影棚进行产品的实物拍摄。将产品的实际情况完美地展现在消费者的面前。

（5）发布产品。拍摄完照片后就对产品的照片进行编辑，然后将产品的图片放置于我们的淘宝、微信、网站、APP上，让消费者在第一时间看到我们的新品。

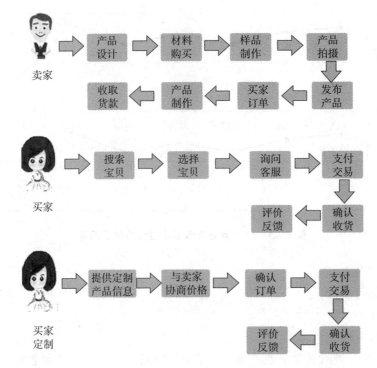

图 3-3-12 "甜心巧匠"轻珠宝定制的主要业务流程

（6）买家订单。产品上新后，消费者接收到我们的新品的信息之后就产生了购买的欲望进行下单。我们则接受订单。

（7）产品制作。在收到买家的订单后，根据买家的订单的要求进行产品的制作。

（8）收取货款。收到货款后给买家发货。

2. 买家的业务流程规划

买家对于卖家来说是很重要的，买家主要的购买过程为：搜索宝贝→选择宝贝→询问客服→支付货款→确认收货→评价反馈。

（1）搜索宝贝。买家有购买的想法，进行宝贝的搜索。

（2）选择宝贝。买家在淘宝网店、微信、网站、APP上进行产品的选择。

（3）询问客服。买家选择好产品后找客服进行咨询，如果有需要定制的产品也可以通过客服来传递定制的想法。

（4）支付货款。买家用支付宝钱包、微信钱包等支付工具进行支付。

（5）确认收货。买家支付完后卖家会进行发货，经过一段时间的物流买家收到货后就进行确认收货。

（6）评价反馈。在收货后，买家可以将使用后的感受发表出来，这些买家的评价对于新的买家的购买行为有一定的引导作用。

3. 买家定制的业务流程规划

我们"甜心巧匠"主要的特色就是定制，根据买家的定制要求进行产品的制作。定制的主要流程：提供定制产品信息→与卖家协商价格→确认订单→支付交易→确认收货→评价反馈。

(1) 提供定制产品信息。买家将想定制的产品图片发给客服,将材料、尺寸等信息告知客服。

(2) 与卖家协商价格。在提供定制信息之后,与卖家进行定制产品价格的商议。

(3) 确认订单。在确认价格后填写快递信息,确认购买。

(4) 支付交易。买家用支付宝钱包、微信钱包等支付工具进行支付。

(5) 确认收货。买家支付完后卖家会进行发货,经过一段时间的物流买家收到货后就进行确认收货。

(6) 评价反馈。在买家收到货后对货进行使用,买家可以将使用过后的感受发表出来,这些买家的评价对于新的买家的购买行为有一定的引导作用。

4. 项目名称

我们团队的项目名称为"甜心巧匠"轻珠宝定制,我们是一个充满激情和梦想的创业团队。

"甜心巧匠"轻珠宝定制,顾名思义,我们的主打商品是纯手工制作的珍珠类饰品,另外还有一些包金银饰系列的饰品,我们主要针对的客户群体是中青年女性。我们还有一个很大的特色就是,在我们允许的范围内可以 DIY 制作,以满足不同的客户的需求。我们公司秉承着客户至上的信念,纯手工打造专属于你的饰品!

5. 项目简介

(1) 项目规划。

如图 3-3-13 所示,"甜心巧匠"轻珠宝定制项目建立于 2014 年 9 月,然后在淘宝网上申请淘宝店铺,店铺名为"Sweet Smith 甜心巧匠轻奢原创珠宝设计"。在指导老师的指导下,设计各类新产品,开发创新,对开发的新产品进行拍摄和图片处理,并设计制作详情页在淘宝网上上传宝贝。2014 年 12 月开始微信营销,2015 年正式组建创业团队,在 2015 年陆续建设网站及 APP 商城,在 2016 年建立我们的公司,见表 3-3-1。

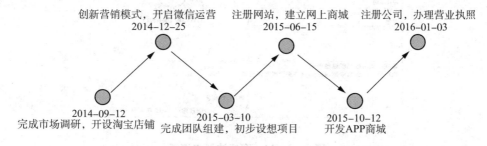

图 3-3-13 "甜心巧匠"轻珠宝定制项目规划图

表 3-3-1 甜心巧匠发展历程表

时间	历程
2014.9.12	正式开设淘宝店
2014.9.19	第一批产品上架(8 款自主设计产品)
2014.9.23	第一件宝贝卖出
2014.10.2	双天鹅 LOGO 设计成型

续表

时间	历程
2014.11.11	首次参加双十一外场活动,单日成交额破5 000元
2014.12.13	圣诞爆款热销,一周内热销150多条
2014.12.25	开始利用个人微信号营销
2014.12.27	建立微信公众号:Sweet Smith 甜心巧匠
2015.1.13	淘宝店铺上一个钻
2015.3.10	Sweet Smith 开始商标注册
2015.3.15	入驻学校创业园
2015.3.31	单月营业额破2万元
2015.4.4	淘宝店铺上两个钻
2015.4.20	单月营业额破5万元

图3-3-14所示为商标注册申请表

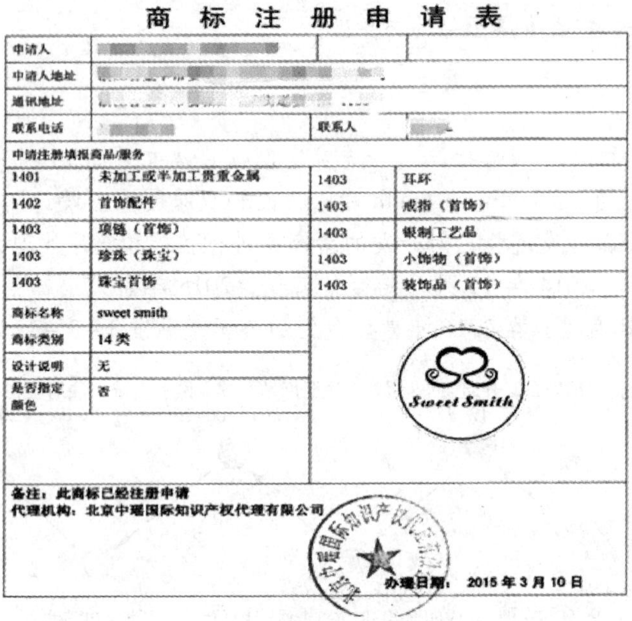

图3-3-14 商标注册申请表

(2)项目成果。

自开店以来我们累计发了1 300多个包裹,积攒了约500个粉丝,有200左右的忠实会员一直关注着我们。最近一个月的销售额超过了5万元。开店以来总销售额109 789.34元。这使我们团队倍感兴奋,也使我们对之后的工作充满了期待。

6. 品牌理念

我们有自己的LOGO(如图3-3-15所示)。Sweet Smith 的品牌理念:Sweet代表甜蜜、甜心,是对生活有着美好憧憬的女性喜欢的味道;Smith是国外常见的姓氏,该姓氏来源于传统的手工艺职业者。将这两个单词结合到一起就形成了我们原创珠宝设计的名字，可译为"甜心巧匠"。既代表了我们品牌主要面对的消费群体，也很好地概括了我们品牌原创手工定制的特色。

图 3-3-15 甜心巧匠品牌 LOGO

我们品牌的 LOGO 是一对面对面的天鹅的简笔画，天鹅的造型形似字母 S，而 Sweet Smith 的首字母刚好是两个 S，就像是两只面对着亲吻的天鹅一样。天鹅是纯洁、美好的象征，亲吻着的天鹅用它们的身体拼凑出一个爱心的形象。希望购买我们产品的消费者都能够感受到我们品牌所要传达的爱善美的理念。

7. 产品简介

(1) 自主设计成品。

首先，经过产品设计团队调查研究，选出几款比较适合我们团队制作的产品，经过项目经理开会讨论，选取我们要设计制作的新产品，然后由制作团队负责制作产品，拍摄团队负责新产品的图片拍摄和处理，制作详情页并发布新产品，如图 3-3-16 所示。

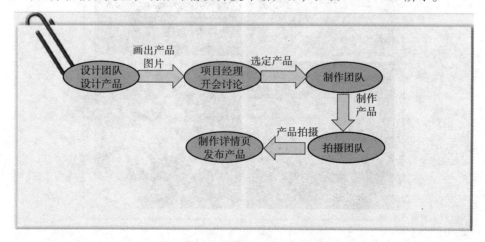

图 3-3-16 新产品生产流程

（2）客户定制。

由客户提供宝贝的具体描述或者直接提供宝贝的图片，根据图片或者描述经过产品设计团队的研究来判断是否可以做出客户要求的产品，并确定材料预算及产品价格，并将售卖的价格告知客户，客户根据我们提供的价格来决定是否要购买这款定制的产品。如果客户与我们的想法达成一致，则进行材料的购买及产品的制作。制作完后发货给客户。

如图3-3-17所示是我们与客户商谈定制产品的截图，图3-3-18则是我们制作产品的现场照片、设计图及成品展示图。

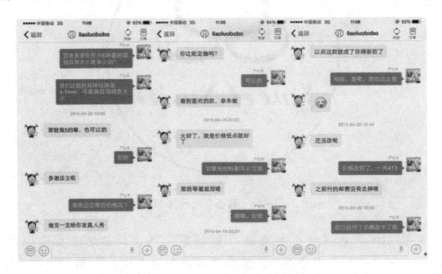

图3-3-17 产品定制过程截图

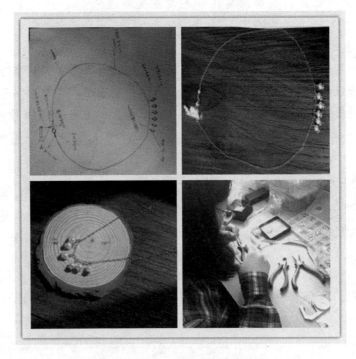

图3-3-18 产品制作过程展示

(3) 产品展示。

我们的产品包括手链、项链、脚链、耳饰。图 3-3-19 和图 3-3-20 所示为我们部分的产品展示。

图 3-3-19　产品展示图（1）

图 3-3-20　产品展示图（2）

（二）项目团队组织规划

如图 3-3-21 所示，我们的组织结构为职能责任制形式。在项目经理、项目负责人的监督指导下，其他成员分别负责产品拍摄、运营管理、产品制作，并一起进行产品的研发设计。

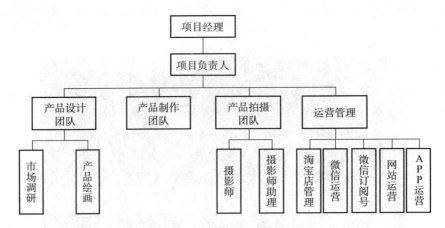

图 3-3-21 组织结构

(三)淘宝店铺规划

1. 环境分析

(1) 人群定位:适合 20 岁以上的"80 后"、"90 后"女性。

(2) 淘宝用户:一般倾向于产品的多样化和价格的低廉;追赶潮流。

2. 目标消费群

(1) 购物需求分析。

图 3-3-22 所示为购物需求分析图。

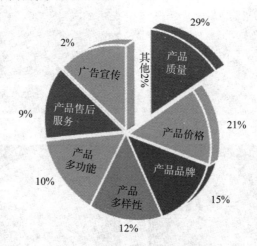

图 3-3-22 购物需求分析图

质量是获得消费者青睐至关重要的一点。在产品价格、产品多功能、产品售后服务、产品多样性、广告宣传、产品质量中,消费者对产品质量的要求最高。作为"轻珠宝"定制的卖家来说,我们主打包金系列的淡水珍珠饰品,采用 100% 天然淡水珍珠,淡水珍珠有安神定惊、清热益阴、明目解毒、收口生肌等功效,再配上不会轻易褪色、不会产生过敏的 14K 包金材料,最后在设计上注重对人体舒适度的考虑。整个产品对客户来说是无可挑剔的(如图 3-3-23 所示)。

图 3-3-23　14K 包金材料与珍珠半成品

(2) 挑选产品因素。

图 3-3-24 所示为挑选产品因素图。

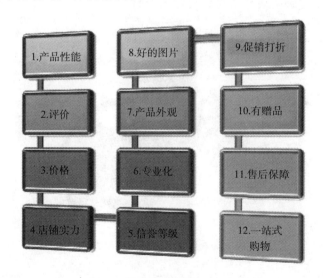

图 3-3-24　挑选产品因素

经过调查，消费者在挑选产品时，最在意的是产品的性能。我们的产品都具有百搭的特性，有些产品还能一款多用。如图 3-3-25 所示，只要购买一款产品就能有四种配搭方式，既时尚又百搭，还很经济实惠。

图 3-3-25 产品展示图

(3) 消费者的信任。

图 3-3-26 所示为影响消费者信任度因素分析。

图 3-3-26 影响消费者信任度因素分析

如图 3-3-27 和图 3-3-28 所示,经调查产品质量好,有保证的售后服务,往往会使客户产生二次光顾。我们有属于自己的忠实会员,在我们淘宝店购买过的客户都能成为我们的会员,根据会员的等级有相对应的会员优惠。产品销售出去后,客户依然能享受到我们周到的服务。当产品出现问题时将会免费为我们的客户进行修理。

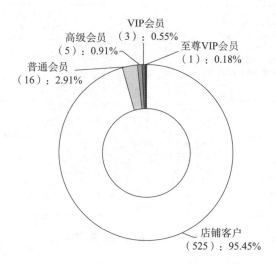

图3-3-27 客户会员等级图

图3-3-28 会员卡

（4）轻珠宝产品定价。

图3-3-29所示为产品定价淘宝调研图。

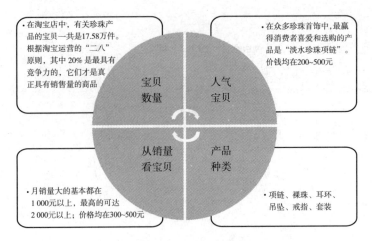

图 3-3-29 产品定价淘宝调研图

根据图 3-3-30 中的数据看出,在珍珠饰品这个行业中竞争十分激烈,200~500 元的价格是消费者最喜爱选购的范围。因此我们在定价时会考虑到这个因素,将产品的定价设定在 200~500 元,此外为了吸引更多的客户,我们也销售 100 元左右及较高档的产品,以供更多的消费者选择。

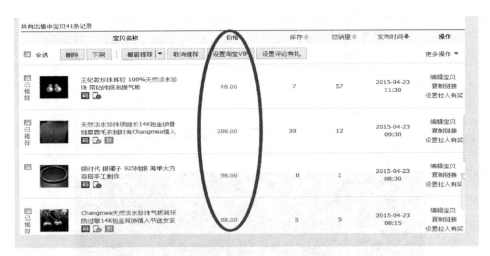

图 3-3-30 出售中宝贝的截图

(5) 相关数据走向。

如图 3-3-31~图 3-3-33 所示,做好淘宝数据分析,掌握好店铺定位,及时做好上架货品的调整是淘宝销售中的重点。数据挖掘和分析是电子商务和传统线下商务最明显的区别,电子商务的数据是精准的、及时的。几乎所有的策略规划和运营规划都需要以具体的数据来做支撑,数据分析只是手段,目的是通过数据分析发现问题、发现机会、制定策略、提升推广效果,提升店铺转化率,从而提升整店的 ROI,实现企业利润最大化。为此,我们购买了超级店长、购物车营销、江湖策等数据分析软件,通过这些数据软件精准的分析,我们能很直观地得出店铺现在的经营状况及现存的问题,并且能及时地得出解决方案,使得我们的店铺能长远地发展下去。

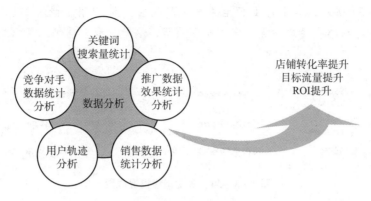

图 3-3-31 数据走向

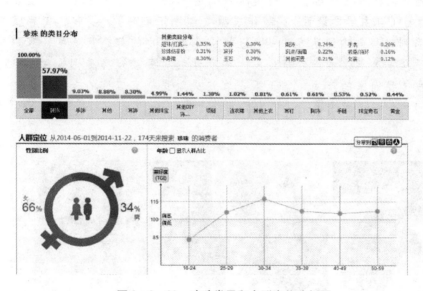

图 3-3-32 珍珠类目和人群定位分析图

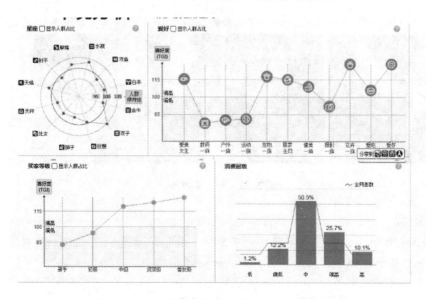

图 3-3-33 消费者星座、爱好和买家等级调查图

如图3－3－34所示，是4月1日至4月7日淘宝店铺的销售概况，从图中可以看出，基本上我们每个月都会有稳定的支付宝成交回头客，这就是我们店铺的经营成果。

销售概况					
支付宝成交额	￥2938.6 手机淘宝：88.02%	支付宝成交笔数	24 手机淘宝：91.67%	支付宝成交件数	76 手机淘宝：91.67%
支付宝成交人数	21 手机淘宝：90.48%	支付宝成交回头客数	8 手机淘宝：87.5%	转化率	1.1%
客单价	￥139.93	关闭订单金额[不分终端]	￥0.0	关闭订单数[不分终端]	0

图3－3－34　淘宝销售情况截图

高质量产品是获得更多客户的关键。我们的产品是经过选品（选择质量上乘的珍珠）、设计款式（自主研发设计）、制作成型（纯手工制作）、销售、售后服务（免费维修）等一系列过程最终到达客户的手上，我们给客户的都是最好的，客户对我们的产品也是爱不释手，所以才会有那么多的买家自主发买家秀（见图3－3－35），不取任何回报地宣传我们家的产品，甚至很多客户成为我们家店铺的老客户，这些都是因为客户对我们的信任，而这也是我们发展的动力。

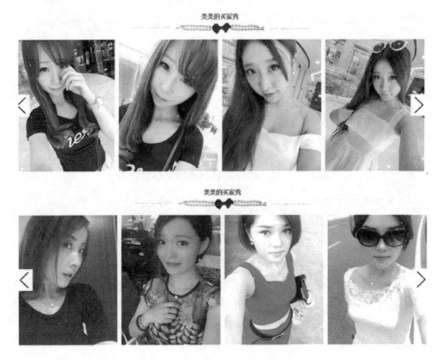

图3－3－35　买家秀

3. 经营策略

如图3－3－36所示，在整个淘宝行业中分析，我们应该先以中低端产品站稳市场；高端产品作为一个展示，体现店家的实力，起到一个辅助作用。

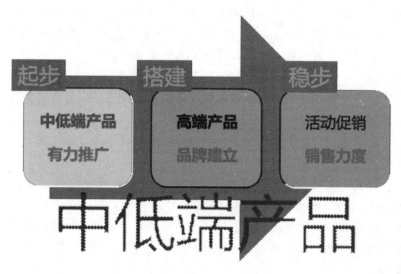

图 3-3-36　产品分类

(1) 起步。

①中低端产品起步：淘宝店建立初步，主要是以热销产品为主，高店铺销量。我们的主推产品为珍珠项链、首饰，低端产品价格在 88~300 元，中端在 500~1 000 元。

②参考商家：我们参考了同行商家销售量排名前三的产品，对比产品数据和款式，拟定自己的产品备货清单。

③店铺装修：店铺装修初步阶段以产品发布为主，店铺首页规划简洁，功能性强，便于客户搜索产品。我们每月都会推出新产品，在店铺的首页都会展示新产品的海报，如图 3-3-37 所示。

④上线推广：我们通过开直通车、参加各种活动，如"双十一"等热门的营销方式来进行站内推广，再利用淘宝客、微博推广、QQ 空间推广等进行站外推广。

(2) 搭建。

①投放高端品牌：挑选自己已有的高端产品投放，塑造本店该有的品质和品牌形象。

②备货方式：高端产品的成本费用相对比较高，挑选以后的成品上线，避免销售局限而造成成本费用过度铺张。

③产品推广：通过站内、站外推广发布高端产品展示，在企业文化和品牌建立上起到很好的作用。

图 3-3-37　淘宝店铺首页展示

④销售方式：有推荐式的销售，比如朋友推荐、商业购买、高端购买。朋友推荐，在建立起相对比较好的信誉度关系下，推荐有消费能力的朋友购买；商业购买，可推荐商业购买，推荐商业定制产品；高端购买，在国内高端商友圈推广购买。

（3）稳步。

①在节庆时机举办推广活动：商品的价格一般都要比传统方式销售时要低，以吸引人们购买。由于网上销售商品不能给人全面、直观的印象，不可试用、触摸等原因，再加上配送成本和付款方式的复杂性，会造成网上购物和订货的积极性下降。而幅度比较大的折扣可以促使消费者进行网上购物的尝试并做出购买决定。

②节庆点：元旦、春节、情人节、妇女节、"五一"劳动节、母亲节、双十一、双十二、圣诞节等。

③店铺推广：根据不同的节庆，拟订不同的活动方案。设计有针对性的活动广告位，投放在淘宝店铺首页、淘宝特区、社交网站等。

4. 推广策略

淘宝店铺推广运营其实和促销是融为一体的。淘宝为卖家聚集了大量的精准购买流量，只要把这些流量转变为客户即可。而淘宝平台提供了很多的推广工具和途径。中小卖家最常用的是直通车，大卖家使用的是广告投放，另外淘宝的商品搜索排名、店铺搜索排名，更能带来巨大的精准客户，这需要精心研究淘宝搜索排名的规矩，然后有针对性地优化。

我们属于中小卖家，通过直通车的开设、淘宝客的使用、按销售分成的模式，为我们的淘宝店铺提供了网络分销推广的途径，另外淘分享的SNS社区推广，也是巨大的免费推广形式，如图3-3-38~图3-3-40所示。

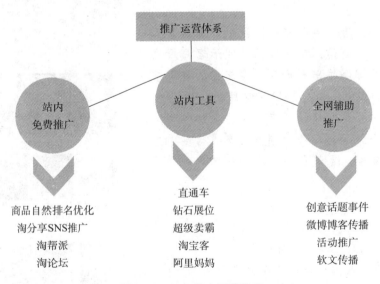

图3-3-38 推广运营体系

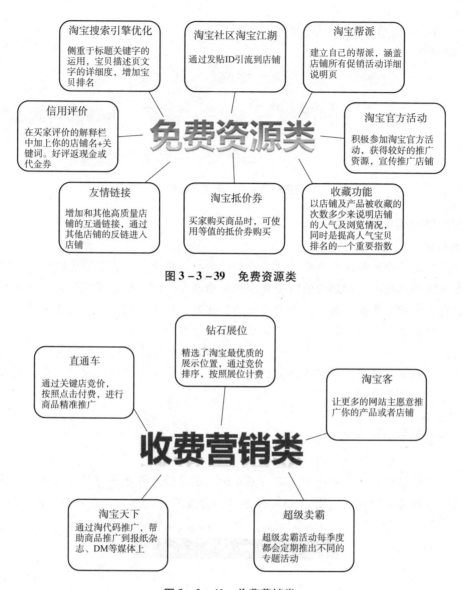

图 3-3-39 免费资源类

图 3-3-40 收费营销类

5. 店铺服务（售后服务）

（1）7 天无理由退换货：凡在本店购买的任何产品，均接受 7 天无理由退换货（特殊定制产品除外）。

（2）退换货要求：换货（没有质量问题）买家承担来回运费；退货（没有质量问题）来回运费必须由买家承担，影响二次销售的均不予以退换货。

（3）保修：7 天内包邮保修，7 天后买家自付邮费保修。

（4）退换货流程如图 3-3-41 所示。

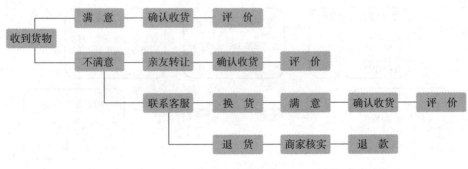

图 3-3-41 退换货流程

（四）微信运营规划

1. 微信概况

关于微信商城的生态问题目前业界评论好坏参半。但是基于微信强大的用户基数和移动互联网发展的必然趋势，微信商城仍是商家营销的必争之地。微信官方平台暂时没有推出适合微信公众平台推广的模式且禁止公众号做朋友圈集赞活动，所以微信商城目前属于较封闭的平台，需要商家线上线下的自主推广活动来导流吸引粉丝。

"甜心巧匠"轻珠宝定制（微信号：sweet smith 甜心巧匠）运用口袋通搭建微商城，目前商城已经开通支付功能，具备微商城、微社区、会员管理、积分管理、每周群发信息、抽奖游戏、在线客服等营销功能。

2. 微信公众号平台营销

（1）微信公众号平台的功能定位。

微信公众号定位可以分为以下两个阶段。

第一阶段：吸粉，成为服务老客户的集结地。引导粉丝分享参与微信互动，以提升用户体验，达到口碑传播的作用。图 3-3-42 所示为甜心巧匠的微信公众平台的发展现状。

微信·公众平台
27
新消息
57
新增人数
763
总用户数
详细数据
导出CSV

时间	图文页阅读		原文页阅读		分享转发		微信收藏人数
	人数	次数	人数	次数	人数	次数	
2015-04-14	725	539	725	404	725	127	
2015-04-08	681	514	681	386	681	93	
2015-04-05	653	452	653	359	653	78	
2015-03-19	39	12	39	39	39	7	

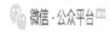

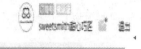

图 3-3-42　甜心巧匠的微信公众平台的发展现状

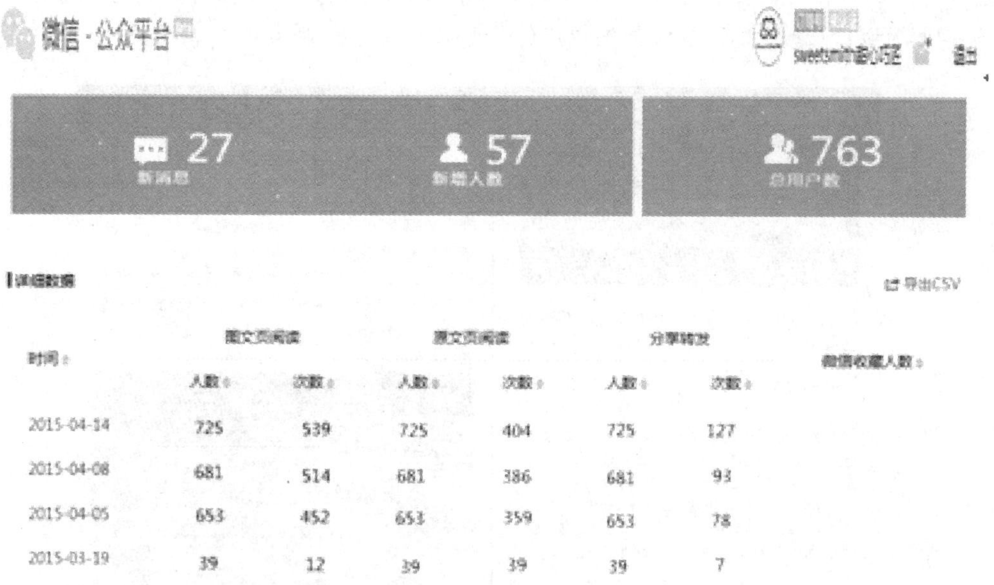

第二阶段：独立商城。当微信平台的粉丝达到一定数量（行业以 3 000 粉丝作为第一阶段的转折点），微信平台可以转化为独立商城进行推广运营，届时口袋通、腾讯微社区、微信官方等将接入推广引流的端口，如广点通等，微信商城将极具竞争力。

（2）微信公众号运营组织架构。

图 3-3-43 所示为运营组织构架图。

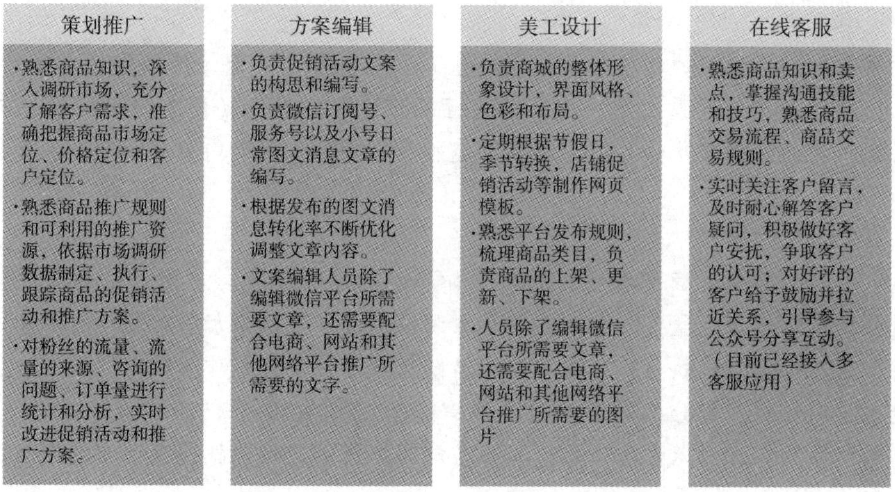

策划推广
·熟悉商品知识，深入调研市场，充分了解客户需求，准确把握商品市场定位、价格定位和客户定位。
·熟悉商品推广规则和可利用的推广资源，依据市场调研数据制定、执行、跟踪商品的促销活动和推广方案。
·对粉丝的流量、流量的来源、咨询的问题、订单量进行统计和分析，实时改进促销活动和推广方案。
方案编辑
·负责促销活动文案的构思和编写。
·负责微信订阅号、服务号以及小号日常图文消息文章的编写。
·根据发布的图文消息转化率不断优化调整文章内容。
·文案编辑人员除了编辑微信平台所需要文章，还需要配合电商、网站和其他网络平台推广所需要的文字。
美工设计
·负责商城的整体形象设计，界面风格、色彩和布局。
·定期根据节假日、季节转换，店铺促销活动等制作网页模板。
·熟悉平台发布规则，梳理商品类目，负责商品的上架、更新、下架。
·人员除了编辑微信平台所需要文章，还需要配合电商、网站和其他网络平台推广所需要的图片
在线客服
·熟悉商品知识和卖点，掌握沟通技能和技巧，熟悉商品交易流程、商品交易规则。
·实时关注客户留言，及时耐心解答客户疑问，积极做好客户安抚，争取客户的认可；对好评的客户给予鼓励并拉近关系，引导参与公众号分享互动。（目前已经接入多客服应用）

图 3-3-43　运营组织构架

（3）微信运营的关键。

推送和服务：微信公众号都是通过图文推送信息的，目的是让用户知道这件事并引导用

户进行下一步的行为。要让推送成为我们与服务用户的纽带,这样对我们才有价值(如图3-3-44所示)。通过微信公众号推送店铺优惠活动信息,刺激消费者购买。

图3-3-44 微信公众号

特色账号:普通公众账号除了推送图文信息外没有更多的功能。

内容互动性:微信公众号是一个服务的平台,通过微信回复让用户表达意见或建议。参与的人越多,说明产品关注度也就越高,更重要的是产品有了用户的建议之后经过改良,那么使用的人会更多。

售后服务:购买我们的任何产品,均接受7天无理由退换货(特殊定制产品除外)。退换货要求:换货(没有质量问题)由买家承担来回运费;退货(没有质量问题)来回运费必须由买家承担,影响二次销售的均不予以退换货。保修:7天内包邮保修,7天后买家自付邮费保修。

(4) 2015年推广计划。

①线下推广。给代理商配备宣传物料,如小礼物、吊牌等。作用:引导关注微信服务号,利用微信号做好售后服务。提升品牌形象和用户体验度。增加微信粉丝,利用老客户的口碑传播形成粉丝经济。执行:以微信粉丝活跃区域浙江、江苏作为试点。

②线上推广。累积积分换购活动:购买一次产品获得10个积分(只针对新品),策划推广。熟悉商品知识,深入调研市场,充分了解客户需求,准确把握商品市场定位、价格定位和客户定位。

对粉丝的流量、流量的来源、咨询的问题、订单量进行统计和分析,实时改进促销活动和推广方案,如图3-3-45所示。

③文案编辑:负责促销活动文案的构思和编写;负责微信订阅号、服务号及小号日常图文消息文章的编写;根据发布的图文消息转化率不断优化调整文章内容。用简单几句话抓住

图 3-3-45 微信客服

客户的心,产品图文展示如图 3-3-46 所示。

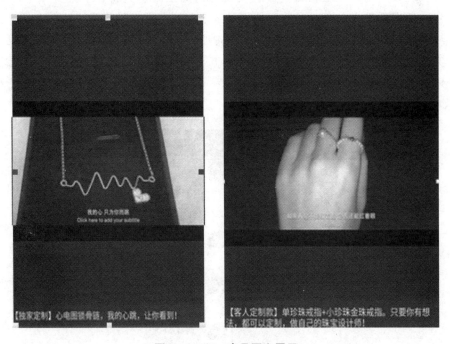

图 3-3-46 产品图文展示

④美工设计:负责公众号的整体形象设计,如界面风格、色彩和布局等;定期根据节假日、季节转换、店铺促销活动等制作网页模板,如图 3-3-47 所示。

图 3-3-47 节日优惠

熟悉平台发布规则,梳理商品类目,负责商品的上架、更新、下架(除了编辑微信平台所需文章,还需要配合电商、网站和其他网络平台推广所需要的图片)。

⑤在线客服:熟悉商品知识和卖点,掌握沟通技能和技巧,熟悉商品交易流程、商品交易规则;实时关注客户留言,及时耐心解答客户疑问,积极做好客户安抚,争取客户的认可;对好评的客户给予鼓励并拉近关系,引导参与公众号分享互动(目前已经接入多客服应用),如图 3-3-48 所示。

图 3-3-48 微信客服

在微信上设立各种活动来吸引粉丝。每日签到得1分,每日分享得2分,累积满100积分可以获得"1元购买"的权利(具体执行细则待定)。秒杀活动:每周推出2款产品供粉丝在线秒杀(具体执行细则待定)。抽奖活动:利用微信平台上的营销工具做抽奖活动。

3. 个人微信营销

(1) 微信代理。

在微信朋友圈做产品,有了一定的成绩以后,是一定要招代理的,这样才可以突破自己的区域、人数、时间、圈子等的限制,以点连线,拉线成面,让销售额上一个台阶。但是对于代理来说如果没有一个硬性的标准是无法更好地发展的。图3-3-49所示为管理代理的一个总号。

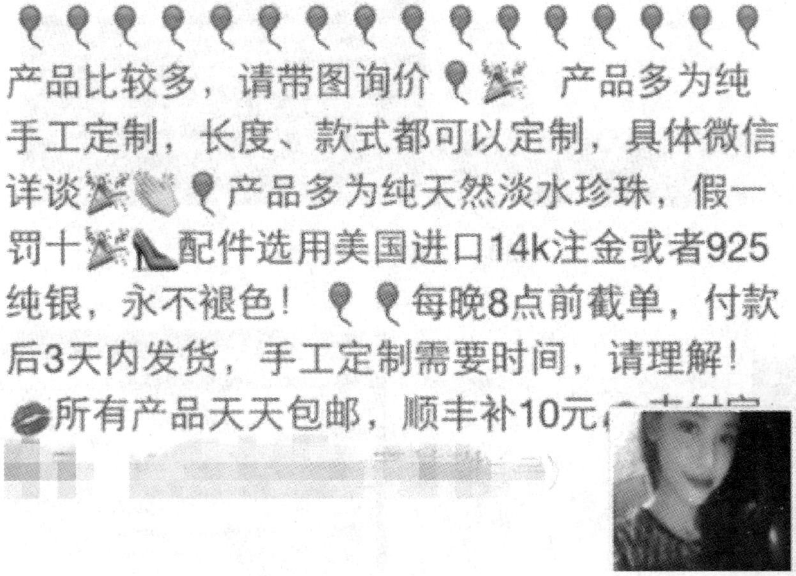

图3-3-49 代理管理总号

在总结了种种经验以后,我们制定了招收代理的规则:每日销售日报(会计统计,及时抄送);每周周会公布上周所有代理的销量情况。每周日晚上八点,YY语音(30分钟以内),总结分享经验,处理一周问题;讨论最新政策。每个月进行销售计划、销售总结;不定期编写、分享实操手记。我们的加盟代理费是500元,保证金300元。所有代理,各渠道的销售价格不得低于建议销售价。乱标低价,取消代理资格,并没收保证金。当然做得好的,我们会返还代理费用,如图3-3-50所示。

我们目前有152款产品,而且我们每月定时更新5款新产品,并会及时把更新产品的信息资料编辑到产品信息表里,然后下发给各个代理,如图3-3-51所示。

图 3-3-50　招收代理

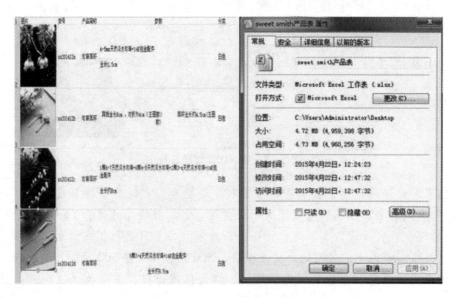

图 3-3-51　发送给代理

我们招收的代理经过一段时间的经营努力,已经有了一定的成绩,也有了较多的粉丝。我们通过了解,这些粉丝一般是通过买家介绍而加了代理的微信,还有一小部分是通过附近的人搜索看到代理在经营珍珠饰品,觉得挺漂亮的而加了代理的微信,如图 3-3-52 所示。

项目三 互联网创业规划 101

图 3-3-52 微信代理号

为提高客户的二次购买率，我们的产品有高质量、完善的售后服务。我们有属于自己的会员制度，购买过我们产品的客户都能成为我们的会员，根据会员的等级有相对应的会员优惠。产品销售出去后，客户依然能享受到我们周到的服务。当产品出现问题时我们将会免费为客户进行修理。

（2）诚信经营。

微信经营最重要的是诚信。在个人微信中我们会将一些日常的经营状态放到粉丝可以看到的朋友圈中，让粉丝们能够更进一步地了解我们，增强粉丝们对我们的追随与支持。

我们不同于一些无良商家，我们不会胡乱哄抬价格，也不会夸大事实，为了推销我们的产品而颠倒是非黑白，更不会用修图软件过多地处理产品图，我们只会把产品最真实的一面展现给客户，所以我们不害怕把买家秀展示出来，相反，我们会不定期把买家秀发到朋友圈。很多时候，基于快递比较多，我们会把快递单号晒到朋友圈让买家核对，如图 3-3-53 所示。

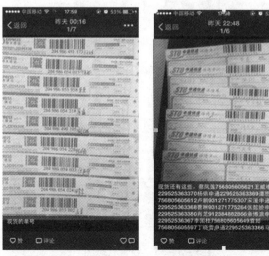

图 3-3-53 快递单图

为了不让买家们觉得我们是在虚假销售,我们还会发出支付宝账单的截图,还有与老客户之间的聊天截图,这些都只是为了证明我们的诚意和我们对产品的自信,如图3-3-54所示。

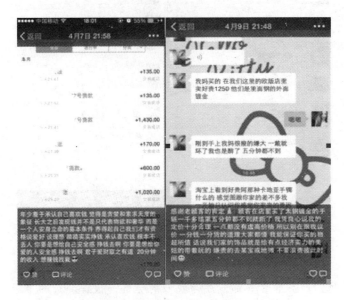

图3-3-54 客户下单

图3-3-55所示为我们的支付宝、微信信息图,是某天凌晨被手机震动吵醒打开手机一看,微信上询问的消息有上百条。

图3-3-55 经营状态图

(五) 企业网站、APP 建设规划

1. "甜心巧匠"轻珠宝定制网站

"甜心巧匠"轻珠宝定制顺应时代的发展,从长远的计划来看,建立了属于自己的网站。

网站链接:

http://sweetsmith.faisco.cn/pr.jsp?keyword=%E7%8F%8D%E7%8F%A0&_pp=0_312

2. 网站功能模块的基本设计

如图 3-3-56 所示,在"甜心巧匠"轻珠宝手工定制网的整体架构上,我们通过市场调研与分析,采用了不同于其他珠宝网站的设计,针对我们的客户定位来进行设计。直观、简洁的设计便于我们的客户使用我们的网站。在我们设想的网站上有:首页、产品展示、定制板块、留言板、关于我们、联系我们、APP。

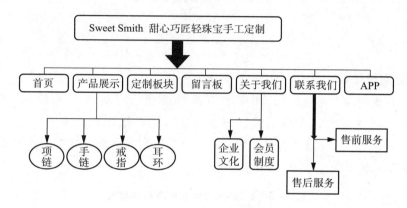

图 3-3-56 网站功能模块

(1) 首页。首页是展示我们产品的主要页面,也是给客户留下好印象的关键。

(2) 产品展示。产品展示是向客户展示宝贝详情的界面。

(3) 定制板块。定制板块是让客户根据自己的喜好选择不同的材料、款式、不同规格的珍珠搭配,然后网站会自动生成产品图片和价格。

(4) 留言板。让购买过的客户进行评论留言,这也能在极大程度上知道我们的问题所在,能及时纠正,使网站得到优化。

(5) 关于我们。设置关于我们的板块,让不熟悉我们的客户能从这个板块中了解到"Sweet Smith"的发展历史。

(6) 联系我们。客户通过这个板块可以反馈意见和建议,联系售前、售后服务。

(7) APP。客户可以下载 APP 客户端浏览我们的产品信息。

图 3-3-57 所示为网站页面。

图 3-3-57 网站页面

四、财务计划

(一) 项目融资计划

近年来,为支持大学生创业,国家和各级政府出台了许多优惠政策,涉及企业注册、金融贷款、税收缴纳、企业运营、资金扶持、培训指导等诸多方面。

如表3-3-2所示,我们在创业初期,充分利用国家和学校的相关创业扶持政策,降低创业项目的运营成本。

表3-3-2 国家及学校创业扶持政策

企业注册方面	开通绿色通道,优先登记注册
金融贷款方面	优先给予信贷支持及优惠利率
场地费用方面	学校提供近20平方米的创业孵化园
资金扶持方面	可申请不超过10万元的小额担保贷款

但是随着业务的发展及项目规模的扩大,尤其是成立自己的公司,并且开始着手建立自营网站和手机端APP以后,必将会遇到资金和技术上的瓶颈。这是社会及学校对于大学生创业扶持政策所无法解决的问题。

解决项目更大的融资问题,我们需要根据自身的生产经营状况、资金拥有的状况,采用一定的方式,从一定的渠道向投资者筹集资金,组织资金的供应,以保证公司正常的经营与发展。

综合分析,通过银行贷款、融资的条件和门槛要求相对来说较高,不适合我们创业项目的融资。据了解,现在大部分的创业初期的企业都是向基金公司申请投资融资的,我们计划向大学生就业创业基金申请投资融资。

(二) 2015年项目投资计划

如表3-3-3所示,为了"甜心巧匠"轻珠宝定制能在2015年有巨大的发展和突破,我们计划出资21万余元人民币,投入技术、办公、运营、产品等项目的各个方面。

表 3-3-3 "甜心巧匠" 2015 年投资计划

项目类别	项目名称	投资金额/元	备注
办公投资	场地租金	0	创业园减免
	办公设施	0	学校为入住创业园的团队提供
运营投资	人才培养	12 000	按人均 3 000 元计算
	运营推广	20 000	主要为淘宝推广、微博推广、产品册与宣传册等
产品投资	珠宝产品	100 000	珍珠为主
	珠宝配件	57 000	包金、纯银、18K 金等手工 DIY 材料
	珍珠打孔机	3 000	
	拍摄工具	18 000	相机、小型摄影棚、背景布、背景摆件装饰等
技术投资	商标注册	1 600	委托北京中瑶国际知识产权代理有限公司委托办理
	域名注册	49/年	
	网站建设	1 500/年	
年投资合计		213 149	人民币贰拾壹万叁仟壹佰肆拾玖元整

这 10 项投资计划将会对我们公司未来的发展起到决定性影响。关于这一年的投资资金，指导老师作为我们的投资人入股 50%，4 名团队成员各入股现金 3 万元。

（三）利润分析表

"甜心巧匠"自 2014 年 9 月成立以来，产品定价以成本的 1.5 倍为准，除去运营费用，产品利润约为 30%。

1. 分析 2013 年利润表

由表 3-3-4 分析得出，2014 年以淘宝为平台起步，9 月上新第一批产品，第一个月就实现盈利，更在双十一期间得到快速发展，营业额破万元。到 2013 年年底实现总销售额近两万元，这对于刚刚开始创业的我们来说，备受鼓舞！但是总体来说，只是对轻珠宝市场的试水，不敢囤太多的货，因此在很多发展方面都存在局限性。

表 3-3-4 "甜心巧匠" 2013 年利润表

时间	收入/元	成本/元	利润/元
2014.9	3 563.47	2 494	1 069.47
2014.10	2 487.86	1 730	757.86
2014.11	10 138.41	6 910	3 228.41
2014.12	3 404.56	1 970	2 434.56
合计	19 584.3	13 104	7 488.3

2. 分析 2014 年 1—4 月利润表

根据表 3-3-5 可以分析得出，2015 年 "甜心巧匠" 轻珠宝定制进入了快速发展期。1—2 月由于是寒假，店铺一直处于半营业状态，3 月店铺恢复正常营业之后，销售额快速增长，月营业额突破 2 万元。随着气温的回升，即将进入饰品销售的旺季，4 月的销售额突破

5万元,其中淘宝店铺收入占72.3%,微信收入占27.7%。

表3-3-5 "甜心巧匠"2014年1—4月利润表

时间	收入/元	成本/元	利润/元
2015.1	4 557.31	2 897	1 660.31
2015.2	2 677.45	1 488	1 189.45
2015.3	29 339.41	23 304	6 035.41
2015.4	53 630.87	34 086	19 544.87
合计	90 205.04	61 775	28 430.04

3. 分析2015年的利润预期

依据2015年第一季度的销售额来推断,在2015年,我们计划淘宝店铺在之前的基础上,实现营业额的三倍,如表3-3-6所示。并且将营销的重点转移到微信上,初步计划微信平台上实现年利润达8万元。自营网站平台和手机APP平台暂不考虑盈利,以推广为主。

表3-3-6 "甜心巧匠"2015年度利润预期表

项目	本年累计数
一、主营业务收入	1000 000
减:主营业务成本	650 000
二、淘宝业务利润	270 000
减:运营成本	27 000
其他费用	3 000
三、微信业务利润	80 000
减:运营成本	8 000
宣传成本	1 000
其他费用	500
四、利润总额	360 000
减:所得税	0
五、净利润	310 500

五、营销战略与实施风险

(一)营销战略与推广方案

1. 营销战略

"轻珠宝"手工定制主要采用以下5种营销模式。

(1)一对一营销。

针对每个客户创建个性化的营销沟通,该过程的首要关键步骤是进行客户分类,从而建立互动式、个性化沟通的业务流程。

(2)品牌营销。

品牌的效益很重要。把店铺的产品特定形象通过某种手段深刻地映入消费者的心中,利用消费者对产品的需求,然后用产品的质量、文化及独特性的宣传来创造一个牌子在用户心中的价值认可,最终形成品牌效益。

(3) 深度营销。

建立在互联网基础上,以企业和客户之间的深度沟通、认同为目标,从关心人的显性需求转向关心人的隐性需求的一种新型的、互动的、更加人性化的营销新模式、新观念。

(4) 网络营销。

基于PC互联网、移动互联网平台,利用信息技术与软件工程,满足商家与客户之间交换概念、交易产品、提供服务,通过在线活动创造、宣传和传递客户价值,并对客户关系进行管理,以达到一定营销目的。

(5) 直销。

面对面且非定点的方式,销售商品和服务,直销者绕过传统批发商或零售通路,直接从客户接收订单。

2. 推广方案

"甜心巧匠"轻珠宝定制主要采用以下五种推广方式。

(1) 友情链接推广。

申请加入行业网站及导航网站的友情链接,依靠在其他网站上的展示,进行宣传与推广,提高网站的曝光度。

(2) 软文推广。

集合众多淘宝客、网络写手进行文章的撰写和图片的编辑,尽可能地吸引客户的眼球,使其光顾我们的店铺。

(3) 社交网络推广。

利用微信、新浪微博等社交工具,设置推广签名,开展话题分享和活动推介,吸引粉丝关注。

(4) 微信转发送小礼品推广。

好友转发微信朋友圈宝贝详情,即获赠小礼品一份。

(5) 二维码推广。

实时开展各种有新意的活动,在活动中嵌入二维码,促使人们拿起手机扫一扫,随时关注我们的店铺。

(二) 风险预测

网上开店属于一种商业投资行为,任何此类行为都是具有一定风险性的,投入得越大所面临的风险也就越大,但相对的回报也就越多。淘宝店主在开店前需要对自己将要从事的行业做足风险分析,只有全面地分析投资风险,才能够在日后的经营过程中理性地规避这些风险,减少投资损失。

1. 货源风险

货源风险是销售过程中需要解决的基础问题。在销售过程中自己的货品来源可能会出现问题,有可能已经卖出去商品后,和自己的货源提供方联系却得不到充足的货源,如果出现这样的问题会对自己店铺的诚信造成严重影响,可能会损失大量客户源。

2. 库存风险

库存风险是对店主最根本的经济利益造成的最大威胁。由于无法估计能卖出去多少商品,可能会造成进货过多而导致商品积压。长期的商品积压容易造成货物的贬值及商品质量的变差，都会对店主的经济利益造成威胁。

3. 快递风险

由于在商品邮递过程中，快递公司可能会因失误导致商品损坏或者丢失，这就需要与买家进行耐心的沟通。

六、项目的创新价值

（一）从创新者角度出发，为企业节约生产成本，减少库存

成本是企业生存的保障。成本控制是抵抗内外压力、求得生存的主要保障。在企业内部低成本可以降低企业的产品价格，提高企业在市场上的竞争力，使企业获得更多的利润。如果企业的经济正处于萎缩阶段，那么降低成本对企业的继续生存更为重要。

C2B模式能提高企业的服务质量。在原材料价格普遍上扬的情况下，采用电子商务C2B模式，不仅可以降低中小企业成本，而且可以打通虚拟市场扩大交易份额，进行企业结构性转变，使中小企业向半虚拟企业发展。同时我们也了解到，虚拟市场不同于现实市场，每个企业无法与其他企业进行绝对性比较，这种虚拟市场是每个企业都无法预估的，因此可以提高企业的服务质量。

"甜心巧匠"轻珠宝定制通过一对一的定制制作产品以降低物资采购成本，严格控制采购成本。

通过对消费者需求的分析，调整采购策略。根据企业年初计算的全年材料预算，提前做好冬储工作，合理避开原料需求高峰，避开高价采购时间区域，通过采购时间差，降低采购成本。

（二）从消费者角度出发，创造唯一并且个性化的珠宝饰品

真正的C2B应该先有消费者需求产生然后有企业生产，即先有消费者提出需求，后有生产企业按需求组织生产。通常情况下，让消费者根据自身需求定制产品和价格，或主动参与产品设计、生产和定价，产品、价格等彰显消费者的个性化需求，生产企业进行定制化生产。

C2B的核心是以消费者为中心，消费者当家做主。我要站在消费者的角度看。C2B产品应该具有以下特征：

（1）相同生产厂家的相同型号的产品无论通过什么终端渠道购买价格都一样，也就是全国一个价，渠道不掌握定价权（消费者平等）。

（2）C2B产品价格组成结构合理（拒绝暴利）。

（3）渠道透明（O2O模式拒绝山寨）。

（4）供应链透明（品牌共享）。C2B新商业文明的人类即将踏入的新大陆包含O2O商业模式在里面。

"甜心巧匠"轻珠宝定制秉承C2B的模式，通过与消费者的交流获取消费者需要的产品款式信息，并且根据这个信息进行产品的制作、拍摄，将完整的作品交到消费者手中。这样一款属于消费者的专属产品就诞生了。

七、创业项目小结

马云说："未来的世界，我们将不再由石油驱动，而是由数据驱动；生意将是C2B（消费者与企业之间）而非B2C，用户改变企业，而非企业向用户出售——因为我们将有大量的数据；制造商必须个性化，否则他们将非常困难。"正因如此，如果我们站在更远的商业视角来看小米，或许会发现小米成功的关键因素之一就是把握住了互联网经济时代商业的本

质是"消费中心"。

C2B 的网购模式对企业来说既是一个很大的机会,也面临着很大的挑战。机会在于企业可以极大地降低生产成本,减少库存,优化产品供应链,增加销售机会等。面临的问题是按需定制或个性化定制需要极强的科学生产技术,这对于我们现在规模化制造、信息化薄弱、管理水平低的现状来说是不小的挑战。但随着科学技术日新月异的进步,相信科学生产水平一定会大大提高。

"甜心巧匠"轻珠宝定制抓住了时代发展的趋势,将定制的概念融入营销中,打造属于客户自己的独一无二的产品。将自己的生产、销售一线化,不但节省了成本,也节约了资源。现如今我们通过多个渠道进行我们的私人定制:传统的淘宝商铺销售;当下流行的微信营销;长久发展的网站建设及 APP 建设。在未来五年内我们将"Sweet Smith"这个品牌打响名声,让每一位爱美的人都有一款"甜心巧匠"的宝贝。

附录1 轻珠宝手工定制市场调研问卷

尊敬的女士/先生:

您好!为了了解轻珠宝首饰,我们开展这次调查。我们的调查是以匿名形式进行的,问卷调查的结果仅作为研究之用,不会让您的个人隐私受损,请您放心填写。本次调查需花费您的一些时间,希望您能耐心填写,我们十分感谢您的支持与参与!

1. 您的性别?(   )
    A. 男   B. 女
2. 您的年龄?(   )
    A. 18 岁以下   B. 18~24 岁   C. 25~30 岁
    D. 31~35 岁   E. 36~40 岁   F. 41 岁以上
3. 您从事的职业是?(   )
    A. 公务员、教师、医生   B. 企业职员   C. 自由职业者
    D. 个体工商户   E. 学生   F. 其他
4. 您的月收入是?   (   )
    A. 1 000 元以下   B. 1 000~2 000 元   C. 2 000~3 000 元
    D. 3 000~4 000 元   E. 4 000~5 000 元   F. 5 000 元以上
5. 您平时有购买首饰的爱好吗?(   )
    A. 经常   B. 偶尔
    C. 几乎不   D. 从不
6. 您每天上网的平均时间是多少?(   )
    A. 1 小时以下   B. 1~2 小时   C. 2~3 小时
    D. 3~4 小时   E. 4~5 小时   F. 5 小时以上
7. 您通过何种渠道了解珠宝首饰?(   )
    A. 朋友介绍   B. 书报、杂志   C. 电视广告
    D. 网络   E. 其他
8. 您是否关注珠宝首饰的流行趋势?(   )
    A. 很关注   B. 一般
    C. 偶尔   D. 无所谓

9. 您购买首饰的信息来源于?（   ）
  A. 电视、杂志、网络广告
  B. 商店陈列   C. 别人佩戴
  D. 亲朋好友介绍   E. 其他方式
10. 您钟爱的首饰类型是?（   ）
  A. 戒指   B. 项链   C. 耳环   D. 手链
  E. 套饰   F. 情侣对饰   G. 其他
11. 您喜欢的首饰风格是?（   ）
  A. 可爱风格   B. 简约风格   C. 精致风格
  D. 复古风格   E. 夸张风格   F. 其他
12. 您购买珠宝首饰最主要目的是?（   ）
  A. 佩戴装饰   B. 保值增值   C. 随大众潮流
  D. 喜欢收藏   E. 赠送礼品   F. 其他
13. 您购买珠宝首饰时,您最先考虑以下哪个因素?（   ）
  A. 款式   B. 品牌   C. 价格   D. 材质
  E. 质量   F. 服务   G. 其他
14. 以下影响您选购珠宝首饰的因素中最为重要的是?（   ）
  A. 主观感觉   B. 专业的店员介绍   C. 朋友介绍
  D. 电视广告推介   F. 随大众潮流   F. 其他
15. 您一般在哪些地方购买珠宝首饰?（   ）
  A. 珠宝品牌专卖店   B. 路边摊
  C. 网店   D. 微店、微信朋友圈
  E. 小饰品店   F. 其他

附录2　轻珠宝手工定制市场调研报告

开始时间：__2015.3.1__　结束时间：__2015.4.1__　样本总量：__200__

1. 您的性别

从图3-3-58中可以得出相关产品购买人群多为女性,占总数的56%,男性占比44%。但大部分男性购买产品作为礼物转送女友、母亲等女性使用者。

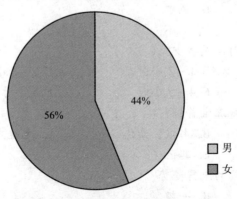

图3-3-58　消费者性别比例

2. 您的年龄

在 200 位抽样调查中年龄层次在 18~24 岁的人群最多，占比 37%。其次是 25~30 岁，占总人数的 26%。41 岁以上年龄层人数最少，只占 4%，有可能是其网上购买操作不熟悉导致的。18 岁以下和 31~40 岁的人群占 33%，平均占总比 10% 左右，如图 3-3-59 所示。由此可见，我们的最大受众是 18~30 岁的购买年龄群。

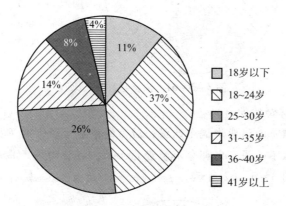

图 3-3-59　消费者年龄分布比例

3. 您从事的职业

在从事职业的问题调查中我们发现学生是购买的主力军，占比为 40%。随后是企业职员、公务员、教师、医生和个体工商户等有着较稳定收入的职业分别占 15%、7%、17%，自由职业者与其他行业占比较小，平均在 8% 左右，其原因可能是收入不稳定等，如图 3-3-60 所示。

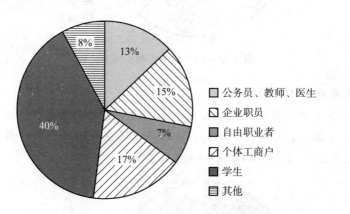

图 3-3-60　消费者从事的职业比例

4. 您的月收入

月收入是最重要的购买条件之一，通过调查我们得知，收入 1 000 元以下及 2 000~3 000 元的是我们的主要购买人群，占比为 22% 左右。由上个调查问题我们得知，1 000 元收入以下的主要为学生群体。收入 2 000~3 000 元的可能是企业职员、公务员、教师、医生等职业。平均占比 15% 的收入范围在 1 000~2 000 元、3 000~4 000 元、4 000~5 000 元。高收入 5 000 元以上的人群的购买倾向只有 10%，如图 3-3-61 所示。

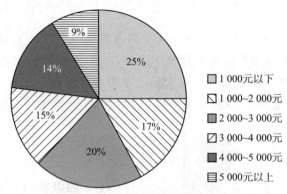

图 3-3-61　消费者月收入比例

5. 您平时有购买首饰的爱好吗

在抽样调查中，44%的消费者偶尔购买，27%的消费者经常购买，19%的消费者几乎不购买，10%的消费者从不够买。大部分消费者为女性，男性购买产品作为礼物转送女友、母亲等女性使用者，如图3-3-62所示。

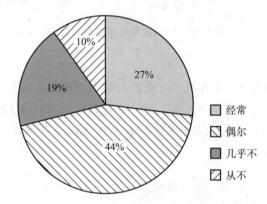

图 3-3-62　消费者购买频率比例

6. 您每天上网的平均时间

从图3-3-63中可以得知，每天上网时间1~2小时的人数最多，占比为31%，其次是2~3小时，占比为20%，还有是1小时以下，多数为企业职员、公务员、教师、医生等职业，其他的依次是3~4小时、4~5小时和5小时以上。

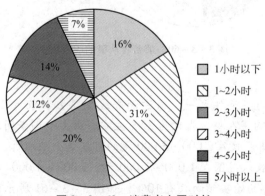

图 3-3-63　消费者上网时长

7. 您通过何种渠道了解珠宝首饰

在抽样调查中，45%的人是通过网络了解珠宝首饰的，说明网络营销是我们最主要的营销方式，21%是通过朋友介绍，说明有好口碑也是最重要的营销手段之一，好的东西大家会分享给亲戚朋友，16%是通过书报、杂志，12%通过电视广告，如图3-3-64所示。

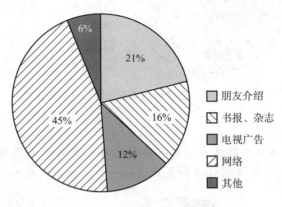

图3-3-64　消费者了解珠宝的途径

8. 您是否关注珠宝首饰的流行趋势

大部分的消费者还是会关注珠宝首饰的流行趋势，网购时常常会迷失在海量商品中却依然找不到合乎心意的那一款，我们店铺的C2B运营模式是将线上店铺与线下客户亲自参与设计的诉求结合在一起，为消费者生产出最心仪的宝贝，如图3-3-65所示。

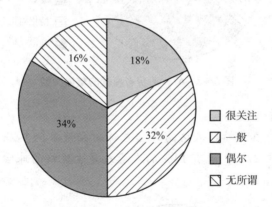

图3-3-65　消费者对珠宝的关注度

9. 您购买首饰的信息来源于

在抽样调查中，34%的人购买首饰的信息来源于别人佩戴，33%的人购买首饰的信息来源于商店陈列，15%的人购买首饰的信息来源于电视、杂志、网络广告，11%的人购买首饰的信息来源于亲朋好友介绍，如图3-3-66所示。

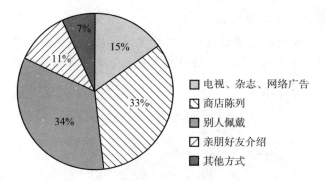

图3-3-66 消费者购买首饰的信息来源途径

10. 您钟爱的首饰类型

通过调查得知，耳环和项链最受消费者喜爱，占比分别为28%和24%，其次是手链和戒指，占比为14%和12%，情侣对饰和套式只占一小部分，如图3-3-67所示。

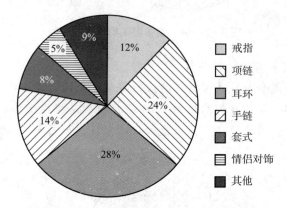

图3-3-67 消费者喜爱的首饰类型

11. 您喜欢的珠宝首饰风格

在抽样调查中得知，喜欢精致风格的珠宝首饰的人最多，占28%，喜欢简约风格的占24%，喜欢可爱风格的占21%，也有14%的人喜欢复古风格的珠宝首饰，喜欢夸张风格的占8%，如图3-3-68所示。

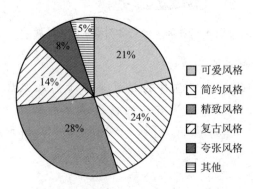

图3-3-68 消费者对珠宝的风格喜好

12. 您购买珠宝首饰的最主要目的

大部分的消费者购买珠宝首饰是用来佩戴装饰的，受从众心理影响，29%的消费者是随大众潮流购买，11%的消费者购买是赠送亲朋好友，也有一少部分消费者是为了保值增值和喜欢收藏，如图3-3-69所示。

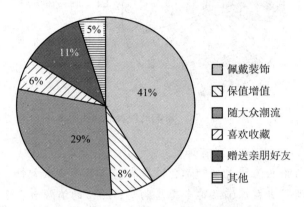

图3-3-69　消费者购买珠宝的目的

13. 您购买珠宝首饰时，您最先考虑以下哪个因素

从抽样调查中得知，款式是影响消费者购买最重要的因素，其次是价格和质量，10%的消费者受品牌影响，也有9%的消费者在乎首饰的材质，只有4%的消费者受服务因素影响，如图3-3-70所示。

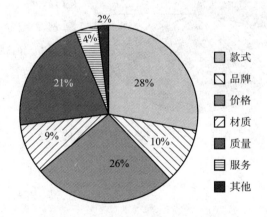

图3-3-70　消费者购买珠宝考虑的因素

14. 以下影响您选购珠宝首饰的因素中最为重要的是

消费者在进行产品购买时会依据自己的想法，凭主观感觉进行选购的占30%，受从众心理影响的占28%，22%的人会随大众潮流，有9%的人购买产品会受到电视广告的渲染，有6%的人购买会受到店员的现场指引而进行购买，如图3-3-71所示。

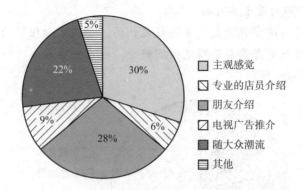

图 3-3-71　影响消费者的购买因素

15. 您一般在哪些地方购买珠宝首饰

在抽样调查中，31%的消费者平时都会选择在网店购买珠宝首饰，说明网络在市场中占有重要位置；25%的消费者在珠宝品牌专卖店购买；23%的消费者在小饰品店里购买；小部分消费者在路边摊购买，如图 3-3-72 所示。

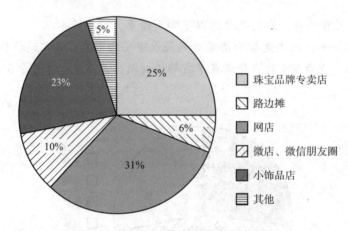

图 3-3-72　消费者购买珠宝的途径

本项目教学建议

1. 学习目标

通过本项目的学习与实训，要求学生正确认识互联网创业计划书的作用与意义。掌握互联网创业计划书规划与编写的基本程序，掌握计划书的基本组成部分及基本格式，能撰写完整的互联网创业计划书。

2. 教学重点

互联网创业计划书的规划、互联网创业计划书的编写、互联网创业计划书的评价。

3. 教学难点

创业计划书的框架结构的制定、互联网创业计划书的编写。

项目四
互联网企业注册

引导案例

温州乔治亚企业代理有限公司业务介绍

温州乔治亚企业代理有限公司是一家专业代理温州公司注册、商标注册、续展、转让、会计记账、专利申请在内的多领域一体化服务型公司。公司经过不断的发展和完善，依靠服务优势创品牌，已形成乔治亚企业独有的服务模式，通过现代化办公设备，快速、准确地传递信息，充分满足客户在世界经济一体化环境下的多方位需求，在提高了乔治亚企业服务效率的同时，降低客户获得服务的成本。

公司拥有一支忠诚敬业、积极进取、专业知识精湛的员工团队。会集一批专业性、技术性强的会计师、注册会计师、律师、金融、投资、企业管理、外语、工艺美术等各专业领衔

人和主要从业人员,凭借其与国内外众多的中介机构广泛、密切的联系,为各种企业在国内外资本市场投资、财税策划及资本运作提供专业咨询服务。

乔治亚企业创建了中国商标交易平台:商标100(www.zrsb.com),为企业提供最新的商标新闻、转让信息、法律法规等,目前公司已经有上万件商标可以供国内外客户选择。

乔治亚企业为您提供的是专业、高效、优质的全方位服务,您的信赖将是我们每个乔治亚人永远的执着!!!

我们提供的代理服务项目如下:

【公司新设代理】

1. 个体工商户新设
2. 个人独资企业新设
3. 合伙企业新设
4. 内外资有限公司新设
5. 股份公司新设
6. 分公司、办事处、代表处新设
7. 电子商务公司托管新设
8. 公司银行基本户、一般户代理开设

【公司变更代理】

1. 企业名称变更
2. 企业类型变更
3. 企业住所变更
4. 企业法定代表人变更
5. 企业注册资本变更
6. 企业经营范围变更
7. 企业经营期限变更
8. 企业股东变更
9. 企业董事会、监事会成员变更
10. 企业注销

【税务咨询代理】

1. 国税报到、地税报到、VPDN 办理
2. 减税、免税、出口退税
3. 公司乱账整理
4. 国税注销、地税注销
5. 常年财税咨询
6. 一般纳税人审批
7. 会计报告审计
8. 固定资产、无形资产评估

【许可证审批】

1. 食品流通许可证
2. 道路运输许可证

3. 进出口经营权
4. 印刷经营许可证
5. 香港公司离岸账户

注册公司的流程：

1. 核名：到工商局注册窗口领取一张《企业名称预先核准申请书》，填写你准备取的公司名称，由工商局上网（工商局内部网）检索是否有重名，如果没有重名，即可使用这个名称，就会核发一张《企业名称预先核准通知书》。

2. 租房：去专门的写字楼租一间办公室，如果你自己有厂房或者办公室也可以，有的地方不允许在居民楼里办公。租房后要签订租房合同，并让房东提供房产证的复印件。

3. 编写《公司章程》：可以在工商局网站下载《公司章程》的样本，修改一下即可，章程的最后由所有股东签名。

4. 到工商局现场办理营业执照，带齐以下资料：

（1）公司设立申请书；
（2）公司章程；
（3）公司股东会决议；
（4）总经理任免书；
（5）全体股东法人身份证复印件；
（6）名称预先核准通知书。

5. 凭营业执照、法人身份证到专业刻章店刻印公章、财务章，正规的章是到公安分局备案过有刻章卡的。

6. 凭营业执照、法人身份证、公章到质量技术监督局办理企业组织机构代码证。

7. 凭营业执照、组织机构代码证、法人身份证、公章到国税或地税分局办理税务登记证。

8. 去银行开立公司账户。

9. 会计后期报税阶段……

电子商务公司营业执照经营范围（参考）

网上销售：服装、鞋帽、箱包、眼镜（不包括隐形眼镜）、化妆品、饰品、生活日用品、母婴用品、床上用品、针纺织品、塑料制品、工艺品、橡胶制品、文具用品、体育用品、五金交电、家用电器、电子产品、计算机及配件、照明器材、玩具、家具建筑材料、汽车配件；摄影服务、平面设计、网页设计、商务信息咨询、营销方案策划、电子商务方案策划、企业形象策划、品牌策划。

任务 4.1　工商注册登记

4.1.1　知识准备

1. 虚拟企业

网上创业者定位于利用互联网开展商务活动，从创业初始就注定与传统企业具有不同的企业形式。

所谓虚拟企业，是当市场出现新机遇时，具有不同资源与优势的企业为了共同开拓市场，共同对付其他的竞争者而组织的、建立在信息网络基础之上的共享技术与信息，分担费用，联合开发的，互利的企业联盟体。虚拟企业参与联盟常常出于追求一种完全靠自身能力达不到的超常目标，即这种目标要高于企业运用自身资源可以达到的限度。因而企业自发地要求突破自身的组织界限，与其他对此目标有共识的企业结成战略联盟，共建虚拟企业，以实现这一目标。

虚拟企业具有以下特点：

（1）虚拟企业使传统的企业界限模糊化。

虚拟企业不是法律意义上完整的经济实体，不具备独立的法人资格。一些具有不同资源及优势的企业为了共同的利益或目标走到一起，组成虚拟企业，这些企业可能是供应商，可能是客户，也可能是同业中的竞争对手。这种新型的企业组织模式打破了传统的企业组织界限，使企业界限变得模糊。

（2）虚拟企业具有流动性、灵活性的特点。

各成员企业出于共同的需要、共同的目标走到一起。一旦合作目的达到，这种联盟便可能宣告结束，虚拟企业便可能消失。因此，虚拟企业可能是临时性的，也可能是长期性的，虚拟企业的参与者也是具有流动性的。虚拟企业正是以这种动态的结构、灵活的方式来适应市场的快速变化。

（3）虚拟企业是建立在当今发达的信息网络基础之上的企业合作。

虚拟企业的运行中信息共享是关键，而现代信息技术和通信手段使沟通更为便利。采用通用数据进行信息交换，使所有参与联盟的企业都能共享设计、生产及营销的有关信息，从而能够真正协调步调，保证合作各方能够较好合作，从而使虚拟企业形成较强的竞争优势。

（4）虚拟企业在运行过程中运用并行工程来分解和安排各个参与企业要做的工作。

虚拟企业在完成某一项目或任务时，项目或任务按照并行工程的思想被分解为相对独立的工作模块，促使承担分解任务的各方能够充分调动和使用他们的资源而不必担心核心技术或核心知识被泄露，并且各个合作模块可以并行作业，项目或任务的主持者可以利用先进的信息通信手段在期间不断地沟通与协调，从而保证各个工作模块最终互相衔接。这样既缩短了时间，又节约了成本，同时还促进了各参与企业资源的有效配置及虚拟企业整体资源的充分利用。

（5）虚拟企业一般在技术上占有优势。

由于虚拟企业是集合了各参与方的优势，尤其是技术上的优势而形成的，因此在产品或服务的技术开发上更容易形成强大的竞争优势，使其开发的产品或服务在市场上处于领先水平，这一点是任何单个实体企业都很难相比的。

（6）虚拟企业可以看作一个企业网络。

该企业网络中的每个成员都要贡献一定的资源，供大家共享，而且这个企业网络运行的集合竞争优势和竞争力水平大于各个参与者的竞争优势和竞争力水平的简单相加。

虚拟企业的上述特点决定了虚拟企业具有较强的适应市场能力的柔性与灵敏性，各方优势资源集中更催生出极强的竞争优势与竞争力。因此，在当今快速多变的市场与技术环境中，虚拟企业是获取竞争优势以提高竞争力的一种很有前途的合作方式，它正在被越来越多的企业所认识和采纳。

2. 网络企业

在企业实现商务电子化的同时，商务主体直接交易的便捷性得到了空前提高，交易成本大大降低。电子化交易手段大大扩展了交易主体的选择空间并加速了经济全球化进程，交易主体之间"多对多"的交易关系推动"全球网络化供应链"的形成。网络企业是组成全球网络供应链的一个重要环节，其目标是通过提供交易信息和交易平台，提高交易主体之间的交易效率。

网络企业提供的服务可以概括为三个方面：公共交易信息服务、公共交易平台服务、公共应用系统服务。具体有以下四种形式。

（1）经纪商型企业。

经纪商型企业是非常普遍的网络企业形式，在该种类型企业中，企业作为市场的中介商将买者和卖者结合起来，并从他们的交易中收取费用。

（2）广告商型企业。

在广告商型的网络企业中，网站的所有者提供了一些内容和服务来吸引访问者，通过向广告客户收取广告费用来获取利润。

（3）信息媒体型企业。

在信息媒体型的网络企业经营中，公司收集客户有价值的信息，并将其卖给能够从中提炼出有用信息的公司，帮助他们很好地向其客户提供服务。

（4）销售商型企业。

在线的批发商或零售商通过互联网销售他们的货物或服务。货物可以通过列出价格表或拍卖方式销售。

3. 虚拟企业运作原理

虚拟企业的核心就是外包，其中最常见的外包方式就是 OEM、ODM、OBM（以下称"3O"模式）。

原始设备生产商（Original Equipment Manufacturing，OEM）是指加工生产企业为一些品牌商品制造商生产贴上其持有的商标的指定产品，产品由品牌制造商收购。这些生产加工厂商就被称作 OEM。这种模式对经销商、品牌商品制造商来说就是将生产过程转给其他单位的生产外包。

原始设计制造商（Original Design Manufacturing，ODM）是指委托方委托设计生产方按照自己提出的技术要求设计生产，产品由委托方收购，委托方就称作 ODM，这种模式简单地说就是设计外包。

原始品牌商品制造商（Original Brand Manufacturing，OBM）是指某品牌供应商利用其原有的品牌声誉和控制市场渠道的能力，销售其他企业生产的产品，这种经销企业就叫 OBM，与 OEM 相对应。这种模式对于生产企业来说是销售外包。

外包理念实际阐述了这样一种管理思想、经营理念：最大限度利用社会资源来满足用户的要求，设计、生产、销售用户满意的商品。因此，评价一个企业的优劣不是看它拥有多少优势资产，而是看它用好了什么样的资产：如果企业掌握着世界上最先进的资产，但是这些资产仅仅与一般资产发挥相同的作用的话，这些企业并不能算是优秀的企业；而那些始终能将被众人视作废物的资源的作用发挥到被社会承认的极致的企业，就可以认为它是优秀的企业。

采用"3O"模式的优势主要有：降低了产品的生产成本、设计成本，缩短产品面世时间，为用户提供更多优质价廉的产品，有助于充分整合虚拟企业各方的资源优势，优化产业结构。减少了创业者资金的占用，降低了扩张市场的风险。

4. 外包的方法

1）广泛征集需求，形成产品概念

创业者在开发产品时，应先从用户、员工中了解市场需求，根据市场需求情况形成产品概念。在征集市场需求时，不要受目前自身经营情况的限制，同时也应避免过于强调产品概念要高科技含量的倾向（高科技只能有利于实施技术垄断，而不一定有利于产生企业丰厚的利润）。

2）对产品概念实行筛选

在形成产品概念的基础上，将各产品概念以市场为导向（企业预期的总体收入），以企业自身承受力（成本）为基础，以经济效益为目标进行初选，将难以提高企业经济效益的产品予以剔除。

3）对选择出的应征项目进行分类分级

在对产品进行初选的基础上，将企业欲实施的项目按企业有设计技术优势、生产加工优势、销售网络优势三种类型组合的八种情况进行分类，除企业三种类型都有优势的产品项目外，其他七种情况都可以通过虚拟企业实施外包。

4）外包过程的管理要使外包取得成功

首先，创业者要选择好虚拟企业中的受托方，企业应以对方的信誉为先、实力为基础、多赢为目标进行选择，以保证各方的合作能长久有效；其次，创业者应加强与受托方的沟通，为此可采用项目负责人的方式，由项目负责人对项目的时间进程、成本费用、质量等因素进行管理；再次，要注意对法律、经济风险的控制，比如要防止由于协议、合同规定不尽完善而引起纠纷，影响外包顺利进行；最后，创业者在准备全面投放市场前，应再次进行市场调研，以防止市场变化给企业造成损失。

5）虚拟企业各方的利益分享

为了调动虚拟企业各方的积极性，创业者在实施外包过程中应建立有效的制度，对有关参与人员、单位进行奖励、分成。

6）外包的阶段发展

创业者在外包初期，可采用简单外包的方式，在取得一定外包经验和企业实力增强的基础上，可运用［BOT（Build（建设）-Operate（经营）-Transfer（转让），或 Buy（收购）-Operate（经营）-Transfer（转让）］等资本运作模式，使企业实现由资产运作到资本运作的飞跃，从而得到一个更加广阔的发展空间。

4.1.2 注册企业

下面以有限公司设立为例进行企业的注册。

1. 注册准备

1）选择注册性质与名称

有两种选择，即注册为工作室性质和注册为公司性质。注册为工作室或公司，均不影响业务种类，都可以从事网络服务。规模小的话，可以先注册为工作室，规模大的话可以注册为公司，公司的形象更好一些，利于业务的开展。

网络公司则属于"有限责任公司"形式，名称中有"有限公司"或"有限责任公司"字样。公司承担有限责任，以投资人的出资额承担有限责任，公司注册手续麻烦、成本高、管理费用高、管理麻烦。

对网络公司而言，如果开展网页制作、网络信息服务，则需要办理ICP经营许可证，办理此证的一个前提条件是公司的注册资本在100万元以上。因此，办理网络公司，注册资金最少要100万元。

2）考虑优惠条件

创业者在注册前一定要做一个全面了解，很多地方都是有优惠的。个体经营优惠更多，有限公司优惠可能比较少。具体需要了解当地工商注册部门的相关文件。

2. 注册公司

1）核名

准备取的公司名称，由工商局上网（工商局内部网）检索是否有重名，如果没有重名，就可以使用这个名称，工商局就会核发一张《企业（字号）名称预先核准通知书》。

注：这一步的手续费是30元（30元可以帮你检索5个名字，很多名字重复，所以一般常见的名字就不用试了，免得花冤枉钱）。

2）租房

去专门的写字楼租一间办公室，如果自己有厂房或者办公室也可以，有的地方不允许在居民楼里办公。租房后要签订租房合同，并让房东提供房产证的复印件。签订好租房合同后，还要到税务局去买印花税，按年租金的千分之一的税率购买，贴在租房合同的首页，后面凡是需要用到房租合同的地方，都需要贴在合同复印件上。

3）编写"公司章程"

可以在工商局网站下载"公司章程"的样本，修改一下相关内容，章程的最后由所有股东签名。

4）刻私章

去街上刻章的地方刻一个私章，告诉他们刻法人私章（方形的）。

5）到会计师事务所领取"银行询证函"

联系一家会计师事务所，领取一张"银行询证函"。

6）去银行开立公司验资户

所有股东带上自己入股的那一部分钱到银行，带上公司章程、工商局发的核名通知、法人代表的私章、身份证、用于验资的钱、空白银行询证函表格，到银行去开立公司账户，告诉银行是开验资户。开立好公司账户后，各个股东按自己的出资额向公司账户中存入相应的钱。银行会发给每个股东缴款单并在询证函上盖上银行的章。

7）办理验资报告

拿着银行出具的股东缴款单、银行盖章后的询证函，以及公司章程、核名通知、租房合同、房产证复印件,到会计师事务所办理验资报告。

注:此项费用为 500 元左右。

8)注册公司

到工商局领取公司设立登记的各种表格,包括设立登记申请表、股东(发起人)名单、董事经理监理情况、法人代表登记表、指定代表或委托代理人登记表。填好后,连同核名通知、公司章程、租房合同、房产证复印件、验资报告一起交给工商局。大概 3 个工作日后可领取执照。

注:此项费用为 300 元左右。

9)刻章

凭营业执照到公安局指定的刻章社去刻公章、财务章。后面步骤中,需要用到公章或财务章。

10)办理企业组织机构代码证

凭营业执照到技术监督局办理组织机构代码证,费用是 80 元。办这个证需要半个月,技术监督局会首先发一个预先受理代码证明文件,凭这个文件就可以办理后面的税务登记证、银行基本户开户手续。

11)去银行开基本户

凭营业执照、组织机构代码证,去银行开立基本账户。最好是在原来办理验资时的那个银行的同一网点去办理,否则,会多收 100 元的验资账户费用。

12)办理税务登记

领取执照后,30 日内到当地税务局申请领取税务登记证。一般的公司都需要办理两种税务登记证,即国税和地税。

注:费用各为 40 元,共 80 元。

办理税务登记证时,必须有一个会计,因为税务局要求提交的资料其中有一项是会计资格证和身份证。小公司刚开始可请兼职会计。

13)申请领购发票

如果你的公司是销售商品的,应该到国税去申请发票。如果是服务性质的公司,则到地税申领发票。

14)营业

任务 4.2　网站域名注册

4.2.1　知识准备

1. 域名注册

域名,是企业在互联网上的标识,是企业的网络商标。没有一家企业不重视自己产品的标识——商标,而域名的重要性和其价值,也已经被全世界的企业所认识。我国国内域名每天的注册数量都以飞快的速度增长。由于一个域名被注册后,其他任何机构都无权再注册相同的域名，所以，虽然域名是网络中的概念，但它已经具有类似产品的商标和企业的标识物的作用。

随着大量的企业开始应用互联网开展业务，由此开始了注册符合自己企业特征的网络域名的争夺战。由于互联网源于美国，目前大多数美国及西方国家的公司和机构均在互联网上注册了与自己机构名称相对应的网络域名，如国际商用机器（IBM）公司的域名是 IBM.COM、索尼（SONY）公司的域名是 SONY.COM、可口可乐公司的域名是 COCACOLA.COM、迪士尼的域名是 DISNEY.COM，这些都是最早注册域名的公司。负责审批互联网域名的机构是位于美国的互联网络信息中心 InterNIC 及其下属的分支机构。由于目前还没有规范关于网络域名注册的法律申请，任何人只要具有必需的网络设施并确定所要注册的域名尚未被他人注册，一般就可以申请到该域名。正是由于这个原因，我国大量的知名企业、商标和特定称谓等才会被他人抢先注册。域名被抢注，可能对我国的国际交流、产品出口、企业形象等方面产生巨大的潜在威胁。根据目前的检索资料显示，我国著名的企业和商标，如海尔、长虹、同仁堂、阿诗玛、红塔山、五粮液、青岛啤酒、娃哈哈、健力宝、海信、中化、中包、中外运等均已经被抢先注册。由于域名被抢注，我国驰名商标在国际互联网上的域名保护问题已引起国家工商行政管理局商标局的关注。

根据互联网在我国迅猛发展的实际形势和域名管理的需要，信息产业部①从 2000 年年初，开始组织进行域名管理办法的起草调研工作。信息产业部参考国际惯例，并结合国内的发展情况，同时广泛征求了我国互联网、法律界、知识产权界专家学者的意见，经过多次讨论，进行反复修改完善，制定了《中国互联网络域名管理办法》。国际域名管理组织为了促进公平竞争，于 1999 年重新修订了国外域名注册机制，设立了注册管理机构、注册服务商、代理商的分层体系，由一家权威机构管理中央数据库并提供日常域名解析服务，在注册服务领域增加注册服务商展开竞争。

因此，企业设计与制作了自己的网站，要传输到互联网上，以达到建设企业网站的最终目的。那么，企业首先必须为自己的网站注册一个域名，而注册一个域名就要与负责注册的管理机构联系。域名注册分为国际域名注册与国内域名注册两种，分别由国际和国内管理机构负责。国内域名注册由中国互联网络信息中心（CNNIC）（http://www.cnnic.net.cn）授权其代理进行；国际域名注册通过国际互联网络信息中心（InterNIC）（http://www.internic.net.cn）授权其代理进行。CNNIC 严格按照《中国互联网络域名注册暂行管理办法》和《中国互联网络域名注册实施细则》的规定负责各种域名的申请与注册工作等。

注册域名必须符合一定的条件，国内域名注册申请人必须是依法登记并且能够独立承担民事责任的组织。注册时，需要出示营业执照复印件，然后按照程序规定填写申请单。涉及国家政府机构、行业机构、行政区等单位的域名注册，需经国家有关部门（指部级以上单位）正式批准和相关县级以上（含县级）人民政府正式批准，并取得相关机构出具的书面批文。国际域名注册则没有任何条件限制，单位和个人均可以提交

---

① 现为工信部。

申请。表4-2-1所示为域名注册报价表。

表4-2-1　域名注册报价表

产品名称	销售价格元/年	产品名称	销售价格元/年
国内域名.cn	60	国际域名.cc	380
国际域名.com	65	国际域名.tv	500
国际域名.net	65	国际中文域名com	200
国际域名.org	65	国际中文域名net	200
国内域名.com.cn	60	国内域名gov.cn	60
国内域名.net.cn	60	国内中文域名中国	240
国内域名.org.cn	60	国内中文域名公司	220
国际域名.info	180	国内中文域名网络	220

2. ISP的选择方法

企业成功注册了域名，仅仅是为自己设计的网站选择一个名称而已。网站中的网页与数据需要有空间存放，这就需要企业对主机托管和虚拟主机做出决策。

主机托管就是将购置的网络服务器，托管给ISP等网络服务机构进行网站的构建、管理与维护，每年支付一定数额的费用。主机托管可以减轻企业缺少网站设计与管理人员所带来的压力，解决网站建设后在技术支持及维护等方面可能出现的各种问题，它适用于技术实力欠缺的企业构建中型网站。

虚拟主机适合一些小型、结构较简单的网站。虚拟主机技术是使用特殊的软、硬件技术，把一台运行在互联网上的服务器主机分成很多台"虚拟"的主机，每一台虚拟主机都具有独立的域名和IP地址，具有完整的互联网服务器（WWW、FTP、E-mail等）功能；虚拟主机之间完全独立，并可由访问者自行管理。因此，在外界看来，每一台虚拟主机和一台独立的主机完全一样。由于多台虚拟主机共享一台真实主机的资源，每个用户承担的硬件费用、网络维护费用和通信线路的费用均大幅度降低。同时，网站使用和维护服务器的技术问题由ISP服务商负责，企业就可以不用担心技术障碍，更不必聘用专门的管理人员。

企业根据需要租用ISP服务商提供的"虚拟主机"的一定空间，按照"虚拟主机"指定目录将企业的网页和其他资料放到网上。企业和其访问者通过ISP服务商代理的高速网络系统进行信息传递，就好像在真实的主机上进行着网上贸易信息的交流与传递。由于主机的管理与维护的大部分工作由ISP服务商完成，所以企业管理"虚拟主机"的主要工作就是网页的上传和电子邮件的处理。

对于大型企业而言，由于设计的网站比较大，功能也比较齐全，则需要申请独立的域名建立网站，就必须至少投资一台价格较高的服务器，还需要架设专线，由专人维护。

互联网服务提供商（Internet Service Provider，ISP），是指专门从事互联网接入服务和相关技术支持及咨询服务的公司或企业，是众多企业和个人用户进入互联网空间的驿站和桥梁。ISP 服务商通过自己拥有的服务器和专门的线路 24 小时不间断地与互联网连接。ISP 有很多类型，有拨号 ISP，也就是从事通过调制解调器从一个服务器拨号接入互联网；有后端 ISP，即从事网络服务器服务，通过服务器的高速缓冲存储器向大量用户提供经常性接入信息服务；有前端 ISP，即从事高效的接入服务，并通过服务器的高速数据缓冲存储器向局域网用户提供服务。

事实上，ISP 的服务应该包括接入服务（Internet Access Provider，IAP）和信息内容服务（Internet Content Provider，ICP）两个方面。IAP 是指专门从事为终端用户提供网络接入服务和有限的信息服务的服务提供商；ICP 是指那些在互联网上提供大量丰富且实用信息的服务提供商，可以允许通过专线、拨号上网等各种方式访问服务器，为访问者提供全方位的各类信息服务。

ISP 提供的服务是多种多样的，由于各 ISP 的规模和实力的不同，提供的服务也有所区别。在我国，IAP 与 ICP 的结合正呈现出良好的发展趋势。许多如中国电信这样大型的 ISP 为企业提供的是一站式专业外包服务和完整的电子商务解决方案服务，其中包括企业互联网接入、主机托管、虚拟主机定制租用等基本电信服务；网络安全、网络加速、存储备份、网站监控等管理服务；企业网站规划、网站建设、网站营销、网站集成等专业服务。它们可以为企业创建一个完整的网络营销环境。例如，电子商务网站建设包括域名注册、网站风格设计、网页设计制作、电子邮件、广告管理系统设计、统计分析系统设计、产品发布系统设计、社区管理系统设计、搜索引擎系统设计服务等；电子商务网站维护包括网页的增加和维护、网络安全服务、数据备份、网络加速服务和网站监控服务等。因此，可以说 ISP 能提供全方位的企业网站建设的服务。

作为企业，也就是网站建设方，在选择 ISP 时，应该考虑 ISP 是否能提供完善的服务，包括售前、售中、售后的系统化服务；是否能够直接或间接提供强大而稳定的上网服务；是否能够为企业提供从网站域名注册直到网站维护的一体化服务；是否是权威机构授权的域名代理机构；是否能够为企业提供网上商务的后台支持解决方案等。另外，网络营销是一种通过互联网进行的实时的"无纸贸易"，对安全性要求很高，提供该项服务的 ISP 一般需要使用专用的软硬件设备，因此入网时一定要注意 ISP 是否有足够的该方面的实力。

ISP 收费的方式主要有 4 种：主叫式计费方式、固定账户方式、包月付费方式和"一揽子"收费方式。主叫式计费方式是指网络用户没有实际申请固定账户，而是利用 ISP 提供的电话号码和公用账户及密码进行上网。ISP 利用计费仪器自动识别拨出的电话号码并计费，然后在用户缴纳电话费时一并收取上网费。固定账户方式是指用户到 ISP 那里建立一个固定的账户，并存入一定数额的上网费；ISP 根据用户实际的使用情况按时扣除所用花费。包月付费方式是指用户每月向 ISP 交纳一笔固定数额的费用后，就可以无限次地使用网络及相关服务。"一揽子"收费方式是指 ISP 在为用户提供从网络接入、域名注册、虚拟主机或主机托管、方案设计、网站构建、网站推广等"一揽子"服务时采用的收费方式。表 4－2－2 所示为某公司宽带（ADSL）接入业务资费标准。

表 4-2-2　互联网业务资费标准

ADSL	设备接入费	800 元/户次	用户使用该业务满一年，一年后设备产权归用户所有（价值 2 500 元）经营性用户特指网吧、ISP、ICP 等用户 浙电司发〔2001〕第 232 号杭电司发字〔2001〕第 11 号
	安装调测费	200 元/户次	
	手续费	8.00 元/户次	
	过户费	10 元/号次	
	速率变更费	3 元/号	
	开户费	100 元（暂免）	
	基本月租费	甲种：100 元/月	
		乙种：50 元/月	
	信息费 256 KB/s	单位：经营性 2 400 元/户月；其他：500 元/月；住宅用户：60 元/月户	
	信息费 512 KB/s	单位：经营性 3 400 元/户月；其他 700 元/月户，住宅用户：100 元/月户	

4.2.2　网站域名注册

1. 注册准备

1）注册方式的选择

一种方式是自己到国家商标局办理商标注册，另一种方式是委托一家经验丰富的商标代理组织来向你提供商标代理服务。

如果选择直接注册网站名称，注册时要求在实质公司的经营范围内必须有"互联网信息服务"或"因特网信息服务"一项，否则不予办理。

网站名称注册必须由实质公司提出，注册后该名称归申请人所有，其他任何单位和个人使用，均属违法。

2）商标在先注册权利的查询工作

商标查询是指商标注册申请人或其代理人在提出注册申请前，对其申请的商标是否与在先权利商标有无相同或近似的查询工作。

3）申请商标资料的准备

如果是以自然人名义提出申请，需提供身份证的复印件和个体营业执照复印件。

2. 申请注册

下面以国内域名为例，说明国内域名注册的操作方法，其步骤大致如下。

1）查询注册域名

有许多注册管理机构的网站是经过 CNNIC 授权的。因此，在任一经过授权的注册管理机构网站上可以直接查询企业所要注册的域名是否已被别人注册过。通常，只要按提示输入要注册的域名，提交之后，检索结果会自动反馈。如果域名已经被别的企业注册，则需重新选取域名。

2）填写注册申请表

如果选取的域名尚未被注册，则可以填写注册申请表。目前，企业注册既可以采用 Web 方式，也可以用电子邮件的方式。在 Web 方式下，企业在 CNNIC 授权代理的注册管理机构网站上联机填写域名注册申请表，如图 4-2-1 所示。在申请表上要填写注册域名的名称、申请单位的中英文名称、单位负责人、域名管理联系人、承办人、技术联系人、缴费联系人、各种联系方式、域名服务器放置地与 IP 地址等。填好后，单击"注册递交"按钮。这样，申请表格就会被域名注册系统接收。如果用电子邮件方式，则可以将表格从网上下载，填写完毕后，再发给注册管理机构。

图 4-2-1　域名注册申请表

3）等待审核书面申请

提交申请表后，还必须等候注册管理机构网站系统对申请表的初步审核，并准备营业执照（副本）复印件等申请材料。一般在 48 小时之内，注册管理机构网站系统就会自动回复电子邮件，通知企业递交书面申请材料。当按照要求将书面材料邮寄后，等候下一步的电子邮件通知即可。

4）书面申请材料的审核

注册管理机构将审查邮寄的申请材料，并采用电子邮件的方式通知企业其审查结果。如果审查合格，企业将进入缴费阶段；如果审查没有通过，获得未通过原因与修改建议后，需重新进行注册。

5）缴纳注册费用

按照要求通过邮政汇款、银行电汇或来访缴纳域名注册费用。

6）注册成功

注册管理机构收到域名注册费用后，发出"域名注册证"和付款发票，至此，域名注册成功。一般情况下，域名注册处理时间大致如下：从收到申请材料至域名开通在5个工作日内完成；从收到域名注册费用至寄出"域名注册证"在10个工作日内完成。

国际域名注册的主要步骤与国内域名注册大致相同，首先是检索注册域名，确认要注册的域名是否已被人注册。如果没有被注册过，进入下一步注册步骤。其次是填写表格并缴纳费用，也就是填写注册管理机构的"在线订单"，并传真至该网站，同时将相应缴费款项汇至注册管理机构的账户。然后是办理注册，即收到申请的"在线订单"及汇款后，注册管理机构立即开始办理申请注册。最后是注册成功，注册管理机构将缴费发票邮寄给申请人。

目前，代理域名注册的机构比较多，如果是通过代理公司注册，则其操作步骤会有所不同。这里不再赘述。

任务 4.3　经营性网站备案登记

4.3.1　知识准备

经营性网站是指网站所有者为实现通过互联网发布信息、广告、设立电子信箱、开展商务活动或向他人提供实施上述行为所需互联网空间等活动的目的，利用互联网技术建立的并拥有向域名管理机构申请的独立域名的电子平台。

经营性网站所有者向备案机关申请备案登记的，应遵守本办法的规定，领取"经营性网站备案登记证书"即 ICP 证，并在其网站首页安装备案登记电子标识。其全称是《中华人民共和国电信与信息服务业务经营许可证》，是通过互联网向上网用户提供有偿信息、网上广告、代制作网页、电子商务及其他网上应用服务的公司必须办理的网络经营许可证。国家对经营性网站实行 ICP 许可证制度。

ICP 证是网站经营的许可证，根据国家《互联网管理办法规定》，经营性网站必须办理 ICP 证，否则就属于非法经营。未取得经营许可或未履行备案手续，擅自从事互联网信息服务的，由相关主管部门依法责令限期改正，给予罚款、责令关闭网站等行政处罚；构成犯罪的，依法追究刑事责任。

"备案登记证书"及电子标识由工商行政管理局统一制作。"备案登记证书"的有效期为三年，网站所有者应于期满之日前向备案机关申请换领新的"备案登记证书"。

《中华人民共和国公司法》、《中华人民共和国企业法人登记管理条例》、《互联网信息服务管理办法》规定：

（1）个人不得作为经营性网站的所有者。

（2）工商行政管理局是经营性网站备案登记工作的执行机关。

（3）经营性网站的网站所有者应当领取企业法人营业执照并拥有相应的经营范围，其经营范围核定为"互联网信息服务"。

（4）办理网站备案登记，申请人应在线提出申请。

（5）申请人应于在线申请程序完成后 30 日内，向备案机关提交书面证明材料。申请人未能在规定期限内提交书面证明材料的，视为未申请。

（6）经营性网站所有者获得"备案登记证书"后，应每年向备案机关申请进行年度检验。有关登记事项发生变化的应同时向备案机关提出变更申请。各省市申请流程及所需材料请参见以下网站：

广东省通信管理局：http://www.gdca.gov.cn
四川省通信管理局：http://www.scca.gov.cn
福建省通信管理局：http://www.fjca.gov.cn
上海市通信管理局：http://www.shca.gov.cn
浙江省通信管理局：http://www.zca.gov.cn
江苏省通信管理局：http://www.jsca.gov.cn
安徽省通信管理局：http://www.ahta.gov.cn
河北省通信管理局：http://www.heca.gov.cn
山东省通信管理局：http://www.sdca.gov.cn
天津市通信管理局：http://www.tjca.gov.cn
北京市通信管理局：http://www.bca.gov.cn
湖北省通信管理局：http://www.eca.gov.cn
湖南省通信管理局：http://www.xca.gov.cn
黑龙江省通信管理局：http://www.hlca.gov.cn
吉林省通信管理局：http://www.jlca.gov.cn
山西省通信管理局：http://www.sxca.gov.cn

4.3.2 网站备案

1. 前期准备

（1）申请者向通信管理部门申领 ICP 许可证。

（2）申请者取得 ICP 许可证后，向工商行政管理机关申请增加"互联网信息服务"或"因特网信息服务"的经营范围。

2. 申请备案

1）在线申请

网站所有者（或称为申请人）申请网站备案登记时，应先通过互联网向工商局的网上工作平台提出申请，填写网上的制式表格并进行网站名称查重。

登录工商行政管理局的网上工作平台，进入"网站备案"系统中的"备案申请"模块。在《经营性网站备案申请书》的栏目中，填写网站的名称、域名、IP 地址、管理负责人、ISP 提供商、服务器所在地地址、联系办法等相关内容。

在线提交《经营性网站备案申请书》。

打印《经营性网站备案申请书》。

2）递交文件

对经查询不重名的网站名称，申请人应于 30 日内向备案登记机关提交与在线申请相应的书面申请及有关证明材料。

经营性 ICP 申办经营许可证需要提供的文件和材料有：

（1）申办经营 ICP 许可证的书面申请；

（2）公司的营业执照（复印件）或企业名称核准通知书；

（3）公司概况，包括从事 ICP 业务的技术人员和经营管理人员，场地设施及相应的资源等；

（4）公司近一年经会计师事务所审计的财务报告或验资报告；

（5）公司章程，公司股权结构及股东的有关情况；

（6）从事新闻、出版、教育、医疗保健、药品和医疗器械等互联网信息服务的，应提交有关主管部门前置审批的审核同意文件；

（7）从事经营 ICP 业务的可行性报告和技术方案；

（8）为用户提供长期服务的能力及保障措施，包括后续资金保障、技术力量保障、商业经营保障、内置管理模式；

（9）信息安全保护措施，包括网站安全保障措施、信息安全保密管理制度、用户信息安全管理制度；

（10）证明公司信誉的有关材料；

（11）公司对依法经营电信业务的承诺。

3）接受受理审查

备案登记机关对申请人提交的书面申请及证明材料受理后，进行审查，对发现错误的要求申请人补报。

4）等待公告异议

备案登记机关对申请人提交的书面文件审查合格后，在网站上进行为期 30 天的公告，在此期间任何单位和个人均可向备案登记机关提出书面异议。

5）取得证书

对公告的网站名称未提出异议或经裁定异议不成立的，备案登记主管机关予以注册登记，颁发"备案登记证书"。

附件：

北京市经营性网站备案管理办法

第一章 总 则

第一条 为了进一步规范经营性网站备案行为，保护经营性网站所有者的合法权益，促进互联网经营活动的健康发展，根据《中华人民共和国公司法》、《中华人民共和国企业法人登记管理条例》、《互联网信息服务管理办法》等有关法律、法规的规定，制定本办法。

第二条 本办法所称经营性网站，是指企业和个体工商户为实现通过互联网发布信息、广告、设立电子信箱、开展商务活动以及向他人提供实施上述行为所需互联网空间等经营性目的，利用互联网技术建立的并拥有向域名管理机构申请的独立域名的电子平台。

第三条 本办法所称经营性网站备案，是指经营性网站向工商行政管理机关申请备案，工商行政管理机关在网站的首页上加贴经营性网站备案电子标识，并将备案信息向社会公开。

第四条 北京市行政区划内的企业和个体工商户所开办的经营性网站，应当在北京市工商行政管理局备案。

第二章 备 案

第五条 申请经营性网站备案应当具备以下条件：

（一）网站的所有者拥有独立域名，或得到独立域名所有者的使用授权；

（二）网站的所有者取得北京市电信管理机关颁发的《电信与信息服务业务经营许可证》（以下简称《ICP许可证》）。

网站有共同所有者的，全部所有者均应取得《ICP许可证》。

（三）网站所有者的《企业法人营业执照》或《个体工商户营业执照》中核定有"互联网信息服务"或"因特网信息服务"经营范围。

网站有共同所有者的，全部所有者的《企业法人营业执照》或《个体工商户营业执照》中均应核定有"互联网信息服务"或"因特网信息服务"经营范围。

第六条 经营性网站名称应当符合以下规范：

（一）每个经营性网站只能申请一个网站名称。

（二）经营性网站备案名称以通信管理部门批准文件核准为主要依据。

（三）经营性网站名称不得含有下列内容和文字：

1. 有损于国家和社会公共利益的。

2. 可能对公众造成欺骗或者使公众误解的。

3. 有害于社会主义道德风尚或者有其他不良影响的。

4. 其他具有特殊意义的不宜使用的名称。

5. 法律、法规有禁止性规定的。

第七条 使用以下名称的经营性网站备案申请不予受理：

（一）网站名称与已备案的经营性网站名称重复的。

（二）使用备案失效后未满1年的网站名称的。

（三）违反本办法第三条规定的。

第八条 备案经营性网站名称含有驰名商标和著名商标的文字部分（含中、英文及汉语拼音或其缩写），应当提交相关证明材料。

第九条 经营性网站备案按照以下程序进行。

（一）前期准备

1. 申请者向通信管理部门申领《ICP许可证》。

2. 申请者取得《ICP许可证》后，向工商行政管理机关申请增加"互联网信息服务"或"因特网信息服务"的经营范围。

（二）在线提交申请

1. 登录北京市工商行政管理局的网上工作平台（网址：http://www.baic.gov.cn），进入"网站备案"系统中的"备案申请"模块。

2. 在《经营性网站备案申请书》的栏目中，填写网站的名称、域名、IP地址、管理负责人、ISP提供商、服务器所在地地址、联系办法等相关内容。

3. 在线提交《经营性网站备案申请书》。

4. 打印《经营性网站备案申请书》。

（三）准备书面材料

1. 加盖网站所有者公章的《经营性网站备案申请书》。

2. 加盖网站所有者公章的《企业法人营业执照》或《个体工商户营业执照》的复印件。

如果网站有共同所有者，应提交全部所有者《企业法人营业执照》或《个体工商户营业执照》的复印件。

3. 加盖域名所有者或域名管理机构、域名代理机构公章的《域名注册证》复印件，或其他对所提供域名享有权利的证明材料。

4. 加盖网站所有者公章的《ICP许可证》复印件及相关批准文件的复印件。

5. 对网站所有权有合同约定的，应当提交相应的证明材料。

6. 所提交的复印件或下载的材料，均应加盖申请者的公章。

（四）送达

1. 将书面材料通过邮寄或当面方式送达北京市工商行政管理局特殊交易监督管理处（北京市海淀区苏州街36号，邮政编码：100080）。

以当面方式送达的，经办人应提交身份证复印件、网站所有者介绍信或法定代表人签署的授权委托书。

2. 书面材料应于完成在线申请程序后30日内提交。逾期提交视为未申请。

3. 申请者对所提交申请材料的真实、合法、有效性负责。

（五）备案确认

1. 确认在线和书面申请材料的内容齐全、符合形式的，受理备案。

2. 申请材料存在瑕疵或备案网站名称存在事实或法律冲突的，终止备案申请，并将终止原因告知申请者。

3. 符合备案的申请，自受理申请5个工作日内，对该网站备案的主要内容予以公告，公告期为30日。

4. 公告期内任何单位和个人如对所公告的经营网站备案申请持有异议，均可向北京市工商行政管理局提出书面异议声明。

（1）与主张权利人所设立的企业、个体工商户名称相同。

（2）与主张权利人已办理备案的网站名称相同或近似，可能造成他人误认。

（3）使用了主张权利人拥有的驰名商标、著名商标的文字部分（含中、英文及汉语拼音或其缩写）。

（4）主张且有证据证明，申请备案的网站所提供的信息不真实。

（5）主张且有证据证明，主张权利人对申请备案的网站拥有所有权。

5. 异议处置。

（1）对证据充分的有效异议，北京市工商行政管理局将中止相关网站申请备案的程序。

（2）对网站所有权和网站名称所有权提出异议的，异议方应在提出异议之日起3个月内，向有管辖权的人民法院提起确定网站名称所有权的民事诉讼。北京市工商行政管理局将依照有关的民事判决结果，恢复网站备案的受理工作。

6. 公告期满无异议的，向备案网站发放统一制作的经营性网站备案电子标识。

（六）安装备案电子标识

网站所有者应于15日内将备案电子标识安装在网站首页的右下方，并将其链接到北京市工商行政管理局"经营性网站备案信息"数据库，以供公众查询。

第三章　变更、转让和取消

第十条　经营性网站备案事项发生变化的，网站所有者应于变化发生之日起30日内办理变更有关备案事项。

第十一条　经营性网站备案事项变更程序。

（一）在线提交申请

1. 登录北京市工商行政管理局的网上工作平台，进入"网站备案"系统中的"备案变更"模块。

2. 在《经营性网站备案变更申请书》栏目中填写相关内容。

3. 在线提交《经营性网站备案变更申请书》。

4. 打印《经营性网站备案变更申请书》。

（二）送达书面材料

1. 加盖网站所有者公章的《经营性网站备案变更申请书》。

2. 涉及域名变更的，应提交加盖变更后域名所有者或域名管理机构、域名代理机构公章的《域名注册证》复印件，或其他对变更后域名享有权利的证明材料。

3. 涉及增、减网站所有者的，应提交对网站所有权约定的证明材料。

涉及增加网站所有者的，还应提交新增所有者加盖公章的《企业法人营业执照》或《个体工商户营业执照》的复印件，以及《ICP许可证》复印件。

4. 涉及网站名称变更的，北京市工商行政管理局将予以公告。

5. 以当面方式送达的，经办人应提交身份证复印件、网站所有者介绍信或法定代表人签署的授权委托书。

（三）确认变更申请

北京市工商行政管理局确认经营性网站变更申请后，将变更后的备案情况录入备案电子标识所链接的"经营性网站备案信息"数据库，以供公众查询。

第十二条　转让已备案的经营性网站，应当按下列程序办理：

（一）在线提交申请

1. 登录北京市工商行政管理局的网上工作平台，进入"网站备案"系统中的"备案转让"模块。

2. 在《经营性网站转让申请书》的栏目中填写相关内容。

3. 打印《经营性网站转让申请书》。

4. 在线提交《经营性网站转让申请书》。

（二）送达书面材料

1. 加盖出、受让双方公章的《经营性网站转让申请书》。

2. 加盖受让方公章的《企业法人营业执照》或《个体工商户营业执照》的复印件。

如受让方为两个（含）以上的，应提交全部受让方《企业法人营业执照》或《个体工商户营业执照》的复印件。

3. 加盖域名管理机构、域名代理机构公章的受让方《域名注册证》复印件，或受让方对所转让网站的域名享有权利的证明材料。

4. 加盖受让方公章的《ICP许可证》复印件。

如受让方为两个（含）以上的，应提交全部受让方的《ICP许可证》复印件。

5. 以当面方式送达的，经办人应提交身份证复印件、网站所有者介绍信或法定代表人签署的授权委托书。

（三）确认转让申请

北京市工商行政管理局确认已备案经营性网站的转让申请后，将网站转让后的相关信息录入备案电子标识所链接的"经营性网站备案信息"数据库，以供公众查询。

第十三条 取消已备案的经营性网站，应当按下列程序办理。

（一）在线提交申请

1. 登录北京市工商行政管理局的网上工作平台，进入"网站备案"系统中的"备案取消"模块。

2. 在《经营性网站备案取消申请书》栏目中填写相关内容。

3. 打印《经营性网站备案取消申请书》。

4. 在线提交《经营性网站备案取消申请书》。

（二）送达书面材料

1. 加盖网站所有者公章的《经营性网站备案取消申请书》。如网站有共同所有者的，应加盖全部所有者的公章。

2. 以当面方式送达的，经办人应提交身份证复印件、网站所有者介绍信或法定代表人签署的授权委托书。

（三）确认取消申请

1. 北京市工商行政管理局确认网站取消申请后，取消该网站与"经营性网站备案信息"数据库的链接。

2. 网站应于申请之日删除其主页上的备案电子标识。

第四章 注 销

第十四条 属于下列情况之一的，经营性网站所办理的备案自动注销。

（一）备案得到确认后60日内，未在网站主页上加贴备案电子标识的。

（二）网站所有者未通过企业年检被吊销的。

（三）网站所有者注销或因其他原因被吊销的。

（四）网站备案信息发生变化后，未能按期办理经营性网站备案变更手续的。

（五）网站转让后未办理经营性网站备案转让手续的。

（六）网站停止运营后 30 日内，未办理经营性网站备案取消手续的。

第十五条　对于注销的网站备案，北京市工商行政管理局取消该网站与"经营性网站备案信息"数据库的链接，并将相关注销情况予以公告。

第五章　附　则

第十六条　不得冒用北京市工商行政管理局经营性网站备案电子标识。对冒用行为，工商行政管理机关将依据《中华人民共和国反不正当竞争法》的规定进行处罚。

第十七条　备案网站页面公示的网站名称、网站所有者等主要信息应与提交备案信息相符。

第十八条　本办法由北京市工商行政管理局负责解释。

第十九条　本办法自 2004 年 10 月 1 日起施行。北京市工商行政管理局《经营性网站备案登记管理办法》及其《实施细则》同时废止。

任务 4.4　案例阅读

4.4.1　案例一

林学院女生开网店一年赚了 300 万元

宋雅丹很有财运，这一点她自己也承认，"开店头三天就有人买，卖得最好的一款蓬蓬裙，每条 45 元，卖了 10 条"。单子有了，货不够，宋雅丹只能硬着头皮做。联系了几家裁缝店，用剩余布料连夜赶制，第二天又跑到市场采购布料。这批衣服出手，赚了 1 000 多元。

浙江林学院最近传出一个创业神话：大四女生宋雅丹，从大三开始边读书边开网店，用了一年时间从 300 元赚到 300 万元。而这件事还是几天前她回校准备毕业论文，跟老师说了之后大家才知道的。

网店开得好能赚钱不假，但像宋雅丹这样的赚钱速度却非常少见。杭城几乎所有的媒体都报道了她。上周四，学校请她给同学们讲创业心得，我们也记录了她的"创业神话"。

宋雅丹长得文静，加上那天穿得很素，不作介绍绝对看不出她已是身价百万的女老板。

宋雅丹的老家在海盐，1987 年出生，一家 4 口，父亲做钢材、水泥生意，母亲在家照料家庭，妹妹在读中学。宋雅丹 2005 年考入浙江林学院家具设计专业。大三那年，她开始迷上服装设计，经常画些上衣、裙子的设计图，抽空还跑到学校附近的裁缝店学做衣服。

宋雅丹说，有一次，学校组织校内交易活动，她把几件自己修改过的衣服拿去卖，一下子被同学买光。宋雅丹想，大家这么喜欢个性化的衣服，何不多做些放到网上卖，赚点零花钱。她从生活费里省出 300 元去杭州四季青批了些布料，按照自己设计的风格做了 6 件女装。

2008 年 4 月 29 日，宋雅丹的淘宝店铺开张，卖的第一批货品就是这 6 件衣服。她的"创业神话"就从这天开始。

一个月后升到"一钻"级别

2008年5月底,宋雅丹赚了1万元,她的店铺升到"一钻"级别。

问宋雅丹为什么大家会愿意到她一个"红心"都没有的店里下单?宋雅丹说,可能是因为淘宝网上有一批喜欢淘特色小店的客户,这批人往往不大考虑店家的信誉级别,只关心东西有没有特色。"不过,还是经常有人问有没有现货,担心我们这种信誉级别低的店里存货不多。"

生意好了,宋雅丹忙不过来,就在校外租房子作为自己的工作室,聘请几位同学帮忙。

宋雅丹说,创业的初始工具只有三样:剪刀、尺子、缝纫机。她设计,自己也做,再让学校附近的裁缝店加工。"很艰苦,有时每天只睡3个小时,一台电扇大家轮着吹。"

这个时期,宋雅丹赚了5万元。帮忙的同学一个月可以赚2 000多元。

回老家租厂房

2008年暑假,宋雅丹把"总部"搬到了老家海盐,"因为订单太多了,靠几家裁缝店实在忙不过来。"

当她把在外面创业的事跟爸妈说,希望爸爸帮忙找一家服装加工厂时,家人都不相信。直到她把5万元现金递给爸爸时,大家才支持她继续做下去。

租了200平方米左右的厂房作为打版基地,又在附近找了一家服装加工厂代加工她自己设计出来的衣服。

规模扩大,用工增加了,宋雅丹又到学校招聘了几位同学。妈妈帮她打理厂子。

请专业模特

宋雅丹对光顾她网店的买家很重视,有的新买家把自己的照片、身高、三围及出入场所等信息发给他们,让他们推荐衣服。宋雅丹他们都耐心对待,给出建议,还把客户的资料整理成文档,提高售后服务质量。

有的回头客给宋雅丹提建议,光有衣服的照片不好看,要有模特示范。宋雅丹也及时采纳了这个建议。

"我们请了位当时入围亚洲小姐的模特来拍,每个月拍4次,拍一次1 000元。"宋雅丹说,这个价格算便宜的,模特也很喜欢她店里的衣服,谈得来。模特照片一上,店里的生意更好了。

升"皇冠",组建团队

2008年10月,宋雅丹的淘宝店升到"皇冠"级别。"提前2个月完成了愿望。"宋雅丹对这样的升冠速度很满意。

生意越来越好,宋雅丹的团队也在不断扩大。目前共有50多人:2个助理、十几个客服、15个打版工、4个包装工,还聘请了专职设计师、模特、摄影师、司机等。

2009年2月底,宋雅丹除了固定资产投入、日常成本支出外,卡上有了300万元现金。

现在,宋雅丹的店每天交易量有400件左右,日利润1万~2万元。

4.4.2 案例二

母婴电商的商业逻辑

母婴市场近几年备受关注。人口结构变化、消费形态升级、二胎政策放开、安全事件频发,加上 Zulily 上市的刺激,一系列外部条件的改变,让这个两万亿的市场浮出水面。仅以电商而言,蜜芽宝贝、辣妈帮、贝贝网、小荷特卖等创业公司已先后完成融资,最近更加细分的一些玩家,例如"尿布师"也进入了我们的视线。

从常识的角度看,高度垂直于某个细分品类的电商经常是反直觉的:用户需要一站式购买,平台希望通过尽可能多的品类提高客单和复购来摊薄成本——过去几年各种垂直电商的失败和转型,多少印证了这条路子的不靠谱。但也有例外情况,比如化妆品和母婴领域,一些垂直电商正做得风生水起,而且十个里面总有九个跟特卖模式沾边。

"尿布师"在所有母婴电商中也算是个异类,在这家平台上你几乎找不到奶粉、辅食、孕童装和玩具等常见品类,满眼看上去全部是各种尿布的特卖。而且你会发现,这家平台上提供的尿布品牌,数下来不超过 10 个。

"尿布师"创始人文俊在电商领域也摸索多年了。创业之前,曾经在轻奢品电商"优众网"负责产品,随后加入创新工场投资的红酒特卖电商"品味汇"担任 COO。准备转型做母婴之前,文俊对市场做了一番调研,调研的结果落在两个重点:

1. 母婴用品的供应链水很深。在几大品类中,奶粉和纸尿裤无疑是大头,而相比奶粉而言,纸尿裤的供应链相对简单一些,易于新创团队的切入。

2. 针对妈妈群体,婴儿用品(尤其是消耗品)的正品、安全只是基础,大家最大的痛点在于缺乏稳定、可靠的购买渠道。

所以"尿布师"的策略,是先在纸尿裤这一单一品类上做深做透,争取做到供应链最短,同时依靠买手、国外经销商、国内进口商等多种渠道保障商品供应稳定。依靠在垂直品类创造的体验感,"尿布师"希望打造一个可靠的渠道品牌,逐步向其他品类渗透。

体验感来自细节的极致。在纸尿裤仓储流通中有很多控制点,而"尿布师"几乎针对每点都进行了专门优化,比如:

1. 入库环节。搭建整套质检体系,每一包都需要拆包检验。
2. 温湿度控制。纸制品比较怕湿,遇到阴雨天要进行全天除湿作业。
3. 仓储搬运全程不沾地,隔绝污染物。
4. 专门定做五层瓦楞纸箱(避免破损),包装中使用空气缓冲袋。尿布师每单包装成本据说在 10 元左右,而一般淘宝店,仓储+包装合计也仅在三四元而已。

为什么如此强调品牌感?

文俊认为,中国年轻父母的育儿知识处于断层状态,育儿的理念、方式与上一代迥然不同,正需要一些新的媒体来实施教育。这正是母婴创业公司塑造品牌的绝佳窗口期,精选商品、教育即营销、重视细节体验,以此来尽快打入用户心智。

特卖电商玩得转,通常需要两个前提:

1. 用户复购要高。
2. 人群定位精准,营销效率足够高,获客成本足够低。

以上两点与母婴行业高度吻合。而且从用户消费习惯来说,一般是单次大额购买进行囤货,而不是随买随用,符合特卖模式价格优惠、成批销货的特点。

"尿布师"网站 2014 年 10 月上线,目前二次以上购买用户客单已到 500 多,七成用户有重复购买行为,月销售额百万元以上。购买频次方面,基本是一月一购。

(案例来源:36氪原创文章,沈超)

4.4.3 案例三

四大趋势将改变行业规则

亿邦动力网 App 电商新闻全新栏目——每日一"干",与广大电商同胞相约每晚 8:30,献上最精彩的一"干"。如果你也有关于电商领域的运营法宝、营销创意、管理迷津……欢迎投稿至:xiongjie@ebrun.com,期待你的分享,共同成长,一起"干"!电商企业的发展离不开优秀的销售策略。不过销售并不能解决一切。令人欣慰的是现在的电商企业正在从简单的"买—卖"模式转变为"客户—参与"模式。电商企业的成功并非取决于每年卖多少货挣多少钱,而是取决于忠实用户转化率。下面让我们看看 tweakyoubiz 网站专栏作者 Sudeep Banerjee 总结的电商行业四大趋势。这些趋势或将给行业带来巨大变革。

1. 移动化。根据 RetailMeNot 以及 Centerfor Retail Research 的调查报告称,今年在线买家有望达到 1.69 亿。智能手机和平板电脑在互联网市场中将发挥更大作用。移动化已经不是什么新鲜事物了。响应式网页设计对于一家电商企业来说已经不可或缺。对于还没有实施移动化策略的企业主来说,下面一组数据或许能说服你赶快行动起来。2015 年年底,移动支付交易额有望突破 1 万亿美元,到 2017 年或将翻番。到 2017 年,20% 的交易将来自于 NFC 技术。今年,21% 的移动用户会选择在应用上花费更多时间,这对企业发展忠实用户来说是个好机会。

2. 提供无缝的用户体验。根据 PWC 的调查,现在的用户对于完美购物体验的需求甚至高于对更优秀产品的需求。如何提供无缝的用户体验?除了流畅的页面加载速度及良好的导航功能外,你还可以从这两方面入手:研究用户心理的广告对于客户的吸引力大不如前了,现在他们对产品评论更感兴趣。他们宁愿从产品评论中获取更多产品信息。根据福布斯预测,2015 年,品牌商和出版商之间的合作更多地从"让用户自发制造内容"入手,让产品宣传少一些"促销"的意味。关于零售商利用大数据有一个经典故事,就是"百货公司 Target 竟然比父亲更早地知道女儿怀孕了!"。一个父亲闯入他家附近的 Target 超市向经理兴师问罪,因为超市将婴儿尿片和童车的优惠券寄送给他 17 岁的女儿,经理只能解释这是个误会。但一个月后,这位父亲打来电话道歉,因为他的女儿的确怀孕了。Target 为什么能预测出某个客户怀孕了?Target 有一个客户数据分析部,能够通过对客户购买行为的分析将各种类型的客户细分出来。实际上,Target 用 25 种典型商品的消费数据构建了"怀孕预测指数",这样可以较为精确地辨别出孕妇群体,并且早早地将孕婴童优惠广告寄给她们,抢占市场。这就是大数据的好处,它能让你事先知道客户的哪些行为会影响他们的购买决策。同理,亚马逊也是利用大数据(用户的购买历史和最近购物信息)预测用户的购买意向。

3. 社交媒体越来越重要。鉴于社交媒体已经成为一种强大的网络营销工具,电商企业也需要开通账号并提供相关服务。根据一份调查报告称,截至 2016 年,在 Facebook、Pinterest 及 Twitter 等社交网络上发生的交易额将占在线交易总量的 75%。届时美国在线交易总额将达到 327 万亿美元。电商企业需要充分利用社交媒体。

4. 从线上到线下。一份调查报告显示,46% 的用户会在网上购买之前去实体店考察的相关产品,而 69% 的用户会在实体店购买之前在网上查看相关信息的商品。为了留住用户,很多实体店零售商采用了新的技术提升用户购物体验,比如,使用 NFC、iBeacon 及蓝牙技术,让用户可以用手机付费,或者收取优惠券及商品信息。使用云端 POS 机取代传统销售终端。客户输入手机号及消费金额,提供随机验证码即可完成支付。虚拟现实(AR)、互动展示、移动导航相结合。比如在时尚服装店 Hointer,几乎全部都由机器人向用户提供服务。消费者可以在店内使用 Hointer 的 APP 应用进行二维码或 NFC 扫描,了解产品信息。如果需要试穿,30 秒内,机器控制的试衣间可自动将商品调出,放于试衣间内供客户试穿。可穿戴技术在零售行业也被更多重视起来,现在很多用户都拥有智能手表、健康追踪设备、智能眼镜等。为了迎合这一趋势,很多零售商店开始了创新。比如 Kenneth Cole 去年基于 Google Glass 开发了一款应用,向用户推销旗下香水产品。电商行业又有哪些创新?有了虚拟试衣室,谁说网上的产品看不到、摸不到?有了虚拟试衣室我们就能将网上的衣服"试穿"了。更个性化的物流——GPS 定位根据用户的 GPS 定位,在线零售商将产品送到客户手中,也是一种栩栩如生的购物体验。内容营销无处不在——杂志、社交媒体、博客、书籍等。不过这里的内容不只是"文字",还包括音频、视频、互动图像等。人们喜欢有故事的营销。其中问答式内容及"如何做"类型的视频非常受用户欢迎。APP 在线零售商可以将 QR 二维码投放在地铁等人群聚集的地方,让用户通过用手机扫描查看产品信息、获取优惠券,激发用户的购买欲望。这项技术对于征服大众市场来说收效很大。生物传感器识别技术被更多地用于即时支付、身份识别等领域。这项技术将改变零售支付和交易模式。网络联盟营销(Affiliate Marketing)目前还没有被广泛应用。这是一种按营销效果付费的网络营销方式,即商家(广告主)利用专业联盟营销平台拓展线上及线下业务,并按照营销实际效果支付费用的新型网络营销模式,具有低成本、低风险、可量化的优势,很适合中小型在线零售商采用。

(案例来源:电商报,2015-04-19)

本项目教学建议

1. 教学要求

通过本项目的学习与实训,要求学生了解和掌握互联网企业注册流程;学会注册域名;了解 ISP 选择的注意事项;掌握经营性网站备案登记。

2. 教学重点

工商注册流程、域名注册流程、网站备案登记的作用与方法。

3. 教学难点

互联网企业注册方法、网站域名注册方法。

项目五
互联网创业平台建设与推广

引导案例

跨境电子商务零售平台

当前,我国大多数企业从事出口跨境电子商务零售都选择全球速卖通、亚马逊、电子港湾三个平台。

1. 全球速卖通

属于阿里巴巴电子商务集团的全球速卖通(www.aliexpress.com)创立于 2010 年 4 月,是为全球消费者而设的零售市场,世界各地的消费者可以通过全球速卖通,直接以批发价从中国批发商和制造商购买多种产品,其主页如图 1 所示。

图 1　全球速卖通主页

全球速卖通被广大卖家称为"国际版淘宝",它面向海外买家,通过支付宝国际账户进行担保交易,并使用国际快递发货。截至 2013 年 3 月,全球速卖通已经覆盖 220 多个国家和地区的买家,覆盖 30 个一级行业类目,其中优势行业主要有:服装服饰、手机通信、鞋包、美容健康、珠宝手表、消费电子、电脑网络、家居、汽车摩托车配件、灯具等。海外买家流量超过 5 000 万人/日,交易额年增长速度持续超过 400%。因此,全球速卖通是一个极具潜力的英文在线购物网站。

我国企业通过全球速卖通向海外销售商品应注意的是，商品体积比较小、商品的附加值高、商品的价格有全球竞争力，同时商品具备相对的独特性。这主要是因为在速卖通平台上销售商务必考虑有利于快递方式的运输，以降低国际物流成本，商品的价格有竞争力或者有独到的特色就可以刺激买家的购买愿望，吸引其在线下单。当然，全球速卖通也规定了不准销售的商品，如侵犯知识产权的商品和军火等其他限售的商品。

在全球速卖通上有三类物流服务，分别是邮政大小包、速卖通合作物流以及商业快递。其中90%的交易使用的是邮政大小包。中国邮政大小包、香港邮政大包的特点是费用便宜，但邮政大小包时效相对较慢，且存在一定的丢包率。合作快递的特点是经济实惠、性价比高、适应国际在线零售交易，由全球速卖通分别与浙江邮政、中国邮政合作推出。商业快递的特点是速度快、服务质量高、专业、高效，但相对快递价格比较高。适用于货值比较高、买家要求比较高的宝贝或交易。

全球速卖通是面向国际的英文网站，但网站的后台可以是中文操作界面，这对中国卖家来说无疑有不小的帮助。阿里巴巴为中国卖家提供了一些工具，如在商品整体搬家时，可以借助"淘代销"工具将淘宝的商品信息翻译成英文即可；部分文案修改，如部分标题、部分服务描述等，可以借助翻译工具，将中文翻译成英文，再进行编辑。总之，有基本的英语阅读能力，再借助翻译工具，中国卖家就可以在全球速卖通上面向全球销售商品。图2所示为全球速卖通后台登录界面。

图2　全球速卖通后台登录界面

2. 亚马逊（Amazon）

亚马逊公司（http：//www.amazon.com）成立于1995年，是美国最大的一家网络电子商务公司，也是最早开始经营电子商务的公司之一。图3所示为亚马逊公司网站主页。

亚马逊公司一开始只经营网络的书籍销售业务，它可以提供的图书目录比全球任何一家书店的存书要多15倍以上。员工人均销售额37.5万美元，比线下图书公司高出3倍，这主要是归功于利用了电子商务。它工作的中心就是要吸引客户购买它的商品,同时树立企业良好的形象。现在亚马逊公司正朝着多元化的产品销售发展,销售的产品包括音乐CD、软件、家电、厨房项目、工具、玩具、服装、体育用品、鲜美食品、首饰、手表、美容品、乐器等应有尽有,经营范围相当广泛,已成为全球商品品种最多的网上零售商和全球第二大互联网公司。

图3 亚马逊公司网站主页

2004年亚马逊全资收购卓越网,2011年卓越亚马逊正式更名为亚马逊中国,同时启用了为中国消费者量身定做的世界最短域名（z.cn),这一措施使亚马逊全球领先的网上零售专长与卓越网深厚的中国市场经验相结合,进一步提升客户体验,并促进中国电子商务的成长。至今已经成为中国网上零售的领先者。帮助消费者能够更快、更便捷地访问亚马逊中国网站,也大大便利了移动设备用户的访问。图4所示为亚马逊中国站的主页。

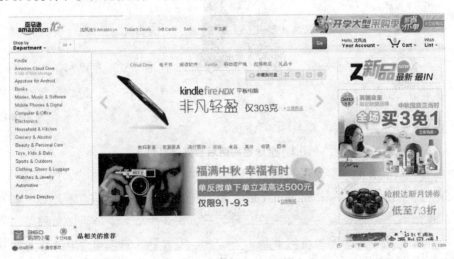

图4 亚马逊中国站主页

众所周知，亚马逊最有名的产品就是 Amazon Kindle，是亚马逊公司生产的一系列电子书阅读器，用户可以通过无线网络使用 Amazon Kindle 购买、下载和阅读电子书、报纸、杂志、博客、芝麻客及其他电子媒体。

从事跨境出口电子商务零售，可以在亚马逊"全球开店"项目的帮助下走向全球。亚马逊网上销售平台遍布世界各地，包括美国、德国、英国、法国、意大利、西班牙、加拿大及日本。图5所示为卖家销往美国的亚马逊网店后台界面。

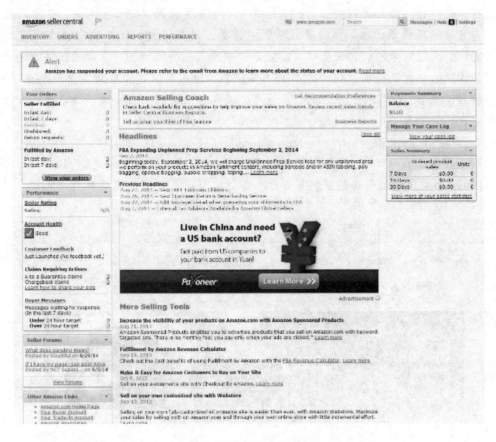

图5　亚马逊网店后台界面

我国卖家在亚马逊美国平台开店，可以方便借助亚马逊平台将商品卖到北美洲。一旦在亚马逊开店，可以激活"亚马逊物流"（FBA）服务，其物流服务安全可靠，还为卖家提供开展业务所需的各类工具。也可以帮助卖家树立"国际认可、值得信赖"的品牌形象。

如果中国卖家在英国、法国、德国、意大利或西班牙五国中的任意一个欧洲国家平台开店就可以借助这五个欧洲国家平台向几百万的客户展示自己已经上传至亚马逊的商品。同样亚马逊帮助卖家树立"国际认可、值得信赖"的品牌形象。对于新的卖家来说，只需在任意一个亚马逊欧洲国家平台开通卖家账户，便可以在其他亚马逊欧洲国家平台创建商品信息。

亚马逊物流是卖家可以把商品发送到当地的亚马逊运营中心，运营中心就会为卖家储存和配送商品。

"亚马逊物流"是"亚马逊全球开店"的一项重要服务，卖家可以利用亚马逊物流一流的物流资源和专业服务、广受好评的客服、快速和免费的货运服务,扩展网上业务。选择"亚马逊物流",卖家可以将商品存放在亚马逊物流中心,亚马逊物流会直接为卖家分拣、打包和配送商品。另外,在"亚马逊物流"的帮助下,可以用当地语言为客户提供客服服务。除此之外,作为"亚马逊物流"的卖家,可以获得使用亚马逊欧洲统一配送(EFN)的权限。利用亚马逊欧洲物流网络,卖家的库存商品可以进行统一管理。

亚马逊零售平台收款有自己的规定,首次结算付款是在卖家注册14天后。往后,每14天会进行一次付款。资金通常会在付款日的5个工作日后汇至您的银行账户。"亚马逊全球开店"账户余额不得低于零。介绍费、可变结算费、客户退款、客户索赔和信用卡退款等都有可能影响卖家的余额。卖家必须在卖家账户中输入一个银行账户。而所提供的账户必须是美国的活期账户或英国以及欧元区国家(奥地利、比利时、塞浦路斯、爱沙尼亚、芬兰、法国、德国、希腊、爱尔兰、意大利、卢森堡、马尔他、荷兰、葡萄牙、斯洛伐克、斯洛文尼亚和西班牙)的账户。

3. 电子港湾(eBay)

1995年5月,皮埃尔·奥梅迪亚尔创办了一个网上拍卖网站,这就是eBay.com(电子港湾)。eBay公司位于加利福尼亚州圣荷西,是目前全球最大电子商务外贸平台之一。图6所示为美国eBay网站的主页。

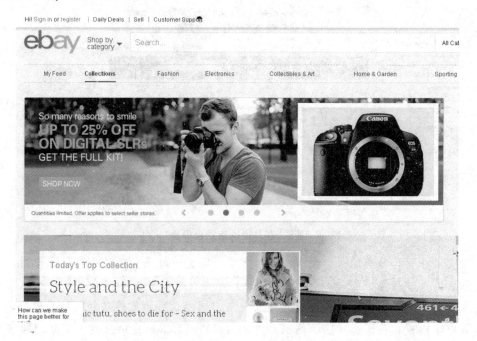

图6 美国eBay网站的主页

eBay.cn是eBay的全资子公司,致力于推动中国跨国交易电子商务的发展,帮助中国的小企业和个人用户在eBay全球平台上进行销售,为他们开辟直接面向海外销售的新渠道。图7所示为eBay.cn的主页。

需要特别说明的是,eBay在线支付工具PayPal,是全球中小企业和个人用户从事跨国贸易的首选。PayPal是全球在线支付标准,目前拥有1.84亿注册账户,支持全球190个市场、23种货币的收付款,是网络跨国交易的最佳支付工具。图8所示为PayPal中国站主页。

项目五 互联网创业平台建设与推广 | 147

图7 eBay.cn 主页

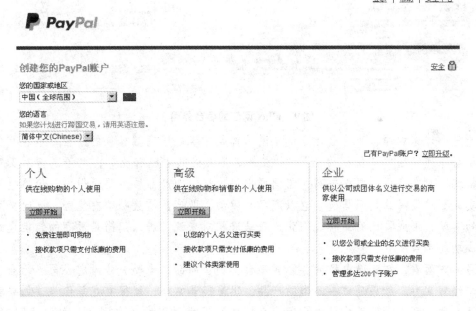

图8 PayPal 中国站主页

为了更好地帮助中国卖家在"eBay 平台/eBay Marketplace"上进行销售，eBay.cn 还成立了专业的跨国交易服务团队，提供从跨国交易认证、业务咨询、疑难解答、外贸专场培训及电话培训、在线论坛外贸热线，到洽谈物流优惠，协同 PayPal 提供安全、快捷、方便的支付解决方案，帮助中国卖家顺利开展全球业务。eBay.cn 还设有用户"讨论区/Discussion

Boards",使用户能够通过经验交流来提高他们的销售技巧。很显然,在 eBay 注册账号的同时也该注册 PayPal 账号,并将两者绑定。图 9 所示为 eBay 网店的后台界面。

图 9 eBay 网店的后台界面

无论是全球速卖通、亚马逊还是电子港湾都是跨境电子商务零售的平台,也各有各的特点。其中全球速卖通以"价格为王",卖家一定要价格低才能有优势;电子港湾对卖家的要求更严格些,对产品质量要求较高,但同样也拼价格,即产品质量要过得去,价格也要有优势。对卖家要求最高的是亚马逊,它以产品为驱动,即产品质量必须有优势,同时必须具备一定的知名度,形成自己的品牌。因此,亚马逊相对来说,进入门槛是最高的,但也是最可能取得成功的平台。

从另一方面看,在跨境电子商务零售平台上销售商品,需要充分考虑公司、行业、产品的特点与经营实力。如果是单一品类的产品,供应链非常全,就很有竞争优势,如果卖家选择全球速卖通,则成功的可能性大。因为全球速卖通主要以发展中国家、欠发达国家为主。生产企业可以考虑选择 eBay。因为 eBay 是成熟市场,对商品与服务品质要求较高,规则是比较偏向买家,如果产品、服务及物流某一环节有缺陷就容易导致失败。所以,在挑选平台时,要看清自己,找准位置。

任务 5.1　互联网创业平台规划

5.1.1　知识准备

1. 互联网创业平台的含义

互联网创业平台，其构成要素随着网站类型及规模的不同而各有差异。一般情况下，企业特别是中小企业在建立互联网创业平台时，并不一定要构建网络基础设施，可以借用公众的网络多媒体平台搭建自己的网站运行平台，因此，构建互联网创业平台时，只要重点考虑网站的软件结构与网页的结构设计，以及数据库系统的选择与开发。图 5-1-1 所示为典型的互联网创业平台构成。

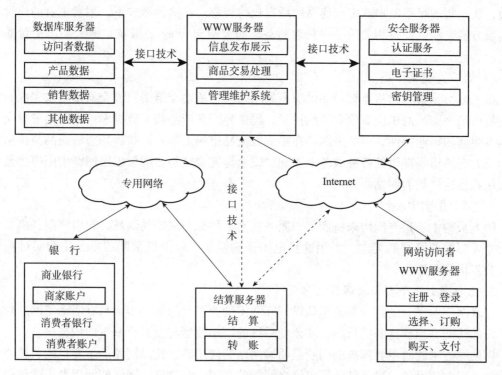

图 5-1-1　典型的互联网创业平台构成

互联网创业平台软件系统的功能应该包括：商品目录显示、购物车功能、交易处理、支持商品陈列与店铺展示工具、支持在线支付等。由于互联网创业平台对系统安全、运行速度、运行效率等方面有较高的要求，因此，无论在选择网络接入方式，还是在选择数据库时，都必须考虑满足多方面的要求，以保证为企业提供强大的前台与后台管理功能，使用户安全、快捷地实现电子商务。

2. 互联网创业平台模式

互联网创业平台根据所采用的技术不同，可以分为基于 ERP 的内联网互联网创业平台模式、基于 EDI 的外联网互联网创业平台模式与基于 Web 的互联网互联网创业平台模式。目前，基于 Web 的互联网互联网创业平台模式已成为主流，它主要是通过建设 Web 站点，让互联网访问者在规定的权限内获取与发送信息，实现网站交易双方之间的信息流、资金流、物资流的高效率畅通和自动化进行，完成商业贸易活动。具体有以下几种形式。

1）网上商店

企业在互联网上建立网上商店，在网上推销商品与服务并开展网络营销活动，在这种形式下，企业通过网站传达自己的经营理念，发布产品信息，并提供商品在线订购和在线支付等基本功能。这种形式也就是通常所说的 B2C 网站。

如果将多个网上商店集合就形成了网上购物中心，这个中心实际上是一个基于网络环境的中间商。

2）网上拍卖平台

网上拍卖平台是参照传统的拍卖方式，卖方运用网络多媒体技术将需要拍卖的商品在网上展示与拍卖，免除了将实物商品移动到拍卖场所带来的一系列问题。买方也通过网络参与竞拍，从而实现足不出户就完成商品的所有权的转移。在这种形式下，拍卖平台的建设者从买卖双方的交易活动及相关活动中获取利益。淘宝网与 eBay 中国就是网上拍卖平台的典型代表。

3）第三方交易市场

第三方交易市场的特点是产品供应商的网络营销活动交给第三方交易市场来完成，第三方交易市场为商品的供应商建立产品目录，提供界面和产品数量数据库。由于第三方交易市场具有明显的行业特性，商品采购商在第三方交易市场上很容易找到理想的商品与价格，并在第三方交易市场提供的各种服务下顺利、安全地完成交易。阿里巴巴网、中国煤焦数字交易市场都是这一类的网站。

4）网上采购中心

网上采购中心是专门用来将商品与服务在网上招标与采购的网站。政府部门，事业单位或大企业都根据国家的要求，采用这种电子采购模式，以降低采购成本，使购买过程公开化、公正化和程序化。

3. 互联网创业平台需求调研的意义

互联网创业平台的需求调研是建设好互联网创业平台的第一步，只有明确了网站建设所要实现的功能，想要达到的目的，才能使后续的网站规划与设计有基本的依据。

网站的需求调研主要解决的问题是明确网站的使用者、建设网站的主要目的、核心的业务流程、网站建设的技术条件、用户群之间的关系等。在这里，网站的使用者可能是多种多样的：可能是消费者、企业，也可能是行业领导机构，即使是企业，也因为分不同的工作职责而有不同的使用者。各种不同的使用者对网站建设都有不同的期望，他们希望得到什么或者能提供什么都是他们所关心的，也是在调研阶段应该明确的。

除此之外，互联网创业平台的调研还必须对竞争对手进行调查分析，了解竞争对手网站的主要业务、网站的基本架构、营运策略等，从而吸取竞争对手的长处，突出自己的优势。

4. 互联网创业平台的技术可行性分析

技术可行性分析是指对互联网创业平台的建设与运行阶段所涉及的硬件、软件与相关技术等方面进行分析。随着网络技术的发展，支持电子商务的技术应用得越来越广泛。以下技术适用于电子商务。

1）EDI 技术

EDI 是以报文交换为基础的数据交换技术，它推动了世界贸易的电子化。在电子商务的应用过程中，EDI 可用于单证与商务文件的传递及交换与客户管理等方面。

2）电子邮件

电子邮件技术广泛应用于电子商务活动中，它为客户与合作伙伴之间提供实时的商务信息交流、信息查询、信息反馈的平台，也为企业与员工之间架设了沟通的桥梁。

3）Web 技术

Web 技术在商务活动中的应用，大大扩展了商务活动的范围。基于 Internet 与 Intranet 的电子商务，可以完成信息发布、信息浏览、信息查询、信息处理和信息检索等任务。

4）数据仓库与数据挖掘技术

数据仓库与数据挖掘技术在电子商务活动中主要用于各种大量的繁杂数据的存储与分析，可以提高数据处理的效率。

5）条形码技术

在电子商务中，条形码技术主要用于商品的快速判断与识别，以及客户身份的识别与鉴定，并将数据快速集成到其他的应用与数据库中。

当企业对实施电子商务并构建互联网创业平台做出决策时，需要分析与确定可以满足企业需要的各种技术的可行性。增加硬件系统和选择电子商务技术的原则应该是以与企业原有的技术相衔接的程度和提高企业业务能力为基准，也要考虑技术对互联网创业平台功能实现的支持程度。如果企业目标层次低，所建立的网站功能简单，只是用来宣传与推广企业形象与产品，则可以选择满足 Web 服务的软硬件技术即可。如果企业建立网站的目标是在网上销售商品并与供应商、合作伙伴等进行网上信息交流，那么网站的功能不仅应包括发布信息、信息浏览、信息反馈，还应包括比较复杂的网上支付、网上认证等功能。在技术的选择上要充分考虑实现这些功能的技术支持程度，需要配置包括 Web 浏览器、数据库服务、邮件服务、防火墙与代理服务器、中间组件、客户操作系统、网络服务系统、商务应用系统在内的软件与硬件设施。

互联网创业平台经济可行性分析是指对互联网创业平台建设与运行阶段的投入与产出进行评估。互联网创业平台在建设过程中需要投入大量的人力、物力和财力。人员、技术、设备和材料等的投入构成了电子商务的成本，其中在规划、分析、设计与构建过程中的投入是投资的主要部分。一般情况下，将互联网创业平台的成本分为构建开发成本与运行管理成本两部分。图 5-1-2 所示为互联网创业平台的成本构成。

互联网创业平台构建的费用主要包括域名使用的费用、硬件的费用、主机托管的费用、系统软件、开发工具及开发费用等。网站的开发费用是比较难于计算准确的。一般来说，开发费用的成本是按照员工工资、各项费用和利润率来计算的，即总价 = 工资 + 费用 + 利润。目前，网站开发费用有多种计算方法。如果参考电子商务服务商的报价，网站开发费用的常见计算方法有三种：套餐法、时间法和项目评估法。套餐法也称页面法，即指定明确的页面数、图像数、链接数和功能等。这个办法最通用，但不是一个较好的计算办法。因为，按照页面计价，开发商对有关开发费用的解释很含糊。时间法就是按照每小时成本计算的方法。但是这种方法经常遭到质疑和拒绝，因而实行起来比较困难。项目评估法是将整个项目分解

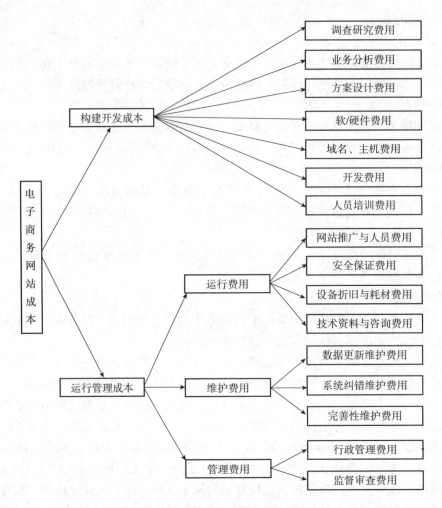

图 5-1-2　互联网创业平台的成本构成

成一个一个小的工作项目,评估每个工作的技能难度,计算其完成的时间,再根据每小时成本计价。表 5-1-1 所示为万维恒通网络公司网站页面设计报价,表 5-1-2 所示为万维恒通网络公司程序设计的报价。

表 5-1-1　网站页面设计报价

项　目	说　明	价　格
网站策划	精彩广告规划人员都有扎实的与电子商务相关的专业背景和两年以上企业网站规划经验,他们将根据您公司的行业特性与建站诉求,为您提供专业的网站策划方案	免费提供
形象页 A	用于展示企业形象或多语言导航,主要以非进程性 Flash 技术表现。例如,江苏通光集团网站（www.chinatongguang.com）和上海国际集团网站（www.sigchina.com）	1 000 元
形象页 B	以非进程性 Flash 技术表现,用于展示企业形象或多语言版本网站导航。例如,新加坡金鹰集团网站（www.rgmi.com.cn）	1 500 元

续表

项 目	说 明	价 格
视觉设计	良好的全站色彩与风格设计突出企业性质与精神,广告顶尖级设计师将深入研究客户的行业特点、企业文化及您的宝贵意见,将您的企业精彩展现	1 200元
页面制作	详细展现与阐述网站的主要产品信息与服务内容的页面	150元/页
动态效果	Flash动画及Java特殊效果制作(使网站生动而富有表现力)	400元
批量扫描	批量产品或案例图片扫描及图片的后期艺术处理	100元/20幅
数码摄影	现网站内容素材的现场数码摄影及图片的后期艺术处理	500元/30幅
多语言版	费用按照主语言版本"页面设计"费用的40%计算	按实际情况

表5-1-2 网站程序设计报价

项 目	说 明	价 格
公告系统A型	企业公告信息发布与管理系统(限一条)	400元/个
公告系统B型	弹出式,有背景图,可选择弹出或不弹出	800元/个
新闻系统A型	可以不限量发布新闻,每条新闻由三个字段描述,可以设定有效时间段,可以加载多张相关图片	1 500元/个
新闻系统B型	B型较A型增加新闻分类、新闻检索、点击量统计功能	2 000元/个
新闻系统C型	C型较B型增加新闻分权限审核与发布功能	3 000元/个
在线视频宣传	通过录像带、VCD、数码摄像机转制	1 000元/分钟
产品发布A型	不限量发布产品,每个产品由10个字段描述、可以加载多张相关图片、有单击量统计、可以设定为推荐,以便首页突出显示	2 500元/个
产品发布B型	B型较A型增加产品一级分类设置、产品搜索功能	4 000元/个
产品发布C型	C型较B型增加产品二级分类设置功能	5 000元/个
产品搜索系统	"下拉列表+自由搜索词"模糊匹配搜索系统	800元/个
购物车系统	与产品发布系统结合,在线订购系统	2 000元/个
在线支付功能	与银联合作,提供网站收费平台,浏览者现有的所有银行卡都可以实现在线支付	5 000元/套
会员注册系统A型	网管可以设定会员级别与权限,关闭和删除会员	2 000元/个
会员中心系统B型	会员可以修改资料,管理相关的订单,财务等信息网管可设定会员级别与权限,关闭和删除会员	3 500元/个
BBS论坛系统	网管可以进行多种设定和管理活动	2 000元/个
F&Q答疑系统	F&Q全称为"Federal asked Questions"即客户通常问及的问题,采用自问自答的形式为用户提供详细的解答	1 000元/个
网上调查系统	自由添加并设置问题及选择项,提供统计结果,给出分析图表	500元起

续表

项　　目	说　　明	价　　格
文件传输系统	支持各类程序及 Office 文件格式的上传和下载	1 500 元/个
客户列表 A 型	能够管理客户列表，但不能点击查看客户信息介绍	200 元/个
客户列表 B 型	能够管理客户列表，而且能够点击看客户信息介绍	500 元/个
职位发布系统	不限条数发布企业招聘的职位说明	1 000 元/个
简历提交系统	按照要求定制的在线简历表（20 个字段描述）	1 500 元/个
在线订单系统	完全按照真实订单表格制作（10 个字段描述）	1 000 元/个
留言板系统	收集浏览者的要求、意见和联系信息	500~1 000 元/个
网络视频系统	提供网络视频格式的转制、3D 动画制作及其网络展示服务	面议
访问统计系统	图表显示日、周、月浏览量，以及地区分布等信息	300 元/个
站点计数器	统计网站访问总量	免费
多语言版本	每增加一种，费用按主语言版"系统程序"费的 40% 计算	视主版本情况

5.1.2　平台规划

1. 互联网创业平台需求调研

互联网创业平台需求调研一般分为 3 个具体步骤，首先是制订调研计划，其次是进行需求调研与资料整理，最后是撰写调研报告。

1）制订调研计划

（1）确定调研目标。从理论上说，调研目标应该是十分明确的，但实际工作中互联网创业平台的需求调研并不是一次就可以完成的，有时还需要分阶段进行。另外，调研目标也是不断深入与细化的，这就需要分阶段制定调研的目标，解决详细的需求问题。一般情况下，前期的调研着眼于网站的总体框架，后期的调研才注重各种分项需求。

（2）确定调研对象。调研对象是指互联网创业平台的使用者或者管理者。当然，涉及其他相关的人员与部门，也是需要确定为调研对象的。所以，调研对象可以是一个企事业单位，也可以是某个单位的一些部门或某些个人。调研对象应该越明确越好，因此，如果调研是面向某个单位的，应该让这个单位尽可能地细化，明确具体要调研的部门或者员工，只有通过调研人员与调研对象的直接沟通，才能取得第一手的资料。

（3）确定调研方法。目前广泛采用的调研方法有许多种，如座谈会、现场讨论会、填写调研表、走访参观现场业务与技术环境、收集与业务相关的资料或者电子文档、问卷调查等。为了达到调研的总体目标，应该根据每次调研的目标、调研对象等因素采用不同的调研方法。在互联网高度发达的今天，有些调研项目可以通过网络来完成。

（4）确定调查时间、人员、资金预算。为了有效地进行调研，必须十分重视调研时间表的制定,而调研时间表的制定必须在与调研对象沟通的基础上确定下来。调研时间表包括调研计划的制订、调研准备、调研、资料整理、撰写调研报告及向领导汇报等时间安排。

①调研人员数量是根据调研工作量与调研时间表安排而确定的。通常,调研人员由领队、调研员、需求分析人员等组成,形成调研小组。在调研过程中,与调研对象协调是极其重要的工作,往往由调研小组的领导人员担任或者专门设立协调,以保证最大可能地收集调研对象的信息。

②调研的资金预算主要包括调研所需要的交通费、人力资源费用、耗材费等。

(5) 设计调研表。当调研正式开始之前,应该设计好具有针对性的调研问题列表。对于每一个调研对象,分别列出需要调研的问题。

2) 进行需求调研与资料整理

(1) 调研准备。在制订了调研计划的基础上,对调研小组的每个成员进行分工,让每个调研人员了解调研计划与分阶段的调研目标,由此制作出调研的相关表格。

(2) 需求调研。需求调研是将调研计划付诸实践的行为,这一工作就是以调研计划为指导,将事先设计好的调研表中所列的问题与调研对象进行沟通,明确业务流程与调研对象的期望,收集相关的文字资料与数字资料。在这一过程中,需要反复与调研对象就调研内容与时间进行沟通与协调,以提前准备好需要调研小组讲解的内容,以保证调研的正常进行。

(3) 调研资料的整理。由于调研过程收集的资料是杂乱的,或者是重复无用的,这就需要按照调研目的进行归类整理,使资料系统化与条理化。这一过程需要运用多种技术手段与统计方法,去粗存精,从大量资料中找出有价值的信息。

3) 撰写调研报告

调研报告是对调研成果的文字反映,其主要内容包括调研目标、调研过程、调研方法、调研总结,也就是对网站建设相关问题的现状与建设期望进行描述,让需求分析与网站设计人员有个基本依据。

调研报告除了正文以外,应该将调研过程中各种详细记录以附件的形式作为调研报告的一部分,因为各种记录中包含各种原始需求信息,应作为需求分析的重要参考。

值得注意的是,互联网创业平台需求调研往往需要分多次完成,每次调研的目标、方法与成果都不同,需要每次制订相应的调研计划,经过具体的调研并通过整理形成调研报告,在此基础上再形成需求分析说明书。

在调研的基础上,分析人员可以开展对网站的需求分析。通过分析,要发现网站建设者最关注的需求,确立需求的优先级别,并可以制作用户界面原型,使用户对建成后的网站有更直观的了解。

2. 互联网创业平台技术可行性分析

(1) 分析互联网创业平台所采用的技术的成熟度、项目技术来源、合作单位情况。

(2) 分析互联网创业平台的技术方案的可靠性、安全性与可扩充性。

(3) 分析本项目国内外发展现状、存在的问题及发展趋势。

(4) 得出关于本项目技术方案是否可以采用的结论。

技术可行性分析可以采用列表对比等定性方法来分析。

3. 互联网创业平台经济可行性分析

(1) 计算互联网创业平台的主要投入成本。

(2) 估算互联网创业平台投入运行后一段时间内可能的收入。互联网创业平台的经济效益主要包括直接收益与间接收益。直接收益包括网站增加的产品销售、原材料采购降低的费用、收取的会员费、广告收入等。间接收益表现为企业形象得到提升、企业信息化水平提高、服务内容的增加与市场的开拓等。

经济可行性分析可以采用投资回收期分析、投资效益率等定量的方法进行。

4. 互联网创业平台可实施性分析

互联网创业平台可实施性分析主要是从项目的社会环境、法律法规依据、企业管理水平、各级领导重视程度、对实施的项目技术人员要求等方面做出分析。

可实施性分析主要还是采用定性的分析方法进行分析。

5. 提出建议

根据对互联网创业平台的需求调研与需求分析，对系统建设方案从技术与经济及可实施性等方面的分析撰写可行性分析报告并提出综合性建议。通常可以对互联网创业平台建设提出建议，即可着手组织开发。

任务 5.2　互联网创业平台设计

5.2.1　知识准备

1. 互联网创业平台内容设计的要求

互联网创业平台内容设计是网站建设的重点。企业要在互联网上展示自己的形象，宣传企业文化，开展商务活动，网站内容的设计是决定成败的关键。网站内容设计一般从以下几个方面考虑。

1) 信息内容要有特色

网站内容是客户最为关注的，客户访问网站的目的就是发现自己感兴趣的信息。因此，网站内容的新颖、专业、精练是吸引用户访问，提高网站效益的关键。作为网站规划与设计者应把网站内容的特色放在第一位考虑。

内容的及时更新也至关重要。网页的内容应是动态的，随时可进行修改与更新，以紧紧抓住用户。

2) 使用操作方便易行

互联网创业平台主要是实现网上商业贸易，客户并不都是计算机操作能手或者贸易专家。因此，要充分考虑网站使用操作的简便性。要提供方便易行的交互功能，包括留言簿、反馈表单、在线论坛或者社区；要提供强大的搜索工具与帮助功能，方便客户检索与交易；要为客户提供个性化的服务，满足不同客户的需求；设计贸易流程要清晰流畅，要减少客户商业贸易过程中的信息干扰等。只有当客户能方便地在网站上进行信息交流，实现网络贸易，网站才能吸引客户，才能与客户建立良好的互动关系，从而增加销售与服务的机会。

3) 访问快速安全

在确定内容的基础上提高客户访问速度是很有必要的。目前，虽然大部分网站浏览者都以宽带上网的形式访问网站，但访问速度还或多或少地存在问题。如果网站内容能吸引人，但打开网页的速度让人失去耐心，最终会影响网站的访问量。因此，网站必须具备良好的硬件与软件环境，网页设计也要简洁明快，以提高访问速度。另外，设计网站时，要充分考虑客户获取信息的便捷性，如果客户想了解某种型号的产品的相关信息，一般都能够在2～3次点击之内得到，也就是网站首页有指向产品网页的链接，产品网页有指向各型号产品网页的链接，型号产品有指向更为详细介绍产品信息的链接。

在电子商务交易过程中应该尽可能地保证服务器不发生死机、病毒发作等问题，以免引起客户的交易中断、信息丢失等问题。

2. 互联网创业平台功能设计的要求

互联网创业平台的模式有多种，业务流程也就各不相同，在设计时应从宏观的角度考虑网站需要提供的功能。作为互联网创业平台有核心功能和辅助功能，各类网站主要是围绕核心功能开展业务活动。

作为B2C的零售型网站，其主要功能的设置是为了满足消费者购买过程中的各种需要，以帮助消费者更好地买到所要的商品。因此，应该设置消费者注册功能、购物功能和管理功能。

B2B交易平台主要是为买方企业与卖方企业、政府相关机构及支撑机构完成商业贸易全过程服务的，这里有商业贸易、有政府机构的监管、有银行与物流等相关的交易支撑活动。因此，应该设置会员服务与管理功能、产品目录与管理功能、交易功能、交易统计分析功能、结算与物流接口功能。

C2C交易平台为消费者提供一个拍卖平台，因此应该设置会员注册与管理功能、交易平台管理功能、买卖双方交易工具等。

在互联网创业平台功能设计时，还应从客户角度出发，设计配套的服务功能，如虚拟社区、信息发布与管理、广告预订、邮件订阅、在线查询、全文检索、在线调查等子系统等。虽然有些功能很细小，但却体现了人性化的服务。

3. 互联网创业平台链接结构设计的要求

为了实现信息的有效传递，也为了方便网站的访问者，网站开发人员在网站信息结构设计的同时规划并设计好主次分明、结构清晰的网站链接结构，是十分重要的。因为网站访问者总是希望访问某个网站时，既可以方便、快速地到达自己需要的页面，以最少的时间浏览网站获得所需信息，并清楚地知道自己的位置，而不至于在众多的网页中迷失方向。

网站的链接结构是指页面之间相互链接的拓扑结构，它建立在网站的目录结构基础之上，但可以跨越目录。可以说每个页面都是一个固定点，链接则是在两个固定点之间的连线。一个点可以和一个点链接，也可以和多个点链接。更重要的是，这些点并不是分布在一个平面上，而是存在于一个立体的空间中。互联网创业平台是一个大型、复杂的综合网站，在这个网站中有几十个类别的文件，每个类别中都有上百个文件。因此，文件之间的关系极其复杂。网站设计人员在网站链接结构的设计时要遵循用最少的链接，使浏览最有效率的原则，使之化繁为简，事半功倍。

网站的链接结构有两种基本方式：树状链接结构和网状链接结构。

树状链接结构（一对一）。这是类似计算机文件管理的目录结构方式，其立体结构看起来就像一棵多层二叉树。这种链接结构的特点是条理清晰，访问者明确知道自己在什么位置。一般来说，在这种结构中首页的链接指向一级页面，一级页面的链接指向二级页面。因此，浏览该链接结构的网站时，必须一级级进入，再一级级退出。其缺点是浏览效率低，从一个栏目下的子页面进入另一个栏目下的子页面时，必须绕经首页。

网状链接结构（一对多）。这种结构类似网络服务器的链接，立体结构像一张网。这种链接结构的特点是浏览方便。通常，在这种结构中每个页面相互之间都建立有链接，访问者随时可以到达自己喜欢的页面。缺点是链接太多，容易使访问者搞不清自己的位置，以及看过的内容。

在实际的网页设计与制作中，链接结构的设计是非常重要的一环。采用的链接结构形式将直接影响到版面的布局。例如，主菜单放在什么位置，是否每页都需要放置，是否需要用分帧框架，是否需要加入返回首页的链接。在链接结构确定后，再开始考虑链接的效果和形式，是采用下拉表单，还是用 DHTML 动态菜单等。

4. 互联网创业平台整体风格设计的要求

网站的整体风格是指网站整体形象给访问者的综合感受。网站风格在网站内容设计中是个难点，也是所有网站开发者最希望掌握，并且难于学习的内容。网站的整体风格设计没有固定的程式可以参照或者模仿，整体风格体现在作品内容与形式等各种元素中。对体裁的驾驭、题材处理、表现手法、语言运用等各方面形成特色就形成了网站的整体风格。

风格独特是一个网站区别于其他网站并吸引访问者的重要因素。网站设计应根据企业的要求与具体情况找出特色，突出特点。比如网易网站，网站定位个人互联网应用的门户网站，它面向年轻、时尚的人群，这使得 B2C 企业、消费品供应商、生活资料供应商用网易搜索引擎向最终消费者推广成为首选。淘宝网作为 C2C 平台，其亲切活泼、方便安全的特点吸引了千万访问者将其网站作为创业平台。

作为互联网创业平台，风格的一致性也是极其重要的。网站结构的一致性、色彩的一致性、导航的一致性、背景的一致性及特别元素的一致性都是形成网站整体风格的重要因素。

5.2.2 平台设计

1. 互联网创业平台信息结构设计

从经营的实质上来说，电子互联网创业平台主要有 3 种形式：信息发布型、产品销售型和综合型。以信息发布型的电子互联网创业平台为例，设计电子互联网创业平台的信息结构，主要从公司、产品、服务等几个方面来进行。即将网站的信息结构分为 4 个部分：企业信息、产品信息、服务信息与其他信息。

1）拟定企业信息

企业信息通常也就是企业概况、员工信息与企业的动态新闻。其中，企业概况是企业在网络中推广企业的第一步，应该予以重视。它包括企业背景与历史、主要业绩与社会贡献、经营理念与经营目标及组织结构等，让访问者对企业的情况有一个概括的了解。员工信息主要是介绍企业相关部门的员工，特别是与用户有直接或间接联系的部门与员工的一些信息。这些部门或员工都应有自己的专门页面，应向访问者介绍这些员工的姓名、工作岗位、兴趣、联系方式等，这是网站人性化设计的一个重要组成部分，最后得以建立服务与消费者的一对一关系。企业之间的竞争是人才的竞争，通过这个方式介绍企业的人力资源状况，也展示了企业的实力。企业动态是企业让访问者了解企业的最新发展动向版块。通过它让访问者加深对企业的了解，从而达到展示企业实力和形象的目的。不断收集与提供各类媒体对企业的有利报道，并把它们及时上传到网站上会带来很好的宣传效果。

2）设计产品信息

产品信息主要向访问者提供本企业的产品与服务的目录、产品价格等信息，设计时应该充分考虑访问者的访问效率，因此，应该设计产品检索功能与产品订购功能。对于产品与服务的目录，企业可根据实际需要决定资料的详细程度，最简单的应包括产品和服务的名称、品种、规格和功能描述。可能的情况下，应尽量为产品配以图片、视频和音频资料。同时，在公布有关技术资料时，应注意对重要数据资料保密，要注意涉及知识产权的法律法规等问题。产品的价格信息对于访问者来说是很重要的内容，有些访问者浏览网站的部分目的是希望了解与对比企业产品价格。对于一些通用产品及可以定价的产品，网站应该标明产品价格；对于一些不方便报价或价格波动较大的产品，也应尽可能地为访问者了解相关信息提供方便的途径，如设计一个标准格式的询问表单，以便咨询。一个大型的企业或者大型电子互联网创业平台，其产品类型较多而且经常发生价格的变动，那么在简单的目录中就无法全部列出。这时，就应考虑除了设计详细的分级目录之外，应当采取增加关键词搜索功能等措施，使访问者能够方便地找到所需的产品。对于一般的电子互联网创业平台来说，网上订购是指用户通过网络提交给网站管理员的在线表单，最后的确认、付款、发货等仍然需要通过网下来完成。而对于有条件的实力强大的电子互联网创业平台网上订购也就是指直接购买。

3）确定服务信息

服务信息的主要内容通常是售后服务、技术支持、联系资讯与企业的销售网络等。访问者访问企业网站并查看商品信息时，同样比较关心的是在购买商品后，与产品有关的质量保证、售后服务措施、是否可以在本地获得售后服务及各地售后服务的联系方式等。这些信息都是影响访问者做出购买决策的重要因素。因而，网站应该尽可能详细地提供这些信息。技术支持是相对于高科技产品而言的。生产或销售高科技产品企业的网站，除了产品说明书之外，企业还应该将访问者关心的技术问题及其答案公布在网上，如一些常见故障处理、产品的驱动程序、软件工具的版本等信息资料。也可以用在线提问和常见问题回答的方式让访问者可以随时提出任何有关公司、产品或技术方面的信息需求。联系资讯是电子互联网创业平台必须提供的信息之一，网站上应该提供详尽的联系信息，除了企业的地址、电话、传真、邮政编码、网络管理员 E-mail 地址等基本信息之外，同时还应当有各地分支机构的联系方式，方便消费者得到售后服务与技术支持。

4）选择其他信息

其他信息包括一些辅助信息、增值服务等内容。其他的内容可以是企业人才招聘信息、娱乐信息、论坛、专题讨论区、网页版权信息及到其他相关站点的链接等。

综上所述，电子互联网创业平台的信息结构，如图 5-2-1 所示。

2. 互联网创业平台功能模块的选择

企业的电子互联网创业平台可以根据企业的业务类型及其网站的类型，选择一些功能模块。电子互联网创业平台常用的功能模块及其说明见表 5-2-1。功能模块越多，则网站的

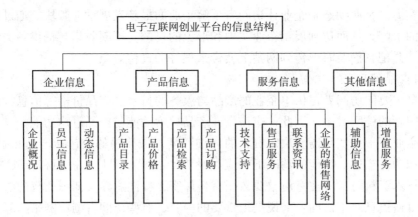

图 5-2-1　电子互联网创业平台的信息结构

开发费用越高。这些功能模块可以请专业的公司代为开发，也可由企业自行完成。

表 5-2-1　电子互联网创业平台常用的功能模块及其说明

功能模块	说　明
新闻更新系统	实现在网站后台自由发布和管理各类企业内外新闻信息，并保存历史新闻供访问者查询
网上调查系统	可设置调查内容，自动统计调查结果，并自动生成分析图表
会员管理系统	自动完成会员资格审核、会员名称的分配确认工作，管理注册会员
滚动文字公告系统	实现在网站后台自由发布和管理企业的最新公告信息
BBS 论坛系统	实现访问者之间及访问者和企业间直接的网上交流，管理人员可以设置和管理论坛的话题，并参与讨论和对访问者的疑问进行解答
网站访问统计系统	了解任意时段内网站访问量，并通过分析随时掌握网站的使用效果
聊天室系统	支持文字及语音聊天方式，管理人员对聊天室有管理功能
E-mail 自动回复系统	以 E-mail 形式自动回复访问者提出的问题，可定制和更改回复内容
E-mail 自动通知系统	对于访问者在线提交的信息以 E-mail 的形式即时将信息报告给管理人员
在线反馈单系统	访客在线填写表单内容并提交后，反馈程序立即将信息保存到数据库
文本域更新系统	在网站后台实现网站某处文本信息的自由发布和更改
表格域更新系统	在网站后台实现网站某个表格内信息的自由发布和更改
图片上传更新系统	图片上传，实现在网站后台对网站某处图片信息的自由发布和更改
访问者列表管理系统	发布及管理最新的访问者名录
文件上传下载系统	可将各类文档、程序及文件包上传至网站，供访问者进行下载使用
在线支付系统	与银联合作，提供各类个人和企业客户的在线电子支付系统

3. 互联网创业平台整体风格设计

1）设计网站标志

网站的标志（Logo）也可以说是企业的标志，应尽可能地出现在每一张网页上，例如页眉、页脚或者背景上。标志可以是中文、英文字母、符号、图案，如新浪网站是用字母 Sina 和眼睛组合作为标志。也可以用代表性的人物、动物、花草作为设计蓝本，加以卡通化和艺术化，比如搜狐网站的标志，标志的设计创意来自网站的名称与内容。专业性网站可以用本专业最具代表性的物品作为标志物，如中国工商银行。最简单与常用的方法是用网站自身的中、英文名称作标志，如淘宝网。

2）设计网站的标志色彩

标志色彩是体现网站形象与网站内涵延伸的色彩，确定标志色彩是相当重要的事。例如，阿里巴巴与淘宝网的标志色彩都与网站标志颜色一致，其主色调是大多数客户都喜欢的。IBM 的深蓝色及乌镇旅游网的古色古香都让人感觉贴切、和谐。

要注意网站的标志色彩不能过多，标志色彩也主要用于标志、标题、主菜单与主色块。文字的链接、背景、边框色彩尽量与标志色彩一致，给人整体统一的感觉。

3）设计网站标志字体

标志字体是用于标志、标题、主菜单的特有的字体。一般要求在关键的标题、图片、菜单里使用特别的字体，体现与众不同的风格。因为只有被安装在客户计算机操作系统中的字体才能显示出来，而操作系统所安装的字体又是有限的几种，因此，大多数互联网创业平台采用网页的默认字体。

4）设计网站标语

电子互联网创业平台的标语是网站的精神，是网站的目标表达。网站的标语可以用一句话或者一个词来概括，类似实际生活中的广告句。Intel 的"给你一颗奔腾的心"，阿里巴巴网站的"全球最大的网上贸易市场"，主题突出，个性鲜明。这些标语放在首页动画、Banner 里或者醒目的位置，所起的作用相当大。

需要说明的是，电子互联网创业平台整体风格的设计并不是一次就能完成的，但需要在第一次设计时定位，然后通过网站运行与管理的实践再行强化和调整。

任务 5.3　互联网创业平台推广

5.3.1　知识准备

1. 关联网站

所谓关联网站，通常是指同一个机构所拥有或控制的各个独立的网站（包括二级域名的网站），但这些网站之间具有互相推广的关联关系。关联网站推广是很多互联网公司或者以互联网为主要营销手段的企业成功的一个重要因素。作为一般的企业网站关联获得有效访问量，也就是用户通过关联网站获取信息和服务，并最终形成购买。使用网站关联的方式推广：首先，可以有效地增加在搜索引擎检索结果中被用户发现的机会。因为在同一个行业，一般来说，一个网站在搜索结果中只占有一个或者少数几个检索结果位置，增加网站数量有利于占据更多搜索结果，这样在为自己推广的同时，也挤占了竞争对手的推广机会。其次，便于单个产品的重点推广。同一个公司可能有多个主打产品，这些产品之间的关联性较弱，或者将各个产品放在同一网站上不容易突出重点。采用各个独立网站便于对每一个产品进行有针对性的推广，尤其适合利用搜索引擎策略进行推广。最后，关联网站之间的链接优势。为获得链接优势提供了资源，多个网站之间互相链接，提高了每个网站的链接数量，因此在搜索结果排名中具有一定优势。当然，这种关联链接要有一定的限度，否则会被视为搜索引擎垃圾而受到惩罚。

企业网站推广是网站建设后的必要工作，只有让更多的人知道企业建成的网站，才能有效地开展电子商务。

2. 著名搜索引擎注册

目前，国内外专门用于中文搜索引擎与分类导航的站点已有许多，几乎每个大城市的多媒体公众信息网都有导航站点。例如，网民所熟悉的搜狐（http：//www.sohu.com）、Google（http：//www.google.cn）、新浪（http：//www.sina.com.cn）、中文雅虎（http：//gbchinese.yahoo.com）等，这其中既有收费的，也有可以免费在其上登记的。根据 Jupiter Media Metrix 公布的统计数据，79%的互联网用户依靠搜索引擎获取信息，信息搜索成为仅次于电子邮件的互联网第二大应用。另据 NPD Group 的调查显示，在在线消费中，由搜索导致的购买行为比其他任何渠道都多。

在众多搜索引擎中，Google 以其庞大的搜索量和极高的知名度成为搜索引擎的代名词。Google 在全球搜索市场占有率第一，在所有搜索引擎中排名第一，在全球搜索用户中知名度第一，因此自然而然地成为企业网站推广的首选。表 5 – 3 – 1 列出了 Google 关键词广告的收费价格。

表 5 – 3 – 1 Google 关键词广告的收费价格一览表

关键词类型	效　果	范　围	单个关键词/（元·月$^{-1}$）	关键词组（3个以内）/（元·月$^{-1}$）
冷门关键词	搜索出现量 3 万次以内/月	中国推广	600	900
		全球推广	900	1 350
一般关键词	搜索出现量 3 万~6 万次/月	中国推广	1 200	1 800
		全球推广	1 800	2 700
频繁关键词	搜索出现量 6 万~12 万次/月	中国推广	2 400	3 600
		全球推广	3 600	5 400
热门关键词	搜索出现量 12 万次以上/月	中国推广	2 400	3 600
		全球推广	3 600	5 400
包月收费方式（保证用户的广告出现在搜索结果首页右侧赞助商链接位置，时间为 30 天）				

百度搜索引擎竞价排名服务可将网站排在百度搜索结果前列，同时出现在各大搜索引擎的搜索结果中。CNNIC 调查报告显示，搜索引擎是用户得知新网站的最重要途径，80%的网民习惯通过搜索引擎以"关键词"搜索的方式查询其感兴趣的信息。百度搜索是特别适合我国国情的引擎，其推广的特点是：独有的搜索引擎网页登录推广、突破传统的网站登录方式、没有关键词数量限制。让每个登录网页上的所有文字，都可以在百度搜索中找到，在

百度搜索引擎一次登录，在 2 500 家百度搜索联盟成员的网站上同时见到效果。

5.3.2　平台推广

1. 著名的搜索引擎注册

1）选择客户语言和地区

在注册页面的中文文字说明分别为"按语言确定目标客户"和"按位置确定目标客户"。其实这些信息即使第一次选择不正确也没关系，以后在投放关键词广告时还可以进行调整。以中文用户为例，Google 中文网站默认的就是"中文"及"国家/地区"。一般可以按照默认设置选择，单击"继续"按钮，进入下一步——按国家/地区确定目标客户，这实际上是对第一步的进一步补充，因为第一步选择了默认的"国家/地区"，这里可以进一步选择是哪些国家和地区。如果你注册时第一步选择了"地区和城市"，那么则可以进一步选择你的广告将投放到哪些目标省份，对于中国用户，可以针对选择各个省/直辖市/自治区或者省区的组合来投放广告。

2）制作第一个关键词广告

事先设想好自己的关键词广告该如何设计，Google 要求先制作第一个关键词广告。这个过程并不复杂，并且在左上角显著位置提供了一个关键词广告的样本，可以根据 Google 的说明填写这个只有 5 行的广告信息。这里需要解释的是，在广告第 4 行和第 5 行分别要填写两个网址："显示的网址"和"目标网址"。前者通常只显示网站首页的 URL 即可，如 www.jingzhengli.cn，而后者则可以显示一个期望用户点击广告后到达页面的实际 URL，这个 URL 在关键词广告中并不直接显示，只有用户点击后才会链接到该网址。这就说明，Google 关键词广告并不是说只能链接到网站首页，而是可以直接链接到任何希望到达的页面，比如，正在推广的产品页面。这一有用的信息也说明，可以同时为多个产品投放关键词广告，用户可以分别点击到达不同的产品页面。

完成这些广告基本信息之后，再单击"继续"按钮，Google 将对你的第一个关键词广告进行自动检查，如果没什么严重问题，则可以继续进入下一步完成的关键词广告。

3）选择关键词（关键字）

关键词选择的目的，也就是希望当用户利用哪些关键词检索时出现自己的广告，这是关键词广告制作和管理中最重要的一个环节，也就是说，在还没有开始正式投放关键词广告的时候，就应该事先对此进行调查研究，或者至少先确定几个最核心的关键词，完成注册流程，然后在实际的广告投放过程中还可以继续完善和修改。

当关键词设置完成之后，第一个关键词广告制作就已经完成了，但是这个广告并不会出现在检索结果中，因为到目前为止还没有正式开户，也还没有支付 Google 账户启动费用。当单击"继续"按钮之后，会出现这样的提示信息："请稍等，我们正在计算单击量和价格估算。""我们正在使用您提供的关键字和目标选项来帮助确定您广告的点击量和价格估算。这可能需要几秒钟。完成后，您将转到下一页。"

4）为关键词广告定价

虽然说关键词广告的价格底线是 Google 设定的，不过有关广告定价和广告费用限额设置还需要自己做一些设定。这个步骤的工作主要有几项内容：支付广告费的币种选择、每日预算限额、每次点击费用设置。

在这些注册流程中,并没有说每次点击费用设置多少比较适中,并且在"输入您的最高每次点击费用"选项中,Google 给出的提示是:(最低金额:¥0.01)。但同时下面有一个提示:"每次点击费用越高,广告排名就越靠前,通常就会得到更多点击次数。"因此在实际的广告投放和管理中,还需要对每次点击费用进行认真的研究才行。如果仅仅为了完成注册流程,那么可以随便填写一个金额即可。直到完成上述广告设置内容。

Google 在"要记住的三件事"中提醒:"直到您通过回复我们发送给您的电子邮件激活账户,您的广告才会开始展示。您可以随时改变每次单击费用和预算,或者完全暂停您的账户。"

5)修改完成关键词广告

这时单击"继续"按钮,Google 继续给出一个综合刚才设置广告的各种信息的页面,以便于做进一步的修改。如果对此前任何一项设置有需要修改之处,都可以通过这个页面来完成。

6)真正的账户注册

完成所有关键词广告设置之后,单击"继续注册"按钮,才真正进入类似一般网站上注册表单的流程。Google 关键词广告账户是以电子邮件地址为账户名的,这一点要特别引起注意,千万不要随便给出一个可能是错误的邮件地址,因为前面已经提示,"直到您通过回复我们发送给您的电子邮件激活账户,您的广告才会开始展示"。就是说,要保证这个邮件地址可以接受 Google 发给你的信息并给予回复才能完成注册。

考虑到许多免费电子邮箱被屏蔽的问题,如果拥有 Google Gmail 电子邮箱,建议最好使用 Gmail,以免收不到注册激活信息。那么前面的工作就白做了。如果没有 Gmail,可以免费注册一个。

填写好自己的 E-mail 地址和密码之后,Google 提示:"单击下面的按钮后,您会收到一封确认您的账户的电子邮件。只有在您登录并提交结算信息之后,才会刊登您的广告,您才有可能揽到生意。"单击"创建我的 AdWords 账户"。这时前期所做的工作才告一段落,但并没有最后完成,因为 Google 告诉你的是:"恭喜您!您已成功创建您的 AdWords 账户。我们将通过××××××@gmail.com 给您发送电子邮件,告诉您如何启动您的账户。在电子邮件中,我们将提供有关如何执行以下操作的详细说明:确认您的账户、提交您的结算信息。收到邮件中的信息,最终完成账户注册并对账户进行管理。

注意事项:

(1)Google AdWords 账户正式注册之前,首先要制作你的第一个关键词广告。也就是说在注册账号时首先应该先熟悉关键词广告的基本要素和基本要求,这样在账户注册成功并支付开户费之后,可以保证这个广告很快出现在 Google 的搜索结果页面,只不过对于许多第一次注册 Google 关键词广告账户的用户来说,通常对关键词广告投放还比较陌生,因此你的"第一个关键词广告"往往只具有象征意义,在正式投放广告之前,还可以对这个关键词广告进行修改。

(2)真正用于登录管理后台的 Google 关键词广告账户注册流程很简单,只需要有效的 E-mail 地址并设置登录密码即可,填写基本资料之后等待 Google 发送邮件通知,根据邮件中的说明激活关键词广告账户。要确保电子邮件地址是有效并且可以接收 Google 的邮件,最好使用 Google 提供的免费邮箱 Gmail。

2. 中小企业网络推广方案的制订

1）确定网站推广目标

计划在网站发布 1 年后达到每天独立访问用户 100 人，注册用户 1 000 人。

2）网站策划建设阶段的推广

在网站建设过程中从网站结构、内容等方面对 Google、百度等搜索引擎进行优化设计：

（1）网站的架构优化。结构优化网站页面优化，页面布局，页面设计优化。

（2）导航设计。导航的方便性，导航的文字优化等。

（3）链接整理。对网站的内外链接进行处理。

（4）Title 标记。Title 标记中说网页的标题。每一页都要有相应的标题，以增加网站的曝光率。

（5）Meta 标记。这其中最重要的是 description（站点在搜索引擎上的描述）和 keywords（分类关键词），所以应该给每页加一个 meta 值。

（6）努力提高页面 PR。当网站的 PR 很高的时候，在搜索引擎里排名自然要靠前很多。可以尝试比自己网站 PR 高的链接。

（7）网站速度优化。

3）网站发布初期的基本推广手段

登录 10 个主要搜索引擎和分类目录，购买 2~3 个网络实名/通用网址，与部分合作伙伴建立网站链接。另外，配合公司其他营销活动，在部分媒体和行业网站发布企业新闻。

4）网站增长期的推广

当网站有一定访问量之后，为继续保持网站访问量的增长和品牌提升，在相关行业网站投放网络广告（包括计划投放广告的网站及栏目选择、广告形式等），在若干相关专业电子刊物投放广告；与部分合作伙伴进行资源互换，如广告交换，可以找一些流量相当，或者是内容互补的网站交换广告。另外，进行论坛与博客推广，贴吧、说吧推广也是不错的方法。

5）网站稳定期的推广

结合公司新产品促销和节假日，不定期发送在线优惠券；参与行业内的排行评比等活动，以期获得新闻价值；在条件成熟的情况下，建设一个中立的与企业核心产品相关的行业信息类网站来进行辅助推广。

（1）网站自己搞在线活动进行推广；

（2）与商家合作搞活动；

（3）参加各种排行榜及评选活动。

新经济的互联网对于传统的市场营销最具有革命性的影响就在于缩短了生产与消费之间的距离，减少了商品流通环节，消费者可以直接操纵鼠标在网上完成购买行为。网络与经济的紧密结合，推动市场营销走入了崭新的阶段——网络营销阶段。

网络推广是企业整体营销战略的一个组成部分，是建立在互联网基础之上、借助于互联网的特性来实现一定营销目标的一种营销手段。人们早已熟知，市场营销的研究对象是市场，而随着网络经济时代的到来，这一研究对象发生了巨大的变化，网络虚拟市场有别于传统市场，其竞争游戏规则和竞争手段发生了根本性的改变。我们已经不能简单地将传统的市场营销战略和市场营销策略搬入网络营销。传统市场营销中一些具有优势的资源在网络市场营销中可能失去了优势。因此，企业必须重新审视网络虚拟市场，调整旧的思路，树立新的观念，开创新的思维，研究新的方法。网络推广不是市场营销的简单延续，它带给人们一个充满创造性和想象力的世界，它带给社会的效益目前还无法估量，它带给网络营销人员的机会和挑战丰富多彩而又充满诱惑。

阿里巴巴作为目前全球最大的网上贸易市场，其良好的定位、稳固的结构、优秀的服务使之成为全球首家拥有210万商人的电子商务网站，也是全球商人网络推广的首选网站。而阿里学院则是中国互联网的第一个企业学院，力主在中国建立第一套完整的企业和个人的电子商务培训和管理体系。肩负着把电子商务还给商人的使命，使天下没有难学的生意成为现实。

为帮助广大企业更好地开展网络贸易，解决对电子商务实战型人才需求；也为帮助更多有从事电子商务意向的人们通过走进中小企业实习和服务，提升他们的电子商务实战技巧，获得实战经验和就业机会，阿里学院提供一个"开放"、"合作"的人才在线平台，为企业提供最为合适的实习生。

业务流程：
- 前期调研
  目标确定及对手分析
  目标市场及定位
- 推广方案的制订
  登录搜索引擎及关键词竞价
  网络广告推广
  E-mail 营销推广
  第三方电子商务平台推广
  媒介选择及活动策划
  网络资源合作推广
- 推广方案的实施
  网络推广综合训练

附件：

阿里巴巴"中国大学生实习实践计划"

为培养更多的电子商务实战型的人才，帮助高校大学生通过电子商务获得实践机会，帮助更多有从事电子商务意愿的人通过中小企业实习，提升他们的电子商务实战技能，阿里巴巴于2007年11月开始启动阿里巴巴"中国大学生实习实践计划"（以下简称"实习计划"）。

从2006年阿里认证开始运作以来，凭借认证内容的实战性和认证服务的专业性，与全国各地院校建立了较好的合作基础。"实习计划"项目正是在这样良好的基础上力争打造更具实战性的人才培养和输送体系。

经过2007年11月至2008年5月的小规模试点运行，目前已成功完成了近1 500名学生和企业的实习匹配，项目可行性和稳定性得到充分验证。为满足更多认证学生暑期实习需求,"实习计划"项目将启动暑期总动员。

实习模式：以当地化为原则的"远程操作"模式。即学生上门到企业为2天时间,首次上门,全面了解企业和产品信息,获得企业诚信通账号和密码。了解清楚后当天返回院校；实习期间,由院校指定专门的项目室和指导老师,学生在学校项目室内对企业平台进行远程操作；实习结束,返回企业,展示工作成果,进行工作交接,同时指导企业进行基础的诚信通功能操作及推广。

开展城市：（注意：没有广西的）杭州、南京、广州、厦门、泉州、石家庄、保定、秦皇岛、武汉、长沙。

服务对象：诚信通会员企业。

整体流程：

（1）院校报名,确定可参与人数;

（2）组织学生进行岗前培训;

（3）企业名单分配,进行学生匹配;

（4）联系企业,安排学生上门;

（5）跟进学生实习,收集案例;

（6）收集学生和企业反馈,效果评估。

报名条件：

（1）本期开展城市范围内,具有"阿里巴巴电子商务证书"培训考试资格的院校和机构。

（2）本期开展城市范围内,取得阿里巴巴电子商务证书的优秀在校大学生。

（3）必须以院校为单位统一组织报名,参与学生数量在20人以上。

（4）必须有指定的项目室（保证每位同学有一台可供使用的电脑）和指导老师。

实习计划项目运营将充分开展企业与院校的紧密合作,通过搭建一个"开放"、"合作"、"共赢"的平台,让电子商务人才真正接触企业,帮助他们真正走上电子商务之路！

联系地址：中国浙江杭州文二路391号西湖国际科技大厦A楼18层　邮编：310099　阿里巴巴（中国）有限公司·阿里学院

实习服务任务清单

一、短期上门服务任务清单

（1）填写公司介绍、公司介绍的基本审核规范。

（2）发布商业信息。

（3）更新会员资料：联系信息、修改密码。

（4）装饰商铺。

（5）诚信通档案。

（6）商业往来。

（7）如何在阿里巴巴网站上进行采购或查看别人的产品,如何找买家。

（8）阿里旺旺。

（9）客户的求助方法。

二、一个月实习任务清单

（1）—（8）：同短期上门服务清单。
（9）支付宝使用。
（10）社区管理。
（11）竞价。
（12）网上贸易小常识。
（13）基本产品故障解决。
（14）如何利用中文站每月不同的活动进行增值营销。
（15）网络安全。
（16）求助方法。

任务 5.4　互联网创业平台管理

5.4.1　知识准备

1. 互联网创业平台管理模式

企业的互联网创业平台由于涉及大量的访问信息和频繁的交易数据，所以网站内容管理问题就显得极其重要。无论是对网页的管理，还是对网站软硬件、用户或物流的管理，其目的都是要保证电子商务系统中信息流的有序、快速而安全地流动。

网站类型多种多样，管理模式也就有多种。目前，常见的有以下几种模式。

1）完全手工模式

完全手工模式，用人工操作来更新网站内容。其特点是工作量大、改动困难、链接基本固定。这种模式适用于更新量不大的小型网站。

2）半自动化模式

半自动化模式的工作流程基本与手工模式相同。但其采用模板方式，可以自动复制与粘贴，内容一般都是以文件形式保存。这种管理模式比较适合于页面数量不多，也不需要经常改动内容的小型网站，其管理与维护费用低。

3）数据库支持模式

数据库支持模式是采用模板技术，用程序自动生成网页，以数据库的形式存储网站内容。这种管理模式的特点是内容、样式改变容易，页面多样化。缺点是层次结构不容易改变，是一个信息发布系统。这种管理模式适用于中型网站。通常只要先请设计与开发人员制作好网站，在不进行大量改版的情况下，只需少量人员维护即可。

4）智能结构模式

智能结构模式是以数据库存储内容，将内容结构化并辅以各种自动管理流程与远程维护功能，来管理与维护网站。

2. 互联网创业平台管理层次

互联网创业平台的管理主要包括 4 个层次的管理：网站文件管理、网站内容管理、网站综合管理和网站安全管理。

（1）网站文件管理是指对构成网站资源的文件应用层进行的文件管理，以及对支持企业与客户之间数据信息往来的文件传输系统和电子邮件系统的管理。互联网创业平台的资源由服务器端一个个网页代码文件和其他各类资源文件组成。一般来说，文件管理包括网站文件的组织、网站数据备份、网站数据恢复、网站文件传输管理和网站垃圾文件处理等。

（2）网站内容管理是面向电子商务活动中的具体业务而进行的对输入和输出信息流的内容管理，是基于业务应用层的管理。网站内容管理是网站管理的核心，是保证互联网创业平台有序和有效运作的基本手段。网站内容管理一般分为用户信息管理、在线购物管理、新闻与广告发布管理、企业在线支持管理等。

（3）网站综合管理是指除文件管理、网站内容管理之外对网站提供的个性化服务等方面的管理，主要包括网站运行平台的管理、Web 服务器和数据库服务器管理、个性化服务管理、网站统计管理和系统用户管理等。

（4）网站安全管理贯穿在以上3个层次的管理之中，主要是分析网站安全威胁的来源，并采取相应的措施。互联网创业平台的安全是互联网创业平台可靠运行并有效开展电子商务活动的基础和保证，也是消除客户安全顾虑、扩大网站客户群的重要手段。广义地说，它应该包括信息安全管理、通信安全管理、交易安全管理和设备安全管理等。因此，网站安全管理必须与其他的计算机安全技术如网络安全和信息系统安全等结合起来，才能充分发挥其作用。

3. 互联网创业平台管理结构

电子商务管理的层次也决定了管理的结构，典型的网站管理结构，如图 5-4-1 所示。

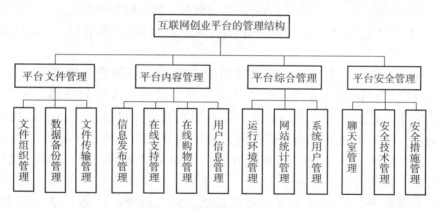

图 5-4-1　互联网创业平台的管理结构

4. 互联网创业平台内容管理

互联网创业平台内容管理属于网站电子商务业务应用层，主要是指面向电子商务活动中的具体业务而进行对输入、输出信息流的内容管理。它包含的内容很广泛，具体可以分为对两类信息的管理：一类是对外部流入的数据和信息的管理，包括用户信息管理、供应商的管理、在线购物管理、交易管理等；另一类是对网站内部本身业务信息的管理，如产品管理、新闻管理、广告管理、企业论坛管理、留言板管理、邮件订阅管理、网上调查管理、在线技术支持管理等。对这些信息流的管理可以单独分成一个个子系统，也可以综合起来进行集中管理。

1）用户信息管理

用户信息管理包括用户基本信息管理和用户反馈信息管理两部分。由于用户是企业开拓市场、分析市场、制定经营策略、创造利润的重要资源。因此，建立基于企业互联网创业平台的用户管理系统是极有必要的，应把其纳入企业信息系统建设和发展电子商务的整体框架之中，从而为企业经营发展提供良好的服务。

（1）用户基本信息管理。在电子商务活动中，互联网创业平台对客户通常是采用会员制度，使客户登录为会员，以保留客户的基本资料。用户的基本信息管理就是包括用户注册管理、忘记密码查找、用户消费倾向分析、用户信用分析等管理活动。由于这项功能能够帮助企业收集目标用户的资料，为企业网站营销提供分析的资料，并可以考察网站的使用频率及对目标消费者的吸引程度，所以，在以后的网络营销中，这些注册会员是相当准确的目标用户。

（2）用户反馈信息管理。用户反馈信息管理几乎是所有网站必备的管理内容，它用于管理者从网上获取各种用户反馈信息。目前一些网站的用户反馈功能是以邮件的信息直接发送到管理者信箱中，还有一些是采用基于数据库开发的设计。前者的反馈信息是散乱的，难于对反馈信息进行分类存档、管理、查询及统计；后者提供了强大的后台管理功能，形成用户信息反馈系统。

2）在线购物管理

在线购物是当前许多互联网创业平台运营的主要模式。当用户访问互联网创业平台时，能够查询、浏览该网站提供的所有商品信息并随时选择自己感兴趣的商品放入虚拟的购物车中。而所购商品的数量、价格等信息由网站数据库存储和管理。当用户选货完毕后，可对购物车中的选购物品进行修改。当用户确定所选购商品，提交购物车数据后，就完成了一次订单操作过程。根据在线购物流程，在线购物管理可以分为系统账号管理、产品信息管理、购物车管理、订单管理等。

（1）系统账号管理。系统账号管理是针对互联网创业平台管理系统的安全性而设置的。因为互联网创业平台管理系统是负责整个网站所有资料的管理，因此管理系统的安全性显得格外重要。按一般的要求，该管理系统应提供超级用户的管理权限控制，根据不同的用户进行不同的管理列表控制，设定和修改企业内部不同部门用户的权限，限制所有使用互联网创业平台管理系统的人员与相关的使用权限。它将给予每个管理账号专属的进入代码与确认密码，以确认各管理者的真实身份，做到级别控制。超级用户可根据要求管理所设定的相应的管理功能，如对订单、产品目录、历史信息、用户管理、超级用户管理、次目录管理、功能列表控制、购物车管理等进行添加、删除、修改等一系列操作。

（2）产品信息管理。为了保证用户浏览到的始终是最新的产品信息，产品信息管理应该能够让网站管理员通过浏览器，根据企业产品的特点在线进行产品分类，并将产品按照不同层级进行分类展示，提供产品的动态增减和修改，对数据进行批量更新。同时，可以随时更新最新产品、畅销产品及特价产品等，方便日后产品信息的维护，提高企业的工作效率。

（3）购物车管理。该模块类似产品的在线管理，其功能与产品信息管理大致一样。在线购物车管理应能对用户正在进行的购买活动进行实时跟踪，从而使管理员能够看到消费者的购买、挑选和退货的全部过程，并实时监测用户的购买行为，纠正一些错误或防止不正当事件的发生。

(4) 订单管理。这是网上销售管理一个不可缺少的部分,它用于对网上全部交易产生的订单进行跟踪管理。管理员可以浏览、查询、修改订单,对订单进行分析,追踪从订单发生到订单完成的全过程。只有通过完善、安全的订单管理,才能使基于网络的电子商务活动顺利进行。

3) 新闻发布管理

新闻发布管理的主要内容包括在线新闻发布、新闻动态更新与维护、过期新闻内容组织与存储、新闻检索系统的建立等。目前,网站的新闻管理可以做到工作人员在模板中输入相应的内容并提交后,信息就会自动发布在 Web 页上。这是因为网站信息通过一个操作简单的界面输入数据库,然后通过一个能够对有关新闻文字和图片信息进行自动处理的网页模板与审核流程发布到网站上。通过网络数据库的引用,网站的更新维护工作简化到只需录入文字和上传图片,从而使网站的更新速度大大缩短。网上新闻更新速度的加快极大地加快了信息的传播速度,也吸引了更多的长期用户群,时刻保持着网站的活动力和影响力。

4) 广告发布管理

网络广告最重要的优势就在于可以被精确统计,即广告被浏览的次数、广告被点击的次数,甚至浏览广告后实施了购买行为的用户数量,都可以获得记录数据。而所有这些都需要完善的广告管理。

广告发布管理系统应该操作简单、维护方便,具有综合管理网站广告编辑、播放等功能,可以轻易实现统计、分析每个页面广告播放的情况,并且可以指定某页面的广告轮播。

5) 企业在线支持管理

企业在线支持管理包括在线帮助管理、留言板管理、企业论坛管理、在线技术支持管理。

(1) 在线帮助管理。在线帮助管理主要是提供用户对网站功能的使用帮助,指导用户使用公司的互联网创业平台。具体提供包括使用信息查询系统浏览商品信息;填写订单,参与购物;使用留言板、电子邮件、论坛、聊天室等和企业交互的系统等方面的帮助信息。

(2) 留言板管理。网站留言板是为了增加网站及客户间良好的互动关系而设的,它的作用是记录来访用户的留言信息,收集他们的意见和建议,为网站与用户提供双向交流的区域,为优化服务提供用户依据。留言板管理应提供多项辅助功能,以协助管理者方便地增加、删除与修改留言板上的留言内容,以及对部分留言内容加以回应。

(3) 企业论坛管理。企业论坛是一个互联网创业平台必不可少的功能模块,它能为网站与用户、用户与用户之间提供广泛的交流场地,也是企业进行技术交流和用户服务的最重要的手段。企业可以利用该功能进行新产品的发布、征求消费者意见、接受消费者投诉等;可以定期或选定某个时段,邀请嘉宾或专门人员参与该系统的主持与维护。企业论坛管理包括在线发布、维护信息等内容。

(4) 在线技术支持管理。在线技术支持可以提供给用户相关产品的技术或服务信息。企业可以将一些常见的技术或服务问题罗列在网站上,供用户浏览。

总之,互联网创业平台的管理既包含对网站内容的管理,也包含对客户的管理。从本质上讲,互联网创业平台管理的目的就是保证商务系统中信息流、资金流和物资流有序、快速而安全地流动，也就是对网站输入与输出这两个方向上管理与监控，使电子贸易能顺利地进行。

5. 互联网创业平台的安全管理

1）互联网创业平台安全管理的意义

随着网络技术的快速发展，网络安全问题日益突出。由于互联网创业平台的特殊性，对网站在运行过程中的安全性提出了更高的要求。互联网创业平台安全管理，首先是出于树立企业良好的形象的要求。互联网创业平台建设的主要目的之一就是在互联网上树立企业的良好形象，开展网络贸易。如果网站经常被攻击或破坏，基本的安全保障都没有，企业形象也就无从谈起。其次，互联网创业平台越来越成为企业开展贸易活动的主要场所，网站能否安全、稳定地运行关系到电子商务活动的管理秩序、运行秩序能否得到保障，即商贸活动能否正常开展的大事。最后，开展电子商务活动的企业，其商业秘密应得到充分保障是一项基本要求。如果未经授权的人或者非法入侵者可以轻易得到相关资料，那么，互联网创业平台的信任机制也就不可能建立起来。

2）互联网创业平台安全缺陷

在我国，造成互联网创业平台安全缺陷的因素有网站技术结构上的，也有产业结构上的，更有管理结构方面的。到目前为止，虽然我国的互联网业比较发达，但网络核心技术还处于相对落后的层次，关键技术大多源于发达国家，如网站的系统软件、芯片、协议等。这就使网站开发技术受到一定的限制，独立性无法保障。

从产业结构方面看，我国信息产业中信息安全产业在整个产业中的比重还偏轻，目前我国的信息安全产业的产值还远远不能保证网络的安全防范的要求。从管理结构上看，我国互联网创业平台管理还存在着多头管理的缺陷，这就容易造成责权不清，缺少网站安全标准。同时也缺乏法律方面的规范。所有这些都造成了互联网创业平台安全的先天不足。

3）互联网创业平台安全漏洞分析

（1）操作系统存在的漏洞。

目前，网站使用的操作系统通常是 Windows、UNIX 和 Linux。无论采用哪种操作系统，都可能存在漏洞。Windows 操作系统由于微软的技术垄断，其漏洞向来是难以很好地解决的。它把用户信息与加密口令保存于 SAM 文件中，加密过程又比较简单，因此，很容易受到攻击。

UNIX 操作系统由于对管理人员的要求比较高，广泛用于大型企业或者 ISP。其 etc/passwd 文件是整个系统中最重要的文件，包含每个用户信息与口令信息，也因此成为黑客攻击的主要目标，而其备份文件 passwd.old 也可能是可读/写的，同样存在被攻击的危险。

Linux 操作系统缓冲溢出类型的攻击是最为常见的形式。缓冲区溢出漏洞攻击占了远程网络攻击的绝大部分，它可以轻而易举地获得一台主机的部分或者全部控制权。

（2）系统软件存在的漏洞。

系统软件存在的漏洞首先是 Web 服务器方面的；一方面是由于 Web 服务器应用程序大多是在强调"功能第一、安全其次"的指导思想下开发的，造成了先天的不足；另一方面是由于基于 Web 应用程序与操作系统和后台数据库更加紧密地集成在一起，而基于 Web 的基础性安全措施方面的工作没有相应地跟上，这就使 Web 服务器攻击只需要一个浏览器和有一个聪明的头脑就足够了。因为防火墙允许所有 Web 通信都可以进出网络，而阻止对

Web 服务器程序及其组件或者 Web 应用程序的攻击。

系统软件存在的漏洞还表现在后台数据库相关的安全弱点上，如使用微软的数据库访问组件（MDAC）和远程数据服务，攻击者可以建立非法的 ODBC 连接，并获得对 Web 服务器上内部文件的访问权。

BIND 软件包是域名服务器一个应用最为广泛的实现软件，人们通过它来定位互联网上的系统。由于其应用的广泛性与重要性，就使它成为广受攻击的目标。

（3）防火墙安全漏洞。

防火墙是公认的网络存取控制的最佳安全解决方案。防火墙是软件与硬件的结合体，它架设在网络之间，保障网络的安全。正因为防火墙是软件系统与硬件系统的结合体，硬件系统所可能存在的漏洞与软件系统可能存在的漏洞都将存在。更重要的是防火墙主要是通过安全策略的制定实现存取控制的，即定义使用者或者应用服务对象进出网络。因此，在制定安全策略时，即使出现微小的错误也有可能形成很大的漏洞。另外，防火墙通常被用来防止外部的非法入侵，而对来自内部的防范很少考虑，一旦内部人员使用信息设备不当或者恶意破坏，就很容易产生严重的网络安全事故。

（4）网络协议存在的漏洞。

目前使用的许多网络协议，是建立在通信双方互相信任、友好的基础上的。在网络环境下，双方通信甚至口令都是以明文的方式传输，进行网络监听并取得用户信息并不是非常困难的事。在 TCP/IP 协议族中，SMTP、POP、IMAP、TELNET 等协议都是明文传送的。如果使用网络侦听软件，就会监听到协议交换中的用户名、口令等信息。

另外，网络编程常用的软件，如 Java、ASP 技术也存在着一定的漏洞，都是需要防范的。

5.4.2 平台管理

1. 创业平台客户购物流程的设计

在互联网创业平台上客户进行购物的过程，自始至终应该是安全、流畅的。购物时首先可以用浏览器浏览和查看商品，一旦需要购买，就可以方便地打开电子钱包实现网上支付。用户也可以随时随地地查看自己的购物车情况，并进行确认。同时，虽然网上支付需要信用公司和商业银行等多次的身份认证，但整个交易过程及单据往来应该在短时间内完成。根据以上要求，对客户网上购物流程做如下设计。

（1）浏览网站并搜索需要的商品。
（2）查看所选商品的详细信息。
（3）将所选商品放入购物车。
（4）确认所购商品相关信息。
（5）填写订单信息。
（6）选择商品配送方式。
（7）选择结算方式（如表 5-4-1 所示）。
（8）确认订单。

网上购物流程中的各环节，可以互换顺序，设计宗旨是以方便客户，完成交易为目的。首次在网站上购物的客户还需要注册,因为只有在登录网站的情况下才能进行商品的购买。

表 5-4-1 银行结算方式比较

结算方式	使用者	使用区域范围	付款期限	特点	分类
银行汇票	单位或个人	异地	自出票日起一个月内	1. 灵活,变现性好;2. 可背书转让,但填明"现金"字样的银行汇票不得转让	—
商业汇票	单位	同城异地	最长不超过6个月	1. 须具备真实的交易关系或债权债务关系;2. 可以背书转让;3. 汇票经过承兑,信用较高,急需资金时,还可以向银行申请贴现;4. 签发人可以是收款人、付款人;承兑人可以是付款人、银行	按照承兑人不同分为商业承兑汇票和银行承兑汇票
银行本票	单位或个人	同城	自出票日起最长不超过2个月	1. 由银行签发并保证兑付,且见票即付,信誉高,支付功能强;2. 可以背书转让(填明"现金"字样的银行本票不得背书转)	不分定额
支票	单位或个人	同城	提示付款期限为自出票日起10日内	1. 记名;2. 禁止签发空头支票;3. 支票限于见票即付,不得另行记载付款日期;4. 可以背书转让(用于支取现金的支票不得背书转让)	支票分为现金支票、转账支票和普通支票
汇兑	单位或个人	异地		简便,灵活	汇兑分为信汇、电汇两种,由汇款人选择使用
委托收款	单位或个人	同城异地	3天	单位和个人凭已承兑商业汇票、债券、存单等付款人债务证明办理款项的结算,均可以使用委托收款结算方式	委托收款结算款项的划回方式,分为邮寄和电报两种,由收款人选用
异地托收承付	国有企业、供销社、审查同意的集体企业	异地	1. 验单付款的承付期为3天;2. 验货付款的承付期为10天	1. 办理托收承付结算的款项,必须是商品交易,以及因商品交易而产生的劳务供应的款项,代销、寄销、赊销商品的款项不得办理托收承付结算;2. 托收承付结算每笔的金额起点为10 000元,新华书店系统每笔金额起点为1 000元	1. 款项的划回方法,分邮寄和电汇两种,由收款人选用。2. 承付货款分为验单付款和验货付款两种,由收付双方商量,并在合同中明确规定

续表

结算方式	使用者	使用区域范围	付款期限	特点	分类
信用卡	单位或个人	同城异地	信用卡透支期限最长为60天	1. 具有消费信用且允许善意透支；单位卡账户的资金一律从其基本存款账户转账存入，不得交存现金，不得将销货收入的款项存入其账户；2. 单位卡一律不得支取现金	1. 按照使用对象分为单位卡和个人卡；2. 按信誉等级分为金卡和普通卡
信用证		国际结算（主要）	—	1. 信誉较好；2. 经中国人民银行批准经营结算业务的商业银行总行以及经商业银行总行批准开办信用证结算业务的分支机构，也可办国内企业之间商品交易的信用证结算业务	略

2. 创业平台运行管理流程设计

为客户提供平等、自由的购物权利是网站管理者应尽的义务。根据客户注册资料与购物信息，统计与分析交易资料，挖掘出用于正确决策的信息，并吸引客户再次访问网站。开发新客户，也是管理者的重要任务之一。

根据客户相关的信息，网站管理者的管理流程按如下方式设计。

（1）收集客户信息。

（2）整理与分析客户资料。

（3）分析客户购买的真实性。

（4）统计交易量与交易额。

（5）发掘重要客户并与之交流。

（6）分析市场信息。

（7）确定网站发展与调整规划。

客户在网上购物与管理人员对网站的管理都是通过网站进行的，根据两者的流程可以画出关联图，如图5-4-2所示。

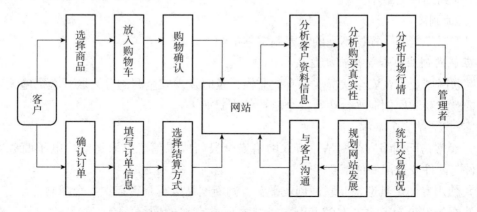

图5-4-2　客户与网站管理流程

以上设计是基于客户与管理同等地位的，如果网站的登录者是公司的员工，他们可能是领导，也可能是业务人员，他们需要远程登录网站查看经营状况，以便对商品的采购、库存、配送做出相应调整。事实上，很多网站对一般性客户与重要客户（或者会员）登录后给予的权限是不同的。那么设计时，就应该考虑到网站的登录人员至少有3种，即客户、重要客户、在职员工。在这种情况下，网站购物与管理流程必须考虑对不同的网站登录者给予不同的流程，分别完成网上购物与管理。

3. 互联网创业平台运行管理制度的制定

一个互联网创业平台的正常运行需要不同的岗位人员来完成各自的工作。一般而言，电子网站设有网站设备管理员、操作系统管理员、应用服务器管理员、数据库管理员、网页维护员、网站安全管理员、网站内容管理员、网站数据分析员等。针对不同的工作人员及工作内容制定管理制度是互联网创业平台正常运行的保障。因此，可以从以下几个方面制定网站运行管理制度。

1）人员管理制度

人员管理制度是对上述人员考核、选拔、培训、奖励、惩罚的制度。制定该制度时应尽量量化，在总的考核原则框架下制定具体实施细则。

2）日常维护制度

日常维护制度是为了保证互联网创业平台软、硬件系统正常运行而建立的管理制度。它包括软件与硬件系统的运行日志、系统升级、维修与更新等管理办法。

3）安全制度

安全制度是为了防止人为的恶意攻击、病毒入侵、客户商业秘密与管理口令泄密等事件而制定的制度。因此，必须严格规定互联网创业平台信息安全的等级，恰当分配各个等级的权限与管理办法。

4）数据处理与更新制度

制定数据处理与更新制度是为了及时对互联网创业平台交易资料进行备份、统计与分析，进行数据挖掘，保证对外公布资料的新颖性。

5）应急制度

这是预防互联网创业平台灾难性事故或者紧急事件发生的应对措施，以保证互联网创业平台所遭受到的损失最小。

6）其他制度

除以上制度之外，根据不同的需要制定其他制度。

4. 互联网创业平台安全状况监控

对互联网创业平台安全状况实行有效监控，及时发现安全漏洞并采取补救措施无疑是极其重要的。对互联网创业平台运行安全监控的步骤如下。

1）查找网站安全漏洞

（1）经常访问网络安全网站，获取网络安全最新成果信息，取得影响电子商务安全的各种软件与硬件安全漏洞的信息。

（2）使用专门工具巡检互联网创业平台，判断网站运行是否存在安全漏洞。

（3）根据已公布解决方案的漏洞，查找本网站存在的同样问题，并及时修补。对于未公布解决方案的漏洞，应密切注意相关信息，严重时应关闭相应服务。

2）确定网站安全监控的主要目标

网站运行过程中的不安全因素包括：

（1）泄密。主要是已授权或未授权用户窃取他人的重要信息。

（2）未授权存取。未被授权进入系统或者使用系统。

（3）丢失系统的完整性。

3）确定监控的主要方式

目前，网站安全监控主要采取入侵检测技术。其功能主要如下：

（1）监视与分析客户与系统的行为。

（2）审计系统配置与漏洞。

（3）评估敏感系统的数据完整性。

（4）识别攻击行为。

（5）对异常行业统计。

（6）跟踪识别违反安全法则的行为。

（7）自动搜索与系统相关的补丁。

4）监控结果的记录与检查

通过对监控结果的记录与检查，有可能分析出黑客的来源，并对黑客起到震慑作用。

对于 UNIX 系统，可以分析专事系统记录事件的 Daemon、syslogd，依据配置要求产生的两个系统记录文件：Syslog、Messges。对于 Windows 系统，也可以查看相应的系统事件记录文件。对于记录中频繁出现的入侵者，可以查询其 IP。如果 IP 地址没有对应域名，可以先对 IP 地址分级，再向 InterNIC 查询，直到查询完成为止，有必要的情况下报告国家网络安全部门。

网站安全监控情况应及时向领导汇报，一方面让领导知情；另一方面可以及时采取措施，保障互联网创业平台的安全运行。

5. 互联网创业平台安全策略的制定

1）设备安全策略的制定

互联网创业平台在规划阶段时期，就应该充分考虑到网络设备的安全问题。应该将网站重要设备，如各种服务器、主干交换机、路由器、防火墙等集中放置。对于终端设备，如工作站、小型交换机、集线器等其他转接设备，要落实到人，进行严格管理。

2）技术安全策略的制定

从技术上说，网络安全技术目前有多种，如病毒查杀技术、防火墙技术、身份验证技术、存取控制技术、安全协议等。在制定技术安全策略时，应重点考虑三个方面，即采用过滤器与防火墙技术、VLAN 技术与病毒查杀技术。运用过滤技术可以屏蔽某些不良网站，防火墙技术可以有效地将外部网络与内部网络隔离，保护互联网创业平台不受非法入侵者的破坏。VLAN 技术的核心是网络内部分段，根据不同的应用业务与安全级别，将网络分段并进行控制，实现互相之间的访问控制。杀毒软件可以有效地防止病毒在互联网创业平台上传播，在制定技术安全策略时，应考虑杀毒软件能够支持所有主流平台，能保护互联网创业平台所有病毒入口，有很强的防病毒能力，以保护数据与程序的正常运行。

3）身份安全策略的制定

身份安全策略主要是针对电子身份认证而言的，即数字认证证书 CA。就是用电子形式来唯一标识企业或者个人在互联网上或者专用网上的身份。当用户使用数字证书对电子信息进行数字签名以后,对其发送的电子信息具有不可抵赖性或者篡改性。以数字证书为核心的加密传输、数字签名、数字信封等安全技术,可以实现网络上确认身份的真实性、信息传输的保密性、完整性以及交易的不可抵赖性,从而保障网络应用的安全性。

制定身份安全策略的核心工作就是在互联网创业平台建设与运行过程中,必须全面考虑充分利用数字证书这极其有力的工具,保障商业贸易活动的顺利进行。

4) 安全管理策略的制定

制定安全管理策略主要是针对在制度管理上使互联网创业平台的安全得到保障。除了建立一套严格的安全管理规章制度外,还必须培养一支具有较高安全意识的网络管理队伍。互联网创业平台管理人员必须对所有网站资源使用人员,根据其工作性质,分配相应的使用权限,对客户名与口令加密存储、传输,妥善保存客户完整的使用记录,从而保证互联网创业平台安全。另外,网络管理人员应建立与维护完整的客户数据库,严格对系统日志进行管理,硬件设备安全管理责任到人,建立使用登记制度,定时进行数据库系统的巡检,及时调整安全防范设施等。

任务 5.5 案例阅读

5.5.1 案例一

阿里巴巴——全球领先的小企业电子商务平台

阿里巴巴集团经营多元化的互联网业务,致力为全球所有人创造便捷的交易渠道。自成立以来,阿里巴巴集团建立了领先的消费者电子商务、网上支付、B2B 网上交易市场及云计算业务,近几年更积极开拓无线应用、手机操作系统和互联网电视等领域。集团以促进一个开放、协同、繁荣的电子商务生态系统为目标,旨在对消费者、商家及经济发展做出贡献。

阿里巴巴集团由本为英语教师的中国互联网先锋马云于 1999 年带领其他 17 人在杭州创立,他希望将互联网发展成为普及使用、安全可靠的工具,让大众受惠。阿里巴巴集团由私人持股,现在大中华地区、新加坡、印度、英国及美国设有 70 多个办事处,共有 20 400 多名员工。

阿里巴巴国际交易市场(www.alibaba.com)创立于 1999 年,现为全球领先的小企业电子商务平台,旨在打造以英语为基础、任何两国之间的跨界贸易平台,并帮助全球小企业拓展海外市场。阿里巴巴国际交易市场服务全球 240 多个国家和地区数以百万计的买家和供应商,展示超过 40 个行业类目的产品。

1688(www.1688.com,前称阿里巴巴中国交易市场)创立于 1999 年,现为中国领先的小企业国内贸易电子商务平台。1688 早年定位为 B2B 电子商务平台,近年逐步发展成为网上批发及采购市场,其业务重点之一是满足淘宝系平台卖家的采购需求。

阿里云计算（www.aliyun.com）于2009年9月创立，现为云计算与数据管理平台开发商，其目标是打造互联网数据分享第一服务平台，并提供以数据为中心的云计算服务。阿里云计算致力向淘宝系平台卖家以及第三方用户提供完整的互联网计算服务，包括数据采集、数据处理和数据存储，以推动阿里巴巴集团及整个电子商务生态系统的成长。

淘宝网（www.taobao.com）成立于2003年5月，是中国最受欢迎的C2C购物网站，致力向消费者提供多元化且价格实惠的产品选择，截至2013年3月，约有7.6亿条产品信息。根据Alexa的统计，淘宝网是全球浏览量最高的20个网站之一。截至2013年3月31日，淘宝网和天猫平台的交易额合计突破人民币10 000亿元。

天猫（www.tmall.com）是中国领先的平台式B2C购物网站，致力提供优质的网购体验。天猫由淘宝网于2008年4月创立，于2011年6月独立于淘宝网的C2C交易市场，自行运营。自推出以来，天猫已发展成为日益成熟的中国消费者选购优质品牌产品的目的地。根据Alexa的统计，天猫是中国浏览量最高的B2C零售网站。

截至2013年3月，超过70 000个国际和本地品牌已在天猫上开设官方旗舰店，包括优衣库、欧莱雅、adidas、宝洁、联合利华、Gap、Ray-Ban、Nike、Levi's等。天猫设有多个专注不同行业的垂直商城，包括"电器城"、"书城"、"家装馆"、"名鞋馆"及"美容馆"等，针对个别行业的特性提供合适的客户服务。于2012年11月11日的特别推广期间，天猫和淘宝网创下了单日交易额人民币191亿元的新高。

全球速卖通（www.aliexpress.com）创立于2010年4月，是为全球消费者而设的零售市场，其用户主要来自俄罗斯、巴西和美国。世界各地的消费者可以通过全球速卖通，直接以实惠的价格从中国批发商和制造商购买多种不同的产品。

5.5.2 案例二

京东——网络零售的创业平台

根据第三方市场研究公司艾瑞咨询的数据，京东（JD.com）是中国最大的自营式电商企业，2014第三季度在中国自营式电商市场的占有率为51.9%。

京东为消费者提供愉悦的在线购物体验。通过内容丰富、人性化的网站（www.jd.com）和移动客户端，京东以富有竞争力的价格，提供具有丰富品类及卓越品质的商品和服务，以快速可靠的方式送达消费者，并且提供灵活多样的支付方式。另外，京东还为第三方卖家提供在线销售平台和物流等一系列增值服务。

京东提供13大类超过数千万SKUs的丰富商品，品类包括计算机、手机及其他数码产品、家电、汽车配件、服装与鞋类、奢侈品（如手提包、手表与珠宝）、家居与家庭用品、化妆品与其他个人护理用品、食品与营养品、书籍、电子图书、音乐、电影与其他媒体产品、母婴用品与玩具、体育与健身器材以及虚拟商品（如国内机票、酒店预订等）。

京东拥有中国电商行业最大的仓储设施。截至 2014 年 9 月 30 日，京东建立了 118 个仓库，总面积约为 230 万平方米。同时，还在全国 1 855 个行政区县拥有 2 045 个配送站和 1 045 个自提点、自提柜。京东专业的配送队伍能够为消费者提供一系列专业服务，如 211 限时达、次日达、夜间配和三小时极速达、GIS 包裹实时追踪、售后 100 分、快速退换货以及家电上门安装等服务，保障用户享受到卓越、全面的物流配送和完整的"端对端"购物体验。

京东是一家技术驱动的公司，从成立伊始就投入巨资开发完善可靠、能够不断升级、以电商应用服务为核心的自有技术平台。我们将继续增强公司的技术平台实力，以便更好地提升内部运营效率，同时为合作伙伴提供卓越服务。

5.5.3 案例三

微店网——全球第一个云销售电子商务平台

微店网由深圳市云商微店网络技术有限公司运营。是全球第一个云销售电子商务平台，微店网的上线，标志着个人网商群体的真正崛起。开微店无须资金成本、无须寻找货源、不用自己处理物流和售后。是最适合大学生、白领、上班族的兼职创业平台！

从 2013 年 9 月微店网上线后，百度指数收录了"微店"的关键词，其指数不断上升，仅 3 个月后的 2013 年 12 月，便突破万点。微店网对微店的本意是：开网店无须库存，无须发货，不用处理物流，只需通过社交圈进行推广，即可从网络销售中获得佣金收入，是一种高效的网络分销模式，供应商负责发货，微店主负责推广，这里的微，不是移动互联网的概念，"微"是轻松的意思，对供应商来说，节约了推广成本，对微店主提供了零成本创业平台。

微店网的模式是在电商里重新划分角色，增加了微店的概念，"微"是轻、方便的意思，任何一个人都可以免费注册一个微店，不需要库存、资金、物流与客服，去推广销售供应商的产品，赚取佣金。

注册微店，就拥有了一座全场优势正品的网上商城，里面的商品全部由厂家和批发商供货。创业者只需要经营自己的微店，当访客进入微店购买他们所需要的商品，他们就获得了收入。

若微店出售的商品存在任何质量问题，可以 7 天包退，以保障消费者的权益。消费者通过网银及信用卡支付，把货款打到微店网，当消费者收货验货没问题后，再通知微店网放款给对应的供应商。这就保障了消费者资金的安全。因为在验货前，供应商还没拿到货款。

符合以下情况，由产品售出之日（以快递签收日期为准）起 7 日内退换货，15 日内换货（不含客户个人喜好原因）。可在线提交返修申请或者与微店网客服中心联系办理退换货事宜。

微店模式是对电商分工的进一步细化，让有货源的商家负责货源，让善于推广的年轻人专注于网络推广,这可以提高效率,优化成本体系。2014 年,微店网荣获电子商务行业模式创新奖。

本项目教学建议

1. 教学要求

通过本项目的学习与实训,要求学生能够更进一步地领会网站建设和推广的基本知识,熟悉和掌握电子商务网站建设的基本流程和注意事项,熟练常用的网页制作设计和推广工具的使用,希望通过对电子商务网站的建设与推广来培养学生综合运用所学知识分析和解决实际问题的能力。

2. 教学重点

创业平台规划、创业平台设计、创业平台推广。

3. 教学难点

搜索引擎注册、中小企业网络平台推广。

项目六
网络营销方案设计与实施

引导案例

乐高：一个卖玩具的内容营销专家

乐高已经成为这个世界上最大的玩具公司，而这一切都要仰赖于公司天才的内容营销战略。

2013 年上半年，乐高公布的销售额为 20 亿美元，增长 11%，而其最主要的竞争者美泰公司则表现得相当挣扎。乐高销售额的增长得益于今年 2 月上映的《乐高大电影》的提振作用。孩子们对电影的追捧转化为对乐高玩具的巨大购买力，数据显示，与该电影相关的乐高玩具在全球范围的销量达到了 4.68 亿美元。

《卫报》专栏作家 Pablo Smithson 将《乐高大电影》称为乐高内容营销的制胜法宝。因为这部电影对大人和孩子同样具有吸引力：孩子们喜欢玩具，而大人们则被故事传达的"想象力无关年龄"的理念所感染。品牌想要传达的信息可不光是"买我们家的产品"那么简单。"将'冒险'这一乐高精神根植到每一个成年人的心中，可谓釜底抽薪的妙手"，Smithson 在评论中写到。

虽然在今年 2 月以前，乐高也一直在社交媒体上进行内容营销推广，但是直到电影上映，公众才开始意识到原来乐高对成年人也有如此大的吸引力。来自 EConsultancy 的营销专家 Christopher Ratcliff 将乐高的策略称为"一网打尽政策"，"当乐高开始一视同仁地对待消费者中的成年人和儿童时，他们就找到了最佳的营销战略方向。乐高的邀请面向所有人，它仿佛在说'嘿，快来呀，在这里我们都一样，只是一群热爱乐高的人'。"

《乐高大电影》上映前后对比

在 Instagram 上，乐高目前拥有 28.5 万粉丝，《乐高大电影》上映以前，乐高每贴出一张照片，一般来说会收获 7 000～10 000 个赞，而现在，这个数字维持在 1.5 万～2.2 万。

Twitter 上也能看到类似的趋势，今年 7 月的 Comic Con 漫展期间，乐高官方账号的发文收获了 4 000 次的转发，而一年之前，56 次转发就被认为是较高水平了。

乐高在 Facebook 上一直表现优异，目前已经收获超过 900 万次赞。当然，水涨船高，对于现在的乐高而言，在 Facebook 上算得上成功的标准也在提高。举例来说，今年 7 月 20

日乐高贴出的"乐高制作的蝙蝠战车"收获了4.8万次赞和13 506次转发。而在2013年7月，乐高当月最受欢迎的照片也只有3.3万次赞和3 999次转发，主题是"威廉、凯特和他们的孩子"。自那时起，乐高Facebook主页的关注人数已经超过了400万。

瞧一眼乐高的内容

乐高集团社交媒体负责人Lars Silberbauer曾经通过媒体表示："如果我们投资内容，这很有可能为我们带来更多的评论、更多的关注，以及更多的品牌知名度。"

而这正是乐高所做的事情。除了在社交网络上发布内容，乐高还建立了各式各样的与乐高产品相关的原创网站，比如"我的乐高网络"，便是一个针对乐高粉丝的社交网络，此外还有"乐高星战"、"乐高忍者"这样的原创网页，上面有游戏、电影、应用及留言板，同类型的还有"乐高指环王"、"乐高超级英雄"、"乐高迪士尼公主"。

而在乐高的主站，在"乐高创造者"的栏目下，粉丝们可以分享自己用乐高搭建出的作品，也可以为其他爱好者的作品点赞。其中的视频版块则向消费者们展示了用自己的乐高产品可以完成怎样的创造。粉丝们也被鼓励加入"乐高俱乐部"，会员可以收到乐高杂志，并有机会参加乐高粉丝的线下活动。

从乐高身上我们可以学到什么？

乐高的成功经验有很多值得学习的地方，有评论家说："作为一家玩具厂商，乐高在内容营销上的成就无人能及，哪怕是接近的也没有。"

乐高的成功有多方面的原因，以下就是其中的几条，以及作为营销者可以学以致用的内容营销策略。

内容背后传达理念

正如前所述，内容需要有一个更大的理念进行引领：哪怕已经成年，你依然可以施展你的想象力。大人们通过拼出自己的乐高小人或模拟场景并将这些分享到"乐高创造"，来展现自己的"想象力"。借助乐高，大人们仿佛又变回了童年。

作为一个内容营销者，你需要在自家的内容中找到想要传达的最深层的品牌理念，然后以此为所有行动的指导原则。深层内涵意义重大，不然营销就有很大风险流于肤浅。对于你和你的观众，到底什么才是真正重要的？

围绕品牌构建社区

在乐高的网站上，消费者有机会认识其他有相同爱好的人。这些网站上的内容，包括视频、图片及留言板，构建起了人们渴望的社区。

想一想你的公司如何才能将用户聚集到一起。在网上，人们总在想方设法寻找建立起个人化联系的途径，毕竟光是浏览总是缺了一点人情味。

将创造内容交给你的用户

乐高将创造内容的机会更多地交给了自己的用户，这可以让用户感觉自己成为公司成就的一部分，换来更高的品牌忠诚度。

鼓励你的用户来创造内容，要实现这个目标，你可以建立社区、举行比赛或是鼓励投稿来向其他用户展示。

用独特视角表现当下热点

在社交媒体上，乐高懂得如何借助当下热点，并将自己的品牌营销融入其中。举例而言，他们并没有简单地写上一句"恭喜威廉、凯特生下小王子乔治"，而是用乐高搭出了三人的形象来庆祝这一喜事。

找到让自己的品牌融入时下热点事件的方法,正确的操作可以让品牌营销事半功倍,这可比按时更新状态或是转发新闻强多了。

像乐高这样充满创意和想象力的内容可以帮助你取得辉煌的成就。

(案例来源:中国电子商务研究中心网站。成功营销。文/谢园,2014-11-26)

任务6.1　网络营销方案设计

6.1.1　知识准备

1. 网络营销的意义

有人把互联网称为虚拟世界,有人把互联网称为第四代媒体,还有人把互联网称为"没有疆域的市场"。也许每一种称谓都自有它的道理,每一种称谓似乎都表明互联网创业可以不"销"自长。但是如果因此而认为联网创业可以忽视营销,那么创业就势必走进一个封闭的"胡同"。实际上,互联网创业更需要营销,甚至更需要创新的营销。

中国有句老话:"酒好不怕巷子深。"意思是说,只要产品好,即使不搞营销,不做广告,也自会有客户登门。也许在传统的商务活动中的确存在这种现象,但是在电子商务中,"酒好也怕巷子深"。互联网就像浩渺的海洋,任何一个网站都不过是"沧海一粟"。如果没有适当的营销策略和营销手段,再好的商务模式也很难被客户关注。今天的阿里巴巴、搜狐、当当网等成功的互联网创业无一例外地都经历过创业初期的集中化的市场营销阶段,只有通过营销牢牢地吸引住客户的眼球,才会带来今天规模化的网络经济。因此,互联网创业不仅仅是能够创立一种新的盈利模式,才能够利用各种营销手段,在较短的时间内吸引客户并长久地锁住客户的注意力。

传统的商务活动可能会囿于空间限制或地域之别,而无法或无须做到尽人皆知,但是互联网的全球性使电子商务可以跨越疆界,如果不充分利用网络的方法和手段,互联网的全球性优势就无法得到充分发挥。因此在互联网创业之初,就要制定相应的网络营销策略,并根据互联网创业的发展进程不断完善和深化。

2. 产品营销策略

不管创业者采用哪一种方式开发市场,都要考虑市场机会的大小和自己驾驭能力的大小,并且必须记住:"对于企业来说,生产(经营)什么并不是最重要的,重要的是要了解消费者(客户)需要什么,知道什么对消费者(客户)有价值,考虑怎样才能够方便消费者(客户)购买,进而主动地去满足消费者(客户)的需求。"这是彼得·德鲁克早期总结出的经验,而这条经验至今仍是许多企业的座右铭。

下面简要介绍一下营销理论的发展历程:

美国营销学学者麦卡锡教授在20世纪60年代提出了著名的4P营销组合策略,即产品(Product)、价格(Price)、渠道(Place)和促销(Promotion)。他认为一次成功和完整的市场营销活动,意味着以适当的产品、适当的价格、适当的渠道和适当的促销手段,将适当的产品和服务投放到特定市场的行为。20世纪60年代，当时的市场正处于卖方市场向买方市场转变的过程中，市场竞争远没有现在激烈。这时候产生的4P理论主要是从供方出发来研究市场的需求及变化，以确保在竞争中取胜。4P理论重视产品导向而非消费者导向，以满足市场需求为目标。4P理论是营销学的基本理论，它最早将复杂的市场营销活动加以简单化、抽象化和体系化，构建了营销学的基本框架，促进了市场营销理论的发展与普及。4P理论在营销实践中得到了广泛的应用，至今仍然是人们思考营销问题的基本模式。然而随着环境的变化，这一理论逐渐显示出其弊端：一是营销活动着重企业内部，对营销过程中的外部不可控变量考虑较少，难以适应市场变化。二是随着产品、价格和促销等手段在企业间相互模仿，在实际运用中很难起到出奇制胜的作用。由于4P理论在变化的市场环境中出现了一定的弊端，于是，更加强调追求客户满意的4C理论营运而生。

4C理论是由美国营销专家劳特朋教授在1990年提出的，它以消费者需求为导向，重新设定了市场营销组合的四个基本要素，即消费者（Consumer）、成本（Cost）、便利（Convenience）和沟通（Communication）。它强调企业首先应该把追求客户满意放在第一位，其次是努力降低客户的购买成本，再次要充分注意到客户购买过程中的便利性，而不是从企业的角度来决定销售渠道策略，最后还应以消费者为中心实施有效的营销沟通。与产品导向的4P理论相比，4C理论有了很大的进步和发展，它重视客户导向，以追求客户满意为目标，这实际上是当今消费者在营销中越来越占主动地位的市场对企业的必然要求。这一营销理念也深刻地反映在企业营销活动中。在4C理念的指导下，越来越多的企业更加关注市场和消费者，与客户建立一种更为密切的和动态的关系。1999年5月，微软公司在其首席执行官巴尔默德主持下，也开始了一次全面的战略调整，使微软公司不再只跟着公司技术专家的指挥棒转，而是更加关注市场和客户的需求。我国的科龙、恒基伟业和联想等企业通过营销变革，实施以4C策略为理论基础的整合营销方式，成为4C理论实践的先行者和受益者。在家电行业中，"价格为王"、"成本为师"都是业内的共识，以前都是生产厂家掌握定价权，企业的定价权完全是从企业的利润率出发，没有真正从消费者的"成本观"出发，这就是为什么高端彩电普及不快的原因。而现在消费者考虑价格的前提就是自己得"花多少钱买这个产品才值"。于是作为销售终端的苏宁电器专门有人研究消费者的购物"成本"，以此来要求厂家"定价"，这种按照消费者的"成本观"来对厂商制定价格要求的做法就是对追求客户满意的4C理论的实践。但从企业的实际应用和市场发展趋势看，4C理论依然存在不足。首先，4C理论以消费者为导向，着重寻找消费者需求，满足消费者需求，而市场经济还存在竞争导向，企业不仅要看到需求，而且还需要更多地注意到竞争对手。冷静分析自身在竞争中的优劣势并采取相应的策略，才能在激烈的市场竞争中立于不败之地。其次，在4C理论的引导下，企业往往失之于被动适应客户的需求，往往令他们失去了自己的方向，为被动地满足消费者需求付出更大的成本，如何将消费者需求与企业长期获得利润结合起来是4C理论有待解决的问题。因此市场的发展及其对4P和4C的回应，需要企业从更高层次建立与客户之间的更有效的长期关系。于是出现了4R营销理论，不仅仅停留在满足市场需求和追求客户满意，而是以建立客户忠诚为最高目标，对4P和4C理论进行了进一步的发展与补充。

21世纪伊始，《4R营销》的作者艾略特·艾登伯格提出4R营销理论。4R理论以关系营销为核心，重在建立客户忠诚。它阐述了四个全新的营销组合要素：关联（Relativity）、反应

（Reaction）、关系（Relation）和回报（Retribution）。4R 理论强调企业与客户在市场变化的动态中应建立长久互动的关系，以防止客户流失，赢得长期而稳定的市场。另外，面对迅速变化的客户需求，企业应学会倾听客户的意见，及时寻找、发现和挖掘客户的渴望与不满及其可能发生的演变，同时建立快速反应机制以对市场变化快速做出反应；企业与客户之间应建立长期而稳定的朋友关系，从实现销售转变为实现对客户的责任与承诺，以维持客户再次购买和客户忠诚；企业应追求市场回报，并将市场回报当作企业进一步发展和保持与市场建立关系的动力与源泉。

市场营销经过了数十年的发展和丰富，形成了一套以经典 4P 理论为基础的形式多样、不断丰富的综合体系。不管是 4P、4C 还是 4R，都是来自实践，又反过来指导着企业的营销实践。信息化和全球化的影响、企业竞争规则的转变、消费理念和消费习惯的变化，都成为新思想涌现的加速器，未来必然还会出现更多创新的营销理念和实践方案，来共同完善和发展营销体系，为市场上的不同企业提供丰富的营销思路。

以一家新成立的饮料公司为例，希望能够在几年内占领饮料市场一定份额，应该怎样开始营销呢？

很明显，营销的第一个要素是产品。为了满足客户在不同场合饮用的要求，需要有不同的包装方式，包括瓶装、易拉罐、盒装等；为了让客户在货柜上一眼就能区分出自己的产品，还要设计出能够吸引客户的眼球的产品包装。

接着就是定价，一方面要考虑自己的成本；另一方面要考虑客户能够接受的价格，还要考虑竞争对手的定价。除了拟定出建议的零售价格外，还有对代理商的价格，代理商又有不同的类型，有居民楼里的微型的夫妻店，也有超级的大型连锁超市，根据采购量、区域等因素的不同，又要建立不同的价格体系。

有了好的产品和有竞争力的价格，就要发展方便客户采购的渠道，因为客户是不可能为了饮料，亲自来工厂采购的。首先发展区域总经销商，然后发展总经销的网络，将产品销售到各地的代理商、商场、超市，最终将产品扩展到每个终端。与之配套的还包括运输和仓储的物流体系。

卖得好不好，最终还要由消费者说了算，营销的第四个要素就是促销。通过电视、报纸、互联网、广播、城市广告牌可以覆盖众多消费者；还可以参加各种展览和活动，使自己的宣传更有针对性；另外还要组建销售团队，帮助终端销售自己的产品，并承担收款的任务。

3. 品牌策略

品牌策略是企业经营自身产品（含服务）决策的重要组成部分，是指企业依据自身状况和市场情况，最合理、有效地运用品牌商标的策略。品牌策略通常有以下几种。

1）统一品牌策略

统一品牌策略是指企业将经营的所有系列产品使用同一品牌的策略。使用同一策略，有利于建立"企业识别系统"。这种策略可以使推广新产品的成本降低，节省大量广告费用。如果企业声誉甚佳，新产品销售必将强劲，利用统一品牌是推出新产品最简便的方法。采用这种策略的企业必须对所有产品的质量严格控制，以维护品牌声誉。

2）个别品牌策略

个别品牌策略是指企业对各种不同产品，分别采用不同的品牌。这种策略的优点是，可将个别产品的成败同企业的声誉分开,不至于因个别产品信誉不佳而影响其他产品,不会给企业整体形象造成不良后果。但实行这种策略,企业的广告费用开支很大。最好先做响企业品牌,以企业品牌带动个别品牌。

3)扩展品牌策略

扩展品牌策略是指企业利用市场上已有一定声誉的品牌,推出改进型产品或新产品。采用这种策略,既能节省推广费用,又能迅速打开产品销路。这种策略的实施有一个前提,即扩展的品牌在市场上已有较高的声誉,扩展的产品也必须是与之相适应的优良产品。否则,会影响产品的销售或降低已有品牌的声誉。

4)品牌创新策略

品牌创新策略是指企业改进或合并原有品牌,设立新品牌的策略。品牌创新有两种方式:一是渐变,使新品牌与旧品牌造型接近,随着市场的发展而逐步改变品牌,以适应消费者的心理变化。这种方式花费很少,又可保持原有商誉。二是突变,舍弃原有品牌,采用最新设计的全新品牌。这种方式能引起消费者的兴趣,但需要大量广告费用支持新品牌的宣传。

总之,对于首次创业者来说,无论是市场定位还是产品营销,都需要在创业初期予以必要的重视和深入的分析,千万不能因为生意小或处于创业初期而忽略了这方面的作用。

6.1.2 方案设计

下面是以某企业为例的整个营销方案设计。

1. 目标市场的确定

要确定目标市场,就得先进行目标市场的细分。因目标市场细分有其重要的作用:有利于分析市场,开发新市场;有利于集中使用公司资源,取得最佳营销效果;有利于制定和调整营销方案,增强公司的应变能力。

1)市场细分的原则

(1)可衡量性:表明消费特征的有关资源的存在或获取这些资料的难易程度;

(2)需求的足量性:目标市场必须有充足的现实需求;

(3)可接近性:能有效地集中力量接近目标市场并有效地为之服务的程度;

(4)反应率:不同的细分市场对公司采用不同的营销策略组合所具有的不同反应程度;

(5)稳定性:细分市场必须在一定时期内保持相对稳定,以便公司制定较长期的营销策略,有效地开拓并占领该目标市场,获取预期收益。

2)市场细分的一般方法

根据细分程度的不同,可以分为:

◆ 完全细分;

◆ 按一个影响需求因素细分;

◆ 按两个以上影响因素需求细分。

3)目标市场的评估

◆ 细分市场的规模和增长程度;

◆ 细分市场的结构吸引力;

◆ 公司的目标和资源。
4）目标市场范围策略
◆ 密集单一市场：只选择一个细分市场集中营销的策略；
◆ 有选择的专门化：选择若干个细分市场，再进行专门化，但这些市场必须能使公司获得利润；
◆ 市场专门化：公司集中生产某一市场所需要的各种产品策略；
◆ 产品专门化：公司在几种产品中，专门生产一种适合各种客户需求的产品策略；
◆ 完全市场覆盖：公司用各种产品满足各种客户群体的需要。
5）目标市场进入策略
◆ 无差异营销策略：公司将整个市场当作需求类似的目标市场，只推出一种产品并只使用一套营销组合策略；
◆ 差异营销策略：公司根据各个细分市场的特点，相应扩大某些产品的花样、品种，或制订不同的营销计划和办法，以适应不同客户的不同需求；
◆ 集中营销策略：公司集中力量于某一细分市场上，实行专门化生产和经营，以获取较高的市场占有率。
公司从分析中选择无差异营销策略，向整个社会的整个市场有需求的客户销售公司产品。

2. 市场定位

在确定目标市场后，使目标客户理解和正确认识本公司有别于其他竞争者的形象，进行目标市场的定位。

1）市场定位的依据
◆ 产品实体差异化：主要是关注产品实际的、看得见的、可感觉到的差别，这是客户理解和认同定位诉求的基石，出发点依然是客户的心理需求。
◆ 服务差异化：就是附加产品的差别化。服务是软性的，好与坏的标准难以确定。但公司可以从送货服务、客户培训服务、咨询服务等方面寻求与竞争者的差异；
◆ 形象差异化：在市场上，当实体产品以及附加产品都相似时，公司可树立独特的形象，以显示与竞争者的不同；
◆ 人员差异化：公司通过雇佣和培训出比竞争对手更优秀的员工，来赢得强大的竞争优势。

2）市场定位的策略
◆ 比附定位：就是比拟名牌、攀附名牌来给自己的产品定位，借名牌之光而使自己的品牌生辉；
◆ 属性定位：根据特定的产品属性来定位；
◆ 利益定位：根据产品所能满足的需求或所提供的利益，解决问题的程度来定位；
◆ 与竞争者划定界限的定位：与某些知名而又属于司空见惯类型的产品做出明显的区分，给自己的产品定一个相反的位置；
◆ 市场空档定位：寻找市场上尚无人重视或未被竞争对手控制的位置，使自己推出的产品能适应这一潜在目标市场的需求的策略。
◆ 质量价格定位：结合对照质量价格来定位。

公司根据市场定位的选择方法，确定了公司市场定位的策略：属性定位、利益定位、市场空档定位和质量价格定位四种定位策略相结合。

3. 产品策略制定

产品是完成市场销售的基础，产品策略直接影响和决定着其他市场营销组合因素的决策，对企业的成败关系重大。

1）目前策略

公司着重开发和推广核心产品；然后在此基础上增加产品的样式，改善包装等形式产品；从消费者的角度以满足他们的消费需求为目的开发期望产品，形成个性订购消费；最后根据消费者的购买特性，出售产品。

2）产品生命周期各阶段的市场营销策略

◆ 介绍期：公司采用缓慢渗透策略，以低价和低促销水平推出新产品。可以使市场迅速接受公司的产品，同时也能实现较多的利润。

◆ 成长期：公司主要是改善产品质量，包装以适应市场需要；开辟新的销售渠道，扩大商业网点；改变广告宣传的目的。由以建立和提高产品知名度转为以说服消费者接受和购买产品。

◆ 成熟期：公司将扩大市场，进军外省的市场，并进一步改善产品及其附加产品。

◆ 衰退期：由于公司提供的产品是与人们生活息息相关的消费品，它的实效性很长，公司暂不考虑衰退期的市场营销策略。

3）商标

商标代表着一个公司的形象，为此在产品上印制公司的商标，以提高公司的知名度。公司的商标一般是自行设计，具体采用图形和文字相结合形成单一商标。

4）包装

公司以简单、富有公司特色的包装来包装产品，主要是为了美化产品和便于消费者携带。

5）品牌

公司推广的品牌有两种：文字与域名。

4. 价格策略制定

产品价格受到诸多因素的影响，包括内部因素（企业的营销目标、营销组合策略、成本和定价）和外部因素（市场和需求的性质、竞争和其他环境因素）。

在确定定价方法之后，还要综合产品销售成本的构成来最终确定产品价格。该公司主要是从种花商人那购买鲜花，然后经过包装等加工出售给客户。所以，公司的产品销售成本主要有：鲜花的原始价格、运费、包装加工费、送花费用；还应包括店面、人力、网络运营等其他成本开支。在考虑以上两种因素后，最终决定产品的价格：在公司刚成立时可以实行略高于成本的低价策略，以吸引客户；在公司进入良性发展后，可以结合特价销售、免费销售以及定制价格、拍卖定价等方式进行产品的推广。在价格上和网上消费上形成不同于其他公司的定价形式，使客户有购物的新鲜感和乐趣，让他们认为得到了实惠，更能打动他们在本公司购物的信心。

5. 分销渠道策略制定

一个网络分销系统是企业关键性的外部资源，对于大量从事网络分销活动的企业以及它们为之服务的特定市场而言。所以，公司旨在建立完善的产品分销渠道。

1) 渠道作用

渠道的重要性可以从它的功能来说：连接产销，反馈信息，促进销售，承担风险，融通资金。

传统的分销渠道：

企业—消费者

企业—零售商—消费者

企业—批发商—零售商—消费者

企业—代理商—批发商—零售商—消费者

2) 网络分销渠道

（1）网络直销：生产商通过网络直接销售渠道销售产品。可以具体通过建立自己公司的网站，由专门的网络管理员处理有关产品的销售事务；或者委托信息服务商在其网站发布信息，企业利用有关信息与客户联系，直接销售产品。网络直销有许多优点：首先能够促进生产者直接接触消费者；其次对买卖双方都会产生直接的经济利益；再次营销人员可以利用网络工具开展各种形式的促销活动；最后可以使企业能够及时了解用户对产品的意见、要求和建议，改善企业经营管理。

（2）网络间接销售：可以克服网络直销的缺点，中介机构成为买卖双方的联系通道，发展前景很好。

（3）双道法：企业同时使用网络直销渠道和网络间接销售渠道，以达到销售量最大的目的。

综上所述，公司将采用双道法进行网络销售。在发展的基础上，寻求电子中间商和代理商，以发展分销渠道的多样性。

6. 物流渠道策略制定

1) 物流策略确定

在公司建立起分销渠道后，把产品传递到客户的手中就要有完善的物流渠道。因此要保证物流渠道的自动化、网络化、信息化、智能化和柔性化，建立适合公司的物流渠道。就公司状况，采用物流分层结构和直接结构组合的策略。

2) 物流模式确定

在物流渠道的模式上，采用外包物流和自营物流相结合。利用专业的第三方物流服务，可以降低公司物流成本，提高运作效率，可以把物流所要花的资金用在改善服务质量和发展新业务上来。对那些有特殊要求的客户可以由公司出面进行送货上门。

具体的网络营销物流解决方案：订单由网站生成，产品由物流企业完成。

7. 销售人员策略制定

1) 销售队伍规模

公司现在的销售队伍规模较小，拥有×个店面和一个与店面相配合的网站。根据工作量和产出百分比，增加销售人员数量。

2) 销售人员的激励

◆ 销售定额：规定销售人员在一年中应该销售的数额并按产品加以确定，然后把报酬与定额完成情况挂钩。

◆ 佣金制度：按销售额和利润额的大小给予销售人员的一定报酬，以激励他们为公司多做贡献。

3）销售人员的绩效评估

对销售人员进行的激励必须建立在他们为公司所做的贡献上。评估他们的业绩，以便对他们实行差别激励，对公司和员工都是公平的。

该公司评估绩效主要采用以下两种方式相结合的方法：

◆ 将各个销售人员的绩效进行比较排队。绩效包括多方面，如销售潜力、工作量、促销组合、净利润等。

◆ 把销售人员目前的绩效同过去的绩效相比较。可以从产品销售额定额百分比、访问次数、平均客户数等方面进行比较。

8. 网络广告

广告在营销战略中占据着重要的地位，选择适合的广告方案尤为重要。

1）广告目标

◆ 在投入期时采用通知广告（向消费者介绍公司的产品，告诉消费者公司产品的价格、质量和售后服务等，并纠正消费者对产品的误会，减少他们的顾虑，树立公司形象和产品形象），以促使消费者对公司产品初步需求的产生。

◆ 在成长期采用劝说广告，劝导消费者购买公司的产品，突出产品特色，介绍产品优于其他同类产品之处，使消费者形成品牌偏好。

◆ 在成熟期采用提示广告，提示消费者购买。

2）广告预算

◆ 市场份额：产品已占有一定的市场份额。

◆ 广告的频度：已经投放了一些广告，预算费用较高。

◆ 产品特性：新产品具有独特性，所以宣传具有优越性。

3）广告信息

经过公司全体员工的讨论，提出广告所要传达的信息。信息表达口号为既要说明公司的主要消费者，又要体现公司的企业文化。

4）广告媒介

为了达到广告目标，并结合公司的具体情况，公司在以后的发展中，将采用以下广告媒介以及具体形式：

（1）互联网广告：互联网广告有着比传统广告更多的优点（价格低廉，收费合理，广告效果更及时、更客观、更广泛），所以是公司主要的广告宣传手段。

①旗帜广告：采用486×60像素的gif图片，如公司网站的Logo，投放在与公司产品相关的网站中。

②按钮式广告：采用120×60像素，投放在大型网站的相关产品的二级页面中。

③弹出式广告：采用图片弹出式广告，可以大量地投放在著名的网站中。

④赞助式广告：和其他相关网站联合举办活动，投放少量的资金，要求合作者为公司提供宣传平台。

（2）传统广告：传统广告在人们眼中还处于重要的地位，也是被人们容易接受的广告形式。它和互联网广告互相补充，因此进行一些传统广告的宣传是很有必要的。但具体的投放时间和投放资金规模则视情况而定。

（3）其他广告：在以上的广告投放后，结合实际市场环境，可以灵活地增加其他广告形式。

5）广告效果评估

（1）通过服务器端的访问统计软件随时进行监测：利用统计软件生成报表，公司就可以很方便地了解什么时候有多少人访问过广告页面，有多少人通过广告直接进入公司网站的。

（2）通过查看客户反馈量：从form提交量和E-mail在广告投放后是否大量增加，来判断广告投放效果。

通过上面的效果评估方案得到广告投放的效果，对于那些没有实际收效的广告要果断地退出，对于那些投放效果良好的广告要么保持要么增加投放。在有必要时可以投放备选广告方案。

9．销售促进与服务

1）销售促进

公司的促销方式主要分为两种：人员推销和非人员推销，并且在公司发展的不同时期有重点地采用具体的促销方式。

该公司主要从事的是鲜花礼品的销售，属于生活资料生产经营的企业。根据促销组合的推广影响因素，公司主要运用拉式策略，重点放在广告上；其次是营业推广；再次是人员推销；最后是公共关系。

公司刚刚成立不久，在资金，人力等方面都面临着困难。因此，在公司的投入期主要以广告和适当的人员推销为主，使公众认识和了解公司的产品和服务目的，在消费者心里树立公司的企业形象，使一定数量的消费者能在公司购买产品并利用他们对公司良好的服务态度宣传公司。具体促销方式组合如下：

- 投入期为了让消费者认识、了解产品进行适当的人员推广。
- 成长期为了增进兴趣和偏好以广告和公共关系为主。
- 成熟期为了创造和保持竞争优势、保持和扩大市场占有率以广告和公共关系为主。
- 衰退期促成信任，以提醒购买的营业推广为主，辅以广告。

2）服务

公司从以下四方面建设服务平台：

（1）实施员工满意制度。

对员工进行培训：使他们掌握处理客户关系的知识和技能，提高解决客户问题的能力。

（2）提供良好的资讯和个性服务。

利用信息平台及时地处理客户反馈的问题，以及满足他们个性化的需求。

（3）建立服务质量信息系统，改进服务流程。

通过多种途径和方法收集、分类、整理和传递服务质量信息。这些途径包括：客户、员工和竞争者调查，客户与员工交流，电子邮件，BBS等。

（4）及时修复服务缺陷。

3）产品完善与新产品开发举措

在当今社会，经济飞速发展，给新产品的开发和产品的完善带来了很大的难度。为此，公司着眼于本市场的热点，着重于产品品种的完善，引进我国没有的又有特殊价值的鲜花品种。与种花客户联合培养花种，并增加这方面的投入。

4）方案调整

以上的整个方案在实施过程中，难免会出现营销战略计划与现实情况脱节的地方。为了避免和减少未知的损失，有必要在出现问题的情况下进行方案的及时调整。下面就具体情况详细说明调整的方案。

◆ 在定位方面：针对公司的不断发展，可以面向中上层的消费者，提供更完备、更好的服务。

◆ 在产品方面：提高产品的档次，以及增加产品的种类；提供更多并且是消费者需要的附加产品。

◆ 在定价方面：从原来的低价销售过渡到中等销售价格，并可以变相地给予消费者以实惠。

◆ 在分销方面：可以转变公司角色，成为其他销售公司和客户的纽带，在其中收取中间服务费；同时完善公司的多种销售渠道，创新销售渠道的规则和方式。

◆ 在销售队伍方面：业务的发展要求更多的营销人员，并加大对他们业务能力的培养；增加激励措施，引进有能力的网络营销人员。

◆ 在服务方面：建立更加完善的售后服务和面对面的销售服务，及时地解决客户的问题和各种争议，提供更好的服务。

◆ 在广告方面：随着网络的发展，有更多的人会进行网络消费，在以后的广告投放中，加大互联网广告的投放，逐步减少传统广告业务的比例。增加互联网广告的形式，以适应不同年龄段的消费者。

◆ 在促销方面：增加促销的形式，如限量抢购、零价格产品、买一送一等促销手段；

◆ 在其他方面：根据具体情况而定。

当然，调整要根据具体的环境而定，如果在有必要进行调整的时候，现状又发生了变化，那么就没有必要再按照以上调整方案进行。就得再根据具体市场环境做好方案设计，以保证整个营销计划的顺利进行，使公司得到更高的社会经济利益。

10. 市场调研

1）调研的手段

◆ 询问调研：在客户与销售人员进行产品交易的同时，销售人员可以礼貌地与客户交流，询问一些有关产品和服务以及客户的认知等问题；或通过网站的BBS、E-mail等电子手段进行调查。

◆ 观察调研：销售人员在销售商品的同时，观察消费者的购买习惯、购买行为以取得资料。

◆ 调查问卷：在一定时期发放问卷，以调查没有在该公司购买过商品的人为什么没有选择公司的产品。

2）调研的步骤

在确定具体的调研手段后，制定具体的调研步骤：

◆ 预备调研阶段：包括初步情况分析和非正式调研两项内容，以便明确调研目标。

◆ 正式调研阶段：收集一手和各种二手资料；设计调研表格，让被调查者填写；抽样设计，抽取一部分推算总体情况；实地收集资料。

◆ 结果处理阶段：主要是整理分析资料，用统计的方法获得调查结果，得出调查报告和追踪报告的采纳程度和实施效果。

11. 公共关系

公共关系是一种以长期目标为主的间接的促销手段，但不仅仅限于促销。发展良好的公共关系是公司的又一目的。

1）公司做了如下公共关系决策：

◆ 利用新闻媒体向社会大众介绍公司和产品。
◆ 加强与公司外部组织的联系，得到它们的支持。
◆ 举办专题活动，扩大公司影响，如有关产品的知识有奖竞赛等。
◆ 参与公益活动，展现公司风貌和改善人际关系。
◆ 建设公司文化，提高公司职员素质，活跃公司文化氛围，美化公司环境等。

2）评估公关效果

主要方法是计算宣传报道在媒体上的出现次数和时间。

12. 进程安排

2010.11　确定公司办公地点，招收员工和确定初级产品的来源，建立公司。
2010.12　建立公司电子商务网络并取得公司域名。
2012.01　进行各种广告投放、宣传。
2012.02　进行产品营销推广，建立完善的物流体系，不定期进行公共关系营销战略。
2013　　寻求合作者，开设连锁店。
2014　　制定新的战略和进行新产品的开发。

任务 6.2　网络营销方案实施

6.2.1　知识准备

1. 搜索引擎营销

搜索引擎，通常指的是收集了互联网上几千万到几十亿个网页并对网页中的每一个词（关键词）进行索引，建立索引数据库的全文搜索引擎。当用户查找某个关键词的时候，所有在页面内容中包含了该关键词的网页都将作为搜索结果被搜出来。在经过复杂的算法进行排序后，这些结果将按照与搜索关键词的相关度高低，依次排列。

按照工作原理的不同，可以把它们分为两个基本类别：计算机自动搜索型和人工分类目录型。

计算机自动搜索型的数据库是依靠一个叫"网络机器人"或叫"网络蜘蛛"的软件，24小时不停地通过网络上的网页链接自动获取大量网页信息内容，并按已定的规则分析整理形成的。谷歌、百度都是比较典型的计算机自动搜索型系统。

人工分类目录型则是通过人工的方式收集整理网站资料形成数据库，比如雅虎以及国内的搜狐、新浪、网易等都属于人工分类目录型。另外，在网上的一些导航站点，也可以归属为原始的人工分类目录型，比如"网址之家"（http://www.hao123.com/）。计算机自动搜索型和人工分类目录型在使用上各有长短。计算机自动搜索型因为依靠软件进行，所以数据库的容量非常庞大，但是，它的查询结果往往不够准确；人工分类目录型依靠收集和整理网站，能够提供更为准确的查询结果，但收集的内容却非常有限。为了取长补短，现在的很多搜索引擎，都同时提供这两类查询方式。

目前，百度是国内最大的商业化全文搜索引擎，占国内60%以上的市场份额。它属于计算机自动搜索型搜索引擎。百度公司于1999年年底成立于美国硅谷。2000年1月，百度公司在中国成立了其全资子公司百度网络技术（北京）有限公司。2001年8月，发布搜索引擎BETA版。由后台服务转向独立提供搜索服务，并且在中国首创了竞价排名商业模式。2001年10月正式发布Baidu搜索引擎。

谷歌是全世界最大的搜索引擎，在搜索引擎领域始终保持着领先的地位。它于1998年9月创建，自创办以来，屡获殊荣，现在几乎家喻户晓。它具有网页搜索、图片搜索、文件搜索、新闻搜索、天气查询、手机号码查询、股票查询、英汉翻译等众多功能。它属于计算机自动搜索型搜索引擎。

雅虎被人们称为"搜索引擎之王"，是最早的目录索引之一，也是目前很重要的搜索服务网站，它属于人工分类目录型搜索引擎。雅虎中国是雅虎的一个地区性网站，它已被中国阿里巴巴收购，仍以搜索引擎为主要服务内容。

搜狗是搜狐旗下的专业搜索引擎，而搜狐是国内最著名的门户网站之一，也是国内最早提供搜索服务的站点。它属于人工分类目录型搜索引擎。

爱问是新浪旗下的专业搜索引擎，而新浪是全球范围内最大的华语门户网站之一。它属于人工分类目录型搜索引擎。

中国搜索（原慧聪搜索）是国内领先的搜索引擎。自2002年正式进入中文搜索引擎市场以来，中国搜索取得了一系列令人瞩目的成绩。目前已是全球领先的中文搜索引擎公司，先后为新浪、搜狐、网易、TOM等知名门户、网站，以及中国搜索联盟上千家各地区、各行业的优秀中文网站提供搜索引擎技术。目前，每天有数千万次的中文搜索请求是通过中国搜索实现的，中国搜索也被公认为第三代智能搜索引擎的代表。

在创业企业的网站推广中，利用搜索引擎的具体方式如下：

◆ 付费录入：网站付费才能被搜索引擎收录。某些搜索引擎可以允许用户修改网站介绍、关键词等。

◆ 竞价排名：网站付费向搜索引擎购买相应的搜索结果排名，付费越高，排名越靠前。

◆ 购买关键词广告：在搜索结果页面上显示广告，实现高级定位投放，用户可以根据需要更换关键词，相当于在不同页面轮换投放广告。在相同关键词页面，一般来说，付费高者排名靠前。由于采用竞价排名的搜索引擎，先展示付费高的网站，然后才是自然搜索排名，因此，竞价排名也可视为购买关键词广告。

搜索引擎是网站推广和吸引用户关注的重要途径。网络经济是"注意力经济"，网站不被人所知，是不可能开展电子商务的。要在浩渺的网络海洋中脱颖而出，没有足够的吸引力是无法做到的。因此，网站推广是创业者在创业初期的主要任务之一，而搜索引擎注册是最经典、最常用，也是最经济的网站推广方式。

中国互联网络信息中心（CNNIC）最近几次发布的统计报告表明，搜索引擎应用率为72.4%，即已有1.52亿人从搜索引擎获益。在用户得知新网站的主要途径中搜索引擎占首位，用户使用搜索引擎搜索的内容比例主要是信息内容查询、商业信息查询、娱乐内容查询，比例分别是65%、15%、20%。由此可见，在主要的搜索引擎上注册并能排名靠前（一般是前10），可以获得可观的推广效果。而且，对于注册搜索引擎的网站来说，浏览者是在搜索引擎查询自己所需的信息后，才由搜索结果页面转到网站上来的，这意味着该网站一定有浏览者所需的信息，因此，通过搜索引擎给网站带来的都是高质量的潜在客户。

利用搜索引擎的检索功能，使创业者的网站能够在检索结果中出现好的排名，从而获得更多的点击率。这就需要在网站设计时根据主要的搜索引擎进行优化，这类技术被称为搜索引擎优化，有兴趣者可以阅读相关的资料。

2. 邮件营销

电子邮件营销是以电子邮件为主要工具的一种网络营销方式，其含义是：电子邮件营销是在用户事先许可的前提下，通过电子邮件的方式向目标客户进行电子邮件市场调查、电子邮件广告、电子邮件公关和电子邮件直销等传递有价值信息的网络营销手段。从使用电子邮件的方式来看，电子邮件营销可以分为简单电子邮件营销和电子杂志营销两种类型。从目标市场看，电子邮件营销还可以分为B2C电子邮件营销和B2B电子邮件营销。

电子邮件营销主要有以下几方面的作用：

◆ 电子邮件营销最大的优势是在维系客户关系方面，建立长期的客户忠诚度，尤其是维护老客户方面，能起到较好的作用，对于新客户的开拓，也有一定的作用，但作用较小。

◆ 能直接增加销售量，消费者可以通过点击促销邮件进入企业的站点订购产品。

◆ 积累用户基本数据和行为数据，展开数据库营销，实施低成本、高效率的深度销售和交叉销售。有网站支持的电子邮件营销更容易实现这点，因为可以通过分析网站访问日志对电子邮件的效果进行精确的测量。

◆ 实现数字化产品的配送，如文件、注册码等。

◆ 可以用较低成本为客户提供咨询服务。

◆ 获得更多客户反馈，客户可以利用电子邮件很方便地同公司联系，提供反馈信息。

规范的E-mail营销是基于用户许可的。但实际上还存在着大量的不规范现象，并非所有的电子邮件都符合法规和基本的商业道德，不同形式的E-mail营销具有不同的方法和规律。按照发送信息是否事先经过用户许可来划分，可以将E-mail营销分为许可电子邮件营销（Permission E-mall Marketing, PEM）和未经许可的电子邮件营销。根据用户E-mail地址资源的所有形式，可将E-mail营销分为内部E-mail营销和外部E-mail营销，或称内部列表和外部列表。根据企业的营销计划，可分为临时电子邮件营销和长期电子邮件营销。

邮件列表（Mailing List），可以通俗地理解为邮件地址的集合，使有相同兴趣的人员有机会相互接收、发送、交流信息，它对电子邮件营销的成败起到了举足轻重的作用。外部列表电子邮件营销的目的则以产品推广、市场调研等内容为主，工作重点在于列表的选择和邮件内容设计、营销效果跟踪分析和改进等方面。内部列表的用户主要为现有客户、注册会员和邮件列表注册用户等。其主要职能在于增进客户关系、提供客户服务、提升企业品牌形象等，而它的任务重在邮件列表系统、邮件内容建设和用户资源积累。

3. 虚拟社区

虚拟社区又称在线社区（Online Community）或电子社区（Electronic Community），作为社区在虚拟世界的对应物，虚拟社区为有着相同爱好、经历或者专业相近、业务相关的网络用户提供了一个聚会的场所，方便他们相互交流和分享经验。

从营销的角度，可以把虚拟社区粗略地理解为在网上围绕着一个大家共同感兴趣的话题互相交流的人群，这些人对社区有认同感并在参加社区活动时有一定的感情投入。

BBS 的英文全称是 Bulletin Board System，翻译为中文就是"电子公告板"。BBS 最早是用来公布股市价格等信息的，当时 BBS 连文件传输的功能都没有，而且只能在苹果计算机上运行。近些年来，由于爱好者们的努力，BBS 的功能得到了很大的扩充。

通俗地说，BBS 就是用电子手段实现的"黑板"或"白板"，用于刊登各类信息。就像校园门口的"通知栏"、工厂门口的"公告栏"等，只不过现在将这些栏目用电子化的手段实现了。

论坛就是分成若干个主题的 BBS，在论坛中大家可以发布信息，进行讨论、聊天等。目前，论坛的形式一般是某个人就一个问题发一个主帖，其他人纷纷就这个主帖进行回帖，论发表自己的观点。

博客是由英文 Blog 音译而来的，而博客（Blogger）就是写 Blog 的人。本来人们到论坛上来是就某个感兴趣的话题（主题）来进行交流的，但是有一部分人频繁发帖且帖子的观点得到较多人的认同，于是慢慢演变为网民对某个人发的帖子（观点）特别感兴趣，上网的目的是对某个人的帖子进行交流和评论。于是以某个人为对象开设一个论坛栏目，就叫作博客。

随着开博的快速扩张，它的目的与最初的浏览网页心得已相去甚远。目前，网络上数以千计的博主发表和张贴 Blog 的目的有很大的差异。相当一批网民利用博客这个工具宣传自己的品牌或产品，做一些软性广告，所以博客在虚拟社区营销中是很重要的手段。

由于沟通方式比电子邮件、讨论群组更简单和容易，Blog 已成为家庭、公司、部门和团队之间越来越盛行的沟通工具，因为它也逐渐被应用在企业内部网络（Intranet）中。

虚拟社区有多种分类方法，通常分为以下四类：

◆ 交易社区。这类社区主要由买家、卖家和中介商构成，社区的主要目的就是提供买卖双方的信息，为会员间的交易提供便利条件。例如，阿里巴巴（www.alibaba.Com）和慧聪（www.hc360.com）就是一个综合类的 B2B 交易社区。

◆ 兴趣社区。社区由具有相同兴趣的一群人组成，例如，http://www. Garden.com/就是一个以兴趣社区为特色的网站，社区聚集了一批园艺爱好者，他们通过聊天室、讨论区交流园艺方面的技巧和经验。

◆ 关系社区。这类社区的凝聚力来自成员们共有的生活经历，这也包括一些专业人士组成的社区，如病友社区、老年人社区、女性社区、家长社区等。

◆ 幻想社区。这类社区的成员共同营造了一个幻想中的世界，成员们经常参与角色扮演游戏并彼此交流心得体会。这类社区一般都是以游戏软件作为工具，以边玩游戏边交流的形式进行。

在这四类社区中，前三种虚拟社区对网络营销能起到重要的作用。

4. 网上广告

网上广告是指在Internet上发布、传播的广告，它是Internet兴起以来广告业务在计算机领域的新拓展。当前，Internet已成为继电视、广播、报纸、杂志传统传播媒体的又一大传播媒体。在Internet上发布、传播广告孕育着无限的商业机会。

广告是产品厂家营销策略和宣传的重要手段，它有着固定的内容与精确的时间程序，是针对一般大众的宣传方式，是商家或厂家对产品的宣传。但是，在电子商务环境下，商业广告信息显现出一种全新的模式，即由于网络技术的广泛应用，将传统的广告内容演变成为对网址的宣传，广告形式也成为双向式的分类广告形式。对于上网浏览者而言，广告更是一种多媒体技术与虚拟技术，广告的创意也走向艺术与科技的结合。因此，网上广告与传统的在电视、广播、报纸、杂志上发布广告相比会有较多的不同之处。

网上广告具有如下特点：

（1）交互性。网上广告具有的交互性是传统媒体所没有的，也是最大的优势。它可以使访问者在访问广告的站点时，在线提交表单或发送电子邮件，而广告主体在很短的时间内收到信息，并根据客户的要求和建议做出相关的反馈。

（2）非强迫性。传统媒体发布广告时，广告受众被动接收广告信息，几乎没有选择的权利，而网上广告使受众有了主动选择的权利。受众可以对网上广告进行浏览、反复阅读、下载保存等多种选择。

（3）实时性。广告发布者可以随时根据需要对网上广告进行更新改动，或增减内容，或更改价格，而传统广告媒体很难做到这一点。

（4）经济性。网上广告与其他广告媒体相比投入低廉，由于这一特性，使网上广告具有极强的经济性。

（5）易统计性。由于使用Internet技术，使广告发布、传播者可以通过软件获得访问者的详细记录，得到准确的有关受众的信息。

（6）广泛性。网上广告传播范围几乎不受限制，世界各地的人均可作为受众。另外，网上广告承载的信息量可以非常大，是传统广告媒体无法相比的。

网上广告凭借着强大优势，与传统的广告媒体共存，目前已经成为广告的又一大形式。虽然，目前来说网上广告未成为最重要的广告形式，但其快速以及瞄准特定的消费群体优势已明显地表现出来。特别是对教育程度和收入较高的人，今后会更多地在Internet上浏览广告，接收新的信息。随着科学技术的进步，网上广告的效益也会越来越容易衡量，这对网络营销与投资决策都会产生很大的影响。

网上广告的发布有多种方式，如何选择一种行之有效的广告发布形式，以取得最佳的效益，需要对网上广告的发布方式及其特点有所了解。

6.2.2 营销方案实施

1. 搜索引擎营销

1）搜索引擎登录（以百度为例）

登录百度（www.baidu.com），找到网站登录页面，如图6-2-1所示，可以在线申请百度的推广服务。

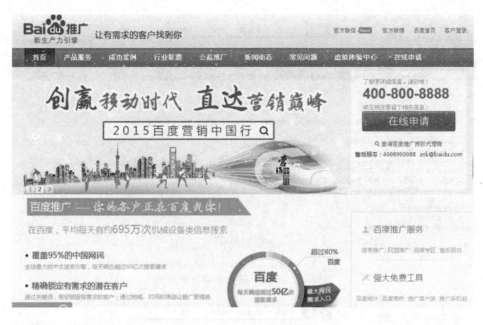

图 6-2-1　百度搜索页面

2）注册黄页和企业名录（以中国企业网为例）

（1）打开中国企业网（http：//www.cnincs.com/），如图 6-2-2 所示。

图 6-2-2　中国企业网主页

（2）阅读相关内容，出现会员服务条款，如图 6-2-3 所示。

（3）在认真阅读服务条款后，如果接受服务条款就进入注册资料填写页面，完成后提交，如图 6-2-4 所示。

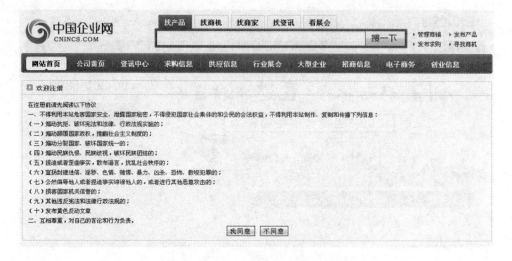

图6-2-3 中国企业网注册须知

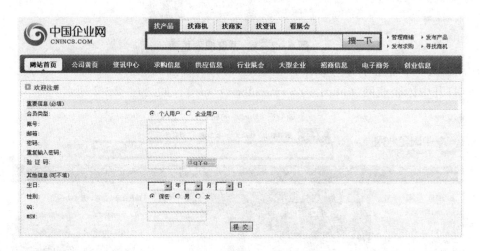

图6-2-4 中国企业网注册页面

3)网站测评(Alexa)

Alexa是世界著名的第三方测评机构,主要的工作就是基于遍及全球电脑用户桌面的工具条返回的信息,对全球网民的浏览习惯进行监测,并开发和销售各种相关产品。其中,有最长达10万个网址的全球网站排行榜,有针对某些特定行业网站的排行分析,有针对个别网站定制的网站流量监测报告。Alexa还提供了很多免费的基本信息,比如"全球网站500强",还有"简体中文网站100强",网民们可以在Alexa上单独查看关于某个网站的排名历史变化图,甚至还能同时对最多5个网站的流量及排名等数据进行直观的横向对比。

(1)开Alexa主页,如图6-2-5所示。

(2)在图6-2-5的搜索框内输入www.baidu.com,然后单击Web Search就能得到关于百度的相关数据,如图6-2-6所示。

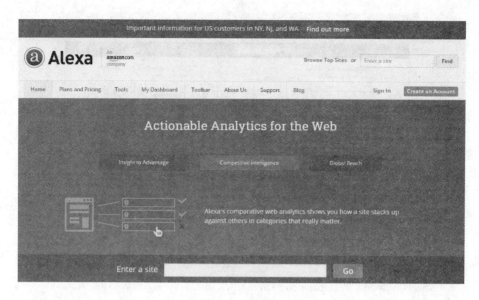

图 6-2-5　Alexa 主页

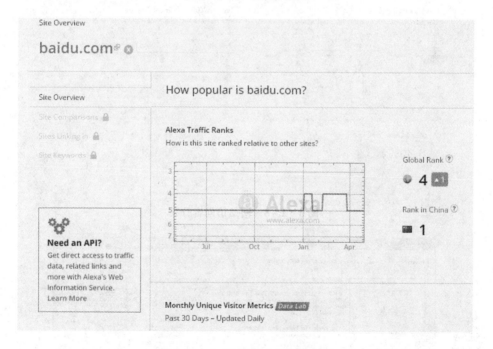

图 6-2-6　关于网站的流量数据

（3）继续浏览可以看到关于百度的一些更详细的信息，如网站访问者人数对比、网站访问者分布等。如图 6-2-7 和图 6-2-8 所示。

图 6-2-9 所示为百度和 Google 在流量方面的一个比较，可以同时提供对最多 5 个网站的流量及排名等数据进行直观的横向对比。

2. 电子邮件营销

1）基于 Web 的电子邮件

（1）电子信箱的配置，比如个人签名档、显示设置等（如图 6-2-10 所示）。

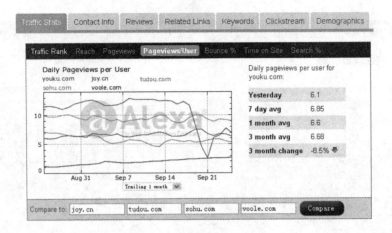

图 6-2-7 访问者人数对比

图 6-2-8 网站访问者分布

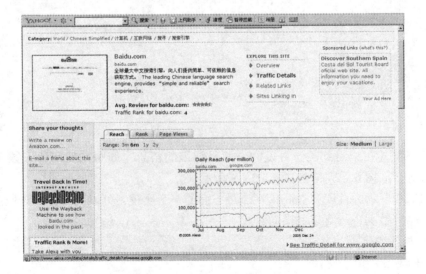

图 6-2-9 网站流量对比

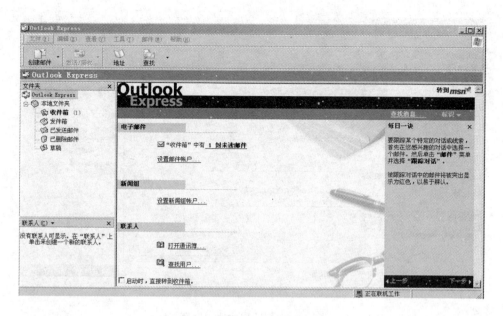

图 6-2-10　电子信箱界面图

2）OutLook Express 电子邮件管理

（1）OutLook Express 的配置：单击菜单栏工具→账户，如图 6-2-11 所示。

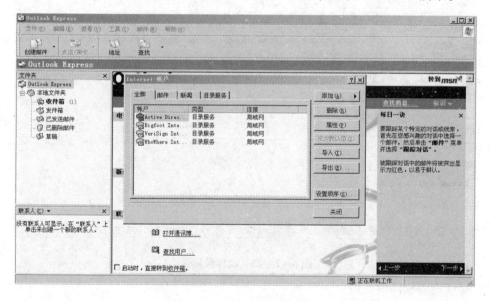

图 6-2-11　电子信箱设置

选择邮件→添加→邮件，如图 6-2-12 所示。接下来填写姓名（可以任意），当发送电子邮件时，姓名将出现在外发邮件的"发件人"字段中；电子邮件地址用于他人向你发送电子邮件时用。在完成这两步后，单击"下一步"按钮，根据提示输入接收邮件服务器和发送邮件服务器，然后单击"下一步"按钮，即可完成账户的添加。

（2）邮件的管理：如图 6-2-13 所示，当同时与很多客户有邮件来往时，我们可以给每一个客户新建一个文件夹，用来存放与其来往的所有邮件。

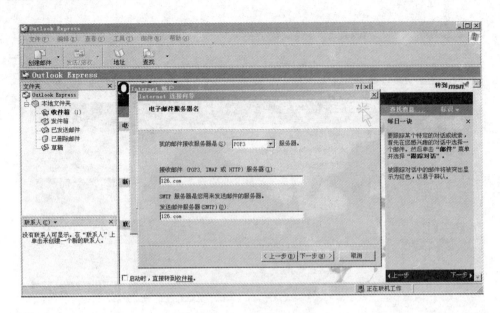

图 6-2-12 电子信箱设置

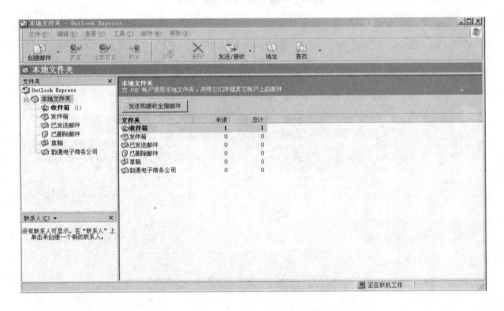

图 6-2-13 收件箱设置

3）邮址搜索软件的使用

（1）安装"邮址搜索专家"，图 6-2-14 所示为"邮址搜索专家"的界面。

（2）打开"邮址搜索专家"软件工具栏中的"新建任务"，弹出"输入邮件搜索关键字"窗口，如图 6-2-15 所示。在左边的框里输入你想搜索的关键字，如"计算机"（如只想搜集北京的客户，可加上"北京"）；在右边的框里输入不想搜索的关键字，如"教育"、"新闻"。关键词的输入格式为一个单词一行，如图 6-2-15 所示。

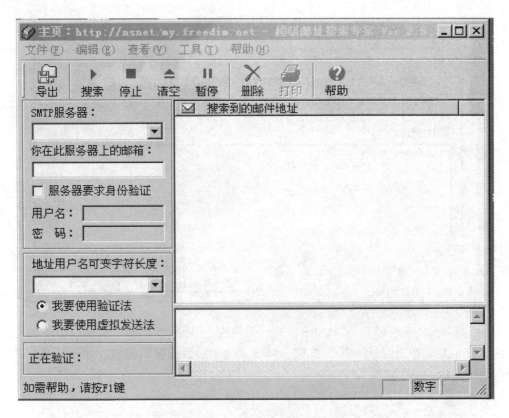

图 6-2-14 "邮址搜索专家"的界面

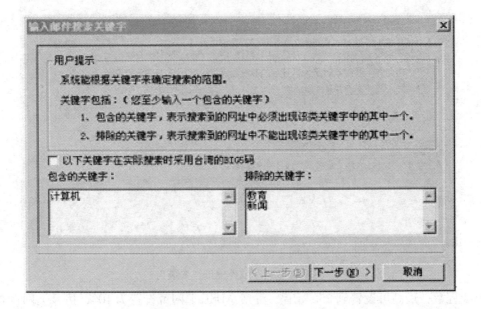

图 6-2-15 邮件地址搜索软件使用

（3）完成后，单击"下一步"按钮，弹出"目标网址设置"窗口，如图6-2-16所示。填写排除的网址，可使你的目标客户更加有针对性。如"http：//www.tongke.net"，其输入格式为一个网址一行。

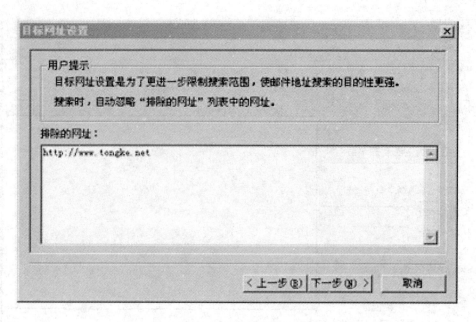

图6-2-16 邮件地址搜索设置

（4）完成后，单击"下一步"按钮，弹出"搜索参数设置"窗口，如图6-2-17所示。共分四个小窗口：

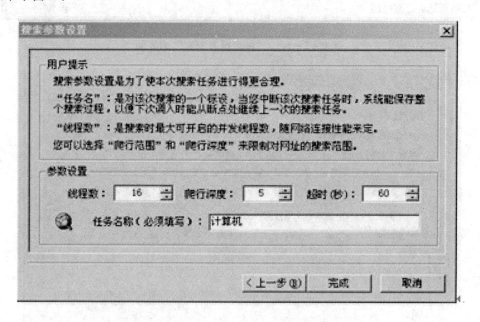

图6-2-17 邮件地址搜索应用

◆ 线程数：最高可设置到256线程，一般ADSL上网可设置为100，拨号上网设置为16或32；

◆ 爬行深度：是指搜索过程中搜索的深入程度，"-1"指无限度搜索，"0"为当前页搜索，"1"为当前页及深入一页搜索，余下类推；

◆ 超时：指搜索某个网页的时间，超过设置时间则越过该网页；

◆ 任务名称：如填写"计算机"以后即可保存或打开该任务。

（5）以上操作完成后，单击"完成"按钮，软件版面将切换到"搜索引擎"界面，你可按照你的需求选择搜索的网站，如选"中华网"、"悠游搜索"等，单击"工具栏"中的"开始搜索"按钮即可进行您的新的网上商旅。

4）邮件群发专家的使用

（1）安装"邮件群发专家"，打开的界面如图 6-2-18 所示，从图中我们可以看到软件包括以下模块：新建邮件、编辑邮件、邮件列表、发送邮件、帮助注册。

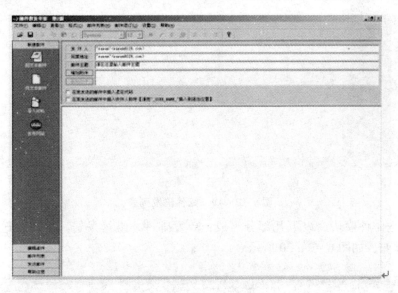

图 6-2-18　邮件群发专家软件界面

◆ 该软件支持多种格式的电子邮件文档。超文本格式文档：采用此格式的邮件，支持对文档的字体、大小、颜色以所见即所得的方式编辑、排版处理，支持超链接。纯文本格式文档：此格式的邮件是最原始的文本格式邮件，其优点是文件容量小。

◆ 导入外部 HTML 文档：此格式的文档的数据直接来自外部的 HTML 文件，能自动处理原文档中的背景图、各种插图。若你已熟悉某种 HTML 编辑器，则可方便地利用该功能来发送复杂的 HTML 文档。

◆ 发布网站：此格式的邮件是在文档中直接插入你想发布的网站的主页（其他某一页）的一个超链接，收件人收到该邮件后，自动浏览你指定的这一页。因这种格式的邮件内容只是一个链接标志，故文件的容量极小，便于快速发布；同时，因为具体内容在你的网站上，无论用户在何时收到你的邮件，浏览的便是你当时的最新内容。

（2）邮件主体因邮件格式不同，又有不同的编辑方式，一般对超文本格式和纯文本格式的邮件需编辑。邮件群发专家提供了邮件编辑、邮件预览、设置编码、邮件测试功能。

（3）邮件群发专家提供了管理邮件列表的功能，对同一个邮件列表文件，程序在导入时自动对其进行排序，并处理重复的邮件地址；导入成功后，还可对指定的邮件地址后缀进行删除，以便优化你的邮件列表。其中用户退订的邮件地址列表一般由程序自动处理，你不必介入。邮件列表模块提供了添加邮件列表、删除邮件列表、删除邮件列表后缀、用户退订邮件列表、成功发送的邮件、发送失败的邮件等功能，如图 6-2-19 所示。

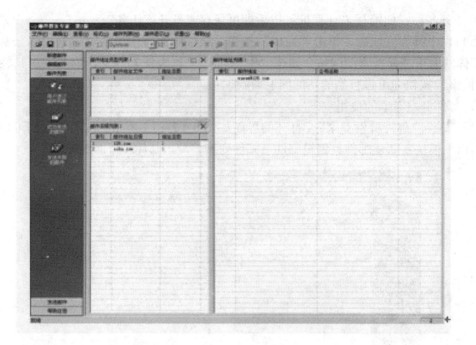

图6-2-19 邮件群发列表

（4）发送邮件模块由以下几部分组成：单发邮件、继续发送、重新发送、暂停发送、IP地址动态改变，如图6-2-20所示。

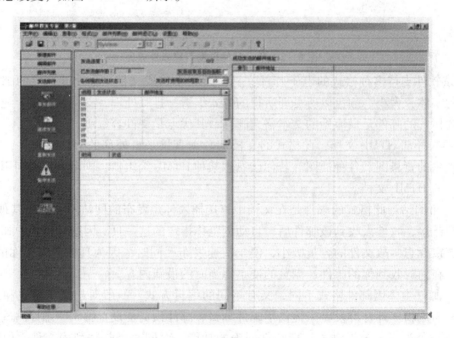

图6-2-20 邮件群发功能

3. 社区营销

1）创建虚拟社区

（1）确定创建社区的目标。

虚拟社区可以实现不同的营销目标,例如,通过社区聚集潜在客户、直接撮合买卖、通过社区做广告或者调查、为现有客户提供技术支持、通过高质量的论坛提升企业形象等。

(2) 确定潜在客户群。

建立社区之前,还需要明确社区的潜在客户是谁,将来的核心成员会是什么人,主要成员和边缘成员又是什么样的人。通过确定潜在客户群,企业实际上也界定了社区的边界。

(3) 确定社区的主题和类型。

在划定了客户群之后,对同一批潜在客户人群,存在着许多个主题选择。企业必须确定潜在用户共同的利益和兴趣是什么。如果用户的共同兴趣有好几个,也可以考虑在社区中设立若干个子讨论区。

(4) 社区的前期推广。

社区建成后必须立即做一些基本的前期推广工作来启动社区,这包括通知企业的员工和已知的用户来加入社区,开始社区的运营。

2) 发展壮大虚拟社区

(1) 向社区提供价值。

社区的组织人应当为社区成员提供真实的价值,例如免费的网页空间、电子邮箱等,还可以用积分换产品和进行拍卖活动等。社区的组织人还要促进客户自我服务,创造价值。

(2) 建立激励机制,形成讨论组的核心。

在各讨论组中,会有85.9%的用户是只浏览信息而从不发表意见的局外人,有10%的人会积极参与,而只有约2%的人会成为社区讨论的核心人物,核心人物在社区中有相当的知名度,他们的帖子的点击量很高,他们对社区相当忠诚,为社区做出贡献时这些人会很有成就感。培养这样一些中坚力量对社区的发展壮大有深远的意义,企业可以考虑以某种形式给这些人一定的回报来表彰其对社区的贡献,例如,给他们赋予更多的管理权限,或者给他们提供一些打折的产品,甚至是直接提供某种奖励或报酬。

(3) 培养社区文化。

好的社区文化会减少社区的冲突以吸引新成员的参与。为培养社区文化,管理者首先要以书面形式对一些基本的行为守则和社交礼仪做出约定;其次通过积极参与有效管理引导社区文化的形成,对不当行为要加以谴责或做出某种惩罚。

(4) 保证社区的稳定和安全。

用户喜欢安全可靠的社区,只有用户觉得一个社区稳定,才会主动把该社区的地址告诉给志趣相投的人。某公司的以商会友论坛是个很不错的商人社区,但有一次服务器发生故障,导致从前存储的数据全部丢失,幸好阿里巴巴在短时间内成功地恢复绝大部分数据,否则后果不堪设想。所以对社区的内容要进行定期的备份。

(5) 组织社区会员见面会。

组织社区成员见面会是增进成员间信任程度、提高社区成员归属感和社区凝聚力的极其有效的方法,一些地理分布广泛的社区常分地区组织社区会员见面会,使彼此邻近的社区会员有真正相识的机会。比如婚姻交友类的网站组织会员的见面会大大提高配对的成功率。

4. 网络广告

1) 文字广告交换和图片广告交换

(1) 登录互联网广告联盟(http://www.addlm.com/cpa.php),了解文字广告交换,

如图 6-2-21 所示。

图 6-2-21 网络广告交易平台

（2）登录 BPATH 标牌广告交换网（http://www.bpath.com），了解标牌广告交换，如图 6-2-22 所示。

图 6-2-22 BPATH 标牌广告交换网

2）应用 iAdTracker 分析广告效果

iAdTracker 是由上海艾瑞市场咨询有限公司（Shanghai Research Co., Ltd.）自主开发的网络广告在线查询系统软件，用户下载安装在电脑上并连接到网上数据库运行。iADTracker

数据库中所有的数据收集是通过人工浏览固定网站频道和网页页面,以及通过网络机器人进行固定网站页面文件抓取,获得该网站上最新出现的商业网络广告形式,并以科学的分类方法输入数据库中。请打开艾瑞市场咨询网站(www.iresearch.com.cn)下载该软件的演示文件,了解该软件的功能及其对网络广告策略制定的意义。图 6-2-23 所示为软件的主界面。

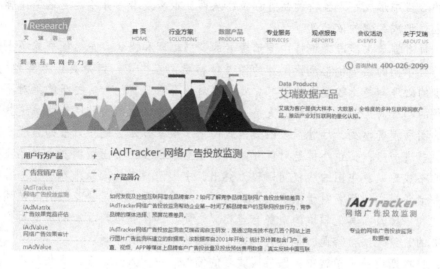

图 6-2-23 艾瑞广告监测软件介绍

任务 6.3 案例阅读

6.3.1 案例一

贝塔斯曼缘何兵败中国

2008 年 6 月 13 日,全球著名的图书连锁巨头贝塔斯曼集团宣布停止中国范围内的 36 家贝塔斯曼书友会的连锁书店业务,21 世纪图书连锁在全国 18 个城市中的 36 家书店陆续于 7 月 31 日之前关闭。这个 1995 年就进入中国的世界传媒巨头,曾一度成为国内诸多图书连锁商以及当当网等网络书店的学习榜样,其商业模式也曾经被神化。但是如今却不得不在中国面临败走麦城的尴尬。

2006,位于文三路的杭州唯一一家贝塔斯曼书店已关门大吉,这意味着曾经一度辉煌的"洋书店"贝塔斯曼书店挥别了杭城。

仔细分析贝塔斯曼的失败原因,可以归结为以下几点:

第一，贝塔斯曼没有明确的品牌定位和诉求。贝塔斯曼尽管在中国算得上图书零售领域的一个知名品牌，但是在品牌上却一直不够清晰，比如新华书店是权威、具有渠道网络优势等，当当和卓越亚马逊是网上书店的代名词，贝塔斯曼是什么呢？是让消费者可以博览天下好书，还是让天下爱书者都聚集起来？或者是弘扬文化，传播文化精神？贝塔斯曼一直没有在消费者的心目中形成一个独特的品牌占位，从而让很多爱书者并不能将这个品牌和书联系到一起，很难形成品牌的依赖度。

第二，贝塔斯曼未能准确把握中国消费者的购书心理和模式。虽然图书算不上什么昂贵的产品，而且中国的图书价格远比国外的图书价格要便宜很多，但是真正落实到购买图书，中国消费者的心理却是比较复杂的。有免费的绝对不会看收费的，有打折的绝对不会买原价的，有盗版的尽管对正版有着积极的支持，但是很多消费者依然会购买盗版，这些现象称为中国特色的图书消费模式，尽管很多图书出版商想了很多方法去制止好书的盗版，但是却发现只要正版书进书店，街边小摊绝对就开始有，以至于很多图书出版商甚至自己盗版。由于图书市场的不成熟以及中国的版权问题较为突出，中国消费者长期以来养成了一种较为精明计算的图书消费模式，毕竟对于很多人来说，图书尽管不贵，但是要花钱的时候还是要计算一番的，这和中国人在其他领域的消费有着相似之处，这使贝塔斯曼所制定的类似一个季度购买一本书的政策无法行得通，也大大高估了预期的图书消费市场。

第三，贝塔斯曼并不了解中国图书阅读者的偏好。中国人口众多，文化层次、所处的社会阶层及区域等都影响着读者的偏好，贝塔斯曼连锁书店的图书种类稀少、不够热门和主流等原因，直接导致很多读者很难在贝塔斯曼寻找到适合自己的图书。这使贝塔斯曼依靠商业连锁的形式很难形成规模化的经营，加上贝塔斯曼的门店都相对面积较小，也导致其经营成本较高。而最重要的是，作为旗下拥有多个出版集团的贝塔斯曼在中国却未能发挥其出版的优势，在中国的出版市场中有所作为，使其直接沦为了下游的图书零售渠道，在国内市场很难与本土化的连锁书店和网络书店竞争。

第四，贝塔斯曼忽视了网络的价值。贝塔斯曼的失败也让我们看到了另外的一个图书零售业态的成功，那就是当当网和卓越亚马逊这样的网络图书销售公司，通过网络的虚拟经营，减少对于门店经营的成本，依靠在线的订单及快捷的物流体系来减少库存，并利用渠道的虚拟化规模优势取得和图书批发商的价格谈判优势，这就是互联网带来的新的商业模式，而网民的增长让网络销售图书迅速崛起，贝塔斯曼却依然在利用其国外的传统模式经营，这不得不说是对于中国的整个新经济市场发展的一个失误。事实上，贝塔斯曼的书友会本身是一个非常好的经营模式，这种模式如果被放大到互联网上将可能带来成倍的效应，贝塔斯曼只要将类似豆瓣网这样的模式和当当模式结合，将可以聚集更多阅读者，而这些数据库将通过不断的积累放大出更多的价值，遗憾的是这个商机贝塔斯曼显然没有看到。

第五，物流体系的快速反应没有发挥出来。随着网络的兴起以及人们生活节奏的加快，去书店买书对很多喜欢读书的消费者而言已经成为比较"奢侈"的行为，而贝塔斯曼的书友会以及地面连锁店显然都不是能够最节省消费者时间的渠道销售模式，其目录营销更是很难得到消费者的认可，原因在于消费者希望能够尽快得到图书，而不是等待，这需要较高的物流递送的效率，但是在中国这个物流体系的建设相对比较困难，就是类似当当这样的网络图书销售商在物流配送上都是一个问题，而且图书的单次购买价格较低，导致物流的成本较高，这也制约了贝塔斯曼的发展。

总的来说，贝塔斯曼的失败更多还是对于中国本土市场的了解不够造成的，这同样说明，国外成熟的商业模式在中国必须进行改良，就好像当当显然看起来做得比卓越亚马逊出色一样，对中国本土消费心理和消费文化深入洞察，并在此基础上修订适合中国本土的商业模式，才是类似贝塔斯曼这样的全球行业领先公司在中国的明智经营之道。

6.3.2 案例二

蜜芽宝贝如何3年从淘宝小店做到上亿

如果你是一个新妈妈，你一定知道"花王"这个名字。这两个字几乎代表了婴儿尿不湿里的"最高"品质和"最高"价格。刘楠，现在身家上亿元的女企业家，起家靠的就是卖花王。

这个北大毕业的外企高管妈妈，从只卖花王的淘宝小店做起，一路攀升到四星皇冠，再到组建创业团队，完成重度垂直的母婴电商网站建设，用了仅仅3年时间。

蜜芽宝贝创始人兼CEO刘楠告诉黑马哥，她的团队刚刚完成了6 000万美元的C轮融资，由H Capital领投，上轮投资人红杉资本和真格基金继续跟投。此次融资距离7月的B轮2 000万美元的融资不到半年。

角色的转变与初试淘宝

从小学到大学，我都是网上流传的父母眼中的"别人家的孩子"，品学兼优，学霸类型。2002年，以我们省第三名的成绩考入北大，因为我一直都很欣赏"铁肩担道义，妙手著文章"这句话，所以学的是新闻专业。后来2006年被保送读研究生，在读研的过程中，我渐渐发现，做新闻是没法真正担道义的，只是评道义，说道义。而我想成为那个真正"担道义"的人。

毕业后，我想了解实业是怎么赚钱的，于是留在了陶氏化学，做的是业务拓展工作，偏向于政府方向。做了两年，基本上知道各个板块怎么运作了，但是这个真的不是我擅长的，相反是我的短板，我倾向于跳跃的、消费的、市场的，不擅长针对一个组织机构。于是我就出来了。

恰巧这时候怀孕了，我就在家待产。此时原来的学霸基因又开始作祟，我当时非常焦虑，因为迎接一个新生命，要准备的东西太多了。我就开始在Excel上列清单，并开始研究那些东西。因为国产的东西质量那几年闹得人心惶惶，我只看用英文描述的东西。那时候在QQ群上有一群准妈咪和妈咪天天聊这些东西，我就把我研究出来的东西分享给她们。

从怀孕到宝宝9个月，我每天都研究这些，最后其他妈咪们都很信任我。当时大家都买一款花王纸尿裤，觉得水特别深。2011年花王才进入中国市场，之前大部分都是水货和贸易货。我就觉得一款纸尿裤能有多神秘，正好朋友中有花王的高管，可以给我供货，出于兴趣和让更多人用到好的纸尿裤的意愿，我就在淘宝上开了个店，只卖5款不同型号的花王纸尿裤，因为没打算做成生意。但是一天时间，我卖了18万元，并且还常常卖断货，这让我不得不开始拓展其他品牌。这样，蜜芽宝贝凭借进口母婴产品在两年内变成4皇冠店铺。

在这里我要提一句，我的新闻专业出身给了我很大的帮助。因为我知道怎样与消费者沟通才是最高效、最合宜的。

第一，要卖真品，这是整个生意的核心，不需要赘述。

第二，要说实话，不需要夸得天花乱坠，而是要用数据证明，世界上没有完美的产品，要从综合指标进行考量选出最好的。

第三，要持续和消费者进行沟通，将消费者培养成自己的粉丝。

徐小平主动投资，经过3个月纠结后决定将兴趣做成事业

2013年6月，徐小平老师打算给我投资，但是这件事情让我纠结了3个月。因为之前我做淘宝只是把它当成一个兴趣，而不是事业。如果我接受了小平老师的钱，我必须全面调整自己，从全职妈妈变成一个要到不分性别的战场上去拼杀的创业者。

这件事情我考虑了三四个月，首先考虑自己是否能承担起那份牺牲和压力，因为创业就意味着不能balance家庭和事业。其次是否想把自己感兴趣的事情做成事业。

最终让我决定接受投资有以下几点原因：

首先，我相信这个市场。母婴市场足够大，并且发展还很不充分。我在这里面有机会做到前面的位置。尤其是在中国母婴市场一片混乱，很多妈妈为购买婴儿用品焦虑的状态下，我希望能做一点事情。

其次，我对这个行业太了解了，之前在淘宝的经验，一个集装箱50万元的货物，蜜芽宝贝可以做到一个小时就抢购完毕。因为，用户无非就是想买一些放心的、价格优惠一些的产品。

再次，我熟稔整个流程和供应关系。开淘宝店的时候我就经常以淘宝店主的身份去世界各地参加产品大会，对这个品牌和对应的产品、操作方式非常熟悉。

掌握着如此多的优势，并且自身对这个项目非常感兴趣，我决定接受徐小平老师的投资，并且又拉上了华兴、险峰这两家曾为聚美优品投资的企业共同作为蜜芽宝贝的A轮融资的投资人。

蜜芽宝贝的三个里程碑

第一个里程碑，从5款花王纸尿裤到2年后拥有4个皇冠的淘宝店。这阶段，我主要是根据自己的兴趣和优势，以一种轻松的心态去参与这件事情。

第二个里程碑，经过深思熟虑，我决定拿投资人的钱，将兴趣做成事业。我开始广招人才，努力打造一支正规军，开始踏上创业征途。

我个人的体验是，找人才比找钱还要难，自从肩负起一个企业，我60%的精力都花在寻找人才方面。对于管理人才，我从毫无经验到今天管理百人公司也总结出一些心得，供大家参考。

第一，初创团队一定要灵活，偏重执行，强调结果，而不要有那么明确的层级或者很森严的组织架构，没有必要。

第二，年轻人的团队，大家基本上没有什么不好说的。蜜芽宝贝的员工大部分是85后，所有的事情都可以拿到台面上说。

第三，大胆启用更年轻的人、新人，高层要舍得放权。

蜜芽宝贝的第三个里程碑，我觉得，当一个中国的妈妈怀孕了，她不再感到焦虑，知道去哪买放心好用的产品。甚至是她怀孕的时候，她的第一反应是终于能去蜜芽上买东西了。第三个里程碑看似遥远，但是我认为坚持以下三点就会很快实现：坚持卖真货、坚持卖好货、坚持说真话。

2014年3月，以"精品+正品+限时特卖"模式的蜜芽宝贝网站正式上线，直接切入中高端母婴人群，上线当月GMV过千万，随即成为资本市场关注的焦点。上线短短8个月已拥有百万级用户，10月的GMV超过1亿元人民币，移动端销售占比75%，并一直保持高客单价和高复购率。

刘楠表示："跨境进口只是一种供应链模式，并不是商业模式。商业模式的核心是抓住中高端垂直人群的需求，蜜芽宝贝的快速发展，实际伴随了中国中产阶级家庭消费升级这一过程。"

此外，目前垂直母婴电商炙手可热，跨境电商风起云涌，凭借精准的人群定位，蜜芽宝贝得到了双重风口的助力。"境外供应链整合+移动端+社会化"是蜜芽宝贝区别于其他竞争者的重要优势。

刘楠表示："本轮融资6 000万美金，将会用于全球供应链的升级，以及加强用户体验，扎实地搭建蜜芽宝贝的护城河。目前市场过热，资本寒冬不会太远。不打嘴仗，修炼内功，实实在在地创造用户价值，是蜜芽宝贝的价值取向。"

尽管电商巨头频频强攻，但整个母婴市场依旧由线下渠道把持，不过在业内看来，电商线上渠道的红利期才刚刚开始。

（案例来源：i黑马，文/刘惜墨）

6.3.3 案例三

爱样品，免费样品背后的营销逻辑

几个月前悄然在北京亮相的爱样品网，是一家为消费者提供样品免费线下领取的网站。通过网站搭建的平台，线下商家每月缴纳5 000元入驻，通过自主发布免费样品进行营销。而用户只需通过手机认证后，便可进入线下门店领取或体验。

爱样品网创始人马向东告诉《天下网商》记者：目前，爱样品网并未在样品类目上进行特别的限制，因此，从食品、美妆、服饰到服务，爱样品都有涉及。

无论是对于传统商业，还是电子商务，获取一个有效消费者的成本都不算低，马向东粗粗算过，这个平均数字是100多元。或许正因为如此，线上发布样品，线下体验或领取试用的模式早已有之。

而即便是这一看起来并不新鲜的领域，也已经出现了多种细分的模式：第一种最常见的当属品牌自己在微博或网站上做活动进行营销的方式，这种方式无须广告费用，且没有时间排期，灵活度较高，缺点是曝光度小，依托的仍然是忠实粉丝，难以有效波及新用户。第二种则是由一些知名门户或SNS网站发起的样品试用写点评活动，例如早些年兴起的网易抢宝活动，由于门户网站拥有大量用户，通过一定的投放设置易于形成精准传播。但这种方式投放成本较高，且大公司往往拥有强势话语权，并不乐意将后台开放给品牌商，品牌商也难以根据自己的意愿来有效控制活动进程；而在此之前兴起的一些新兴模式，诸如Myluxbox类型的按月订购，尽管美其名曰样品推广，但沿袭的仍然是高买低卖的路子，由公司提前跟供应商联系好货源，自主策划推广，品牌商的控制力度就更弱了。

模式上更接近导购网站

从模式来看,爱样品最接近的或许要数美丽说、蘑菇街这一类淘宝客和导购网站。

从一开始,马向东就做好了只做平台、只提供免费样品的准备。但与蘑菇街略有不同,在马向东看来,导购网站提供的是从线上到线上的服务,消费者看不到商品,只能依托图片和文字描述去识别商品的好坏,仍然是一种不落地的服务,而爱样品要做的便是提供落地服务,通过形成从线上到线下的闭环,向上游说服商家,从下游给予消费者眼见为实的质量保证。

马向东将爱样品定义为一个体验营销平台:通过爱样品网为线下实体店带去消费者,品牌商不但能通过爱样品的开放后台实实在在地获取用户的账号、性别、手机号码等精确信息,还能对实地来取货的消费者完成进一步的促销和导购。

成立仅两个月,根据爱样品自述的数据,目前他们已经拥有3万用户,日活跃用户则达到2 000人,入驻商家50家。而在未来,除了发布和管理样品的功能以外,爱样品还将为商家提供积分商城、团购、消费者忠诚度管理等配套服务,帮助企业进行整合营销。

以人为媒体拓展新用户

如果仅从模式上来看,作为一家初创公司的爱样品,既无用户数据的积累,又缺少营销效果的数据支持来说服商家,要推广存在较大困难。

但与大多数人想得不同,在4A公司工作多年的马向东并未在推广爱样品网站上花费过多精力,相反,他告诉《天下网商》记者,上线至今,爱样品几乎从未在营销推广上花费预算。

或许得益于马向东在广告业界的多年积累,爱样品目前只通过微博、SNS等社会化营销工具推广自身,入驻的50多个商家也多半来自于品牌的主动合作,而非爱样品的商务拓展。

为了保证商户能通过样品的发放不断获取新用户,爱样品规定,每个用户每天只能免费领取两个样品,而同一品牌的样品一个手机号只准领取一次。倘若用户想领取第二次,便必须通过积分、微博转发等方式完成一定量的传播门槛。这样一来,从理论上说,用户就能通过自己的社会关系,以自媒体的方式帮助爱样品进行传播。

人性营销完成导购增量

做过销售、蹲过门店,让马向东深谙消费者心理,在线下,他通过部署一套人性营销机制来为商家完成导购增量。

目前,爱样品网通过为商家提供销售培训来完成营销上的增量服务。在马向东看来,中国人有两面性:一方面是习惯性地占小便宜,什么东西都乐意先试试再买,这就是爱样品通过网上为线下导流的可能性所在;另一方面,天性中爱面子的习性又让这部分用户在领取试用品之后不好意思一走了之,难免留下来听一听看一看,由于面对线下导购,不可能像线上那样直接通过后台成交,面对面的交流让线下商家销售增量成为可能。

举例来说,传统美妆类的销售人员往往习惯于对进店的消费者相貌大肆吹捧,然而,在马向东看来,这套营销方式对新生代的"85后"和"90后"却往往适得其反,只能徒增对方的厌恶。而在餐饮行业,马向东分析过,"90后"年龄层的人群往往更乐意炫耀,讨厌导购人员在省钱方面的建议,但是"70后"人群却更乐意接受商家所推荐的菜。

所谓的营销其实最终就是营销人性,而不同年龄、不同品类、不同情境的消费者心理存在着相当大的不同。正是基于对线下消费者心理的熟谙,爱样品的运营商们会定期根据消费人群给予入驻商家不同方式的导购建议,在马向东看来,这才是爱样品所具备的核心竞争力。

（案例来源：天下网商,文/陆嘉宁）

本项目教学建议

1. 教学要求

通过本项目的学习与实训,要求学生能够使用各种网上信息收集工具收集市场信息,并进行网络市场的分析,选择网络目标市场,进而进行合理定位。了解典型的电子商务网站运营情况,加深对网络营销产品策略的理解,熟悉常用的网络营销定价策略。加深理解网络营销过程中客户服务的重要意义,掌握网络营销客户服务的主要工具和手段。加深对网络品牌的理解,能够用相关知识分析网络品牌案例。

2. 教学重点

市场定位、营销方案设计、价格策略、搜索引擎营销、许可电子邮件营销。

3. 教学难点

营销方案设计、搜索引擎营销实务、许可邮件营销实务。

项目七
网络店铺开设

引导案例

卡卡珠宝：代课女教师的珠宝生意

从河南小山村的一位小学教师，到深圳市公立学校的代课教师，再到原创珠宝品牌卡卡珠宝的创始人，十余年时间，娄利丹完成了三次大的人生转折和无数次局部的自我蜕变。她的故事被收录在《深圳梦——100个深圳人的成长史》一书中。

从论坛起步，在近8年的创业过程中，娄利丹以高性价比、个性化定制及有温度的售后为卡卡珠宝编织了一张巨大的口碑网，并在社会化网络营销成为主流的当下迎来爆发式增长。从线上到线下，经历短暂的快速扩张之后，她又迅速拉回战线，全面转型线上。

在这个不断变化的创业过程中，娄利丹以女人的直觉和智慧将自己放在那个恰到好处的位置，无论在事业还是家庭中。

一场缘于爱情的创业

这是一次与爱情有关的创业。娄利丹告诉《天下网商》记者，2006年，她收获了自己的爱情。先生是她初中时的同班同学。因为爱情，先生来到了她所在的城市，在一家公司从事战略咨询工作。

娄利丹和其先生都来自河南。1999年师范毕业后，她被分配到河南一个偏远的山村教书。但是，她的弟弟因病离世给全家人带来很大的打击。她之所以辞职来到深圳，就是想帮助家人摆脱贫穷的生活状况。因此,她格外珍惜在深圳获得的这份教师职业。

但是,作为闯荡深圳的异乡人,两人当时的收入均不高。除了必要的生活开支外,还要帮助老家的父母承担部分债务。为了省钱,娄利丹在朋友介绍的一家珠宝加工厂选了一枚小钻戒作为婚戒。而正是这枚象征爱情的钻戒为她之后的创业打开了一扇门。

"买完戒指后,我们特意跑到商场去对比,却被专柜的价格吓了一跳。"娄利丹说,相同的产品,商场的标价是它的好几倍。为了验证自己买的是否是正品,他们还花了150元去做了珠宝鉴定。

从工厂到消费者,中间存在巨大的信息差和价格差。商业嗅觉敏锐的娄利丹看到了其中的商机。在她怀孕的假期中,她尝试组织论坛网友进行团购。

可以说,论坛是娄利丹最初的创业阵地,也是她的练兵场。

和很多奋斗在异乡的年轻人一样,娄利丹也喜欢在本地论坛上吐露心声,寻找归属感。深圳房产网的"鸡毛蒜皮"版块便是她最常去的,她的网名叫"老王的媳妇"。"那个时候刚嫁给老王,对他的那个爱啊",说起自己的网名,她笑得收不住。河南妹子的那股子爽朗劲儿在她的笑声中展现得淋漓尽致。正是这种毫不掩饰的热情使她迅速成为论坛红人,并结交了很多朋友。

"生意不在人情在。"这是娄利丹常挂在嘴边的生意经,也是"论坛模式"下的生存之道。彼时,"社会化媒体营销论"不像现在这么火,但她也实实在在享受到了社交红利。她的业务模式很简单,赚的是工厂给的返利,重点是要解决前端的用户信任问题。而她真诚、实在的个性为其业务慢慢编织起了一张口碑网。"一开始,我陪着一个个客户到检测机构检测,尽量满足他们的个性化需求。"

事实上,这并不算是真正意义上的创业,带有一定的玩票性质。这种既能利用假期赚点外快又能结交朋友的方式让娄利丹感觉很快乐、很充实,她依旧是一名有职业梦想的教师。随着假期的结束,她的工作重心回到课堂,但是另一边,滚雪球式的口碑效应的持续爆发为她带来了大量新用户,并且用户需求呈现个性化、多元化。"玩票"模式明显不可持续了。

弊端开始显现,选择题摆在了面前。

一次和责任有关的妥协

是继续兼职,还是索性辞职?娄利丹陷入痛苦的纠结。一面是对用户的责任,一面是对学生的责任;一面是教育理想,一面是生活现实。从心底里,她热爱教育事业和学生,带的班级表现也很优秀。但是,从商业角度考虑,她必须对产品的售后负责,尤其是当她在课堂上接到一些用户的电话时,内心的矛盾冲突十分强烈。另外,她也需要赚钱来改变老家的生活现状。

如果说,"鱼和熊掌不可兼得"是对自身欲望的一种控制,那么,这种"二者只能选其一"的选择更像是一场赌注。这个过程是纠结、痛苦的,即便是娄利丹这样平日里大大咧咧、干脆利索的女性也犹豫了很久。

"做老师,少了我,还有更多的优秀老师在;做生意,少了我,用户的售后服务就没人做了。而且,我是父母的顶梁柱。"最终,娄利丹用这种直接又现实的方式进行自我说服。另外,她先生也坚决反对她边教学边做生意。"一定程度上,是我老公推了我一把",她笑道。

在娄利丹的先生看来,从小在过家家游戏中就爱扮演小商贩的她天生就是做生意的料。

而他对她的支持毫无保留。在娄利丹的要求下,他也辞职,一同跃身竞争激烈的商海。

当时,用户数量已经破百。为了更好地服务他们,娄利丹成立了个人工作室。业务模式、服务范围以及产品线随之变化。"我们的目标消费群体以1970—1985年出生的女性为主",娄利丹告诉《天下网商》记者,工作室成立后,她不分日夜谈单,业务范围从团购延伸到个人订单,产品线也从裸钻向彩钻、黄金、彩宝快速扩充,名为"卡卡珠宝"的淘宝店铺和名为"卡乐极美"的官方网站正式上线。

"卡卡珠宝这个品牌名是我先生取的,将其打造成有温度的品牌是我们共同的心愿。"娄利丹表示,考虑到成本因素,从论坛起家的卡卡珠宝继续轻资产的发展模式,主攻线上渠道。看似无形的"温度"却是最核心的竞争力,尤其是在线上销售像珠宝这类价值高、体验需求大的产品。

卡卡珠宝的温度一方面来自创始人娄利丹,另一方面体现在产品的售前、售中和售后过程中。事实上,娄利丹热情、开朗的性格为品牌加了不少分。其以"老王的媳妇"这一形象和论坛、网站的用户进行深度互动,"媳妇"成为用户对娄利丹的亲切称呼。

在产品上,卡卡珠宝以高性价比、个性化定制以及负责任的售后打造差异化的竞争力优势。在信息逐渐透明的网络时代,无条件更改、7天退货、免费清洗和加固、以小换大等售后服务将口碑网越织越大,越织越牢。以老客带新客成为卡卡珠宝的特色之一,其淘宝店的重复购买率在同行业中排名靠前。

在这张口碑网的上面是一直活跃的用户,在其下面是逐渐多元化的业务形态。"很多时候,我们是被卡友推着前行的。"娄利丹将在卡卡珠宝消费过的用户称作"卡友"。她说,随着卡卡珠宝和卡友间的互动性增强,卡友逐渐参与到产品的设计、命名中。"很多产品的名称都是卡友们取的,很多流行也都是卡友带起来的。随着社交平台更开放、更多元化发展,卡友间的互动日益增强。"

应该说,这一阶段的卡卡珠宝处在以创始人娄利丹为中心的"个人英雄"时代。在其先生看来,这种模式不利于卡卡珠宝的快速扩张,对娄利丹本人来说也太累。他主张往公司化模式转型。

短暂的扩张之路

"在战略方面,我一直都听我先生的。"每每谈到先生,都能感受到娄利丹言语中的崇拜之情。她告诉《天下网商》记者,先生是她初中时的同班同学,毕业于武汉大学数理经济学专业,是典型的学霸型男生。相比她大大咧咧、嘻嘻哈哈的性格,其先生更加内向、稳重,情感更加细腻。"我们家是反着来的。用我老公的话讲就是,'出风头你去,背黑锅哥来'",她这样幽默地回答了关于角色定位的问题。

当当网联合总裁俞渝曾在一次访问中表示:"夫妻不要一起创业,生活已经挺不容易的了。"她认为,夫妻共同创业有好处更有弊端,容易把工作中的争执带回家,许多压力侵扰着生活。

不过,娄利丹显然是一位足够柔软且智慧的女子。她在独立、自强的事业心与"以夫为天"的传统观念中找到一种动态的平衡,将双方的差异打造为高度的互补状态。

因擅长沟通、协调,娄利丹主要负责前端的用户接待、售后服务,先生则致力于后端系统的构建、完善。但在公司战略方向上,她更倾向于让老公做决定。

2008年,一笔100万元的风险投资改变了卡卡珠宝的发展轨迹。

原来，娄利丹工作室的火爆引起了一位台湾商人的注意。看着这家每天都挤满人的小工作室，这位简姓台湾商人决定去探个究竟。随后，他被娄利丹夫妇的生意态度、商业理念所打动，决定投资100万元给卡卡珠宝用以扩张。

尽管100万元不是一笔巨款，但对当时的卡卡珠宝来说却是锦上添花。卡卡珠宝的服务虽然很有温度，但用户的体验需求依然强烈。显然，开实体店是满足这一需求的最佳方式。

因此，100万元的融资直接推动卡卡珠宝从线上走到线下。2008年11月，卡卡珠宝第一家实体店成立，即位于深圳市深南大道上的"东门店"。

从线上到线下，卡卡珠宝依旧保持高性价比优势。继"东门店"开张后，其他分店陆续落成。这之后，娄利丹的先生主张以"加盟店"的形式快速向全国扩张。卡卡珠宝从以个人为代表的模式向公司化模式转型，娄利丹也逐渐从台前走到了幕后。

"店最多的那段时间是我们最辛苦的时候，但利润却很低。"娄利丹表示，由于服务、承诺、监督不到位，进行了3年的加盟店模式并没有收获太大的成功。目前，卡卡珠宝已经取消加盟。

"前三年，我一直在放。现在开始，我要收。这中间，我们交了500万元的学费。"面对创业瓶颈，娄利丹选择的是及时止损而不是抱怨。在商战中，知难而退不一定是件坏事。相比先生的严谨、理性处事作风，娄利丹更多的是凭直觉。

短暂的尝试之后，卡卡珠宝开始新一轮转型，娄利丹也开始再次蜕变。

重启个人偶像模式

见到娄利丹是在卡卡珠宝"东门店"二楼，该店一楼已经关门。"有多大本事就吃多少饭，我们还是要先将已有的用户服务好。"她表示，转了一大圈，卡卡珠宝还是从线下加盟全面转型线上电商。她也开始从幕后重返台前。

当天，娄利丹在她的办公室里接待了几拨资深卡友。其间，她的手机一直响个不停。"现在的社交工具越来越先进了，之前没办法直接联系到我的用户，现在都在社交工具上'逮'我了。"

对于这一波社交红利，娄利丹显然不想错过，并且快速调整了卡卡珠宝的营销节奏。"我们基本上每天推出一个主题活动，带给用户不一样的新鲜体验。"她告诉《天下网商》记者，经过多年的发展，如今卡卡珠宝构建了很强的供应链，除了和国内外多家工厂合作外，还建立了自己的加工厂和设计师团队，能够快速满足用户的个性化需求。"一般情况下，我们会在上班后10分钟将当天的活动主题确定下来，然后通过淘宝、微博、微信等渠道呈现给用户。"

不得不说，社交工具的兴起为娄利丹的社会化媒体营销带来了很大的帮助。相比之前的"论坛红人"，如今重启个人偶像模式后，她更加注重个人魅力值的提升。一方面，她专门请了个人形象老师，从外表进行自我形象塑造；另一方面，她加快在产品、营销等方面的学习，提升内在专业度。内外兼修，除了售卖珠宝产品，她希望传递给用户的是对美的追求和美的生活方式。

除了信任、温度，娄利丹还希望卡卡珠宝能带给用户自信，以美的姿态构筑产品的软实力。这样的商业理念不仅看似缥缈，也是很多男性创业者理解不透又触不可及的。

（案例来源：天下网商，文/余玲艳）

任务 7.1　网上店铺的开通与设置

7.1.1　知识准备

　　随着高校毕业生的逐年增加，就业压力日益增大，造成大部分应届毕业生工资待遇不高、专业不对口、工作积极性不高，在众多中小企业纷纷出现毕业生频繁跳槽的情况。其中主要是工作不愉快、待遇不高以及实际工作与理想不符合的原因造成的。年轻人喜欢自由，向往轻松愉快的 SOHO 一族的生活，希望做自己喜欢做的事情，靠自己的思维与汗水获得财富。开设网上店铺创业切合了当代大学毕业生的需求，成为很多毕业生的就业选择。

　　1. 网上店铺开设的优势

　　网上店铺开设成本低，没有各种税费、门面租金等。目前，易趣网只是收取少量商品上架费与交易费。最热的平台淘宝网是免费注册开店，虽然开始靠延伸服务如阿里软件、旺铺、雅虎竞价等收费，但由于网店经营主要是通过网络进行，基本不需要水、电、管理费等方面的支出，而网店也不需要专人时时看守，节省了人力方面的投资，从而开店的成本是很低的。

　　1）低成本经营

　　网店可以根据客户的订单再去进货，实现真正的零库存运作。很多的网店前期通过在厂家采购大批量货源拍摄照片，以后出售的产品不需要再压货了。有了订单在从厂家拿货，这样就可以把生意以较快速度做大。这是网店最具有魅力的一点，不会因为积货占用大量资金，销售也可以集中于几种热销产品。

　　2）市场远大于实体

　　网店开在互联网上，只要是上网的人群都有可能成为商品的浏览者与购买者，这个范围可以是全国的网民，甚至全球的网民。只要网店的商品有特色、宣传得当、价格合理、经营得法，网店每天将会有不错的访问流量，大大增加销售机会，取得良好的销售收入。

　　3）经营方式灵活

　　网店的经营是借助互联网进行的，经营者可以全职经营，也可以兼职经营，网店不需要专人时时看守，营业时间也比较灵活，只要可以及时对浏览者的咨询给予回复就不影响经营。

　　4）不受传统因素的限制

　　网上店铺开设基本不受营业时间、营业地点、营业面积这些传统因素的限制。可以一天 24 小时、一年 365 天不停地运作，无论刮风下雨，无论白天晚上，无须专人值班看店，都可照常营业。网店的流量来自网上，因此即使网店的经营者在一个小胡同里也不会影响到网店的经营。网店的商品数量也不会像网下商店那样，生意大小常常被店面面积限制，只要经营者愿意，网店可以摆上成千上万种商品。

　　5）具有买家相互影响效应

　　当众多买家购买某件产品获得满意评价后，将极大程度地影响或诱导他们的购买欲望，网上销售这一点也是实体无法比拟的。

2. 几个主要的网络零售平台

1）淘宝网

淘宝网（www.taobao.com）是阿里巴巴旗下网站、国内首选购物网站、亚洲最大购物网站。由全球最佳 B2B 平台阿里巴巴公司投资 4.5 亿元创办，致力于成就全球首选购物网站。淘宝网，顾名思义没有淘不到的宝贝，没有卖不出的宝贝。自 2003 年 5 月 10 日成立以来，淘宝网基于诚信为本的准则，从零做起，在短短的 5 年时间内，迅速成为国内网络购物市场的第一名，占据了中国网络购物 85% 的市场份额，创造了互联网企业发展的奇迹。

2）京东网

根据第三方市场研究公司艾瑞咨询的数据，京东（www.jd.com）是中国最大的自营式电商企业，2014 年第三季度在中国自营式电商市场的占有率为 51.9%。

京东为消费者提供愉悦的在线购物体验。通过内容丰富、人性化的网站和移动客户端，京东以富有竞争力的价格，提供具有丰富品类及卓越品质的商品和服务，以快速可靠的方式送达消费者，并且提供灵活多样的支付方式。另外，京东还为第三方卖家提供在线销售平台和物流等一系列增值服务。

京东提供十三大类超过数千万 SKUs 的丰富商品，品类包括：计算机、手机及其他数码产品、家电、汽车配件、服装与鞋类、奢侈品（如手提包、手表与珠宝）、家居与家庭用品、化妆品与其他个人护理用品、食品与营养品、书籍、电子图书、音乐、电影与其他媒体产品、母婴用品与玩具、体育与健身器材及虚拟商品（如国内机票、酒店预订等）。

3）卓越亚马逊

卓越亚马逊（www.amazon.cn）是中国 B2C 电子商务领导者，于 2000 年 1 月由金山公司及联想投资公司共同投资组建，是中国最大的网上图书音像零售商。2004 年 8 月 19 日，美国亚马逊以 7 500 万美金收购卓越网，卓越网成为亚马逊的第七个全球站点。

4）当当网

当当网（www.dangdang.com）成立于 1999 年 11 月，由美国 IDG 集团、卢森堡剑桥集团、日本软库（Softbank）和中国科文公司共同投资。面向全世界中文读者提供 20 多万种中文图书及超过 1 万种的音像商品。

3. 网上店铺开设的基本规则

要在第三方的平台经营，必须清楚掌握各平台的交易规则，避免以后经营出现关店或者限制交易的问题，为更好地利用平台为自己的服务打下基础。目前 C2C 平台规则以易趣网最为严格，淘宝网与拍拍网基本类似。我们主要最常用的平台以淘宝网的规则来学习。具体各个平台规则，学习者可以登录网站，从客服中心进去查看。

1）橱窗推荐位规则

橱窗推荐位定义：橱窗推荐宝贝会集中在宝贝列表页面的橱窗推荐中显示，每个卖家可以根据信用级别与销售情况获得不同数量的橱窗推荐位。橱窗推荐位规则规范淘宝网橱窗推荐位的分配与管理，特制定本规则，详情见下：

经营时间在 3 个月以内的每个店铺获得 10 个橱窗推荐位，超过 3 个月的不获得推荐位扶持。

根据信用评价分（卖家信用 + 买家信用的一半）获得橱窗位。每周统计支付宝成交金额（以买家付款到支付宝为准）超过基线的前 1 000 名可以获得 5 个橱窗位。

2）产品发布规则

要在第三方平台开设和经营网店，首先要了解其产品发布的主要规则。避免因为不了解规则，开不了店或者开设的店铺因为违反规则被惩罚甚至永远关店的尴尬。

（1）禁止和限制交易物品管理规则。

禁止发布的物品主要包括：毒品；任何形式的发票；股票、公司债券及其他证券；彩票；任何形式的政府文件；伪造、变造的物品；黄色淫秽物品；含有反动、淫秽、种族或者宗教歧视或其他法律禁止内容的出版物、文件、资料等；非法所得之物；易燃、易爆物品，有毒、有腐蚀性的化学物品；管制刀具；香烟等烟草制品，香烟形式出现的烟盒烟标等；任何侵犯他人知识产权的物品；药品，包括非处方药、医疗器材（械）；E-mail 地址列表；无注册号的磁带或光盘、共享软件。限制发布的物品主要包括：文物；动物（淘宝网上仅允许销售常见的家禽、家畜、宠物或可食用动物）；植物（被列入国家保护类植物清单的、法律禁止不得销售的植物，或植物产品）；外币；地铁票；酒精饮料；集邮票品。

（2）重复铺货商品管理规则。

同款商品不允许不同颜色分别发布；同款商品不允许以大小规格不同分开发布；同款商品不允许附带不同的附赠品或附带品分别发布（例如，数码产品类目、动漫类目、母婴类目、运动类目）；同款商品，通过更改其价格、时间、数量、组合方式及其他发布形式进行多次发布，属于重复铺货。

（3）商品价格、邮费不符商品管理规则。

商品的价格或邮费，违背市场规律和所属行业标准的（包含但不仅限于如下情况："雪纺吊带衫"，一口价 1 元，平邮 100 元）；商品的价格和描述价格严重不符的（包含但不仅限于如下情况：商品发布一口价为 1 元，但是却在宝贝描述中标注产品其他价格的）。

（4）信用炒作商品管理规则。

为了获得信用在网店发布如下商品属于炒作信用：发布纯信息；发布免费获取、低价商品；发布 1 元以下虚拟类商品（不包括：Q 币/收费 Q 秀/点卡按元充/游戏货币；Q 币/收费 Q 秀/点卡按元充/新手卡不能低于 0.1 元）；1 元及 1 元以下服务类商品等。

（5）广告商品管理规则。

商品描述不详、无实际商品、仅提供发布者联系方式以及非商品信息的商品（住宅类除外），淘宝网判定为发布广告商品。

（6）放错类目/属性商品管理规则。商品属性与发布商品所选择的属性或类目不一致，或将商品错误放置在淘宝网推荐各类目下，淘宝网判定为放错类目商品。

（7）乱用关键字商品管理规则。

卖家为使发布的商品引人注目，或使买家能更多地搜索到所发布的商品，而在商品名称中滥用品牌名称或和本商品无关的字眼，扰乱淘宝网正常运营秩序的行为，淘宝网判定其相关商品为乱用关键字商品。

（8）标题、图片、描述等不一致商品管理规则。

所发布的商品标题、图片、描述等信息缺乏或者多种信息相互不一致的情况，淘宝网判断为形式要件违规商品。

(9) 处罚规则。

自然季度内，由于违反商品发布规则，累计满 30 件将会被处罚限制交易 1 周，满 60 件会限制交易 1 个月，同时会关闭其店铺并下架所有未出价商品。每一自然季度将对未处于限权状态会员的累计数字进行清零，处于限权状态的会员限权到期，累计数字也会清零，重新累计。

3) 重复铺货开店的规则

通过同时经营多家具有相同商品的店铺，达到重复铺货的目的，淘宝判定此开店方式为重复铺货式开店。重复铺货式开店行为一经被发现，经淘宝确认，重复店铺数量超过 3 家（包括 3 家）的永久限制发布商品权限（除主店之外）。重复店铺少于 3 家的，删除重复店铺中的所有商品，并限制发布权限 30 天（除主店之外）。若第二次发现，对重复店铺一律永久限制发布权限，并给予主店铺警告一次。屡次重复铺货式开店，对所有店铺永久限制发布权限。

4. 网上店铺开设货源选择的要点

1) 分析网络热销产品

目前网络热销产品主要包括服装服饰、化妆品、珠宝饰品、手机、家居饰品、游戏产品、皮具、鞋类等大众消费为主并且市场巨大的产品。珠宝类：水晶、翡翠吊坠、钻石、名表等热卖；礼品居家类：Zippo、都彭打火机、皮具等适合送礼物的产品非常受宠；数码类产品类：手机、Mp3、Mp4 等产品；服饰分类：大品牌的男士西装，以及韩版流行的服饰、外套等；居家类：家居小产品、床上用品等；书籍类：书籍是热销产品之类，竞争也是非常大。

2) 定位创业货源

定位创业货源，是成功起步的重中之重，我们需要考虑以下因素：①目标群体市场：对于货源的选择，我们首先需要考虑的是目标群体的主要人群，以及他们的消费潜力。如果主流消费人群是在校大学生，或者刚刚毕业工作的人群，经营的产品可以是 50~120 元的服装、30~80 元的钱包、流行饰品，以及移动充值卡和电话卡。②自身资源优势：在选择创业货源时，经营者本身的爱好以及亲朋好友的资源都需要考虑。如果有亲属是开专卖店或者厂家的，我们可以选择作为网店的货源，开设网店很关键的是应该选择自己熟悉和喜欢的产品作为自己的货源，在向自己的客户推荐时才有足够的底气和信心。

7.1.2 淘宝网店开通与设置

1. 前期准备

(1) 卖家必须年满 18 周岁并且持有二代身份证。

(2) 属于本人的一张开通了网银的银行储蓄卡（非信用卡，信用卡不能开店）。

(3) 属于本人的一部手机并能够正常通话。注册淘宝，安装一些淘宝必要的辅助组件时作为接收验证码用。

(4) 电子版本人身份证正反面照片。

(5) 电子版本人双手持身份证正面的上半身照片，如图 7-1-1 所示。

图 7-1-1　本人双手持身份证正面上半身照片

小贴士：
- 免冠，建议不化妆，五官清晰；
- 身份证全部信息需清晰无遮挡，否则认证将无法通过；
- 完整露出手臂；
- 请勿进行任何软件处理；
- 支持 jpg/jpeg/bmp 格式，最大不超过 10 MB。
- 电子版本人上半身照片，如图 7-1-2 所示。

图 7-1-2　本人上半身照片

小贴士：
- 半身照与手持身份证照片需要在同一场景下拍摄；
- 大头照和一寸照不可作为半身照使用；
- 照片需五官清晰可见；
- 照片请勿进行任何软件处理；

◆ 照片支持 jpg/jpeg/bmp 格式，最大不超过 10M。
2. 注册淘宝会员名与支付宝

进入淘宝网"www.taobao.com"首页后，单击左上角的"免费注册"按钮，如图 7-1-3 所示。

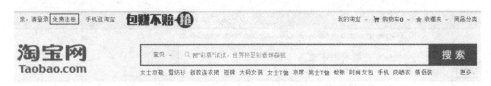

图 7-1-3　淘宝网免费注册入口

第一步：填写账户信息

在相应的对话框中填入会员名、登录密码等信息，如图 7-1-4 所示，填写完成后单击"同意协议并注册"按钮。

第二步：验证账户信息

淘宝账号注册成功后再绑定邮箱，或者单击"使用邮箱验证"，弹出如图 7-1-5 所示手机绑定对话框，输入你的手机号码，单击"提交"按钮。

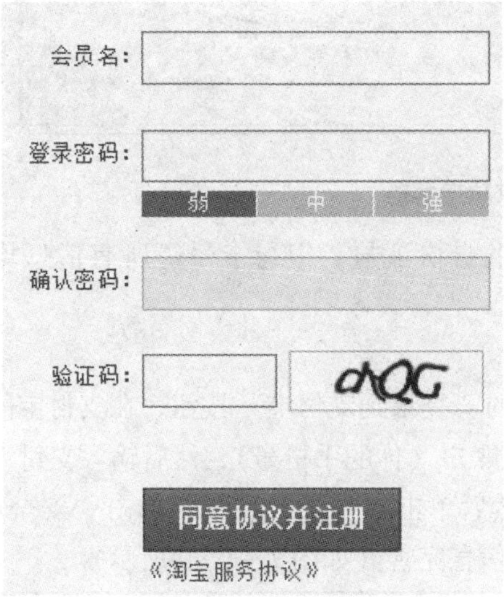

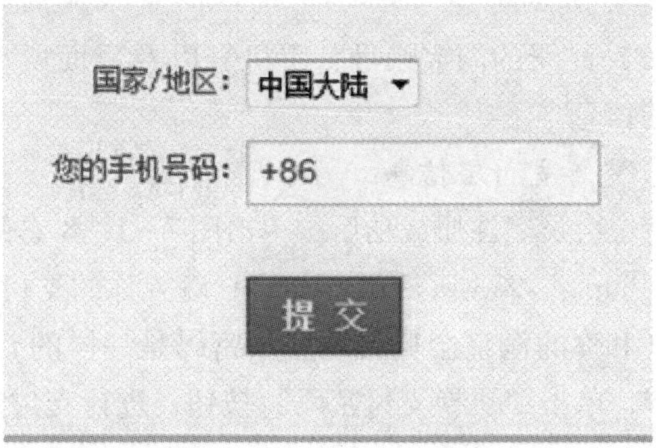

图 7-1-4　填写账户信息对话框　　　　图 7-1-5　手机绑定对话框

输入从手机短信上获取的验证码，然后单击"验证"按钮，如图 7-1-6 所示。

第三步：注册成功提示

手机验证后会弹出注册成功提示框，如图 7-1-7 所示。

说明：

（1）淘宝会员名最好为中文或中文加数字或字母，淘宝会员名一旦注册就不能修改。

（2）淘宝会员名和支付宝一并注册成功，你的淘宝会员名就是你自己取的那个名字，支付宝账户就是你的手机号。支付宝的登录密码和淘宝会员名的登录密码是一样的。

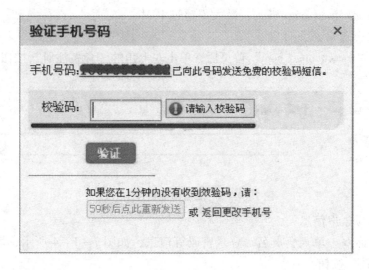

图 7-1-6 手机验证对话框

图 7-1-7 注册成功提示框

(3) 注册的淘宝账号、手机号以及后面所填的身份证号、银行卡号等所有信息均需同一人的信息。

3. 完善支付宝信息

淘宝会员名注册成功后，单击图 7-1-8 右侧的"登录到支付宝"按钮，在支付宝的登录页面（https：//www.alipay.com/）输入你的支付宝账户（你的手机号），然后输入支付宝登录密码（和你的淘宝会员名的登录密码是一样的）然后单击"登录"按钮，单击"安全中心"选项卡，单击"更换支付密码"按钮，进行支付宝信息完善（如图 7-1-9 所示）。

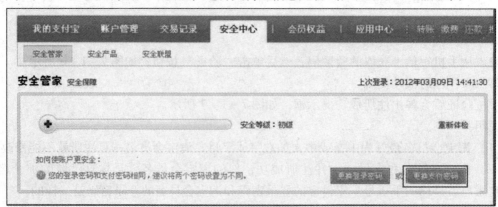

图 7-1-8 安全中心对话框

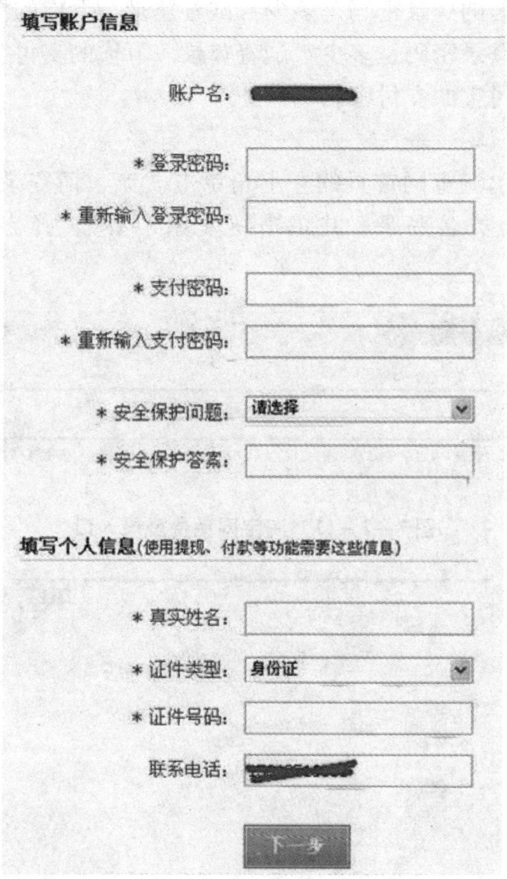

图 7-1-9 填写账户信息对话框

上述所有内容输入后单击"下一步"按钮,弹出如图 7-1-10 所示的"补全账户信息成功"的提示框,表示基本信息设置完成。

提示:

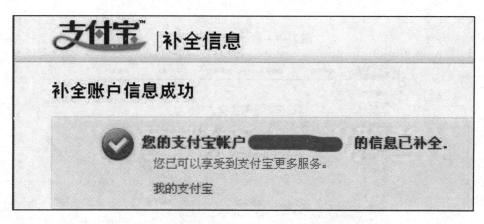

图 7-1-10 补全账户信息成功提示框

问题 1:你淘宝会员名叫什么?还记得吗?
问题 2:你支付宝的账户是多少?

问题3:你淘宝会员名的登录密码是多少?试着登录一下你的淘宝会员名可以吗?
问题4:你支付宝的登录密码是多少?试着登录一下你的支付宝,看能否登录成功。
问题5:还记得你支付宝的支付密码吗?

4. 开店条件及实名认证

在如图7-1-11所示淘宝网首页的左上角单击"亲,请登录",在如图7-1-12所示的对话框中用你的淘宝会员名登录,并单击"卖家中心",弹出如图7-1-13所示操作界面。

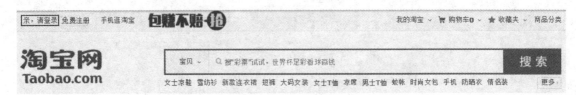

图7-1-11 淘宝网免费登录入口

图7-1-12 登录对话框

图7-1-13 卖家中心操作界面

单击"我要开店"中的"免费开店"按钮,弹出如图 7-1-14 所示的开店条件界面。

图 7-1-14 开店条件

1)支付宝实名认证

单击"支付宝实名认证"后面的"立即认证"按钮后,弹出如图 7-1-15 所示支付宝实名认证申请界面。

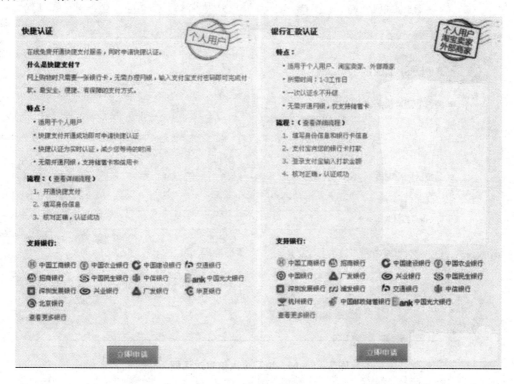

图 7-1-15 支付宝实名认证申请

第一步:填写个人信息

单击图 7-1-15 中右侧"银行汇款认证"下面的"立即申请"按钮,进入如图 7-1-16 所示的"大陆会员实名认证"窗口,在"填写个人信息"对话框中根据提示输入相应内容,填写完成后单击"下一步"按钮。

上述内容要迅速输入,时间不能超过 100 秒,否则会提示你请不要重复提交请求,只要出现这几个字,就证明你输入过慢,重新单击进行认证即可。

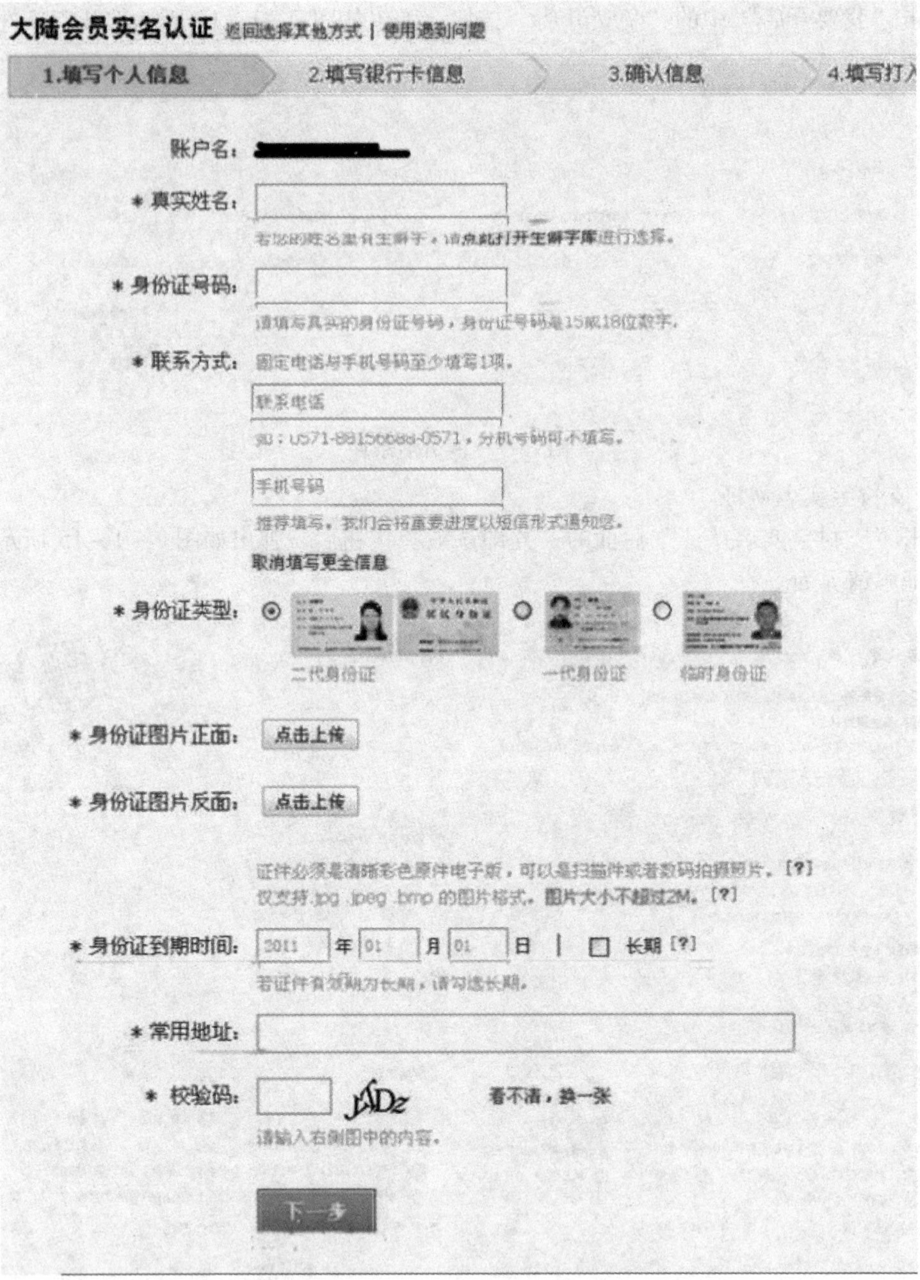

图 7-1-16 填写个人信息对话框

第二步：填写银行卡信息

如图 7-1-17 所示，在银行卡信息对话框中根据提示输入相应的内容，完成后单击"下一步"按钮。

第三步：确认信息

在图 7-1-18 所示的确认信息对话框中认真核对填入的信息，核对后单击"确认信息并提交"按钮。

第四步：输入打入卡内的金额

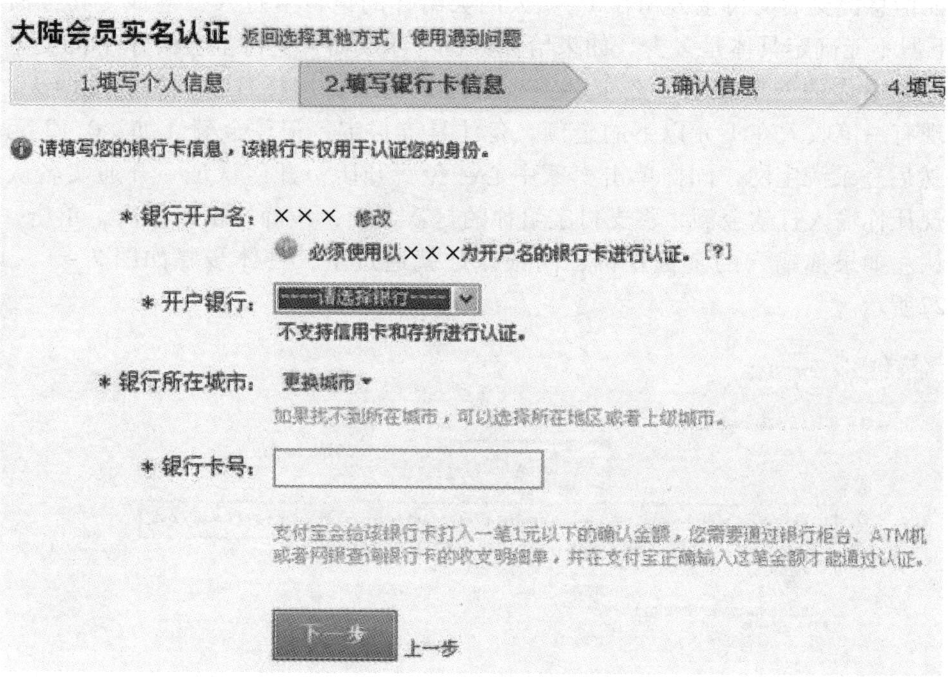

图 7－1－17　填写银行卡信息对话框

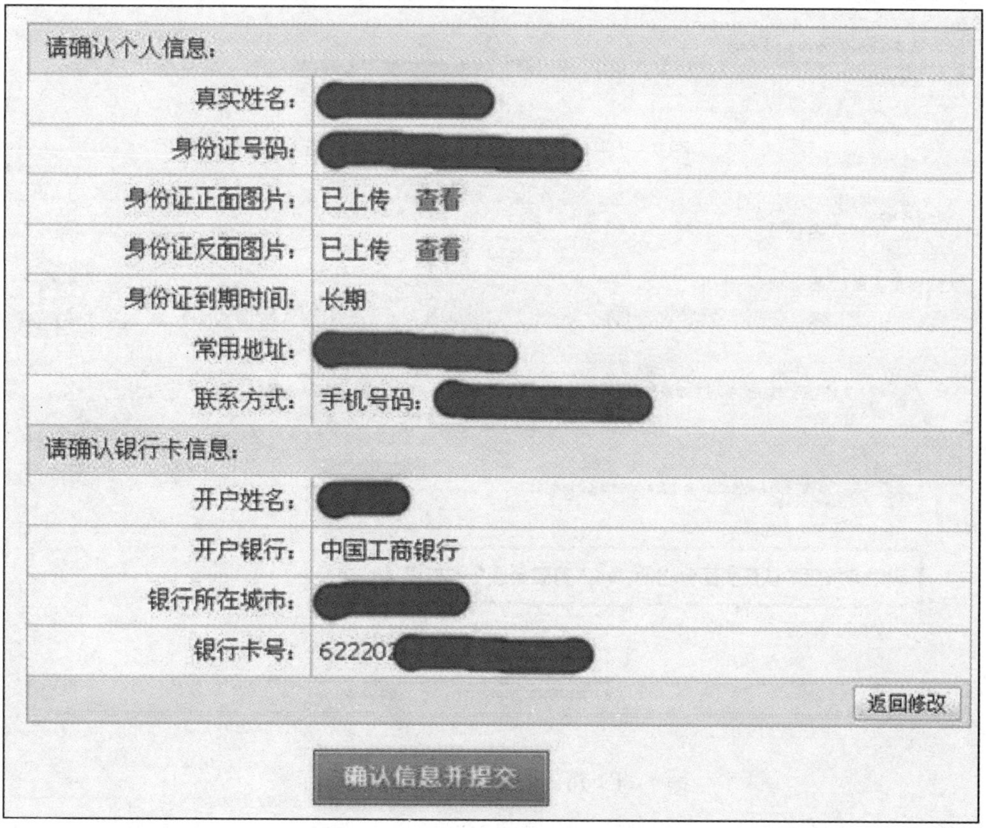

图 7－1－18　信息确认对话框

认证信息提交后支付宝公司在1~2天内会给你的银行卡打入一笔钱，其金额肯定在1元以下但不能确定具体是多少。如果给你银行打款成功，支付宝会给你手机发短信通知你，让你登录你的网银查看，登录网银查看账户明细，选择日期，往前推两天，其中，你会发现有一笔收入在1元以下的金额，备注是支付宝，记住金额（如：0.12元、0.36元等）然后登录淘宝网，同样单击卖家中心→免费开店→开店认证→开通实名认证，此时会出现让你输入打款金额，将支付宝给你的打款金额，正确地输入框内，单击"提交"按钮确认。如果你输入的金额正确，网银认证就通过了，具体步骤如图7-1-19~图7-1-22所示。

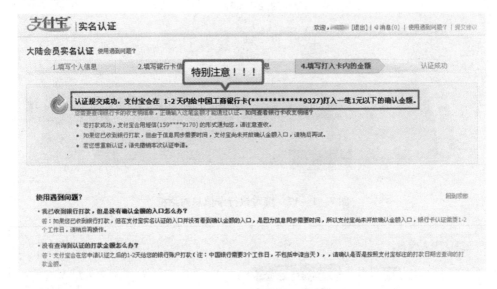

图7-1-19　认证提交成功提示窗口

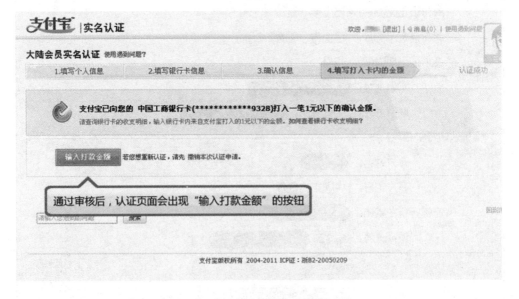

图7-1-20　输入打款金额提示窗口

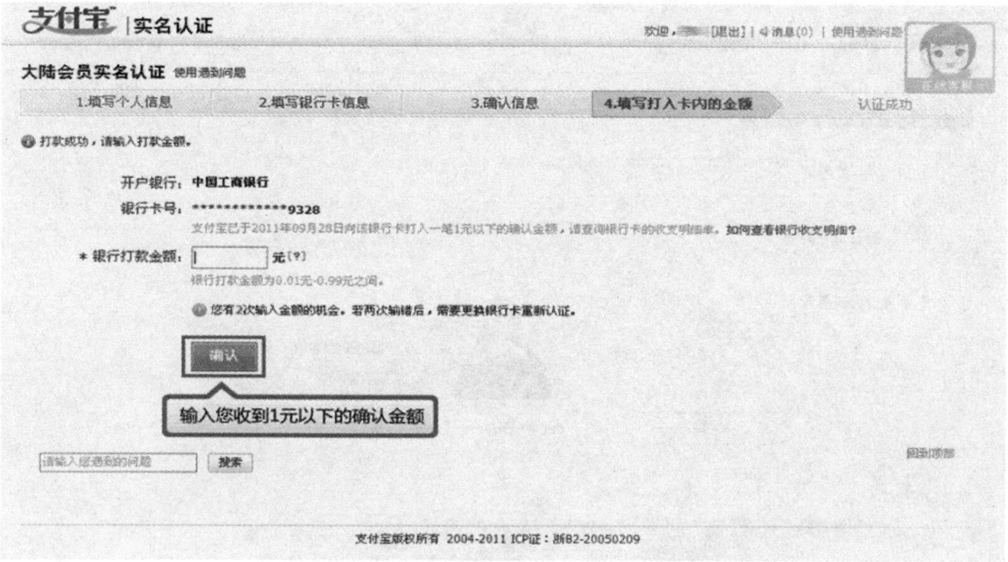

图 7 – 1 – 21　填写银行打款对话框

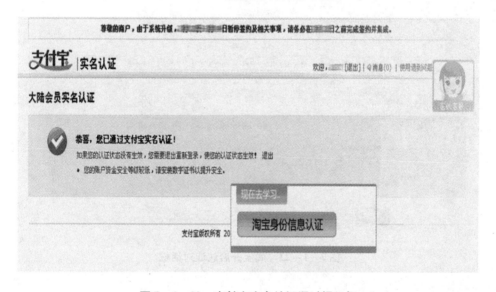

图 7 – 1 – 22　支付宝实名认证通过提示框

2）淘宝开店认证

支付宝实名认证通过后，再次登录淘宝会员名，同样单击卖家中心→免费开店→开店认证，单击"淘宝开店认证"后面的"立即认证"按钮，弹出如图 7 – 1 – 23 所示的淘宝开店认证对话框。

按照提示填写相关内容及提交相关材料后单击"提交"按钮。在 1~2 个工作日内等待淘宝官方小二审核通过，整个实名认证的过程完毕。

3）店铺基本设置

完成实名认证后就可以在图 7 – 1 – 24 所示的窗口中单击"创建店铺"按钮，弹出如图 7 – 1 – 25 所示的"诚信经营承诺书"窗口单击"同意"按钮。

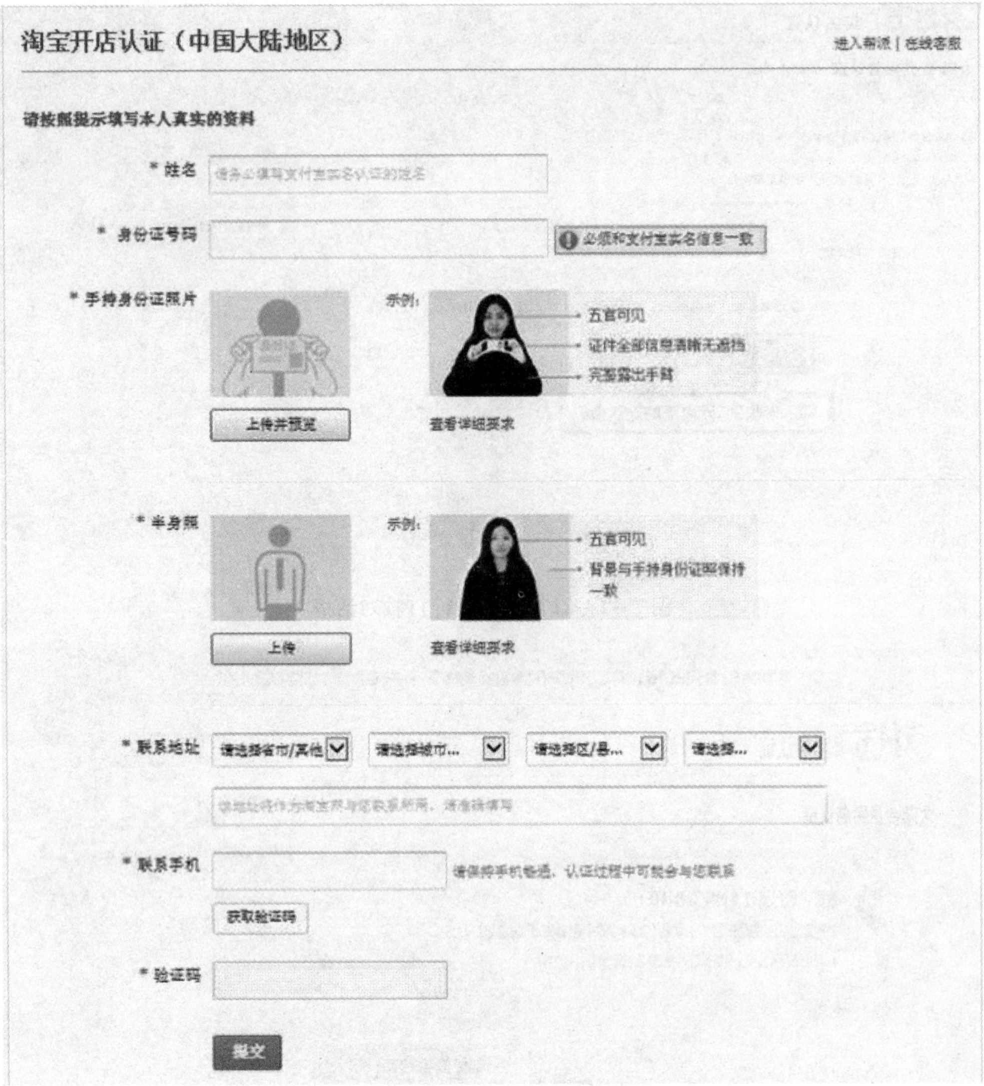

图 7－1－23　淘宝开店认证对话框

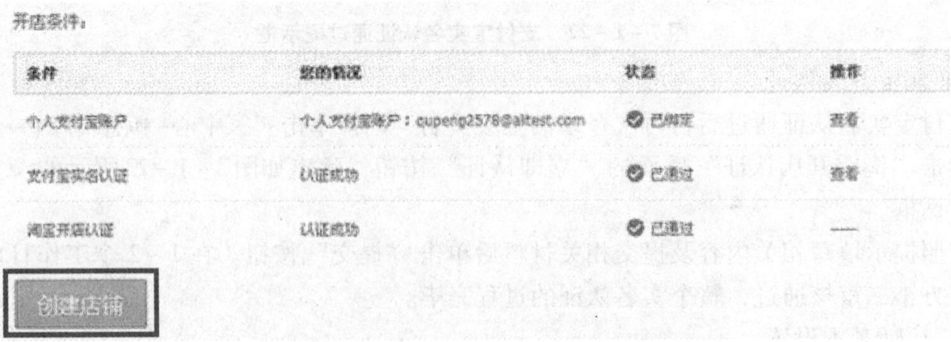

图 7－1－24　创建店铺提示窗口

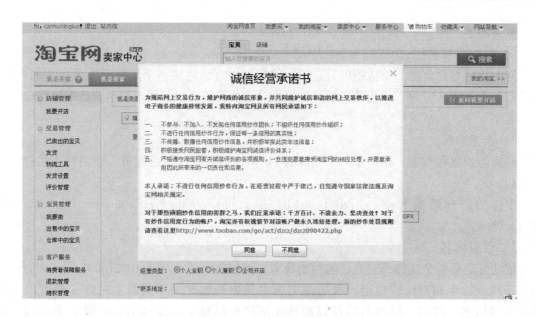

图 7-1-25 诚信经营承诺书

在如图 7-1-26 所示的对话框中对店铺的基本信息进行设置，在页面中带有 * 标志的为必填信息，其他信息可自行选择填写。相关信息填写完成后单击"保存"按钮。

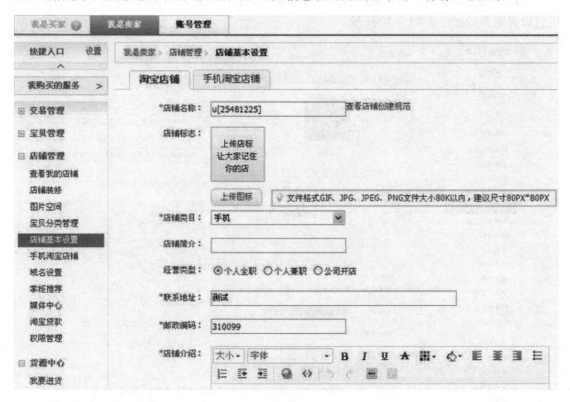

图 7-1-26 店铺基本信息设置对话框

1. 完善店铺基本信息

完成淘宝店铺的创建后，需要对店铺的基本信息进行完善，对店铺进行简单的装修，使之焕然一新。

1）修改店铺名称

好的店铺名称就是一个活招牌，它不仅能招揽生意，还从一个层面反映了店主的修养、内涵、气质等诸多方面。成功开店后可以根据自己的喜爱和经营的项目给自己的网店取一个好的名字。

2）设置店标

店标的设置很重要，相当于一个品牌的LOGO，通过形象的店标可以让消费者快速地关注网店。

上传的店标图像大小必须小于80KB，格式可以为jpg、gif、png等，建议尺寸为80px×80px。

3）设置域名

成功开店后每个店铺都有自己的初始域名，例如：http://shop108276091.taobao.com/，因其千篇一律而相对比较难记，目前淘宝店主只要开通使用不同版本的旺铺都可以免费使用二级域名，设置二级域名后可以浏览地址栏直接显示二级域名，加强买家对域名的记忆。

4）写好店铺介绍

店铺介绍主要是店主对网店经营的一种概括，让客户在最短时间内了解店铺。店铺基本信息设置完善后如图7-1-27所示。

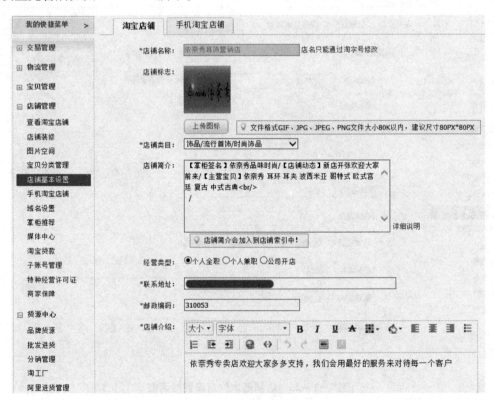

图7-1-27 设置后的店铺信息设置对话框

2. 网店商品的发布与分类

商品发布可以直接在淘宝网上进行编辑、上传与发布，也可以通过淘宝助理对商品进行快速的编辑、上传与发布，商品发布的流程如图 7-1-28 所示。

商品分类就是淘宝网为卖家设计的专柜陈列区，合理的商品分类可以使店铺的商品更清晰有序，方便卖家和买家快速浏览与查找到自己想要的宝贝。如果店铺发布的商品数目众多，那么合理地分类就显得尤为重要，将会大大方便买家有针对性地浏览和查询。

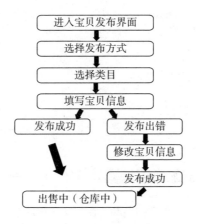

图 7-1-28 商品发布流程

3. 在淘宝网上直接发布商品

第一步：登录淘宝网，在如图 7-1-29 所示的淘宝卖家中心界面上单击"发布宝贝"，进入商品发布界面，如图 7-1-30 所示。

图 7-1-29 淘宝网卖家中心界面

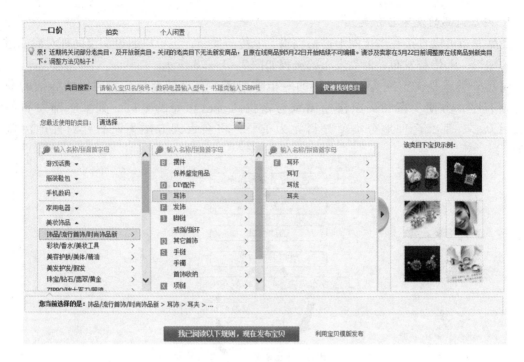

图 7-1-30　商品发布界面

第二步：单击"一口价"，选择商品类目，单击"我已阅读以下规则，现在发布宝贝"按钮。

第三步：填写宝贝基本信息。在如图 7-1-31 所示的页面中根据提示在对话框中填入相应的宝贝基本信息，如宝贝类型、宝贝属性、宝贝标题、宝贝卖点、宝贝价格、付款模式、宝贝规格、宝贝数量、宝贝图片、宝贝描述等。

小贴士：

（1）带有"＊"的项必须填写；

（2）图片上传可以选择本地上传，也可以将图片先放入图片空间，再从图片空间中上传；

（3）宝贝描述可以直接写入文本，也可以上传宝贝描述图片。

第四步：填写宝贝物流信息。在如图 7-1-32 所示的页面上选择宝贝的物流信息，在选择宝贝物流信息之前可以先行设置运费模板。

第五步：输入售后保障信息。售后保障信息中包含是否有发票、是否有保修、退换货承诺、服务保障及售后说明等信息，如图 7-1-33 所示。

第六步：输入其他信息。其他信息中包含会员打折、库存计数、有效期、开始时间、是否橱窗推荐等信息，如图 7-1-34 所示。开始可以有立刻发布、定时发布及放入仓库暂时不发布三个选项。

第七步：信息填写完成后，单击"发布"按钮。

4. 利用淘宝助理创建和发布商品

淘宝助理是上传和管理宝贝的一个店铺工具，如图 7-1-35 所示，它可以帮助卖家不登录淘宝网就能直接对宝贝的信息进行编辑，快捷批量地上传宝贝，为卖家节省很多宝贵的时间。

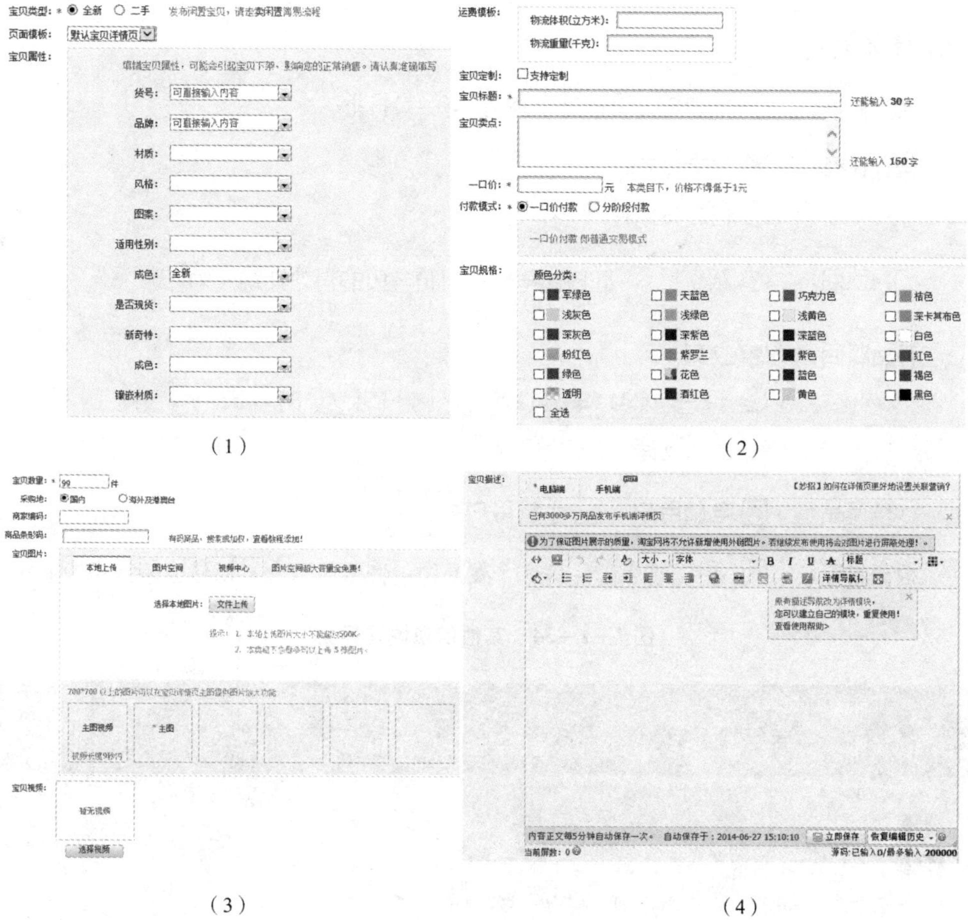

项目七 网络店铺开设 | 241

（1） （2）

（3） （4）

图 7-1-31 宝贝基本信息填写界面

2. 宝贝物流信息

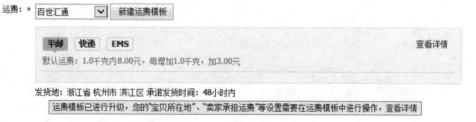

图 7-1-32 宝贝物流信息填写界面

3. 售后保障信息

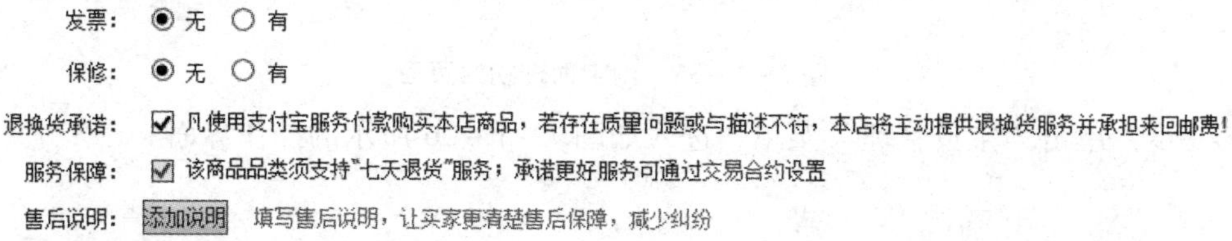

图 7-1-33 售后保障信息填写界面

4. 其他信息

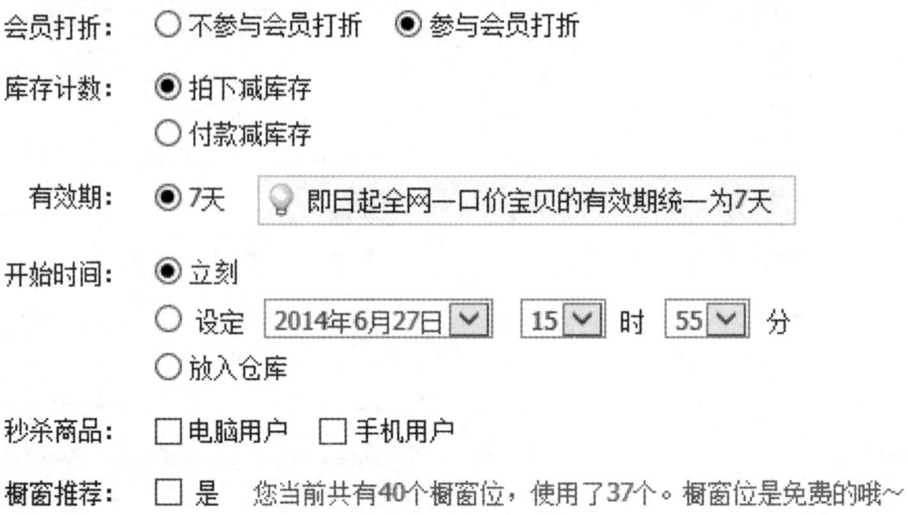

会员打折： ○不参与会员打折　●参与会员打折

库存计数： ●拍下减库存
　　　　　 ○付款减库存

有效期： ●7天　💡即日起全网一口价宝贝的有效期统一为7天

开始时间： ●立刻
　　　　　 ○设定 2014年6月27日 ▽ 15 ▽ 时 55 ▽ 分
　　　　　 ○放入仓库

秒杀商品： □电脑用户　□手机用户

橱窗推荐： □是　您当前共有40个橱窗位，使用了37个。橱窗位是免费的哦~

图 7-1-34　其他信息填写界面

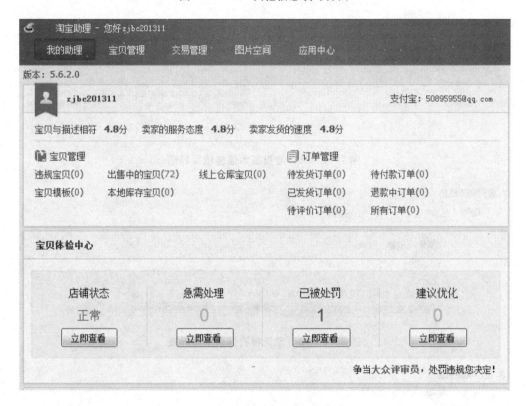

图 7-1-35　淘宝助理初始页面

第一步：单击"宝贝管理"菜单，进入如图 7-1-36 所示的操作界面。

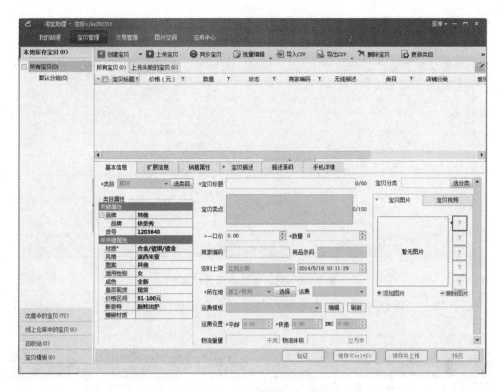

图 7-1-36 宝贝管理操作界面

第二步：单击"创建宝贝"菜单，进入如图 7-1-37 所示的操作界面。

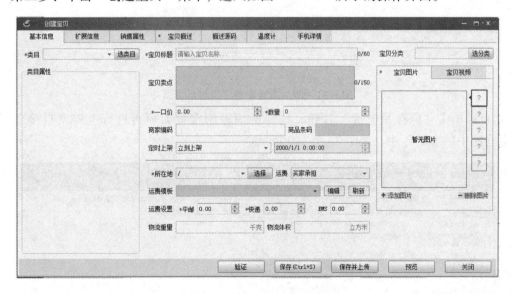

图 7-1-37 创建宝贝操作界面

第三步：在基本信息页面上填写宝贝的相关信息。例如，宝贝类目、宝贝标题、宝贝卖点、宝贝价格、宝贝数量、所在地、运费设置等。

第四步：单击"宝贝描述"菜单，在如图 7-1-38 所示的操作界面上对宝贝进行描述，或上传已做好的产品详情页面。

图 7-1-38　宝贝描述操作界面

第五步：单击"保存"按钮，在本地库存宝贝中会出现刚编辑好的宝贝，如图 7-1-39 所示。

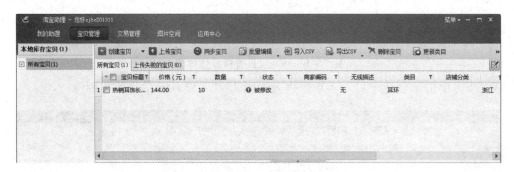

图 7-1-39　本地库存宝贝显示页面

也可以单击"保存并上传"按钮，这样所编辑的宝贝无须再进行上传就直接出现在"线上仓库中的宝贝"中，如图 7-1-40 所示。

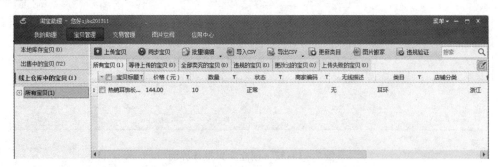

图 7-1-40　线上仓库中的宝贝显示页面

小贴士：
（1）保存在"本地库存中的宝贝"中的商品需要上传后才能放到"线上仓库中的宝贝"中；

（2）如果需要重新编辑宝贝的信息可以单击"批量编辑"菜单进行编辑；

（3）如果有商品的相关数据包，可以通过淘宝助理导入数据包并进行批量的编辑与批量上传；

（4）可以通过淘宝助理中的"CSV 导出"与"CSV 导入"功能把一个店的商品信息数据包转移到另一个店中；

（5）商品信息编辑完成后可以暂时放到仓库中后设置定时上、下架时间。

5. 商品的分类

第一步：在淘宝"网卖家中心"的"店铺管理"中单击"宝贝分类管理"菜单，弹出如图 7-1-41 所示的商品管理操作界面，可以在这里对商品进行手工分类，也可以进行自动分类，一般采用手工分类。

图 7-1-41　商品管理操作界面

第二步：单击"添加手工分类"按钮，弹出如图 7-1-42 所示的手工分类操作界面，可以在这里逐个添加商品的分类目录与分类子目录。

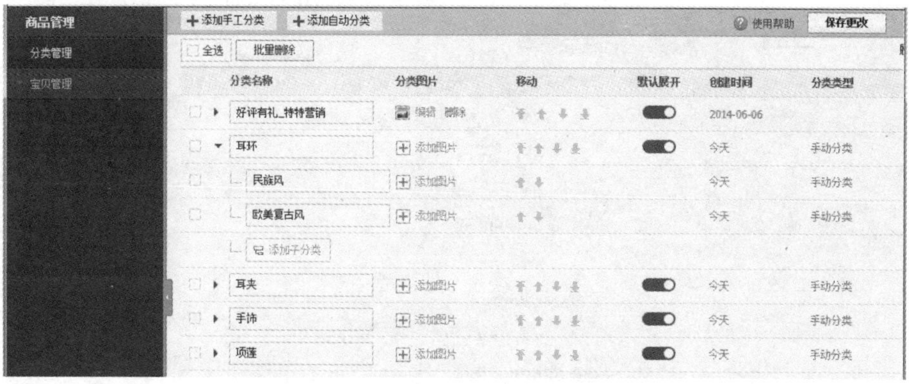

图 7-1-42　商品手工分类操作界面

第三步：目录添加完成后单击页面右上角的"保存更改"按钮，此时在网店首页导航栏上的"所有分类"菜单中就会显示所有的分类目录，如图 7-1-43 所示。

图 7-1-43　商品分类显示界面

第四步：在淘宝"网卖家中心"的"宝贝管理"中单击"出售中的宝贝"或"仓库中的宝贝"菜单，弹出如图7-1-44所示的商品列表页面。

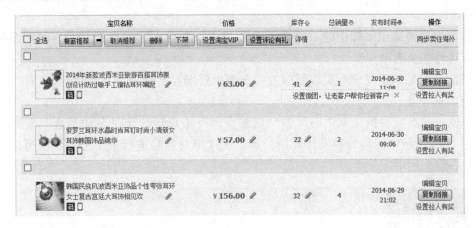

图7-1-44　商品列表页面

第五步：勾选需要分类商品前面的复选框，单击商品右边的"编辑宝贝"按钮，弹出如图7-1-45所示的宝贝信息编辑界面。

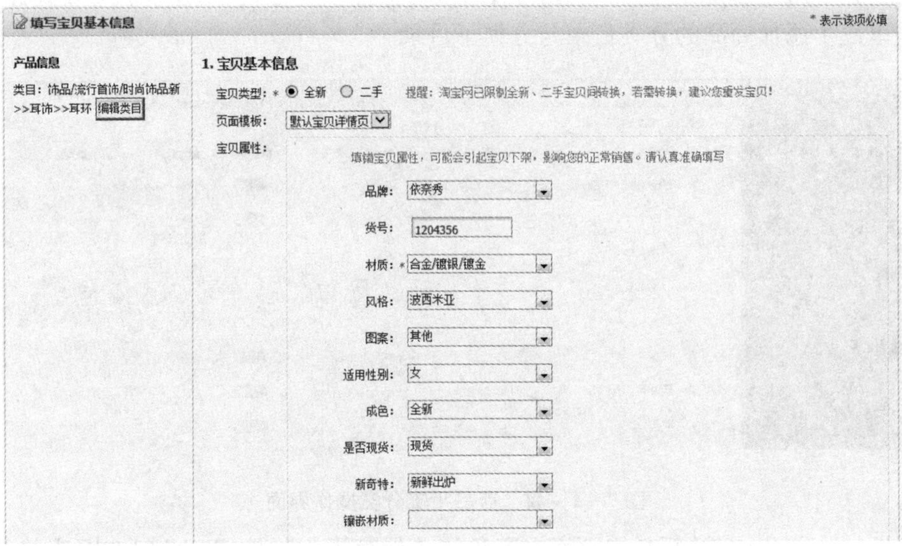

图7-1-45　宝贝信息编辑界面

第六步：在如图7-1-46所示的店铺中所属的类目中勾选所属分类。

图7-1-46　店铺中所属类目显示页面

第七步：单击"确认"按钮完成商品分类设置。

小贴士：

（1）商品的常见分类方法：
- 按商品种类来分；
- 按规格尺寸来分；
- 按商品更新时间来分；
- 按商品品牌来分。

（2）要充分考虑产品属性和受众的浏览习惯；

（3）新品和特价分类尽量要靠前；

（4）商品分类不是越多越好，分类的基本要求是清晰明了；

（5）不要出现无宝贝的分类。

任务 7.2　网上店铺装修

7.2.1　知识准备

1. 网店装修的重要性

网店装修对于网商来说一直是个热门话题。网店商品非常重要，但是绝对不能够忽视网店的装修。在网店环境中，人机界面的设计也是很重要的。用户界面的友好度很早就被众多的互联网设计者所重视。消费者第一次进入你的店面，很难一下子就让其对产品的优劣进行评定，但却足以给消费者留下第一印象。若他一开始对界面产生了好感，对界面的布局产生了共鸣，那么在其后的购买行为中，他的内心就会趋向认同。正所谓三分长相七分打扮，网店的页面就像是附着店主灵魂的销售员，网店的美化如同实体店的装修一样，让买家从视觉上和心理上感觉到店主对店铺的用心，并且能够最大限度地提升店铺的形象，有利于网店品牌的形成，增加客户在网店停留的时间，给客户带来美感，使客户浏览网页时不易疲劳，自然客户会细心查看你的网页。好的商品在诱人的装饰的衬托下，会使人更加不愿意拒绝，有利于促进成交。

2. 网店商品详情页美化原则

一个好的商品详情页，配合好的网店模版风格，能够让客户记忆深刻，在营造良好的购物环境的同时宣传店铺。商品详情页在首页上我们是看不到的，但是打开每个产品后都会呈现，因此是店铺装修中非常重要的。客户在购买商品之前，通常都会详细地查看商品的展示和描述。俗话说"人靠衣装马靠鞍"，产品宣传同样也要讲究"包装"，好的商品描述模板会有合理的布局构图，精美的图片装饰，往往会让产品增色不少，并且把固定出现的一些栏目都能井井有条地——呈现，这样会让客户记忆深刻，营造良好的购物展示环境同时宣传店铺。所以，经常有卖家说，一个好的商品详情页胜过一位优秀的销售专员。

3. 网店布局设计方法

网店布局设计是将文字、图像、色彩、动画、视频等网页界面的传达要素，根据特定的内容和主题，在网页所限定的范围中，运用造型元素和形式原理进行视觉的关联与配置，从而将设计意图以视觉形式表现出来。这一过程实际上是创造性、艺术性地传达信息的过程。

网店布局类型及其特点：

网店布局大致可分为分列式布局结构、区域式布局结构、自由式布局结构。分列式布局结构和区域式布局结构是两种较常见的网页版式构成，应用较为广泛。自由式布局结构打破结构的中规中矩，页面布局极具创意，在商业网页中应用也很多。三类版式构成各有特色，分别适用于不同类型的商业网页。当然也可以按照其他角度把网页布局分为"国"字形布局、"匡"字形布局、"三"字形布局、"川"字形布局、海报型布局、Flash布局、标题文本型布局等。

◆ 分列式布局结构。分列式布局结构是运用最为广泛的商业网页布局结构，因特网上的门户网站和综合类网站绝大部分是这一结构。分列式布局结构一般版面呈长方形，显示效果横窄竖宽，有上下滚动条。分列式布局结构可分为：整列式、二列式、三列式、四列式、五列式、混合列式。

◆ 区域式布局结构。区域式布局结构在商业网页布局中运用也很广，它通常利用颜色、线条、文字的断口或插图的变换等手段把网页平面划分为几个规则的或不规则的区域。区域式布局结构版面接近方形，一般没有滚动条或滚动条很短。

◆ 自由式布局结构。自由式布局结构有静态和动态两种形式。静态布局通常把网页当作平面出版物创意设计，将信息与背景画面融为一体，没有清晰的界限区分，设计好的网页图片通常采取分割整张图片生成网页的形式去制作。此类页面设计通常精美华丽，视觉效果较好，个性化强，但不适用于信息量大的站点。动态布局通常采用流行的Flash动画作为表现形式。由于Flash强大的功能，这种排版形式变化多样，视觉冲击力强，整体效果好。Flash动画使页面体现出极强的互动感、时代感和科技感。由于全Flash形式的网站制作过程较长，后期内容更新较烦琐，故不适合基于第三方平台的网店，目前只是在单一性的商业站点中运用较为普遍。

7.2.2 网上店铺装饰

1. 店铺描述

宝贝描述支持HTML语言；对于商品的品牌、型号、规格、质地等详细信息给予说明，忌抽象。如图7-2-1所示描述比较详细，图7-2-2所示描述比较抽象、空洞。

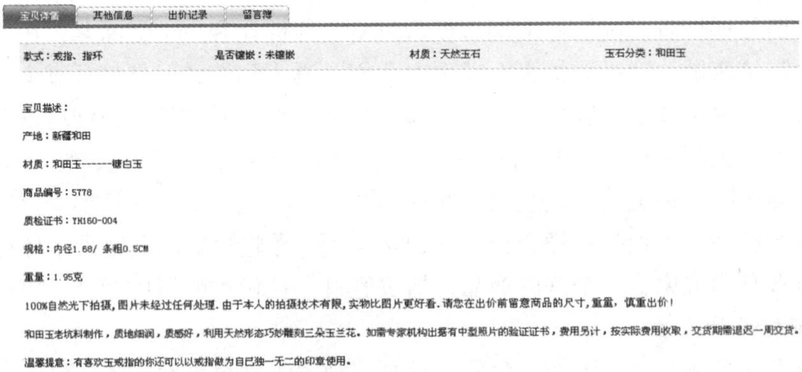

图7-2-1 宝贝描述示例（1）

图 7-2-2 宝贝描述示例（2）

建议可以将店铺主推商品作为推荐商品链入，将商品细节、多角度详图列入，让买家进一步了解质地/做工/外形，甚至相关产品以提供选择，如图 7-2-3 所示。

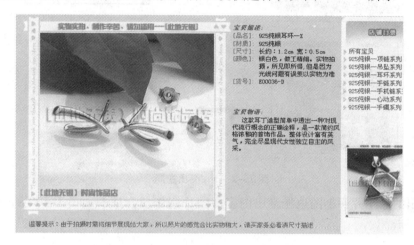

图 7-2-3 商品全面描述示例

2. 图片处理

（1）构图。宝贝居中为佳，主题更突出；研究宝贝最佳角度，体现商品细节、材质、魅力，可选择白色或纯色的背景，如图 7-2-4 所示，或与宝贝之间有足够对比度的背景，使宝贝清晰、质感强。

图 7-2-4 构图

（2）光源——自然光。选择光线充足的地方拍照，确保图像清晰，色彩真实，建议使用三脚架，图片的后期处理加工可使用 Photoshop 等图片处理软件。

（3）突出主题的效果。如图 7-2-5 所示中左边的照片，不如右边的照片主题突出。

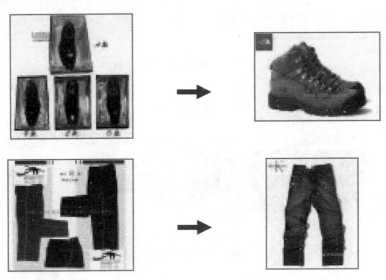

图 7-2-5　突出主题

主体突出的好图片，小图也能看出内容；图片制作最合理的大小为 500×500 像素，如图 7-2-6 所示。

图 7-2-6　主体突出

（4）店铺风格。内置淘宝为大家设计制作好的风格模板，下拉选择风格模板，可参看右边模板风格预演示，选择完成后，单击"确定"按钮即选择完毕，如图 7-2-7 所示。

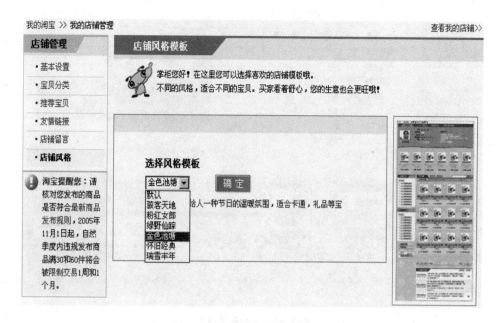

图 7-2-7　店铺风格设置

（5）店铺功能体现。经过以上店铺功能设置步骤后，店铺已初建成立。店铺设置体现店铺风格、店标、店铺公告、店铺推荐、宝贝分类、友情链接。如图 7-2-8 所示。

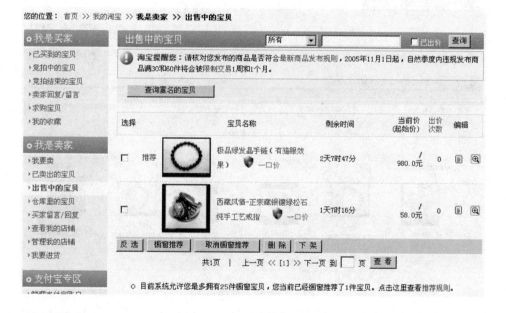

图 7-2-8　店铺功能体现

3. 图片处理橱窗推荐

在"我的淘宝"中，单击"出售中的宝贝"，进入出售宝贝列表，将需要被推荐的宝贝选中后，单击列表下方"橱窗推荐"即可。取消推荐同理，选择后，单击"取消橱窗推荐"即可。在列表最下方将显示店铺共有橱窗推荐位数以及已使用数。橱窗推荐是增加宝贝浏览量的最直接有效的方式。店铺推荐体现店铺首页，如图 7-2-9 和图 7-2-10 所示。

图 7-2-9 店铺首页

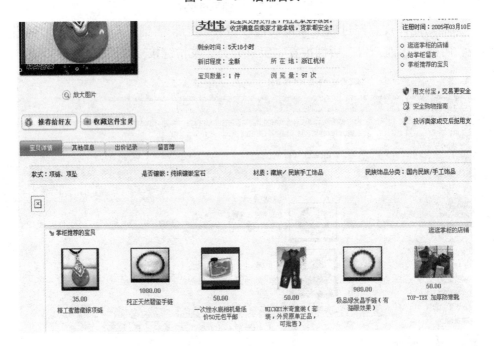

图 7-2-10 商品页面

（1）店铺推荐和橱窗推荐的区别：橱窗推荐最直接体现在搜索，甚至频道浏览的商品列表结果页面。

（2）橱窗推荐都是掌柜挑选出来的商品，所以商品相对较有优势。

（3）橱窗推荐是目前增加宝贝浏览量，提升出售率最直接有效的方式，如图 7-2-11 所示。

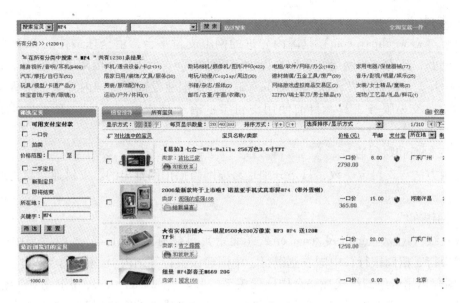

图 7-2-11 橱窗推荐

任务 7.3 网店支付与物流

7.3.1 知识准备

1. 第三方支付的基本知识

1）网上支付的类型

第一类是由五大商业银行主宰的网关支付服务。比如银联，金融背景与业务熟悉是这类支付平台的最大优势。

第二类则是依托大型 B2C、C2C 网站的第三方支付平台。比如支付宝就属于这种非独立性的寄生形式。

第三类是具有网上支付、电话支付、移动支付等多种支付手段的独立的第三方支付平台，目前正在迅速成长和扩张，与银行之间形成了微妙的互补关系。

2）第三方支付的主要平台

所谓第三方支付，就是一些和国内外各大银行签约，并具备一定实力和信誉保障的第三方独立机构提供的交易支持平台。在通过第三方支付平台的交易中，买方选购商品后，使用第三方平台提供的账户进行货款支付，由第三方通知卖家货款到达、进行发货；买方检验物品后，就可以通知付款给卖家，第三方再将款项转至卖家账户。相对于传统的资金划拨交易方式，第三方支付可以比较有效地保障货物质量、交易诚信、退换要求等环节，在整个交易过程中，都可以对交易双方进行约束和监督。在不需要面对面进行交易的电子商务形式中，第三方支付为保证交易成功提供了必要的支持，因此随着电子商务在国内的快速发展，第三方支付行业也发展得比较快。

（1）支付宝。

支付宝（www.alipay.com）是国内先进的网上支付平台，由全球最佳的 B2B 公司阿里巴巴公司创办，致力于为网络交易用户提供优质的安全支付服务。由阿里巴巴旗下的淘宝网花费 3 000 万美元巨资开发，联合中国工商银行、中国建设银行等国内多家金融机构共同打造"支付宝"交易服务工具。目前使用支付宝的有个体，也有商家，还可以集成到企业网站。

（2）安付通和财付通。

其使用方法与支付宝一致，只是分别是易趣网与拍拍网推出的。安付通、财付通交易流程与支付宝流程相同。

（3）网银在线。

网银在线（www.chinabank.com.cn）（北京）科技有限公司，已经前后与中国工商银行、中国银行、招商银行、中国农业银行、中国建设银行等国内 19 家银行签署了合作协议，与 VISA 国际信用卡组织结成战略合作伙伴关系，并联合 Master Card、JCB 等国际信用卡组织，为商户提供完美的电子支付服务。同时积累了大批优良的客户资源，如微软中国、金山软件、浙江联通、江苏联通、诺基亚、摩托罗拉、索尼爱立信、NEC、神州数码、搜狐商城、CCTV 网上商城、e 龙旅行网等。

（4）快钱。

上海快钱（www.99bill.com）信息服务有限公司是注册在上海张江以提供网上交易的收付费平台的互联网服务企业。在国内是第一家提供基于 E-mail 和手机号码的网上收付费平台。投资者包括中国互联网行业资深创业者和国际风险基金。快钱运营仅一年多已经有超过 700 万的注册用户。

（5）首信易支付。

首都信息发展股份有限公司（简称首信公司 www.beijing.com.cn）的前身首都信息发展有限公司成立于 1998 年 1 月，由北京市财政局资金管理分局、邮电数据网络集成开发中心、北京电信投资有限公司、北京中天广电通信技术有限公司、北京有线广播电视网络中心、中元金融数据网络有限责任公司六家股东出资设立而成。2001 年 12 月 21 日，公司在香港联交所创业板成功上市。第三方支付平台的出现，体现了支付方式的变革。作为首都电子商务工程的核心成果——首信"易支付"具有网上支付，电话支付、手机支付、短信支付、WAP 支付和自助终端，采用二次结算模式，可做到日清日结。

（6）ChinaPay。

银联电子支付有限公司（www.chinapay.com），于 2002 年 6 月正式揭牌成立，总部设在上海，在北京设有办事处。公司前身为上海腾欣科技有限公司（ChinaPay），早在 2000 年 6 月即已成立，是电子商务领域中从事专业网上支付服务的先行者。公司拥有面向全国的统一支付网关，专业从事网上电子支付服务，是中国银联旗下的网络方面军。

（7）其他。

其他的还有 YeePay、环迅 IPS、iPay、云网支付@网等，大家可自主学习了解。学习网址：YeePay（www.yeepay.com）；环迅 IPS（www.ips.com.cn）；iPay（www.ipay.com.cn）；云网支付@网（www.cncard.net）。

2. 网上店铺开设物流实现的原理

1）物流基本知识

在网店经营中，当买卖双方达成交易并且买家付款以后，接下来的步骤就是需要卖家包装货物并且发出货物了。网店物流的实现途径主要包括邮政平邮和快递，而快递又包括了普通快递和 EMS 快递。网上交易达成以后，买家一般都会选择快递的形式来完成商品的转移。因为平邮虽然相对便宜，但是到货的时间却比快递长一半以上。

2）物流的几种主要选择

（1）推荐物流公司。

这是淘宝网跟物流公司达成的协议。卖家只需要在网上下单，物流公司上门取件。网上下单更有保障，如果你的货物发生了丢失损坏，或者你对物流公司的服务不满意，可以向淘宝投诉，淘宝网督促物流公司对索赔进行处理。在网上下单需要你设置好你的发货地址库，这个在地址库管理中设置。

（2）线下物流公司。

即店家线下联系物流公司。

7.3.2　网店支付与物流

1. 支付宝使用

（1）注册。

用支付宝进行网络支付，首先必须注册成为支付宝会员。登录支付宝网站，单击主页上的"注册"按钮，进入注册页面。如图 7 - 3 - 1 所示。

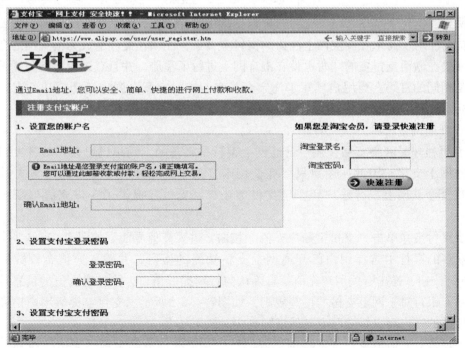

图 7 - 3 - 1　支付宝注册页面

在支付宝注册成为会员时，如果已经是淘宝网的会员，则可以快速用淘宝会员名快速注册。如果还不是淘宝网会员，则可以用电子信箱作为用户名注册。一旦注册成功，支付宝就会发出邮件进行确认，并让用户激活注册账户。图7-3-2所示是单击邮件中"激活账户"的超链接后，支付宝所显示的页面。

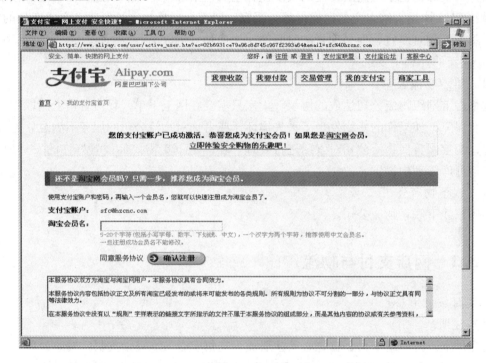

图7-3-2 激活支付宝账户

很明显，支付宝是用来网上交易时进行支付用的，因此，激活账户的同时，需要填写淘宝网会员名。对于尚未在淘宝网上注册的支付宝会员，还须在此注册成为淘宝网的会员，其实际意义是在激活支付宝的同时也就在淘宝网上进行了注册，并且登录淘宝网与登录支付宝采用的是相同的密码。当用户填写了淘宝会员名，支付宝就会弹出激活成功的窗口，如图7-3-3所示。

（2）开通网银。

为了顺利开展网络贸易，用户开通网上银行是必需的。阿里巴巴公司与各大银行合作大力推行网上支付。因此，用户只要凭信用卡开通了网络银行业务，即可与支付宝无缝链接，将资金从网上银行账户转账至支付宝账户。支付宝提供了账户充值与账户提现的功能。

登录支付宝并单击"支付宝账户充值"按钮，进入充值界面。如图7-3-4所示。

在众多的银行中选择用户已开通网上支付功能的银行，并输入充值金额数量，单击"下一步"按钮，弹出有关用户充值信息确认与特别提醒窗口，除核对充值的信息外，还告知用户网上银行对于网上支付的一些规则，如图7-3-5所示。支付宝提醒用户招商银行针对不同种类的客户而设置的网上支付规则。

当用户核对充值信息并浏览特别提醒信息后，单击"去网上银行充值"按钮，就可以直接进入网上银行窗口，如果用户已经开通网上银行服务功能，则可以直接将资金转入支付

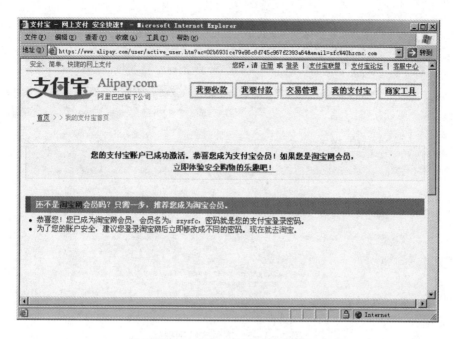

图 7-3-3　支付宝账户成功激活窗口

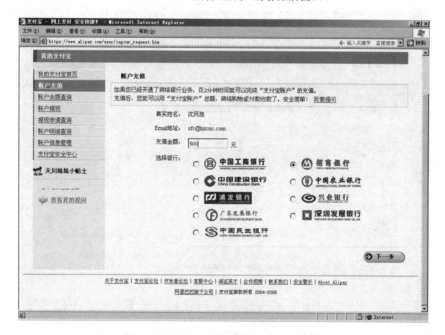

图 7-3-4　支付宝账户充值

宝账户，如果尚未开通网上银行服务功能，则可以直接申请。图 7-3-6 所示是进入招商银行—网通支付的页面。

当用户进入网上银行支付页面后，网上银行提供订单的详细信息，以供用户核对，同时选择支付方式。不同的银行界面虽然不同，但支付流程是基本相同的，图 7-3-7 所示是招商银行专业版支付最后确认的页面。用户单击"确认支付"按钮，用户网上银行的资金就直接进入支付宝账户。

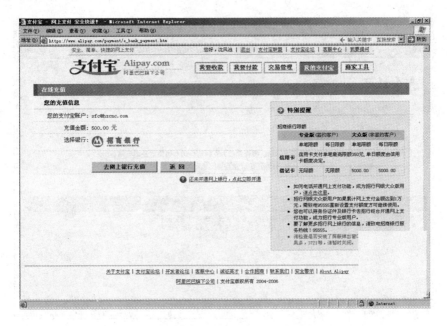

图7-3-5 支付宝特别提醒

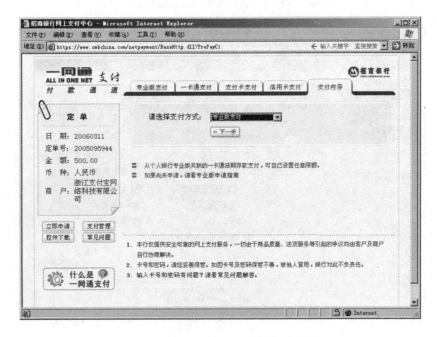

图7-3-6 招商银行一网通支付页面

(3) 使用支付宝购物。

当用户的支付宝账户上有足够多的资金用来购买商品时,即可在一些支持支付宝进行在线支付的网站(如淘宝网)进行商业交易。

下面以在淘宝网上购买商品为例,说明采用支付宝支付的操作过程。

首先浏览商品,选中需要购买的商品,并且支持支付宝交易,如图7-3-8所示。

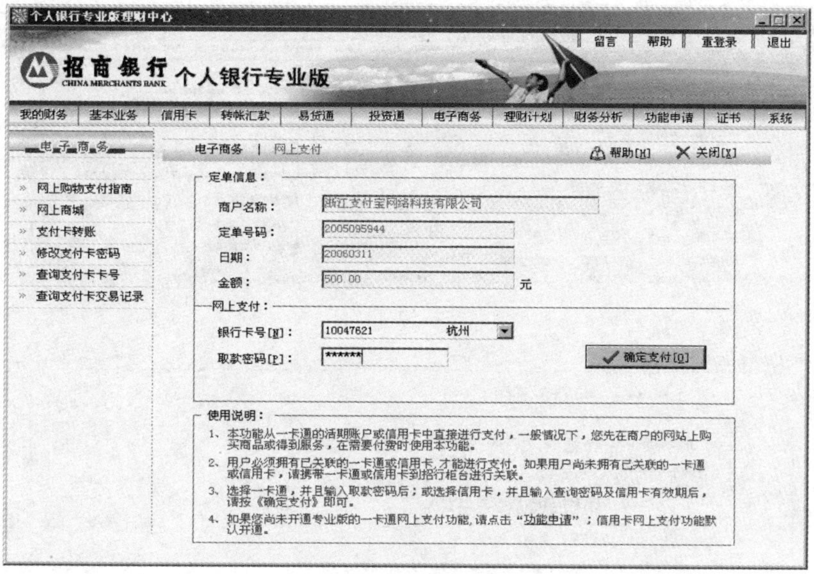

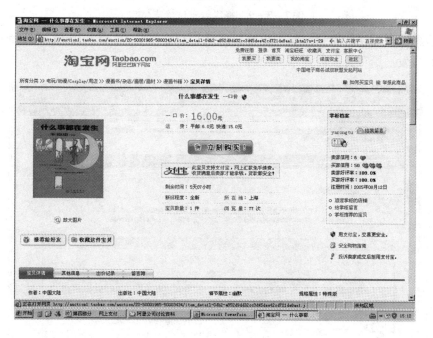

图7-3-7 招商银行确定支付页面

图7-3-8 浏览商品

当确认需要购买时,单击"立即购买"按钮。就会弹出确认购买窗口。如图7-3-9所示。如果有关交易的信息不完全,就需要填写一些资料,以便交易顺利完成。如交易数量、购买者的电话、邮政编码、联系地址,以及商品的邮寄地址等。然后单击"确认"按钮,系统就会返回信息核对窗口,同时将检测用户的支付宝余额并告知用户,以便用户确定是否有能力完成交易。当用户余额足以支付购买的商品货款时,输入支付宝支付密码,再单击"付款到支付宝"按钮,即可将货款划给支付宝。

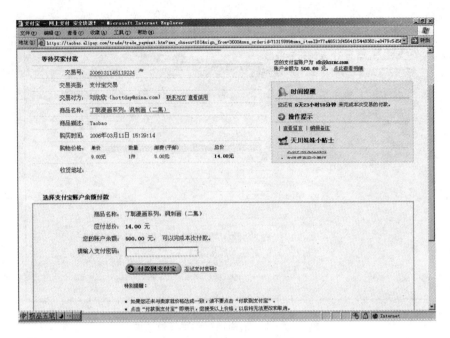

图 7-3-9　将货款支付给支付宝

如果信息输入无误，支付宝将弹出支付成功窗口，如图 7-3-10 所示。接下来就是等待卖方将商品发送给买方。

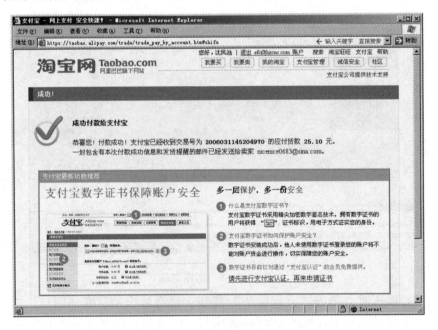

图 7-3-10　成功支付给支付宝

如果收到的货物无误且令用户满意，则登录支付宝进行确认，也就是同意付款。图 7-3-11 所示是商家已经将商品发出，等待客户确认的页面。支付宝提醒客户收到所购买的商品后离支付的最后期限及同意支付后所产生的后果。

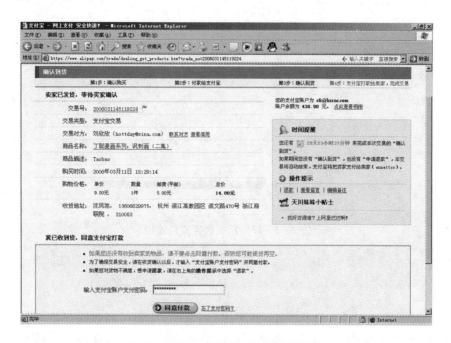

图 7-3-11　确认收到商品同意付款

一旦得到确认，支付宝就会将货款转入卖方的账户，整个交易全部完成。图 7-3-12 所示是买方登录支付宝确认收到商品的页面。接下来要做的，就是到相关网站上去对卖方在交易中的表现做出评价了。

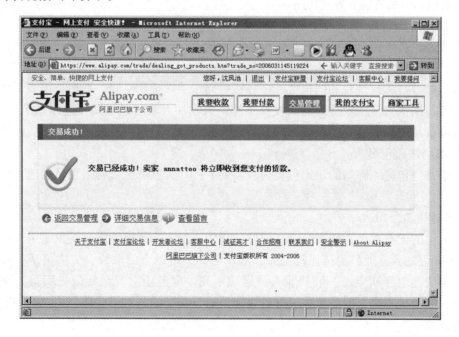

图 7-3-12　支付成功

从整个交易过程可以看出，支付宝是整个交易过程的纽带，也是买卖双方权益的保障。整个购买与支付过程可以用图 7-3-13 所示清晰地表示出来。

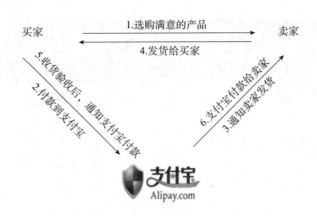

图7-3-13　用支付宝支付流程

2. 物流解决方案选择

1）选择邮局物流

（1）EMS。

EMS——邮政特快专递，全称 Express Mail Service，是中国邮政提供的一种快递服务，是在万国邮联管理下的国际邮件快递服务。根据地区的远近，一般在1~4天到达目的地。

我国的邮政 EMS 业务通达全球200多个国家和地区，在国内有近2000个大、中、小城市有 EMS 业务。在业务方面与其他的快递相比它具有多方面的优势，如在海关、航空等部门均享有优先处理权。它具有高速度、高质量等特点，为用户传递国际、国内紧急信件、文件资料、金融票据和商品货物等各类物品。

（2）邮局普通包裹。

对于普通包裹来说，邮局一般是按包裹的重量及目的地来计算收费的，每500克为一个计费单位。普通的包裹邮寄用的是绿色的邮单，在7~15之内能寄到目标地点。邮寄的附加费用包括了挂号费、保价费和回执费。挂号费等同于手续费是必收的费用，需要2元，是不可以节省的。回执费是于收件人确认收到邮件，由收件人填写，邮局投递回送给寄件人的，这个是可以省掉的。保价费是按填写的价值而定的，除非是贵重物品，不然不提倡用。

（3）邮局快递包裹。

相对于普通包裹，邮局的快递包裹一般需要7~10天就可把货物送到目的地，比普通包裹快些。

2）选择快递公司

快递公司的优点在于它的高效率，同城的货物一般在当天就能送到买家手中，外地的则需1~3天即可送到。而且价格比较低廉，随叫随到，可以上门取货，价格灵活，服务方式也灵活。但快递也有缺点，一般从业人员素质不高，服务不太规范，信誉不是特别好。因此，选择一家价格不高，但是服务又好的快递公司是必要的，对于快递公司，在淘宝网上有很详细的介绍。

在挑选快递公司的时候，可以有选择地跟几家快递公司进行签约，成为签约客户，这样运费也便宜。支付宝与多家快递公司成为合作伙伴，例如百世汇通、风火天地、韵达、申通、中通和圆通等快递公司。但是，在运送商品前最好先问下快递公司能不能运送该商品，不然，退回来就很麻烦。

为了方便在淘宝网开店的卖家发货，目前与淘宝网合作的推荐物流公司有：EMS、e邮宝、申通、圆通、韵达、宅急送、风火快递（上海同城）、中通、天天、百世物流；如果是使用以上物流公司发货，卖家可以选择线上下单，使卖家的货物获得更多安全保障。

3）选择大件托运

托运一般适用于运输比较大件的商品，例如，台式电脑、家具和电视机等，托运有3种运输方式。

（1）汽车托运。

汽车托运是根据货物的重量、体积还有货物属性、运输距离等定价格的。

在汽车托运的过程中，由于天气、路况等原因都有可能会出现商品划伤、碰伤等外部损害。如果出现交通事故的话，就有可能对商品造成比较严重的损害，购买托运保险是一种减少损害的方式。

（2）火车托运。

火车站都有托运价目表，只要货物包装好了，一般都不会被打开检查。但是火车托运价格比较贵，还需要去火车托运站办理相关的手续。一般不建议用火车托运。

（3）物流公司托运。

相比于火车托运，物流公司的托运价格比较低，但是风险要高，需要购买托运保险。在找物流公司的时候，最好找一些大的物流公司，那样信誉有保障，还有在签订协议的时候一定要仔细查看，避免在发生纠纷的时候没有权益保障。

任务7.4 案例阅读

7.4.1 案例一

支付宝帮助我做安全的跨境电子商务

支付宝，让我的生意做到美国去了。我是淘宝里一个普通的卖家，每天面对的是各种买家的交易，有的买家使用支付宝跟我交易，而有的没有。我也没有在意支付宝对一个卖家的重要性，直到我碰到一个英国的买家。

这位买家看中了我店里的宝宝床围，通过淘宝旺旺跟我联系。大概是时差的关系吧，买家一直是晚上在线的，我们聊了好几个晚上，买家准备在我这里订10套床围，金额估计要1 000元以上（到英国的运输也要1 000元左右，这笔生意的金额变成了2 000元）。

我们把所有的细节都谈妥以后，接下来是付款的问题，让买家为难了，因为是第一次跟我交易，而金额又挺多，买家有点犹豫（呵呵，其他的卖家不要笑哦，这是目前为止我做得最大的一笔生意了）。

这时候我想到了支付宝，我跟买家详细介绍了支付宝。呵呵，买家很开心。爽快地跟我签订了订货合同，通过支付宝即时到账先给我付了 500 元定金，等东西做好以后，又把其他的货款通过支付宝付给了我。

现在货已经通过 EMS 给远在英国的买家送去了。

说说支付宝，感谢支付宝。相识淘宝已有半年，这半年对我个人来说是不平凡的，从一个懵懂的买家升级为兼职卖家。其中有太多的感想、太多的酸甜苦辣，相信每位卖家都体验过，但对于一个从事财务工作的兼职卖家，最想说的、最想感谢的就是支付宝。

首先，支付宝是卖家理财的好帮手。作为卖家，最头疼的莫过于要每天核对销售账，今天销售了多少，哪些账款还没收到，支付宝与淘宝旺旺相辅相成的作用，使卖家根本不用操心这些，无须浪费太多的精力去管理账款，每天应收的、已收的都会在上面显示得清清楚楚，一目了然。支付宝实实在在是卖家的应收账款明细账。

其次，支付宝有力地保障了买卖双方的合法权益。因为网络交易的特殊性，买家不能亲身体验、目睹所购商品的质量，特别是新手买家更是战战兢兢不敢下手购买，而支付宝作为交易双方的中介能够确实保障买家的利益。对于买家来说，只要你买到假冒伪劣（不能识别的除外）的商品，就可以无条件地要求退款；而对于卖家，不会给那些不愿确认收货的无耻之徒造成有机可乘的机会而保护商家的利益。所以建议新手买家初次进行网络交易一定要使用支付宝，保护你的合法利益。

7.4.2　案例二

农村一个淘宝县的农村电商试验

2013 年 12 月 3 日，华东平回到遂昌县参加县政府举办的网商大会，意外听到网店协会的"农村电子商务服务站"。这位南极人淘朗专卖店的董事长一下子兴奋了起来。

"先要保证你的产品足够好，还要比市场价格低很多。"遂昌县网店协会项目经理柳志军设下一道关卡。

"那肯定，我那保暖内衣才四五十元，在超市里要一百多元。我要给你们样品吗？我相信你们会卖好。但你们用同一个 ID 购买，我怕淘宝判罚我刷单！"

"不会，我的平台具备销售功能。"

"我有个建议，你们能不能把所有的村民的账号都注册起来？每次都让他们用自己的账号买。如果每个 ID 都不一样，我的衣服甚至可以少五元给你。"

柳志军一时无语。华东平接着解释："数据对我们商家最重要了。卡位卡好了，销售上去了，我的排名也会上来。这对我的淘宝店有战略意义。"

"要在农村实现这件事比较困难，特别是让连打字都不会的老大爷去注册一个淘宝账号。"

"你们帮他注册呀！"

"帮每个村民注册一个号，可操作性太弱了。你还不如只管卖衣服赚钱。"

"微信也许能实现这个功能。"

"那还得配备智能机！我们现在只在网点配备了电脑和显示屏。"

"你们要是在屏幕里给我们植入资讯，我们也可以给你们广告费。农民大叔知道我们，但买不到。这最后一公里的问题，我们解决不了。"

"这个难题正好我们能解决。"

"我明天就给你们发100套！"

每个村的肯德基位置

华东平的商业嗅觉是正确的。就在大觉新村朱明华的电商网点，10月、11月以来的淘宝购买记录主要是价格数十元的女秋装、女冬装和女外套。把淘宝的渠道延伸到每个自然村的项目，早在2013年年初就开始设计。

最先到遂昌县找到网店协会的是支付宝，那是一个农村电子金融的团队，他们希望在农村销售保险和彩票。柳志军在接到这样的需求以后很是为难，"在农村做保险和彩票是很难行得通的，这没有给农村解决具体的事情"。但大家都觉得农村是电子商务最后一块处女地，很有潜力，于是网店协会一行人找到了淘宝。

4月22日，离淘宝十周年盛典还有半个月，遂昌县网店协会副总经理潘君跃一行四人从杭州开车回遂昌，在这漫长的五小时车程中，几人发挥种种想象力设计着这个"农村电子商务服务站"项目。"做到最大的时候，卖点是什么？对政府而言是什么，对消费者而言是什么，对我们而言是什么？"潘君跃说："我们一路聊回来，越聊越兴奋。前天坑口村一天就消费了1 000元，做好以后一个月过万并不难。明年我们铺到两百多个点，一个月就是200万元的盘子。"

从杭州回来，网店协会的人花了两个月时间下乡调研，时值夏天，项目组的人普遍黑了一圈。柳志军拟定了调查表：第一，农村收入来源以及主要支出项；第二，日常感觉最不便利的是什么。"最不便利加主要支出项，就是他们的需求。"

调查结果中主要支出项是"子女教育、日常生活消费品和农耕产品"，"日常消费品很多很杂，小至指甲刀、针线、油盐酱醋，大到电饭锅、电磁炉。"柳志军说："最不方便的是要跑到镇上买东西、充话费，来回车费要15元，还得跑半天。"

商品库，淘宝有。于是网店协会找到淘宝，在后台筛选出"信誉度高，有返利的"的商品，"预留下网点工作人员的返利"。7月，网站协会开始在两个村庄进行试点。选点遵循两个原则：交通不便的村庄、人流最多的小卖铺。如果一个村庄的交通发达，快递能到达，网店协会的自建物流就没有价值；在村庄里找到人们喜欢聚集的小卖铺，潘君跃称为"每个村的肯德基位置"。每个店成本约一万元，"配备电脑、大屏幕、广告牌"，"明年200多个网点200多万元的投入"。小卖铺的老板便是这个网点的工作人员。

最后一公里的快递问题

从遂昌县政府驾车沿着县级公路到龙洋乡埠头洋村需要两个半小时，全程71.4公里——这里是遂昌县网店协会为这个项目定下的物流终点，再往南走，便是县道的尽头。60岁的退休小学数学教师吴继忠的商店就盖在清澈的乌溪江和狭窄的县公路之间。店前静静地坐着许多老人，这一次潘君跃又感叹：这里是整个村子人气最旺的地方。

此前，吴继忠"从来没有摸过电脑"，他从开机学起，注册了淘宝和支付宝账号。村民购物时，吴继忠用自己的支付宝垫付，村民再给他现金——交易量大的坑口村民李雪已经在网上被称为"拜金女"。

不用坐车到镇里就能充电话费，这对老人们是个福音。"15元的来回车票，充100元，其实花了115元，还得跑半天。"第一笔交易来自静坐人群中的一位大爷："如果真能充就真是做好事了，不要骗人了。10元能不能充？短信有没有提示？"吴继忠在淘宝上给他充了10元，过了一分钟，短信提示了，大爷兴奋地说："哎哟，真的能充，那我再充100元。"

第一天只有充值，没有人下单买东西。柳志军等人第二天也开车进来。一个大爷要买一双皮鞋，却担心质量不好。于是大爷决定从10元的小东西开始买起——放大镜。

李雪的小卖铺就在坑口村的广场旁边，有活动的晚上人声鼎沸。12月1日这一天，她的姐妹们在她那里消费了1000多元，"买面油、棉鞋、羽绒背心、干活手套、充话费。老人、年轻人都买。她们一个看一个的，一个买了第二个也买。"

每一个网点都贴着一份导购海报，海报上的商品都是柳志军从淘宝商品库里筛选出来的有返利的商品，"平均15%左右，我们会给网点工作人员8%，我们留下7%。"柳志军说："对村民来说，我们是在做服务，对企业来说，我们是在做渠道。物流统一4万元的价格，现在是赔钱的，快递公司的成本是我们在承担着的，但以后货物多了，是会赚钱的。"

网店协会总经理潘东明在地图上比画着从县城到龙洋乡的县道公路："我们先铺这条路的物流，网点以周边村庄为主。这条线的物流成本是最低的。全国农村，没有一个快递是直接能到的。目前到村里的物流只有EMS，价格很高，一周才送一次。我们要解决村级最后一公里的快递问题。"

华东平不久前接到潘东明的电话，说起这个项目时，还不知道它的价值，详细一听才发现有利可图。"我之前跟百度合作，我让他们帮我把县级的小网站提供给我，我在上面做导购——不是点一下广告就给钱，而是卖出去我才给他们分成。我卖了400多万元，给了百度120万元。我们在淘宝网上卖30多元，在上面卖88元。但他们不懂得上淘宝买，奇怪吧？"

农村电商畅想

"商业文明的红利根本没有到达农村。"潘东明感叹："很多公共资源他们也不知道怎样得到。"在潘东明设计的模式里，这个称为"赶街"的项目会成为农村的信息平台。

柳志军说，以后会在屏幕上提供有价值的信息，比如"老年人养生讲座、县城的用工信息、农村青年婚介服务"等，而茶叶收购信息将会直接影响到茶农的收入，"以前卖茶叶只能打听到邻近几个村的价格，我们要做到全县价格透明，把收购价格从最高到最低罗列出来，让农民去选择。"

潘东明更希望这个物流通道做成以后，遂昌的特色农产品——竹笋、萝卜、土猪、茶叶等，能进入电商渠道，卖向城里——只有城里才能卖有机农产品的价格。在这样的设计下，丽水市政府领导已经到遂昌考察过，计划明年把丽水市九个县的农村电商服务试点都交给遂昌网店协会。

遂昌县副县长赵文明也赞同，以市场的力量来解决三农问题会更有效率。他举例说："第一次城里人买了十斤萝卜，觉得很好，下次会预购一百斤。本来那十斤是多出来的，现在有一百斤的订单，明年就会多种九十斤。慢慢就演变成农产品的订单式种植，把农民生产什么这个问题都解决了。"赵文明说，这跟过去江苏一个老板过来订十万斤萝卜是不一样的，因为这十万斤是个不确定因素，"说不定哪天出点意外，这老板就不要了。"

农村是电子商务的最后一块处女地,但它的巨大消费潜力只有在渠道通畅后才有可能被激发出来。农村电商化能挽救农村劳动力严重缺失的问题,很多大企业都有生态农业的投资。如果有一百亩地,现代化生产,全网络销售,大学毕业生就有可能回老家创业,由此而引起的变化将是非常有利于新农村的建设。

(案例来源:新周刊,2014-01-20)

本项目教学建议

1. 教学要求

通过本项目的学习与实训,要求学生能够了解几个主要的 C2C 网络创业平台的特点,以及开店流程。

2. 教学重点

各大 C2C 平台的特点、开店流程、网店支付与物流解决方案、网店推广。

3. 教学难点

网店开设实务、网店推广实务、网店客服。

项目八
网络店铺的经营管理

引导案例

九年磨一剑——一个老牌广告联盟的逆袭之路

2012年的国内广告联盟市场，没有多少大的浪花。移动互联网市场的崛起或许是最大的亮点。但是在这平静的背后，笔者注意到了一个已经存在了9年的老牌广告联盟——脉动广告联盟（www.myad.cn）。

之所以关注这家联盟，一个是因为9年时间，该联盟目前还活跃在网络广告市场上；另一个原因是既然9年了，为何之前一直没有听到过这家联盟的很多消息。

"我们确实是走了很多弯路，虽然是国内早期的广告联盟，但很遗憾之前很多方面做得不到位，让站长朋友失望了"，脉动广告联盟创始人兼CEO可乐（网名）如是说。

可乐，一个典型的山东大汉，今年是他的本命年，和他沟通才知道，他也算得上是互联网一个老骨灰了。1999年8月接触互联网，11月即在一个偶然的机会下了解到当时的美国广告联盟，并且开始用frontpage98制作一些简单的网页，从此便和广告联盟结下不解之缘。"最疯狂的时候，美国各大广告联盟账号都有，一个月支票都可以收几十封"，谈到那个时候的经历，可乐显得非常骄傲和满足。

2003年，在积累了一定的原始资本之后，可乐感觉依靠美国广告联盟过日子越来越难了。随着NASDAQ泡沫破裂后美国网络公司大量倒闭，以及对效果的日趋严格，能否在国内搞一家广告联盟的念头就在脑中浮现了。于是他开始尝试发展国内联盟……这一搞就快9年。

笔者问了可乐一个比较敏感的问题，为什么脉动广告联盟这么多年了，一直发展得比较缓慢，甚至网上各种攻击言论都有。

可乐对此问题似乎早有准备："我知道你会问这个问题。作为一个存在这么多年的广告联盟，真的是有一腔热血，但我们真的体会到了落后就会挨打的滋味。2005年，2006年，站长作弊的还比较少，网络环境相对也比较稳定，但后来随着网络的发展，脉动联盟一直处于小作坊模式下生存。主要还是观念陈旧，技术落后，管理不完善，流程混乱。正因为这些方方面面的因素，整个联盟无法沉淀一些优质渠道和优质客户，处于一种浅层的营销当中。因为处于浅层，数据分析和运营都有问题，也把一些站长错杀错打。让很多站长受了委屈和冤枉之后，还因为年轻人的冲劲儿不知道问题出在哪里，拒不认错。有一个例子，因为广告效果不好，那时候就随便给站长的数据结算时进行修改，导致站长骂我们扣量。现在这些方面的事情我们都要有严格的流程，确认到底其流量是否合适，假如不是作弊而因为流量不合适的因素，那就支付了相关款项再停止合作，不再像之前那样粗暴无礼，伤了很多站长的心。"

笔者还问了可乐另外一个尖锐的问题：2008年网页游戏（web game）盛行，你们联盟为什么当时没有进行这方面的营销呢？现在看好像以效果营销类为主，没有多少流量类产品。

"我们其实起家就是靠CPM起家的，并且2004—2009年，CPM一直占了相对大的份额。但刚刚也跟您说了，脉动之前最大的问题是观念和技术流程有重大问题，所以导致对于效果的研究及反作弊方面很差。"

从国内广告联盟的早期发起者，到后来被站长遗忘，脉动联盟确实是走得很平庸。其实之前也有很好的机会，我们都没把握住，可乐继续说道："2006年，美国一家风投公司BWA还和我们联系过，准备给我们一笔投资，大概有100万美金。虽然现在看来数量不大，可是也着实让人兴奋了一把。很遗憾还是因为什么都不懂，这个投资没有成功。"

"那你们现在是如何逐步走出困境的呢？或者说，2012年，在你们公司发生了什么事情，让团队和业绩都发生了很大的改变。"笔者问道。

"我感觉人活一口气吧。"可乐回答道。"作为一个13年的中国互联网老站长，自己的团队走到今天，真的是不服气。作为最早的一批国外网站站长，国内项目之前经历了很多事情，被人打击和折磨得也是万念俱灰过，可2012年到了，不是开玩笑是世界末日嘛，干脆豁出去再试一次了。然后开始逐步进行一些多方面的改革，综合来说还是要抓住事情的本质。运作广告联盟，一方面要对广告主负责；另一方面要对站长负责，自己的团队管理，也要有针对性地进行改革，提高团队成员的积极性与责任感。我们目前主要是经营效果营销类产品，比起流量类营销，事情更加烦琐，因为每个广告主的需求不同，那么对于投放媒体渠道的反复融合与沟通的过程就都不一样。最好的情况就是达到广告主与网站主都可以接受的一个度，然后稳定地发展下去。虽然说得容易，但是实际操作起来并不是一件容易的事情，毕竟现在网站质量参差不齐，没有好的效果跟踪流程及反作弊流程，那就很难把上面的事情做好。"

"接下来你们脉动联盟有什么打算呢？"笔者继续问。

继续做好现在的各方面工作吧，这是最重要的。然后再考虑移动互联网广告联盟的项目，毕竟2013年移动互联网应该有一个比较大的发展空间。

"据说你手里有很多不错的运作联盟的域名？"是的，除了myad.cn，还有mylead.cn，mysale.cn，chinacpc.com，chinacpm.com，paypercall.cn等。我们将在下一步的发展当中逐步将产品与团队细分，提供更加优质的服务。

通过简单的访问，看着这位脉动联盟创始人两鬓过早出现的白发，深知其之前肯定经历了很多挫折，有很多创业的故事。笔者相信天道酬勤，希望这个9年的老牌联盟能在2013年越走越好。

（案例来源：中国电子商务研究中心）

任务 8.1　网络店铺推广

8.1.1　知识准备

1. 线上推广方法

网络店铺开设好后,要使店铺产品从几千万件产品中突出,提高其浏览量并促成交易,店铺的推广是至关重要的一步,在很大程度将决定着一个店铺经营成功与否。

1) 平台付费推广

C2C 平台都为卖家推出了相应的竞价排名服务。淘宝网使用 YAHOO 竞价排名(也就是雅虎直通车),是目前淘宝上最精准、覆盖面最广的推广工具。使用雅虎直通车后,所有买家关注的页面都将有宝贝的身影,展示完全免费,按照点击付费,最低 3 角一次点击,用竞价的方式决定排名。雅虎直通车的具体操作流程我们可以参考如下:首先进入直通车系统。单击"我的淘宝"——"我是卖家"——"我要推广"即可加入。进入直通车系统,找到"推荐词专区",选择"收藏"。然后按照正常添加竞价词的步骤,选择"从收藏夹添加",然后选择带有"荐"字标记的推荐词。做好之后怎么看自己的广告呢?在淘宝网首页搜索宝贝中输入购买的竞价词(关键词),单击"搜索",第一屏的右侧,有 3 个广告位,把滚动条拉到最下端,同样出现 3 个广告。

2) 店铺信用推广

店铺信用度越高,店铺的曝光率就会越高。在 C2C 平台首页有个店铺分类,其排列顺序是按信用从高到低排列。所以快速提高店铺信用,也是店铺推广的重点。信用的评价标准不单纯就是信用高低,其实更主要的是信用好评。好的评价会留住很多客户,多和客户沟通一下,问一下宝贝喜欢与否,有什么问题,有什么建议之类的,让每个客户感觉到受到特别的尊重,许多老客户就是这样产生的。记住把客户当朋友,急客户所需。具体操作:我们可以在买家购买产品,确认收货之后,单击"我的淘宝——我是卖家——已卖出的宝贝"里面进行评价。如果要对评价进行管理,我们可以单击"我的淘宝——我是卖家——信用管理——评价管理",就可以对买家做出的评价进行管理了。

3) 社区推广

可以在淘宝社区(http://www.taobao.com/forum.php)里发帖回帖宣传带动销售。发帖时,要注意发帖规则和发帖主题相对应的版块,多发一些跟店铺商品有关的帖子。一篇质量高的帖子可以起到很大的宣传推广作用。在社区发帖时还要设置好自己的社区签名档,最好是制作成动态的。签名档的制作方法,在淘宝社区有帖子教程,这里就不赘述了。一个漂亮好看的签名档很能吸引客户的眼球,通过社区签名档就可以直接进入店铺。最好让别人看到签名档就知道你的经营项目,当然也可以把店铺的优惠促销信息也设置在签名档里面。

论坛发帖的具体流程如下:

第一步进入淘宝社区以后,单击"个人空间",进入"我的空间"。

第二步单击"撰写文章",我们就可以在淘宝社区里发帖子了。

4）聊天工具推广

通过聊天工具设置促销信息，或者适当利用聊天工具进行软性群发。在实施时，不要单纯地发广告信息，这样很容易导致买家的反感。比如新上架了产品，那么可以这样群发一条广告："打扰大家一下，上次张小姐让我调限量版的×××产品，我已经进过来了，我现在找不到你，请你收到我的信息后即刻联系我吧。"

5）网店促销

淘宝网为店铺卖家提供了很多促销活动。比如：一元专区、限时抢购、周末疯狂购、周末特卖场等。积极参加淘宝活动能大大提高店铺的浏览量和交易量。在"我的淘宝"——"我是卖家"——"活动报名专区"进入，有很多促销活动，各位掌柜可以选择适合自己的活动参加。除了淘宝网为店铺卖家提供的促销活动，其他的方式也还有很多：

（1）包邮费。

可以给买家免去邮费或者买满多少钱免去邮费，这样可以促进买家消费。包邮费信息可以在店铺公告和宝贝描述中发布。比如，满100元包邮费、购买两件商品包邮费等。

（2）打折。

买家购买店铺商品，买满多少就打折，享受折扣的优惠。信息可以在店铺公告和宝贝描述中发布。比如，买满100元享受9.5折的优惠等。

（3）送赠品。

可以准备一些小礼物。买家只要购买你店铺的商品，就有精美礼品相赠，或者买满多少就有精美礼品相赠。有不少的买家就是为了你的赠品才购买商品的。赠品信息可以在店铺公告和宝贝描述中发布。比如，购买本店所有商品均有超值礼品相送。

（4）积分促销。

就是把店铺的买家按购买次数和购买数量，设置VIP会员等级。不同等级的会员享受不同的打折优惠，得到相应的会员积分。买家可以利用得到的会员积分，加N元换购店内的其他商品，从而促进买家消费。信息可以在店铺公告和宝贝描述中发布。

（5）联合促销。

联合促销就是联合其他店铺一起进行销售。比如，在甲店铺里购买商品就可以在乙的店铺里享受到N折优惠，或者可以在丙的店铺里添加N元换购超值宝贝商品。联合促销可以发布在店铺公告里也可以发布到宝贝描述里，把联合店铺的地址或者联合的商品链接写上，以便买家直接进入。

2. 线下推广方法

线下可以靠朋友宣传，还可以采用制作名片等各种营销方法。口碑相传宣传店铺，强调沟通技巧和服务。如果要让客户成为网店的宣传者，就要服务好自己的客户，让他（她）带动身边的人来消费。

8.1.2 网络店铺推广

1. 关键词推广

关键词推广，就是设置好宝贝的关键词。遵循以下标准设置：精准、多样、易找，如图8-1-1所示。

关键词的组合推荐以下几种：
(1) 品牌、型号+商品关键字；
(2) 促销、特性、形容词+商品关键字；
(3) 地域特点+品牌+商品关键字；
(4) 店铺名称+品牌、型号+商品关键字；
(5) 品牌+信用级别、好评率+商品关键字；
(6) 演变出更多的组合方式。

2. 论坛推广

包括在论坛发帖、回帖；利用好论坛头像、签名档、论坛广告位等，如图8-1-2所示。

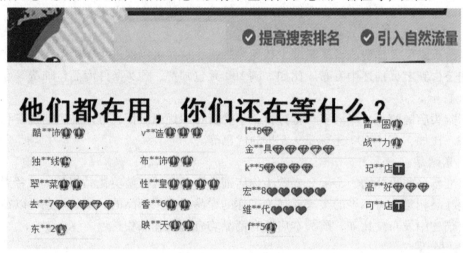

图8-1-1 关键词推广

图8-1-2 论坛推广

论坛推广即在论坛发帖，最好遵循以下标准：
(1) 发些对人有用的帖子，转载率会高；

（2）发帖要显得自己专业；
（3）悄悄告诉人家，我店里就有这种东西；
（4）好好利用签名和回帖，让别人相信自己。

3. 搜索引擎推广

购买关键词，利用消费者上网的入口；搜索引擎是按点击收费的，注意文字要写得准确。避免误点白掏钱，如图 8-1-3 所示。

图 8-1-3　搜索引擎推广

4. 促销活动推广

淘宝会用各种促销活动吸引买家点击，能够在促销活动中出现，就有更大概率被买家访问。促销品是吸引买家访问的素材，东西越好优惠越大，点击率越高，如图 8-1-4 所示。

图 8-1-4　促销活动推广

5. 人际关系推广

利用好人际关系推广：巩固忠实的老客户群，维系客户关系，老客户购买，一个顶普通客户好几个，可以利用旺旺来实现，如图 8-1-5 所示。

图 8-1-5　人际关系推广

在淘宝页面做广告：淘宝页面会有大量可以购买的店铺广告位置（通过银币购买）。挑选那些和买家更加切合的位置，尝试购买。并且可以给自己做个数据报告，分析投资回报，如图 8-1-6 所示。

利用店铺联合的方式推广：联合促销是他好我也好的事情。流量大的店铺办联合促销，比如他店里面的 VIP 会员到你店里也可以打折，也可以共同发红包、同类推荐等。同时可尝试设置店铺间的友情链接，如图 8-1-7 所示。

利用店铺联合的方式推广除此以外还可以利用雅虎直通车、博客、与外部网站联合等方式来进行店铺的推广。

图 8-1-6 在淘宝页面做广告

图 8-1-7 同类推荐

任务 8.2 网店客户管理

8.2.1 知识准备

1. 有效地和客户交流

两个店铺同质量同产品交易的时候,并不是价格最低的产品就卖得最好。能否和客户有效地沟通，很多时候成为交易达成的关键。如何让客户从质疑到完全信任到最后成为忠实客户群体，网络交易有其独特的方法。

1）熟练使用旺旺

为了方便卖家和买家进行有效的沟通，淘宝提供了很有用的一个工具——阿里旺旺（淘宝版）供大家使用，其超强的功能方便了店家和客户的交流。我们可以下载软件，运行之后即可登录旺旺了，旺旺的用户名即我们的淘宝会员名，密码即我们的淘宝密码。自动回复功能：在旺旺界面下拉菜单里的"自动回复"里面设置自动回复。不要小看这个功能。当店家离开的时候（一般只要离开超过15分钟都应该设定）一定要设定起来。这样买家才知道店家为什么不能亲自回复，以免单方面产生误会。名字后面的注释功能：在旺旺界面、旺旺图标和店家名字的下方，有一个圆形内有小黑三角下拉菜单。单击"设置状态信息"，店家可以根据需要来设置店铺的优惠信息、活动等，让看到店家旺旺名字的朋友时刻能看到。比如："德芙小米新上架情侣对戒系列喽～低价试卖一个月"。这样只要有旺旺好友看到你的名字就会看到你的广告拉，跟QQ的签名效果一样。快捷短语：跟任何一个朋友打开旺旺对话框，发现在中间有一行字和图标。有表情有字体还有一个快捷短语选项。单击并且选中"添加短语"。把你经常要说的话添加到里面，还可以把定义表情符号添加进去。快捷短语最多可以定义10条，要充分利用。这样能够很快回复对方，也不耽误时间。最近联系人和添加淘友：很多卖家出现过这样的问题，当跟一个还没有把他添为淘友的朋友聊天过程中，旺旺突然出现问题，这时候当重启之后就找不到那个朋友了。这时候我们可以在旺旺界面里面的"最近联系人选项"中找到这个朋友。阿里旺旺（淘宝版）还有很多的功能能够有效地帮助我们和客户进行交流。

2）引导买家信息搜索

售前阶段，买家主要是集中对产品性能、材质、质量等方面资料的搜索。这个阶段卖家需要把产品的材质、性能向买家阐述清楚，不应出现急于促成交易的心态，要站在买家的角度帮忙为他参考。以真诚的心态加专业的产品知识赢得买家信任。这是买家信息掌握阶段也是卖家跟买家信用建立阶段。良好的交流开头，对拉近买卖双方距离是非常有用的。作为卖家应有理有节，尽量多使用礼貌用语。另外可以适当利用聊天表情，心态放端正，不要表现急于成交的心态。开头要保持聊天气氛愉快为主，开场气氛控制为中调最合适。若把高调定为是聊天气氛太过于活跃，店主热情过火了，导致买家朋友好像不买产品都会觉得过意不去，不敢继续沟通下去。店主太过于死板生硬，很容易造成沟通僵持。中调讲究的是专业的产品知识、适当的幽默风趣以及投买家朋友喜欢的话题，但要把握度，点到为止。同时需要对优质潜在买家客户信息进入分组跟踪。在售前直接来询问产品信息或者价格的客户，是重点的优质客户，应该对他们跟踪分组。当时没有达成交易的，过一天主动出击回访。我们可以利用旺旺来分组。首先我们需要登录阿里旺旺（淘宝版），下拉"菜单"——"联系人"——"管理组"——"添加组"。接下来需要在添加的组里面输入组的名称。组的名称可以按照客户的性别来分；可以按照其喜欢、关注的产品类目来分，这个类似于我们开店时讲述的产品类目的设置，这里不重复了；可以按照年龄层次来分，如果你能判断客户的年龄的话；也可以根据你对客户性质的判断来分，比如老客户、潜在客户等。然后我们需要做的就是将未分组的联系人（和店家旺旺交流过的加了好友的客户都将出现在这里）添加到组里面了。具体流程："未分组联系人"里面的客户名字——"添加联系人到其他组"——目标组即可。

3) 帮助买家对比购买

买家通过多方对比后锁定几家卖家后,决策过程很大程度是价格侃谈过程,这个阶段直接关系成交与否,一定保证沟通愉快。如果客户说别的卖家的价格比你出售的价格要低,就要善于寻找卖家之见的差异。主要的策略有让利促使交易、礼物绑定、赞美成交法、售后保证承诺。

4) 注重售后交流

产品成交后要及时包装好、发货及时、发货后及时告诉买家单号、跟踪货物情况,保证货物安全快速送达。对于客户非常不满意的,可以采用各自承担邮费直接发回退货,不必要太啰唆。对于是对部分细节不满意的、有回旋余地的买家,可以采用软硬兼施另外赠送或者下次多优惠等方法。

2. 网店交易评价系统

通过支付宝交易,买卖双方可以各自为对方做出评价。评价分为好评、中评和差评。可以登录"我的淘宝"——"我是买家(我是卖家)"——"已买入的宝贝(已卖出的宝贝)"进行评价。做出的评价要公正,符合实际情况,尽量少使用中差评价。

8.2.2　网店客户管理

阿里网为更好地促进买卖双方的沟通,提供了多种沟通方式,主要的沟通工具为淘宝旺旺、站内信。

1. 阿里旺旺的使用

阿里旺旺集成了即时的文字、语音、视频沟通,以及交易提醒、快捷通道、最新商讯等功能,是网上交易必备的工具。

阿里旺旺的使用流程为:下载→安装→登录→注册→成功。

1) 阿里旺旺的下载

进入淘宝主页,如图 8-2-1 所示,单击阿里旺旺,进入阿里旺旺首页,单击"免费下载",下载阿里旺旺,如图 8-2-2 所示。

图 8-2-1　淘宝主页

图 8-2-2　下载淘宝旺旺

2）阿里旺旺的好处

阿里旺旺是淘宝网和阿里巴巴为商人量身定做的免费网上商务沟通软件,它能帮你轻松找客户,发布、管理商业信息,及时把握商机,随时洽谈做生意!

这个品牌分为阿里旺旺淘宝版与阿里旺旺贸易通版、阿里旺旺口碑网版三个版本,这三个版本之间支持用户互通交流,但是,如果你想同时使用与淘宝网站和阿里巴巴中文网站相关的功能,需要同时启动淘宝版与贸易通版。贸易通账号需登录贸易通版本阿里旺旺,淘宝账号需登录淘宝版本阿里旺旺,口碑网对应登录口碑版的阿里旺旺。

以前的贸易通升级为阿里旺旺贸易通版本后,在原来贸易通的基础上,新增了群、阿里旺旺口碑版、淘宝版用户互通聊天、动态表情、截屏发图等新功能,贸易通用户可以用原来的用户名直接登录使用。

3）阿里旺旺的主要功能/运用

交易提示没有阿里旺旺的网上交易,会员只能通过不断点击多个页面了解交易状况。阿里旺旺独创的四种交易提示(涵盖网上交易的每个方面),可以轻松了解交易状况。只要会员的阿里旺旺在线,其他会员对其所有的留言、评价、成交和投诉,阿里旺旺都将即时给其交易提示,如图 8-2-3 所示。

留言:页面留言和店铺留言提示。

评价:交易对方的评价提示。

成交:宝贝买入和卖出信息提示。

投诉:收到的投诉举报提示。

阿里旺旺独创的四个买卖沟通方式,可以轻松联系交易对方,如图 8-2-4 所示。

◆ 文字交流。直接单击淘友用户名,发送即时消息,就能立刻得到对方回答,了解买卖交易细节。

◆ 语音聊天打字太慢,电话太贵。最新版本的"阿里旺旺"增加了免费语音聊天功能。想和对方自由交谈,只需拥有一个麦克风。

图 8-2-3 交易提示

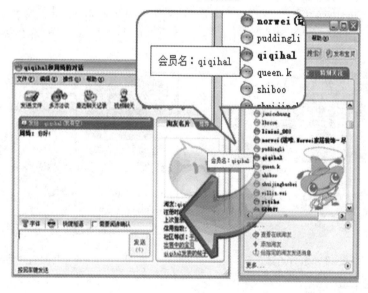

图 8-2-4 沟通

◆ 视频影像耳听为虚,眼见为实。最新版本的"阿里旺旺"增加了视频影像功能。想亲眼看看要买的宝贝,只需拥有一个摄像头。要启用语音功能,请在打开的聊天窗口中单击"语音"按钮,如图 8-2-5 所示。

◆ 离线消息。即使会员不在线,也不会错过任何消息,只要会员一上线,就能收到离线消息,确保会员的询问"有问有答"。

常用快捷通道。没有阿里旺旺的网上交易，会员只能通过不断点击多个页面实现买卖和账户管理。阿里旺旺独创的快捷通道，直接连通"我的淘宝"，可以轻松实现买卖和账户管理，如图 8-2-6 所示，只要使用阿里旺旺的快捷通道，无须登录淘宝网，无须点击多个页面，直接连接以下内容：

图 8-2-5　视频洽谈　　　　　　　　　　图 8-2-6　快捷通道

　　◆ 买卖交易：发布宝贝和搜索宝贝。
　　◆ 特别关注：淘宝网的特卖信息和精彩活动内容。
　　◆ 我的淘宝：会员的淘宝、支付宝账户信息管理，买卖交易历史情况。
　　◆ 多方洽谈：当不再只是两个人的讨论，会员可以邀请淘友参加商务洽谈室。"阿里旺旺"增加了"开始多方商务洽谈"功能，如图 8-2-7 所示。
　　◆ 淘友名片：沟通的同时，全面了解淘友信息。阿里旺旺独创的淘友名片全面整合了淘友资料，如信用指数、论坛发帖、出售宝贝等多种信息，如图 8-2-8 所示。

图 8-2-7　多方洽谈　　　　　　　　　　图 8-2-8　淘友名片示例

支持各网络代码设置：

进入 http://www.taobao.com/help/wangwang/wangwang_0628_12.php 页面。如图 8-2-9 所示，按要求输入"阿里旺旺号"及"图片提示"后，根据需求情况单击"生成网页代码"或"论坛代码"。

2. 站内信的使用

（1）站内信入口。

在淘宝首页及各页面上方均有"站内信"入口，单击进入即可，如图 8-2-10 所示。

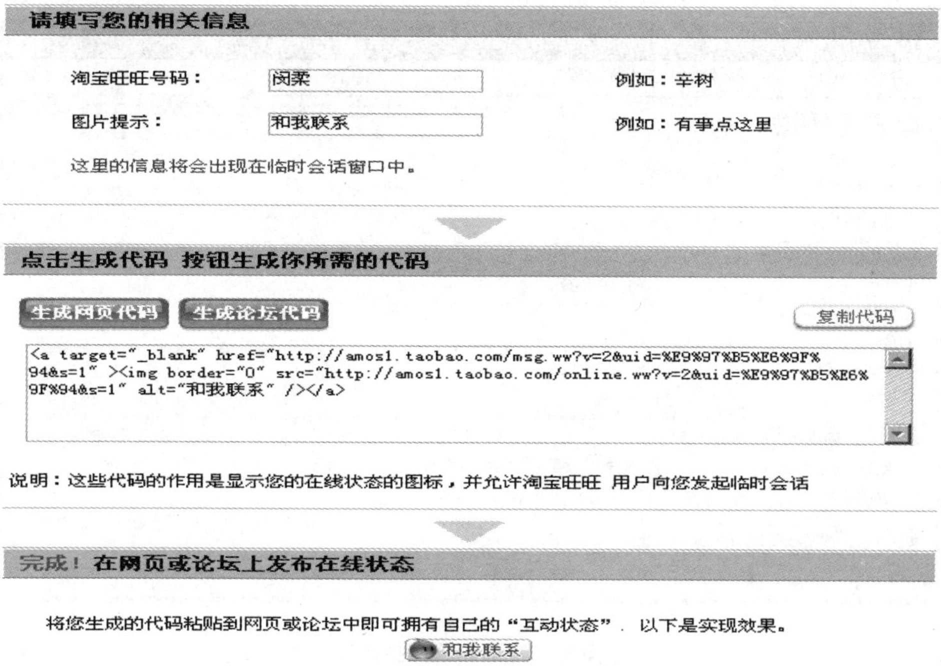

图 8-2-9　网络代码设置

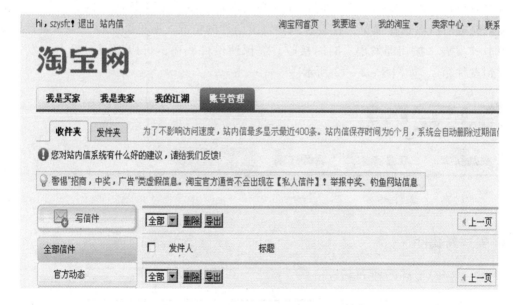

图 8-2-10　站内信

（2）收件夹。

站内信有空间限制，根据空间使用情况及时调整，确保信息收悉，对于需删除站内信，单击此信前的框后，单击"删除选中信件"即可；要删除全部信件，单击"清空文件夹"即可；保留全部站内信件，可以直接单击"导出收件夹"即可以文件形式存入电脑。淘宝系统站内信直接显示来自"淘宝网"无删除选择，根据时间自动删除。要给指定淘友发站内信，单击"发表信件"即可，如图8-2-11所示。

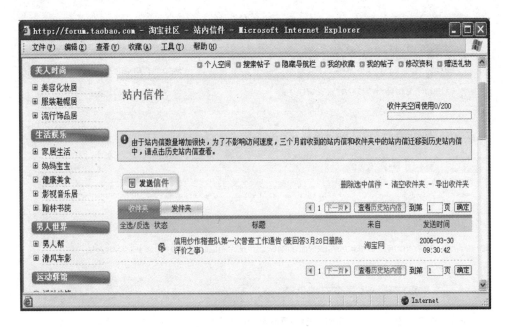

图 8-2-11　收件夹管理

（3）发送新信件。

收件人直接输入淘友会员名即可，标题为站内信收件夹所见标题，内容支持 HTML 编辑。编辑完成后可以选择预览，直接看到将发出信件的情况。所见即所得。编辑及预览确认后，单击"发表"按钮即发出。时时接收。需保留信件底稿，可以编辑后单击"发送的同时保存到发件箱"，如图 8-2-12 所示。

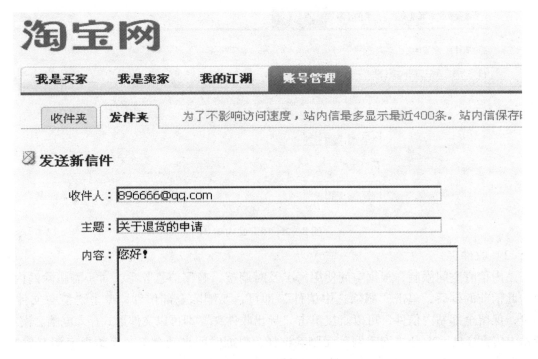

图 8-2-12　发送新信件

（4）回复信件。

单击收件夹标题即直接进入浏览信件内容，如图 8-2-13 所示，回复此站内信，单击"发表回复"即可；回复站内信时系统将默认回复会员名，不用填写。回复站内信时，系统将默认标题，可以做修改。回复信件功能同发表新信件相同。

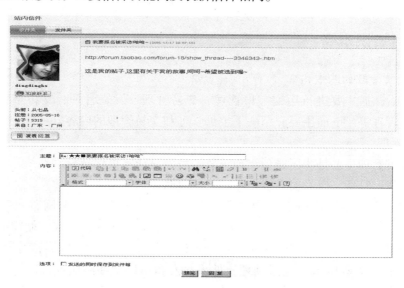

图 8-2-13　回复信件

（5）发件夹。

在发送新信件，或回复信件时，选择"发送的同时保存到发件箱"的信件将在这里体现，如图 8-2-14 所示。删除、清空和导出发件夹功能与收件夹同理；发件夹和收件夹空间大小不同，但内容分开计算。

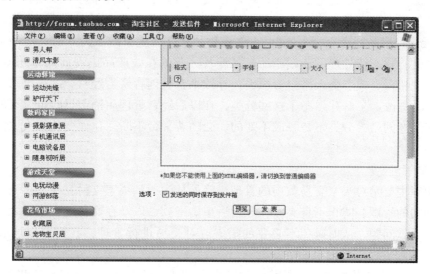

图 8-2-14　整理发件夹

任务 8.3　网上销售管理

8.3.1　知识准备

1. 网店销售管理的基本内容

店铺开设后，店主要进行店铺宝贝管理、交易管理、发货管理、支付宝管理、退款管理、纠纷评价管理等。下面主要介绍一下宝贝管理和交易管理的内容。

1) 宝贝管理

对店铺宝贝管理主要是为了避免出现重复，另外是让宝贝保持合理在线，对已经卖完的宝贝及时进行线上补货，以及对在线产品进行修改管理。

首先我们来看看如何管理出售中的宝贝，具体流程：登录淘宝网首页——"我的淘宝"——"出售中的宝贝"，就可以对宝贝进行编辑、橱窗推荐或者取消橱窗推荐、设置运费模板、宝贝删除，以及对宝贝是否重复进行查询。其次是对仓库产品管理。目前网店产品在线周期主要是7天或14天，通过助理软件重复发布可以把在线时间加长一个周期，但还是需要我们对仓库宝贝进行有效管理。同样的，登录淘宝网首页——"我的淘宝"——"仓库中的宝贝"来进行操作。所有等待上架的宝贝就是一个发布周期（7天或者14天）结束后，在线销售产品自动下架，就会出现在该分类里面。另外出现在该分类的，还包括定时上架的产品，即已经定时但还没有在出售中的产品没卖出的，就是一个发布周期，没有成交一件的在线产品下架后将在该分类。部分卖出的宝贝就是一个周期，有成交记录但发布周期到期的产品。出现在该分类的产品，可以直接手动上架，并且保持不修改状态，因为都是网络销售人气最高的产品。所有卖完的宝贝就是一件宝贝如果上的件数是15件，那么当有15个人购买这件产品或者一个人团购15件该物品，在线宝贝数量为0时，产品下架在该分类，需要及时补货。待处理的违归产品就是涉及经营的在线产品出现商品标题滥用关键字，或者属性出现错误，或者受人举报等原因，导致平台管理者认为经营产品违反平台规则而下架，需要及时修改。了解并熟悉了这些分类，在以后经营管理店铺宝贝时可以有的放矢。另外需要大家注意的是，分类不是一成不变的，会随着平台不断变化而变化，大家需要不断学习把握。

2) 交易管理

交易管理主要是对买家交易款项的管理，确保从沟通到买家支付款项，再到买家收货后确认放款期间的管理，防止不良买家在收货后申请退款，以及在交易过程中买家对货物不满意而产生的退款问题，从而避免不必要的损失。对交易进行管理，我们可以通过在"已经卖出的宝贝"和支付宝管理里面进行。

(1) 管理已经卖出的宝贝。买家拍下宝贝后，阿里旺旺会提示宝贝已卖出的系统信息。作为新手，第一笔交易肯定是很激动的，但这个时候先不要急着发货。首先需要查看交易状态，如果是"等待买家付款"，那么买家还没有把款支付过来，需要等待交易状态显示为"买家已经付款"，才可以按买家地址发货。发完货后，买家收到货后确认收货，提示交易成功，这个时候卖家才会收到款项。

（2）通过支付宝账户管理。前面对支付宝已经进行了相关介绍，这里我们再一次重点详细介绍一下其交易管理功能。在前面讲开店的时候，已经讲解了如何认证支付宝账户，现在主要从充值、提现、及时到账、数字证书几个方面来深入学习。在使用第三方支付工具的时候，首先要实现银行卡跟支付宝账号的绑定关系，这需要开通网上银行业务，从而方便在线给支付宝充值，也方便支付宝提现后资金的查询。我们先来看看登录支付宝账户后的界面：支付宝分为两个密码，一个是支付宝登录密码（是登录支付宝账户需要的），另一个是支付宝支付密码（是购物支付款项或者提现需要的密码）。在设置的时候尽量设置成字母加数字，并且两个密码不一样，另外需要登记好密码保护问题，方便以后及时查询。我们登录支付宝以后，可以看到支付宝可用余额。如果是新注册的支付宝账户，余额是0，如果我们要购物或者在网上进货的话，那么需要单击"充值"，跳转到网上银行进行充值。首先看一下如何给支付宝充值：可以为本账户充值，也可以为其他账户充值。在这里选择使用的银行，填写充值金额，单击"下一步"，会出现：再单击"去网上银行充值"，将跳转到网上银行的页面，输入银行卡卡号、网上银行密码进行充值。具体每个不同的网上银行存在区别，可以登录各大银行网站学习。支付宝提现，主要是实现把支付宝账户的款通过提现转到银行卡上。这里需要支付宝的认证人与银行卡的开户人必须是一致的姓名，否则是无法实现提现操作。提现单笔最高金额是49 999元人民币，但一天可以分多次提，提现后资金冻结，一般1~2个工作日，款会转到开户人银行账号。操作同样是在"我的支付宝"来完成的。支付宝具有及时到账功能，通过"我要付款"，可以直接把本账户的资金，转移到其他支付宝账户，这里是立即到账的，不受第三方保护，建议亲朋好友使用，不建议陌生人使用，支付宝账户及时到款拥有数字证书的用户，一天最高使用金额为2 000元，没有下载数字证书的用户，一天的使用金额为500元。通过支付宝账户，我们可以实现对所有的买卖活动进行管理，在这里可以进行付款、发货、退款管理，以及查询各种交易情况。网上交易必然会出现退款的情况，所以处理退款一定要注意两个问题：第一个问题是买家收到卖家发出的货物后，表示有问题，要求退货，卖家答应后，买家会在网上申请退款，这个时候单击买家申请退款，同意买家退货协议（如果没有达成退货协议，可以拒绝同意）。第二个问题是当你达成退货协议以后，等待买家退货，等货物送到后，卖家一定要打开查看后签收，防止出现空盒子的情况，如果签收后，是空盒子，就可能导致货物已发，款也收不回来的情况。如果完好收到买家退货后，再确认收到退款，退款给买家。

2. 网店经营风险防范的要点

网上交易活动永远伴随着交易风险，就好比实体交易照样存在合同欺骗等各种风险。我们可以通过学习，保持谨慎的态度和理性的心态，让骗子无机可乘。第三方支付工具，按照流程是可以防止受骗的。但是第三方支付工具只是能解决大部分交易诚信问题，不能真正杜绝所有的网络诈骗。从事网上交易，我们必须谨慎。

1）加密支付工具账户

为保证支付宝等第三方支付工具的安全性，需要下载数字证书。数字证书是为了防止其他不法分子盗用你账号后，在别的机子无法盗用你的资金。数字证书是由权威公正的第三方机构，即CA中心签发的证书。它以数字证书为核心的加密技术可以对网络上传输的信息进行加密和解密、数字签名和签名验证，确保网上传递信息的机密性、完整性。

使用了数字证书,即使发送的信息在网上被他人截获,甚至丢失了个人的账户、密码等信息,仍可以保证账户、资金安全。支付宝数字证书的三大特点:安全性、唯一性、方便性。我们可以进行对数字证书备份,可以转移到其他电脑,但需要设置关键问题,问题答案一定要记住,为以后备份使用。要更多了解支付宝数字证书,我们可以登录支付宝社区进行了解。

2) 多考虑技术安全

浏览一些比较大的网站,尽量不要浏览不健康网站。避免从网上下载不知名的软件,可以适当自己购买软件,迫不得已下载软件尽量选大的网站。要购买正版的杀毒软件,定期进行杀毒。商业用途的电脑,一定要树立高度警戒意识,不要接收陌生人发送的压缩文件。

3) 多识别产品信息

网络中的众多受骗,大多数是可以避免的,而被骗很多是来源于买家本人过于追求廉价,对于好得离谱的宣传需要保持理性,卖家在网上进货时尤其要注意。

4) 使用第三方支付工具

在网络虚拟的交易中,如果不具备丰富的社会阅历,或者是通过与卖家几个电话就可以识别对方的能力,那么请老实地使用第三方支付工具。网上第三方支付工具是保证交易安全的有力工具。

8.3.2 网店经营管理

1. 店铺管理功能模块的使用

进入"我的淘宝",单击"管理我的店铺",进行开设店铺的基本设置。在发布 10 件商品以后,卖家就可开始装修管理自己的店铺了,未开店时"管理我的店铺"处显示的将是"免费开店",如图 8-3-1 所示。

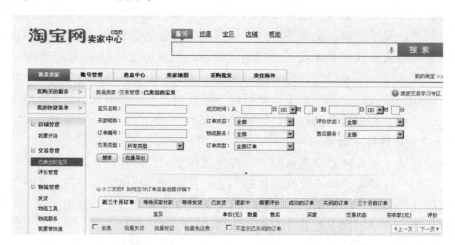

图 8-3-1 管理我的店铺

基本设置中主要填写设置自定义的,包括店铺名、店铺类别、主营项目、店铺介绍、店标(浏览上传)、店铺公告,如图 8-3-2 所示。

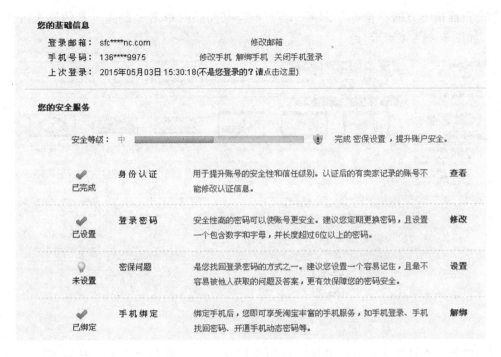

图 8-3-2　店铺的基本设置

宝贝分类。在新分类名称栏中输入自定义分类名称以及期望排序。修改分类名称时，直接在分类名称栏中输入更改分类名称，并单击"修改"按钮完成。需要调整顺序时，在调整顺序栏中直接输入希望排序数，并单击"修改"按钮完成。单击查看未分类宝贝，可以直接查看店铺内未分类宝贝并进行分类。单击"宝贝列表"可以查看本分类中的宝贝详情，如图 8-3-3 所示。

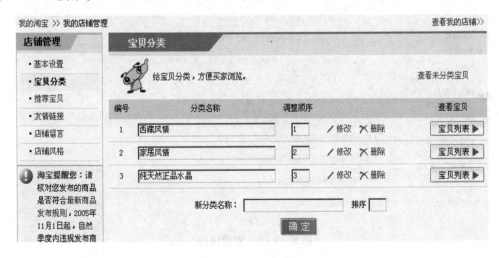

图 8-3-3　宝贝分类

推荐宝贝。每个店铺内可设置 6 件推荐商品。推荐宝贝有两种方式：
◆ 直接选择宝贝推荐
◆ 宝贝较多，且有目标推荐时用搜索，在列表中需要推荐的宝贝复选框中勾选，选择好后单击页面最下方的"推荐"即可,不再推荐某商品时单击"删除"按钮即可(商品仍存在),如图 8-3-4 所示。

图 8-3-4 推荐宝贝

友情链接。直接输入想友情链接店铺的掌柜会员名,单击"增加"按钮即可,可以添加 35 个友情店铺链接;不再友情链接,勾选店铺名前的复选框,选择"删除"按钮即可,如图 8-3-5 所示。

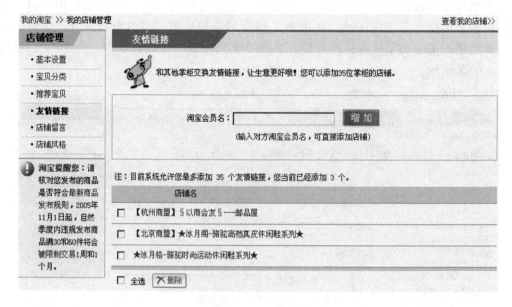

图 8-3-5 友情链接

店铺留言。查看他人在店铺中的留言内容、留言人以及留言时间,可选择"回复"或"删除"此留言;单击"隐藏留言板"按钮,可以选择隐藏或显示店铺留言,如图 8-3-6 所示。

2. 店铺销售管理

在宝贝出售中,卖家主要的工作是查询店铺信息、修改商品信息。

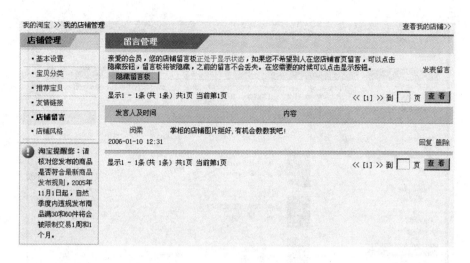

图 8-3-6 店铺留言管理

1）查询店铺信息

查询店铺信息可以通过"我的淘宝"中"我是卖家"栏，单击"查看我的店铺"了解各项信息，亦可看"我的淘宝"中下方"卖家提醒"区了解店铺经营最新情况并进行管理。如图 8-3-7 所示，可以修改商品信息，主要是修改商品信息和价格。

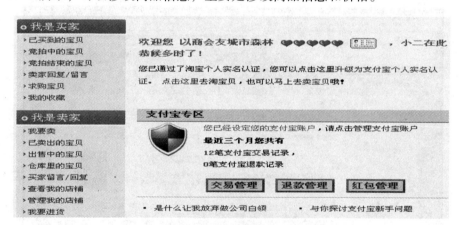

图 8-3-7 查看店铺信息

2）宝贝信息修改

单击"我的淘宝"中"出售中的宝贝"，进入出售宝贝列表，如图 8-3-8 所示，单击需修改信息的宝贝旁的"编辑"，对需修改信息进行编辑。

编辑修改方式与宝贝发布相同，以下是宝贝编辑修改页面，如图 8-3-9 所示。

3）宝贝价格修改

在买家付款前，可以进入"我的淘宝"——"交易管理"，根据实际情况重新调整物流的承运商和相应价格。找到需要修改价格的商品，单击"修改交易价格"按钮。如图 8-3-10 所示。

可选择修改物流承运商和调整给买家的折扣。填写完毕后单击"保存"按钮完成，如图 8-3-11 所示。

图 8-3-8　出售宝贝列表

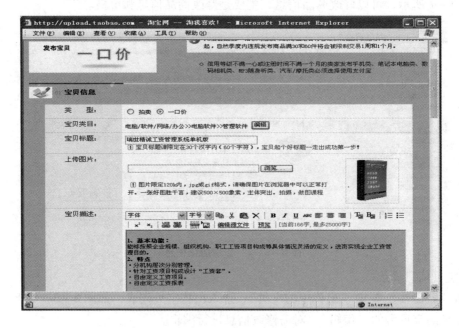

图 8-3-9　编辑修改页面

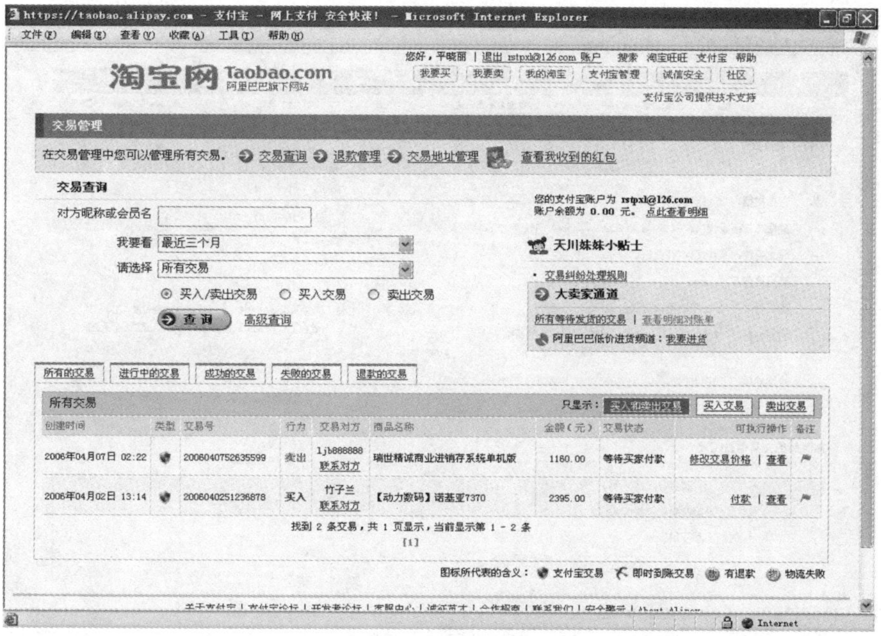

图 8-3-10 修改交易价格

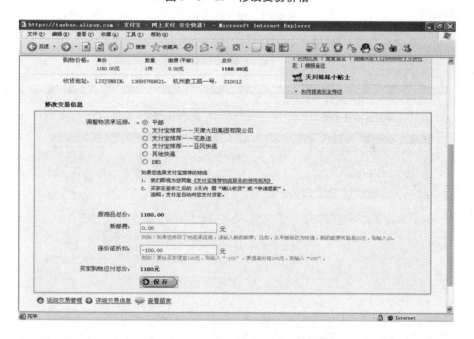

图 8-3-11 选择物流承运商和调整折扣

核对交易信息并"确认修改"或"重新修改"信息,如图 8-3-12 所示。

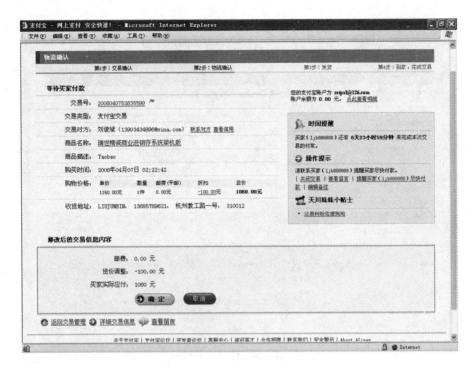

图 8-3-12　确认修改

修改成功，系统会发送一封包含本次交易信息修改内容的邮件给买家确认，如图 8-3-13 所示。

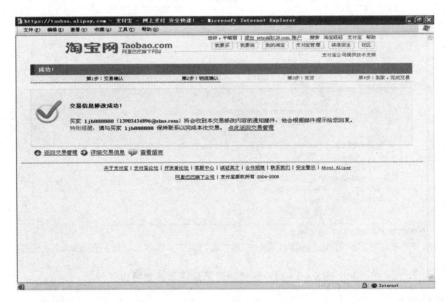

图 8-3-13　修改确认邮件

4）店铺售后管理

卖家在宝贝出售后，要及时和买家取得联系、获取买家信息（网上信息、真实信息）、查询买家付款情况，完成发货，在买家收到宝贝后收款。

(1) 查询并选择联系买家方式。

进入"我的淘宝"中"卖家提醒"或"我是卖家"中"已卖出的宝贝"后，可以查看卖出宝贝信息，如图 8-3-14 所示。选择联系买家方式：

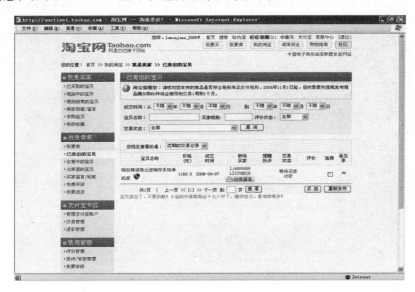

图 8-3-14　卖出宝贝信息

◆ 单击阿里旺旺图标，即可直接与在线买家联系并确认。
◆ 单击"联络买家"栏的买家会员名可查看买家网上信息。
◆ 单击"联络买家"栏的买家真实姓名可查看买家的真实信息，以及其所提供的收货人信息。
◆ 单击"交易状态"选项将直接体现支付宝交易各阶段的收付款情况。

(2) 查询买家信息。

◆ 网上信息：单击"联络买家"栏的买家会员名看到的买家网上信息，如图 8-3-15 所示。根据网上信息可查看买家在淘宝网的历史买卖情况及相关注册信息。如果买家亦开有店铺，将出现相关店铺链接单击查看；也可直接在线旺旺联系；或者通过站内信联系。

◆ 真实信息：单击"联络买家"栏的买家真实姓名看到的买家真实信息，如图 8-3-16 所示。根据真实信息可以立即通过电话或邮件直接联系。此页下面的收货信息为买家购买宝贝时确认收货地址。在交易联系并确认后，根据此地址邮寄宝贝。

◆ 查询付款信息：在"已卖出的宝贝"中交易状态将直接体现支付宝交易各阶段收付款情况，如图 8-3-17 所示。

交易状态分为：

等待买家付款中——买家购买宝贝但没有付款时体现。
买家已付款，等待卖家发货——买家支付宝付款后体现。
卖家已发货，等待买家确认——卖家发货并提交发货单后体现。
交易成功——买卖双方确认交易成功，卖家收款成功后体现。
交易关闭——由于各种原因交易没有成功时，买卖双方均可申请关闭交易。

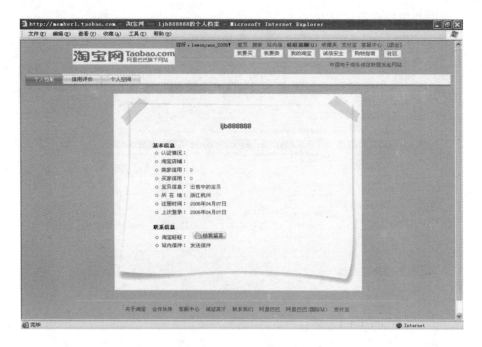

图 8-3-15 买家网上信息

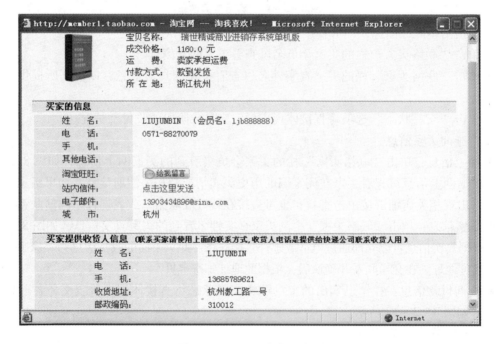

图 8-3-16 买家真实信息

5）交易发货及收款管理

当交易状态体现为：买家已付款，等待卖家发货时，表示买家已向支付宝付款，如图 8-3-18 所示。使用支付宝交易，请一定等到宝贝的交易状态变为"等待卖方发货"再发货，发货后请及时确认"已发货"。

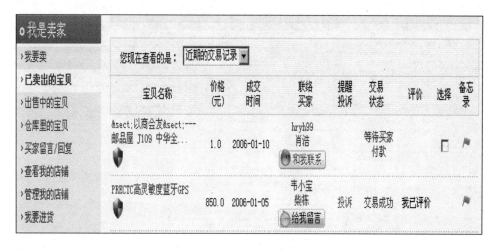

图 8 – 3 – 17　付款信息

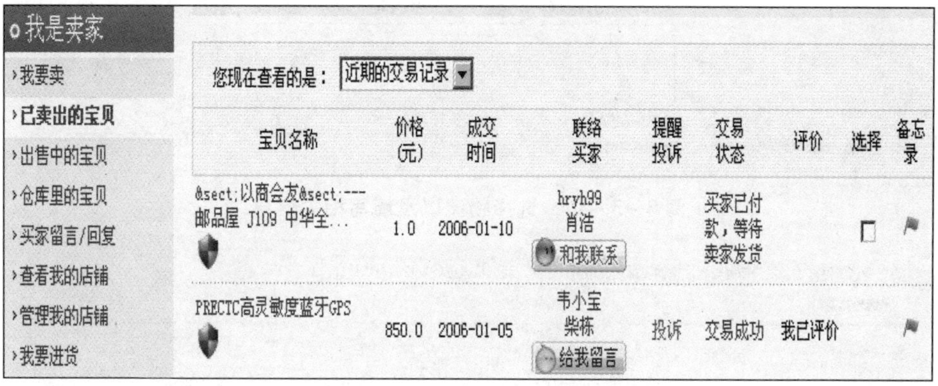

图 8 – 3 – 18　交易记录

卖家需要按买家需求安排邮寄宝贝，确认宝贝邮寄物流方式，发货方式有：平邮、合作物流快递公司及 EMS 等。填写承运单号码以及相关信息，如图 8 – 3 – 19 所示。填写完毕后单击"确认发货"按钮即可。

注意：一定要如实填写发货信息，并保留发货单至交易完成。

再次确认宝贝发货物流公司以及单号，如图 8 – 3 – 20 所示，核对无误后单击"确定"按钮，确认完毕后即显示发货成功。

6）诚信评价及流程

当交易状态体现为"交易成功"，表示买家已确认收货并确认支付宝付款。单击"评价"按钮对此次交易进行评价，评价的作用、流程及规则和买家评价相同，如图 8 – 3 – 21 所示。

评价状态分为：

◆ 评价——双方均未评价。

◆ 我已评价——我已评价，交易对方未评价。

◆ 对方已评价——交易对方未评价，我还未评价。

◆ 双方已评价——交易双方已评价完毕。

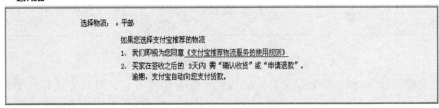

图 8-3-19 选择物流以及填写相关信息

图 8-3-20 确认发货相关信息

图 8-3-21 评价状态

任务 8.4　案例阅读

8.4.1　案例一

凡客：复制小米如何起飞？

　　陈年的创业轨迹中，始终都有雷军的影子，只是当风来的时候，站在风口上的他被吹了起来，却没能学会飞行。

　　一个很有前景的行业，一群风险投资人的背书，一次成功的创业和退出，所有导向成功的条件，陈年似乎都具备了。现在，已经 45 岁的他，仍然在竭尽全力，试图将自己创办的公司救出失败的深渊。

　　2014 年 8 月 28 日，凡客诚品举办了本年的第一次产品发布会，陈年孤零零地站在台上，脸上略带疲惫。他花了一个多小时，解答了一件好衬衫是怎么设计和制造出来的，衬衫也成为凡客目前的主力产品，正如 7 年前他创立公司时一样。

　　如今的凡客，几乎又回到了 2007 年创业时的状态。在过去的 7 年里，中国 B2C 行业又上了一个台阶，台前是京东等的风光上市和刘强东的人前显贵，台后却是凡客的惨烈重置和陈年的缄默不语。与最高峰时相比，如今的凡客已经是缩骨抽髓。员工从 13 000 人减到 300 人，SKU 数量从 190 000 个暴跌到 300 个。凡客曾经史诗般的进军，为何变成了一次大溃退？陈年如何反思自己打坏了一手好牌的这几年？他怎样在败局中再度出发？

　　2013 年 9 月，陈年搬离了熙熙攘攘的雍贵中心，决定做一件真正的好产品，他选择当年起家的衬衫。他憋了一股劲，要做一款"灭了雷军、能够跑分"的衬衫——这件衬衫将达到 300 支的纱线，而目前市面上的衬衫最多做到 120 支。不过，没过多久陈年就放弃了自己的"300 支计划"，并将目标定在更为现实的 80 支上。他发现，虽然 300 支的手感是绝对棒，但是加工难度实在太大，一年的最高产量只有一万件。而且，由于 300 支衬衫非常难保养，只能拿到设施齐全的五星级酒店干洗，一次的花费就要 100 元。他曾经带了一件 300 支衬衫回家，从没接触过这么好面料的保姆异常激动，非要帮他熨这件衬衫。结果熨了整整一天，把衬衫彻底毁了。

为了做好一件衬衫，陈年号称在全球范围内寻找最好的供应商、代工商和合作伙伴。他找到了日本的一支顶尖团队，这支团队曾经为优衣库服务了 15 年的时间。在看过凡客过去的产品数据之后，团队负责人木村就彻底晕了，他没想到凡客竟然做过那么多的产品！他疑惑地问陈年："你真的要那么坚决地重置吗？我见过重置的，没见过像你这么彻底的。"

此后，经过与木村的反复交流，陈年发现优衣库当年也经历了数次痛苦的重置。20 世纪 90 年代末，优衣库的服装质量也出现了不少问题，创立的运动服休闲装店铺 "SPOQLO" 和家庭休闲装店铺 "FAMIQLO" 也全都失败了。从 1998 年 6 月开始，在创始人柳井正的坚持下，优衣库启动了 "All Better Change" 的改革，对中国的服装加工厂进行了一次重组，将原本的 140 家工厂缩减到 40 家，增加了每家厂的产量，同时提高了面料与缝制的质量。2000 年，柳井正找到了全球最好的聚酯纤维生产厂商日本东丽公司，双方合作攻关，研发出了保暖性能优异的摇粒绒产品。正是凭借这款大卖的产品，优衣库才得以渡过难关。

深受鼓舞的陈年如法炮制，他忍痛砍掉了过去几乎所有的供应商，包括那些已经做到几亿元的供应商。他开始在东京、上海、南京、杭州、广州、深圳、重庆、香港满世界跑，只为了找到最好的服装加工厂。最后，他选了全球最好的一个加工厂，将 80 支衬衫的加工地放在了越南南定。

亲自跑一线的陈年也发现了中国服装业的痼疾。过去，凡客搞产品的中层大部分都是从传统服装品牌商过来的，按道理说都有非常丰富的经验。但是在如今陈年的眼里，他们却统统不合格。他找到设计师说要做件白衬衫，设计师说衬衫有什么好设计的，而且还是纯白色的衬衫。如果你要做 50 个花色或者做饰品的话，我的才能才好发挥。为了保证衬衫与手臂的贴合，80 支衬衫的袖口专门设计了褶皱，结果有几个搞产品的员工看到后竟然说，这是女装吧？他还发现，凡客对代工厂的管理也大有问题。有一次，他去常州见一家服装厂的老板，那位老板说凡客的生意太好做了，经常是人都没见着，一个电子邮件过来就下订单了。即使是人到了工厂，也就是拿着样品装模作样地比画两下，中午吃顿饭就走了。"我被他们所谓的'专业性'蒙蔽了。"陈年苦笑着说道。此后，他将传统服装行业的那批老手全部裁掉，换上自己培养的"非专业人士"。

在将近一年的时间里，三分之二的时间都在全球各地旅行，就连自己和女儿的生日也在外面过，这让陈年成了产品专家。在 8 月 28 日的发布会上，他站在台上，满嘴都是免烫面料等专业术语的时候，那些做了十几年衬衫的合作伙伴竟然在台下津津有味地听了一个多小时。

产品做好了，剩下的就是定价了。为了这个，陈年和雷军反反复复讨论了三个月之久。一开始，凡客的内部团队建议定 299 元，后来说 199 元，然后又说 168 元不能再低了。就在开卖的前一天，他和雷军还在纠结，最后决定采用小米式定价，将价格直接杀到了 129 元。

在互联网行业，一直有个说法：如果一家公司没有做好，第一责任人肯定是创始人。正如百度公司创始人兼董事长李彦宏所言："这是一个非常令人兴奋的时代，这是一个魔幻的时代。"在一个变化如此迅速的时代，如果互联网公司的创始人不能够适应变化，公司势必会陷入下沉的泥潭。

凡客的悲剧恰在于此。在参与创办自己的第一家互联网公司卓越网之前，陈年是个好文人和图书策划人，他被培养成了一名合格的职业经理人。此后，希望自己主导局面的他创办了凡客，并被突然袭来的大风吹上了天。很可惜，他陶醉于空中的美景，却没有抓紧时间学习翱翔蓝天之术。于是，当风停下来的时候，他和他创立的凡客就都落了下去。

2011年，凡客已经危机四伏，最大的隐患其实就是产品本身，很多凡客的忠实粉丝已经在抱怨自己买到的那些差强人意的商品，包括洗一次就严重缩水的T恤衫，还有穿几次就掉底子的帆布鞋……

实际上从2009年下半年开始，陈年就离开了产品一线，在上新品的时候，他只能看到那些产品负责人演示的PPT了。此时，他的眼中只有增长，而对产品却不屑一顾了。他仍然经常见到雷军，但是每次看到雷军从背包中拿出十几部手机摆在桌子上并逐个点评的时候，他的心里颇有些不以为然："需要对产品这么着迷吗？"在当时的资本市场，投资者更看重电商的营收规模，他们倾向于按照市销率对一家电商进行估值。因此，只要能够做到更大的规模，就能够获得更高的估值。

可是，风突然停了下来，浪漫主义者必须面对冷冰冰的残酷现实。2011年11月的一天，正在准备上市的陈年在香港见到了著名投资家索罗斯，却听到了一个令他非常不快的建议：从今天开始到12月8日什么都不要干，而12月8日本来是凡客在交易所挂牌的日子。当天晚上美国股市就开始了一次暴跌，再加上支付宝VIE事件对中概股的影响，凡客失去了一次很好的上市机会。

2012年一整年的时间，陈年一直在与库存做斗争，凡客一方面回归服装和品牌；另一方面大力削减产品线和员工数量，并发动了多轮降价清仓活动。最紧张的时候，他甚至带着公司的一群高管一起来到北京大兴的仓库，为商品打包。他也第一次重视数字化管理，指定高级副总裁姜晓怡牵头成立数据中心，负责所有经营数据的归纳、整理和分析工作，对于事业部的考核也从过去的销售额转变成了销售额、毛利率、售罄率、库存周转率等多元化的指标，其中毛利率被提到了更高的权重，迫使各部门提升管理的精细化水平。

不过，高空下落的感觉毕竟不好受，陈年是那么心不甘情不愿——哪位创业者愿意把自己的企业往小了做？2013年上半年，看到唯品会火爆异常的特卖模式，按捺不住的陈年决定再赌一把。4月7日，凡客联手李宁发起了一场特卖活动，李宁原价200多元的冲锋衣、卫衣、T恤和鞋最低降到了19元，在活动开始的几个小时内，所有商品被抢购一空。

此时的陈年又开始动摇了，他转而大力发展特卖等平台型业务。不过，他的这次摇摆却遭到了好友雷军的当头棒喝。6月中旬的一天雷军约他去喝酒，酒至半酣的时候突然说："我们还是不是兄弟？是兄弟就要把话说明白：凡客的产品不行，凡客对待产品的态度不行！"这些话让陈年很受刺激，以至于当天晚上，酒量比雷军要大的他却首先喝醉了。

此后，陈年又跟雷军先后聊了七八次，每次都聊了七八个小时，这种掏心窝子的交流让他受到了极大的震动，也让他意识到：小米的成功在偶然中蕴藏着很多的必然。2013年9月，他决心重回品牌之路。在绕了好几个圈之后，凡客又回到了创业时的起点：做服装、做品牌。在雷军的穿针引线下，大部分的凡客老股东如雷军、IDG、联创策源、赛富、启明、淡马锡又追加了1亿美元的融资，这也是凡客拿到的第七轮融资。这是董事会对陈年的一次信任投票，不过，期限只有一年，他必须做出让所有人信服的产品。

"作为一个股东，我不关心产品的价格，也不关心产品的性价比，我更关心这家公司的产品能否拿得出手。"凡客的投资人、软银赛富投资基金合伙人羊东认为。

从文人到创业者

任何企业都会有浮沉，不过陈年的个人轨迹恰好可以和雷军形成鲜明的对照，两位互联网创业老兵的不同轨迹，恰好构成了中国互联网的红与黑。

从2000年开始，陈年就一直与雷军交往甚密。他们同一年出生，都喜欢思考，都受到毛泽东思想的熏陶，还都有些多愁善感。不同的是，陈年从来都是个文人，他也继承了文人的那些缺点：乐于夸夸其谈却不擅长细节执行，喜欢一呼百应却不善于笼络人心，勤于内省却不长于外交……与文人气质浓厚的陈年相比，理工科出身的雷军身上流淌着更浓厚的企业家特质：他更加注重执行，更善于笼络人心，更擅长于合纵连横。在今天，我们还不能说小米一定成功，但是我们至少已经能够看清凡客下落的轨迹。

2000年的时候，陈年与雷军的生活有了第一次交集——他应雷军的邀请，参与创办了中国最早的B2C公司卓越网，他之所以被选中，恐怕还是因为他是位敏感的文人。

他对文学的兴趣，起源于高中打扫图书馆时看过的顾城、北岛和海子的诗，他还曾经为此而逃学。1994年，他从大学退学后来到了北京，做记者，创办好书俱乐部，做图书策划人，然后加入卓越网。凭借对图书的敏感，他将冷门的《钱钟书全集》卖成热门，把不温不火的《大话西游》炒得火遍全国，帮助卓越网的营业额超过了当当网，虽然图书数量只有对方的八分之一。他也步步高升，先任图书事业部总经理，后来是执行副总裁。当时有一种说法：对于卓越网来说，雷军是灵魂，王树彤是门面，陈年是执行。

2004年8月，卓越网被美国电商巨头亚马逊以7 500万美元全资收购。在亚马逊中国干了短短半年时间，自称受不了"黑人小孩整天对自己指手画脚"的陈年选择了离开，此时的他已经实现了财务自由，有一年的时间迷上了名牌和奢侈品，每天穿着杰尼亚和BOSS招摇过市，自称不需要超过5分钟的思考便可以为任何一件5万元以内的东西付账，只要它足够名牌、足够简洁到看不出是名牌。对于几年前还穿着二三十元衬衫的他来说，成功也许来得太快、太过容易了。

离开亚马逊之后的陈年感觉到了空虚，他又去找了雷军。当时雷军执掌的金山正在大力进军游戏领域，于是建议他做游戏道具交易网站，两人又一起创办了我有网。不过，从来没玩过游戏的陈年显然没找到感觉，公司很快失败了。2007年年初，仍然无所事事的陈年凭借自己的敏感，发现了PPG这家公司。他花了几个月的时间，仔细研究了这家声名鹊起的服装电商，发现它其实就是自己做过的B2C，只不过图书换成了衬衫。与他当年在卓越网类似，PPG追求的其实也是"一种调调儿"，它卖出去的衬衫后领的标签上没有一个中文，只有"OXFORD"的字样。

他再次拉来好哥们雷军的投资，又找来11位帮手，要创办一家像PPG那样卖衬衫的公司。雷军提议说美国有个亚马逊，咱们能不能叫尼罗河，结果发现早就被注册了。后来他们又想了个"EVAN"的名字，结果被陈年那些文艺圈的朋友一顿痛批。最后还是他学法语的妻子想出了"VANCL"这个好名字。陈年给公司起了"凡客"这个中文名字，他要把衬衫通过互联网卖给每一位平凡的消费者，虽然当时他们当中只有一个人做过服装，听人讲面料和制衣的时候就像在听天书。

在那个时代，轻资产模式的代表是PPG。凡客找到了更有效的互联网推广模式。就在PPG仍然热衷于通过电视台和《读者》投放广告的时候，凡客却耗费巨资在三大门户、P2P

客户端、网站联盟等互联网渠道上做推广。PPG不屑于与消费者特别是网民直接交流，凡客却通过推出韩寒、王珞丹等小清新的代言人和策划"凡客体"，赢得了网民的热烈追捧。

仅仅一年多的时间，凡客就实现了对PPG的反超。"我们太牛了！"2008年年底的陈年很喜欢打开自己的电脑屏幕，向记者展示凡客不断增长的订单和销售数字，并沉浸在自恋般的喃喃自语中。刚创办凡客的时候，他定下的目标是2010年销售额能够有2亿~3亿元，结果到了2008年年底他就实现了这个目标。

在不经意之间，陈年第一次自己站在了风口上。当2011年8月雷军发布小米手机的时候，陈年已经是名满江湖的电商大佬，凡客也成为家喻户晓的知名服装品牌，并先后获得了IDG、软银赛富、老虎基金、淡马锡等知名投资机构一共6轮、高达3.22亿美元的投资。他被雷军邀请为小米站台并包揽了小米的物流和配送业务，他差一点被央视评选为"十大经济年度人物"……他踌躇满志，将2012年的营业额目标从60亿元提升到100亿元，并将2015年的目标定在了令人瞠目结舌的1 500亿元。要知道，ZARA的母公司、全球最大的服装零售商Inditex当年的营业额才不过138亿欧元。

他开始将凡客平台化，从服装扩张到其他领域。此时的凡客已经有30多条产品线，还卖家电、数码、百货，甚至连拖把都卖。几个"80后"小孩就能够开一条新产品线，反正开一条产品线就能够增加5 000万元的营业额，为什么不开呢？最多的时候，凡客竟然有19万的SKU。此时的凡客就像一台疯狂运转的机器，不停地进人，最多的时候竟然达到了13 000人的规模。大量的员工进来后没多少事可做，有一次陈年中午走着到公司上班，却发现途中的咖啡馆中那些聊天的人中，有不少都戴着凡客的工牌。

文人的浪漫主义气质又占了上风，他甚至觉得自己并不是在做服装，而是在做文化了。为此，他提出了"人民时尚"的概念，他看不起那些传统的服装企业，甚至开玩笑地说要收购LV，卖跟凡客一样的价钱，还说希望把匡威也收了，帆布鞋就卖50元。这最终把凡客放在了火山口上。

文人气质贯穿了陈年的职业经历和创业生涯，成也文人败也文人，陈年如今重回产品经理的身份，是救赎凡客的开始。在今年发布会之后的一天，陈年收到了投资人羊东的短信，说在南京出差，那款蓝色的衬衫能不能给自己留几件？看来，他确实做出了一款让股东信服的产品。不过，"下沉"之后的他还能找到新的风口，重新起飞吗？

（案例来源：INFO.10000link.com）

8.4.2 案例二

薇薇新娘：互联网时代的增量思维模式

2012年3月，薇薇新娘入驻天猫（首家进驻的婚纱摄影服务）。2013年营业额达1亿元左右。

第一次转型：从传统摄影到数码摄影

1994年，24岁的刘春强在老家浙江成立了自己的写真工作室，3年的悉心经营让他很快成为当地小有名气的摄影师，工作室的发展前景一片光明。

所谓"少年云游，志在四方"，年轻的刘春强并没有就此满足。1997年盛夏，他和妻子来到了青岛,最初只是一场短期旅行,但崂山脚下、黄海之滨,这座城市的山光水色是如此之秀美,深深打动了刘春强夫妇。两人很快卖掉了老家的店铺回到了青岛,在青岛市中心繁华商业区邻近的热河路上开了一家名为"雨后艺术写真馆"的摄影小店。

最初刘春强以拍摄个人写真作为主要经营项目,1999年年初,面对台湾人独揽岛城婚纱摄影的局面,刘春强决定整合资源,向婚纱摄影市场发起挑战。同年4月,他注册成立了青岛薇薇新娘婚纱摄影有限公司。

对于刘春强而言,这又是一次艰难的再创业,资金、人员、技术、口碑,每一项都是他需要解决的问题。没有钱在报纸、电视上做广告,他就印刷"免费拍摄卡",带领员工到各大机关、商场、企事业单位去派发,不论客户是否消费,只要走进店门,就送上"贵宾优惠券";缺少"重量级"摄影师、化妆师,就不惜重金邀请我国台湾及大陆的名家驻店指导,全力提升员工的业务技能。

就在"薇薇新娘"的声誉渐起之时,横跨青岛市的一条交通大动脉——东西快速路一期工程开始动工,薇薇新娘影楼门前的道路因施工被封,客流量急剧减少,昔日门庭若市的薇薇新娘很快陷于经营困境,不到半年就亏损了近百万元。

面临创业低潮,刘春强没有放弃。他秉承"敢为人先"的创业精神,以25万元购进山东省第一架1600万像素的数码相机。引进数码相机本身并不困难,可是要熟练掌控数码相机的操作模式,并且梳理出在使用数码相机条件下婚纱摄影的标准操作流程,需要付出极大的代价去不断试错。企业的经营模式是否跟得上变化,客户对新兴事物是否能欣然接受,这些问题都充满了不确定性。

但刘春强相信,以科学技术为主导的今天,只有率先占有迅猛发展的高、新技术优势,才能够确保自己在市场竞争中处于常胜不败的地位。因此,他在很短的时间内就集中投入数百万元,快速完成了由传统摄影到数码摄影的全面过渡。

没过多久,数码摄影风靡全国。刘春强依靠快人一步的数码摄影转型,抢得商机,薇薇新娘也借此正式确立了在婚纱摄影行业的领军地位。

第二次转型:从线下发展到线上经营

2007年,刘春强产生了将业务经营阵地向互联网平台转移的想法,他创建了"薇薇新娘"品牌的专属网站,借助互联网进行跨地域营销,试图整合全国各地的门店资源,取得了一定的成就,也走了不少的弯路。

2011年,一个很偶然的机会,刘春强参加了中国十大网商大会,现场目睹了无数网商的创业经历,被他们的成功所撼动,也感受到互联网平台强大的影响力,下定要进军电子商务的决心。说做就做,尽管彼时绝大部分的婚纱摄影行业的大佬都说摄影是纯人力操作,流程过于复杂,不可能实现网上经营,刘春强依然坚定不移。2011年12月8日,"薇薇新娘淘宝旗舰店"正式落户淘宝商城,成为全国第一家成功驻入淘宝商城的摄影企业。

为拓展全国市场摄影基地也由原来的青岛品薇会馆、品薇爱情海影视基地发展壮大到与三亚、丽江乃至泰国等地的多地婚纱摄影联动经营。

然而，开网店对于整个行业来说毕竟是全新的经营模式，与数码相机一样，既是未来巨大的商机，又是眼下不小的挑战。其中最大的挑战是如何有效整合资源与如何实现业务流程标准化。

相对于其他婚纱摄影品牌，品薇集团的一大优势就是刘春强所购下的"薇薇新娘"品牌所有权。目前在全国各地，使用"薇薇新娘"做店名的婚纱摄影店大约有1 000多家，只要使用这个名字，店主就需要向品薇集团申请授权，加入刘春强创建的"薇薇联盟"。这些门店绝大多数都是授权加盟店，已经在所在区域有一定的业绩名声，刘春强借此拥有了遍及全国的门店资源，在向加盟店收取品牌使用费的同时也可以通过终止协议或维权取消品质不佳门店的品牌使用权。

由于婚纱摄影是纯粹线下体验，有了负责统一营销的网店，有了负责接待客户的全国连锁门店，接下来的问题就是如何保证消费者在全国各地门店体验到同样流程标准化、质量有保障、价格公开透明的服务。为了将企业的零散资源统筹起来，刘春强早在数年前就花费了数百万元投资建设品薇自己的ERP系统，初步实现了品薇的业务每个版块都由电脑统一定价。

另外，近几年，婚纱摄影业务本身的毛利率一直在下降，行业平均水平只有20%左右，纯粹线下经营的模式，生存已经非常困难了。网上营销固然是未来发展的大趋势，但单纯的网店经营模式并不能有效解决行业毛利率下降的问题。网店的经营需要大量的美工、客服，天猫旗舰店的租金、百度等搜索引擎的广告费用加起来是一笔不小的开支，单纯线上经营的成本未必低于线下门店。

刘春强曾说过，他的经营目标是将薇薇新娘从"影楼变企业，由企业变产业"，他也一直在摸索整合以婚庆为核心的各类相关服务。

2008年开始，他将业务领域从单纯的婚纱摄影向蜜月度假、婚纱礼服、婚庆礼仪、餐饮住宿、儿童摄影等方面全线拓展。业务板块的增加带来了经营上的新困扰，由于各版块分别实行总经理负责制，集团内部各业务出现了各自为政的局面，增加了许多无意义的内部沟通成本。2010年，在前往日本、我国上海等地学习之后，刘春强下定决心改革，回收各分公司总经理的权力，将公司的运营模式从横向拓展转变为纵向打包，实现结婚一站式服务。新人只需准备好幸福的微笑即可，剩下的所有与结婚相关的服务，从婚纱摄影、婚礼酒宴到蜜月旅行乃至新生儿写真都能交给品薇来完成。有效的人力资源配置加上已经成型的ERP系统所起到的有效财务审核与成本管控作用，目前品薇的毛利率可以达到30%，高出行业平均水平将近10%。

传统的婚纱摄影行业每年的增长率最多在20%左右，面对同质化竞争，生存压力越来越大，与此同时，刘春强在企业信息系统、电子商务与业务整合方面的投资在这两年初见回报，从2013年到2014年第一季度，品薇的总体营业额呈现爆发增长态势，平均增长率可以达到200%~250%。

互联网时代的到来打破了企业营销的地域和空间限制，极大地改变了原有的市场划分模式，谁能在互联网上抢占先机，谁就能赢得企业未来发展的先机。品薇集团正是抢得了先机，才能成就一片事业。品薇集团管理层属于有增量思维的人，属于勇于拥抱变化、勇于挑战自我的人。

但是，互联网时代也是一个快速变革中的时代，领先一步便是爆发式增长，走错一步就被变化的洪流所淹没。品薇集团在蓬勃发展的同时也面临着许多挑战,因为结婚是地域性很强的事情,同时,婚礼是件非常复杂的事情,有太多零碎的细节需要沟通,通过网络还没有像线下服务这样成熟的模式。品薇一站式婚庆服务的客户仍以青岛本地人为主,线上卖出去的多半是单纯的婚纱拍摄,怎样去整合线上线下的资源,依然是一个需要思考的问题。

8.4.3 案例三

洋码头:一个"神器"圈定一批忠实用户

众所周知,移动端是未来,不管是国内电商还是跨境电商都在使劲儿奔向这个风口。在进口电商方面,移动端的发展更是供不应求。因此,各大平台争先恐后布局移动业务。无论成功与否,在整个探索的过程中,少不了的是一次又一次的重构和颠覆。

洋码头的海淘App——"海外扫货神器"是移动端做进口电商的典范。它上线于2013年下半年,基本业务模式是组织海外华人,将海外零售店的线下折扣商品拍照上传到App端,用户通过委托洋码头进行配送来购买这些海外折扣商品。

洋码头CEO曾碧波表示,目前,"海外扫货神器"的反响非常好,转化率达到20%,新客回头率达到67%,远远超过了PC端。而这是在其不花一分钱做推广的基础上实现的,足以见得移动端需求之大。

一个"神器"圈定一批忠实用户

曾碧波指出,移动端的一个特色就是,产品种类很丰富,各种款式的衣服、箱包、手表都有,在国内不一定能找到同一个款式,这个时候替代性相对就没那么强了。

据介绍,洋码头并没有针对"海外扫货神器"做专门的推广,投入更多的是在买手的培养方面。但从2013年上线到现在,移动App的用户已积累达到百万级别。其中,仅有百分之二三十的用户和PC端重合,而另外百分之七八十的移动用户主要是通过口碑传播所获取的。

"如果我们去推广的话,应该可以走得更快一点。我们也在观察这种产业链长久的可持续性问题,但对这种做法还有疑惑,不敢冒进。"曾碧波谈道:"扫货神器的用户黏性非常强,而且很多新用户都是老用户推荐过来的。洋码头早期有一批种子用户,这些种子用户带来一群又一群的新用户。"

而问及原因,曾碧波告诉亿邦动力网,对于移动端的主流用户(年轻女性)来说,一个小小的App包含了太多太多的新款东西,欧洲、日本、澳洲、美国的产品都有,让她们感觉一下子大开眼界。

不过,据曾碧波介绍,洋码头的扫货神器也存在一些用户不满意的地方,其中最大的问题就是到货慢。消费者付了钱后,可能要等两三个星期才能收到货,那时购物的兴奋感就消失了不少,毕竟是跨境购物,比不上国内的网购速度。对此,洋码头主要通过自建物流来解决。目前,其在美国的物流体系已比较健全,但欧洲和日本的物流还没有完全顺利疏通。

移动化的痛点是招募人才

曾碧波向亿邦动力网表示,向移动端发展是进口电商的大趋势,大部分玩家都在布局移动端,包括做内容的、做信息整合的、社区以及导购。

"电商往下产业链沉，以前做内容的，飘在上面，转的过程不容易。现在，移动端是好的趋势，进口也因为有了移动互联网会更快一点，用不了十年，可能三五年就结束了。转型的过程会淘汰掉原来传统电商体系的运营发展，但反正都是创业者，机会还是有的。"

　　据悉，进口电商做移动端最大的难点是整合供应链。目前几个做移动端的进口电商，大部分是做产品、社区或内容出身的，其在供应链整合能力上相对欠缺。

　　对进口电商来说，把重心从PC端转至移动端，痛点是人才的招募。因为移动互联网属于新兴行业，没有成熟的人才，移动业务团队很难建起来。

　　"我觉得移动端太激进了，没有一两百个人不行。但洋码头招了半年才招揽到三十几个移动端人才。市场上是空的，只能内部培养，把原来传统PC端的人适当地往移动端转，但转的过程也是挺痛苦的。"曾碧波谈道。

（案例来源：亿邦动力网）

本项目教学建议

1. 学习目标

通过本项目的学习与实训，要求学生能够了解和掌握店铺的在线推广方式、线下推广方式；掌握如何才能有效地和客户交流；掌握网上店铺销售管理的内容。

2. 教学重点

店铺推广方法、客户管理方法与手段、网店销售管理、网络诚信。

3. 教学难点

网络评级业务处理、网店用户管理。

项目九
企业理财

引导案例

十二条创业型企业纳税技巧

您是否有过创业的梦想?您是否有过创业的经历?您是否有过创业的成功或是失败?来吧,一起来创业吧,创业致富,行动就有可能!第二个黄光裕也许就在你、我、他之间。

在交税期限到来之际,你还有时间行动起来。这里有12条建议可以帮你的忙。

我们都知道交税可能是生活中最恼人的一部分了,可是却又无法避免要去做。所以当要交税的时候,怎样才能稳妥顺利呢?首先,停止拖延!是时候汇总2009年的各种信息,并为2010年做好计划了,这样就不会在归档的时候无计可施。下面是帮你整合一切,打理税务事宜的12条建议。

1. 别等到要把所有交税事务都放在一起做那天才联系你的报税师。

他们会给出适合你自身情况的信息,但你要是不配合,他们就无法提供最佳服务。全年和他们保持联系,这样他们提供的建议就是预见性而非应急性的。

2. 自己处理经营性纳税要谨慎。

处理自己的个人税是另一回事,但当你整理营业收入时,出错的可能性就要翻倍了。你不是税务专家,所以花钱请一个把全部精力都放在税务法规上的人来帮你不划算吗?

3. 让软件来帮你收集数据。

理想的情况是,你已经使用会计软件比如QuickBooks来帮你记录收入支出了。要是没有,这是新年一项有益的投资——对过去了的日子同样有用。就算没有其他,用个电子数据表也比用鞋盒装表格好。计算机程序会让你很容易进行反复核对,减少错误。

4. 清楚最后期限。

这取决于你的纳税年度和你的公司是哪种经营实体,它们的最后期限是各不相同的。另外,各种不同的经营内容有不同的交税期限。为了把不必要的罚款和利息降至最少,请把日期标注到日历上提醒自己按时交纳。

5. 确保表格正确。

要是你自己处理营业税,你需要填的表格由你的公司是哪种经营实体决定(限制性有限责任公司、公司、独家经营、合伙经营,等等)。根据自己的公司形式认清正确的表格。

6. 要是合格,应获得家庭办公免税。

你需要申明你的经营支出,如房租、办公用品、保险和对你家房屋中仅用于经营活动的部分进行清洁整理。但是这里有一个税收陷阱,如果你拥有自己的住房,当你把它卖出,你就要为部分营业利润交税。在要求获得免税之前,应该先权衡利弊。

7. 查询你所在工业部门是否有特殊税收要求或待遇。

每个工业部门在不同的方面有不同的税收标准,确保你知道你从事的部门有哪些选择。

8. 别忘了考虑固定资产折旧。

有时没经验的企业主并不完全明白折旧的含义。

你必须足够精通税法关于固定资产的规定,不能当它们提供的经济效益长于今年就支付。因为你可以用以获得折旧费的折旧方式有很多,先和税务专家讨论一下你实际的花费是比较明智的。

9. 为养老金计划投资。

这样可以降低你的税额并帮你为将来储蓄。你可以选择付给自己钱还是付给政府钱。你现在还有时间为明年制订投资计划。

10. 备份纳税申报单。

把所有交到地方政府和税务局的公文都备份,养成好的经商意识。你不会知道会发生什么事,什么时候你需要把已经交付的文件表格再复制一份。所以把你的记录一式两份。

11. 保留档案。

别因为税款付清就把备份的文件扔掉。你需要保留文件为将来作参考。你应该保留所有和联邦纳税申报单有关的文件,包括:信用卡和收据、所有账单和发票的复印件、汽车里程数和证件、取消的支票或其他付款证据、其他支持你在申报单上要求的减免税或欠税的记录。

12. 为新年做计划。

你能做些什么在新的一年促进你公司的税务状况呢?许多企业家在不考虑税收因素的情况下就做经营决定。但许多选择都会对你的税务状况产生影响,所以要考虑这方面的因素后再做决定。要一直等到所做的决定已无更改的余地。

(案例来源:中国创业俱乐部)

任务 9.1 企业纳税申报

9.1.1 知识准备

1. 税收相关知识

1) 税收的概念

税收又称"赋税"、"租税"、"捐税",是国家为了实现其职能,凭借政治权力按照法律规定，强制地、无偿地参与社会剩余产品分配，以取得财政收入的一种规范形式。可以从以下五个方面来理解。

（1）税收是一种分配。

社会再生产包括生产、分配、交换、消费等环节，周而复始，循环不息。其中，生产创造社会产品；消费耗费社会产品；分配是对社会产品价值量的分割，并决定归谁占有，各占多少；交换是用自己占有的价值量去换取自己所需要的产品，解决使用价值的转移。征税只是从社会产品价值量中分割出一部分集中到政府手中，改变了社会成员与政府各自占有社会产品价值量的份额。因此，税收属于分配范畴。

（2）税收是以国家为主体，凭借政治权力进行的分配。

社会产品的分配可以分为两大类：一类是凭借资源拥有权力进行的分配，一类是凭借政治权力进行的分配。税收是以国家为主体，凭借政治权力进行的分配。

（3）税收分配的对象为剩余产品。

社会产品按其价值构成可分为三部分：物化劳动的价值补偿部分；劳动者、经营者和所有者的劳动力再生产的补偿部分；用于积累和消费扩大再生产的后备价值（剩余价值）。从维持纳税人简单再生产的角度出发，对前两部分一般不能进行社会性的集中分配，只有对第三部分可做集中性的社会分配，但又不能全部用于社会性的集中分配，因为纳税人必要的扩大再生产也是社会发展与进步的经济前提。由此可见，剩余产品是税收分配的对象，也是税收分配的根本源泉，这是就税收收入的最终来源而言的。

（4）征税的目的是满足社会公共需要。

有社会存在，就有社会公共需要的存在。为保证国家行政管理、文教卫生、国防战略等社会公共需要，必须要由政府集中一部分社会财富来实现。而征税就是政府集中一部分社会财富的最好方式。与此相适应，社会成员之所以要纳税，是因为他们专门从事直接的生产经营活动，而不再兼职执行国家职能，因此需要为此付出一定的费用。

（5）税收具有无偿性、强制性和固定性的特征。

国家筹集财政收入的方式除税收外，还有发行公债和收取各种规费等，而税收分配方式与其他方式相比，具有无偿性、强制性和固定性的特征，习惯上称为税收的"三性"。

2）税收的职能

税收职能是指税收自身所固有的功能。我国税收具有组织财政收入、调节经济和监督社会经济活动的职能。

（1）组织财政收入。

组织财政收入的职能是税收最基本的职能，不论是什么性质国家的税收，不论是什么种类的税收，都具有这一职能。表现为从国家的需要和社会经济发展的实际情况出发，设置一定数量的税种，设计适当的税率，把社会组织和个人为社会创造的一部分剩余产品从分散在成千上万个经济单位和个人手中聚集起来，形成国家的财政资金。

（2）调节经济。

税收在积累国家财政资金过程中，通过设置不同的税种、税目，确定不同的税率，对不同的部门、单位个人以及不同产业、产品的收入进行调节，以调整经济利益关系，促进社会经济按照客观规律的要求发展，起着一种经济杠杆的作用。

（3）监督社会经济活动。

税收在参与社会产品分配和再分配过程中,对社会产品的生产、流通、分配和消费进行制约和控制。通过税收监督一方面要求纳税人依法纳税,以保证国家履行其职能的物质需要;另一方面对社会再生产的各个环节进行监督,制止、纠正经济运行中的违法现象,打击经济领域的犯罪活动,保证税收分配的顺利进行,促进国民经济的健康发展。

3)我国现行的税法体系

我国现行税法体系中共有 26 种税,目前企业实际征收的 16 种,关税由海关负责征收,其他由税务机关负责征收。根据现行的分税制财政管理体制,税收收入分为中央收入、地方收入和中央地方共享收入,现将其列表简述如表 9-1-1 所示。

表 9-1-1 我国现行税种

税 种	中央税	地方税	中央地方共享税	备 注
增值税	√		√	海关代征的增值税为中央固定收入;其他为共享,中央分享 75%,地方分享 25%
消费税	√			含海关代征的消费税
营业税	√	√		铁道部门、各银行总行、各保险公司等集中缴纳的营业税,金融、保险企业缴纳的营业税中,按提高 3% 税率征收的部分,为中央固定收入,其他为地方固定收入
车辆购置税	√			2001 年 1 月 1 日起开征
关税	√			
企业所得税	√		√	从 2002 年起铁道运输、邮电、国有商业银行、开发行、农发行、进出口行以及海洋石油天然气企业缴纳的所得税为中央收入;其他由中央与地方共享,中央分享 60%,地方政府分享 40%
个人所得税			√	从 2002 年开始调整为共享税,中央分享 60%,地方政府分享 40%
资源税			√	按不同的资源品种划分,大部分资源税作为地方税,海洋石油企业缴纳的资源税作为中央收入
房产税		√		
契税		√		
城镇土地使用税		√		
车船税		√		
土地增值税		√		
印花税		√		证券交易印花税,中央与地方分成,97% 归中央,3% 和其他印花税收入归地方
城市维护建设税	√	√		铁道部门、各银行总行、各保险总公司等集中缴纳的城市维护建设税为中央固定收入,其他为地方收入
耕地占用税		√		

注:表中"√"表示"是"。

4）税制构成的基本要素

（1）纳税人。

纳税人是税法规定直接负有纳税义务的单位和个人，也称纳税主体，它规定了税款的法律承担者。纳税人可以是自然人，也可以是法人。

自然人是对能够独立享受法律规定的民事权利，承担相应民事义务普通人的总称。凡是在我国居住，可享受民事权利并承担民事义务的中国人、外国人或无国籍人，以及虽不在我国居住，但受我国法律管辖的中国人或外国人，都属于负有纳税义务的自然人。

法人，是指依照法定程序成立，有一定的组织机构和法律地位，能以自己的名义独立支配属于自己的财产、收入，承担法律义务，行使法律规定的权利的社会组织。

（2）征税对象。

征税对象又称课税对象，是征税的目的物，即对什么东西征税，是征税的客体，是一种税区别于另一种税的主要标志。与课税对象密切相关的有税目、计税依据和税源三个概念：

税目是税法上规定应征税的具体项目，是征税对象的具体化，反映各种税种具体的征税项目。它体现每个税种的征税广度，并不是所有的税种都有规定税目，对征税对象简单明确的税种，如房产税等，就不必另行规定税目。对大多数税种，由于征税对象比较复杂，而且对税种内部不同征税对象又需要采取不同的税率档次进行调节，这样就需要对税种的征税对象做进一步的划分，做出具体的界限规定，这个规定的界限范围就是税目。

计税依据是征税对象的数量化，是应纳税额计算的基础。从价计征的税收，以计税金额为计税依据。从量计征的税收，以征税对象的数量、容积、体积为计税依据。

税源，即税收的源泉。从根本上说，税源来自当年的剩余产品。税源与征税对象有时是重合的，但大多数情况下两者并不一致。征税对象只是表明对什么征税，税源则表明税收收入的来源。

（3）税率。

税率是应纳税额与征税对象数量之间的法定比例，是计算税收负担的尺度，体现了课税的深度。税率是最活跃、最有力的税收杠杆，是税收制度的中心环节。按照税率的表现形式，税率可以分为以绝对量形式表示的税率和以百分比形式表示的税率，常用的有以下几种形式：

◆ 比例税率。比例税率是对同一征税对象或同一税目，无论数额大小，都按同一比例征税的税率，税额与纳税对象数额之间的比例是固定的。

◆ 累进税率。累进税率是指按征税对象数额的大小，从低到高分别规定逐级递增的税率。征税对象数额越大，税率就越高，相反就越低。累进税率的基本特点是税率等级与征税对象的数额等级同方向变动。按照累进依据和累进方式不同，可分为全额累进、超额累进、超率累进等税率形式，其中使用时间较长，应用较多的是超额累进税率。

◆ 定额税率。定额税率是指按征税对象的简单数量直接规定一个固定的税额，而不是规定征收比例，因此也称为固定税额，是税率的一种特殊形式。它一般适用于从量计征的税种，在具体运用上又可分为地区差别税额、幅度税额和分类分级税额。

（4）纳税环节和纳税地点。

纳税环节是指按税法规定对处于不断运动中的纳税对象选定的应当征税的环节。每个税种都有特定的纳税环节，不同税种因涉及的纳税环节多少不同，就形成了不同的课征制。凡只在一个环节征税的称为一次课征制,如我国的资源税只在开采环节征税;凡在两个环节征税的称为两次课征制;凡在两个以上的环节征税的称为多次课征制,如我国的增值税对商品的生产、批发和零售均征税。

与纳税环节密切相关的是纳税地点,它是指与征纳税活动有关的各种地理位置。如纳税人的户籍所在地、居住地、营业执照颁发地、税务登记地、生产经营所在地等,一般来说,这些地点接近或一致,但也有许多不一致的情况。如在此地登记,而跨地区经营,地点上的不一致,给税源控管带来了很大的难度。

(5) 纳税时间。

纳税时间,又称为征税时间,是税务机关征税和纳税人纳税的时间范围。它是税收的强制性、固定性在时间上的体现。具体又分纳税周期和纳税期限:纳税周期是指法律规定的两次纳税行为发生的正常时间间隔,如流转税每月履行一次纳税义务;纳税期限是指纳税人正式向国库缴纳税款的时间期限。

(6) 减税免税。

减税免税是对某些纳税人或征税对象的鼓励或照顾措施。减税是对应纳税额少征一部分税款,而免税是对应纳税额全部免征税款,减税免税可分为以下3种形式:税基式减免、税率式减免、税额式减免。

(7) 附加与加成。

附加也称为地方附加,是地方政府按照国家规定的比例随同正税一起征收的列入地方预算外收入的一种款项。正税是指国家正式开征并纳入预算内收入的各种税收。税收附加由地方财政单独管理并按规定的范围使用,不得自行变更。例如,教育费附加只能用于发展地方教育事业。税收附加的计算方法是以正税税额为依据,按规定的附加率计算附加额。

加成是指根据税制规定的税率征税以后,再以应纳税额为依据加征一定成数的税额。加成一成相当于应纳税额的10%,加征成数一般规定在1~10成。

(8) 法律责任。

法律责任一般是指由于违法而应当承担的法律后果。违法行为是承担法律责任的前提,而法律制裁是追究法律责任的必然结果。法律制裁,习惯上又称为罚则或违章处理,是对纳税人违反税法的行为所采取的惩罚措施,它是税收强制性特征的具体体现。

2. 网上开店纳税问题

目前,我国个人网络交易大多是由大学生、家庭妇女、自由职业者等从事,他们从事的是小规模经济活动,国家不对个人网络交易者收税。而个人网上交易达到一定规模时,会出现分化,一些干得好的经营者就转变成公司法人性质,这个时候,国家就有相应的税收制度约束。

事实上,一方面,我国网上购物市场和欧美发达国家的电子商务水平相比,仍然处于培育期。这可从网购市场在全国消费品销售市场的比重和增长速度略见一斑:2002年,网购总额只占全国消费品销售总额0.04%的比重,即使到了2006年,这一比重也才0.41%,2010年仍然未超过2%。另一方面,当前网络卖家以个人卖家为主,以创业为主。

由于是小规模经济活动,盈利空间小和经营活动连续性差,国家如果要对这部分交易收税,行政成本将相当高,而且不利于我国电子商务发展。"十一五"规划关于电子商务的部分放在"保障措施"里:研究制定网上交易的有关法律法规。将主动权交给了人大、工商和税务。而"研究"二字表明了国家有关部门鲜明的态度与慎重的立场。

与此同时,专家也呼吁尽快建立电子化、网络化的税收征管和监管服务体系。中国信息经济学会电子商务专家委员会副主任王汝林表示,只有尽快开发出具有追踪统计功能的智能征税管理系统,在每笔交易进行时,能自动按交易类别和金额计税,并能进行应税提示、移动催缴,又能使网上商务交易者明白哪些是应税所得,哪些是应纳税金,并方便缴纳,才能顺利实现完税入库,适应电子商务发展的征税要求。

3. 企业应缴纳的税费

1) 工业企业应缴纳的税费

①增值税;②城建税;③企业所得税;④房产税;⑤城镇土地使用税;⑥车船税;⑦印花税;⑧教育费附加;⑨生产、委托加工烟、酒、化妆品、护肤护发品、贵重首饰及珠宝玉石、鞭炮、烟火、汽油、柴油、汽车轮胎、摩托车、小汽车等商品,要缴纳消费税,有营业税应税行为的,要交纳营业税;⑩开采原油、天然气、煤炭、其他非金属矿、黑色金属矿、有色金属矿、盐等产品,要缴纳资源税;⑪有偿转让国有土地使用权,地上的建筑物及其附着物,还要缴纳土地增值税。

2) 商品流通企业应缴纳的税费

①增值税;②城建税;③企业所得税;④房产税;⑤城镇土地使用税;⑥车船税;⑦印花税;⑧教育费附加;⑨有营业税应税行为的,要缴纳营业税;⑩有偿转让国有土地使用权,地上的建筑物及其附着物,还要缴纳土地增值税。

3) 建筑企业应缴纳的税费

①增值税;②城建税;③企业所得税;④房产税;⑤城镇土地使用税;⑥车船税;⑦印花税;⑧教育费附加;⑨有偿转让国有土地使用权,地上的建筑物及其附着物,要缴纳土地增值税。

4) 服务业应缴纳的税费

①增值税;②城建税;③企业所得税;④房产税;⑤城镇土地使用税;⑥车船税;⑦印花税;⑧教育费附加;⑨广告企业还应缴纳文化事业建设费;⑩有偿转让国有土地使用权,地上的建筑物及其附着物,要缴纳土地增值税。

5) 房地产开发企业应缴纳的税费

①营业税;②城建税;③教育费附加;④土地增值税;⑤房产税;⑥城镇土地使用税;⑦城市房地产税;⑧外商投资企业土地使用费;⑨印花税;⑩契税。

6) 娱乐业企业应缴纳的税费

①营业税;②城建税;③企业所得税;④房产税;⑤城镇土地使用税;⑥车船税;⑦印花税;⑧教育费附加;⑨文化事业建设费;⑩有偿转让国有土地使用权,地上的建筑物及其附着物,要缴纳土地增值税。

7) 物业管理行业应缴纳的税费

①营业税;②城建税;③教育费附加;④企业所得税;⑤房产税;⑥城镇土地使用税、土地使用费;⑦城市房地产税;⑧车船税、车船使用牌照税;⑨印花税;⑩契税。

8) 旅游业应缴纳的税费

①营业税;②城建税;③教育费附加;④企业所得税;⑤房产税;⑥城镇土地使用税、城市房地产税;⑦外商投资企业土地使用费;⑧车船税、车船使用牌照税;⑨印花税、契

税；⑩个人所得税。

9）广告业应缴纳的税费

①营业税；②文化事业建设费；③城建税；④教育费附加；⑤企业所得税。

10）文化体育业应缴纳的税费

①增值税；②城建税；③企业所得税；④房产税；⑤城镇土地使用税；⑥车船税；⑦印花税；⑧教育费附加；⑨有偿转让国有土地使用权，地上的建筑物及其附着物，要缴纳土地增值税。

11）金融保险企业应缴纳的税费

①增值税；②城建税；③企业所得税；④房产税；⑤城镇土地使用税；⑥车船税；⑦印花税；⑧教育费附加；⑨有偿转让国有土地使用权，地上的建筑物及其附着物，要缴纳土地增值税。

12）邮电通讯企业应缴纳的税费

①增值税；②城建税；③企业所得税；④房产税；⑤城镇土地使用税；⑥车船税；⑦印花税；⑧教育费附加；⑨有偿转让国有土地使用权、地上的建筑物及其附着物，要缴纳土地增值税。

9.1.2 企业纳税申报

1. 税务登记

税务登记是税务机关依据税法规定对纳税人的生产经营活动进行登记管理的一项基本制度。凡经国家工商行政管理机关批准，从事生产经营活动的纳税义务人，包括国有企业、集体企业、私营企业、外商投资企业和外国企业，以及各种联营、联合、股份制企业、个体工商户，从事生产经营的机关团体、部队、学校和其他事业单位，均应按照税法的规定向当地主管税务机关申报办理纳税登记。

税务登记的基本步骤：先由纳税人申报办理税务登记，然后经主管税务机关审核，最后由税务机关填发税务登记证件。

税务登记的基本类型：开业登记、变更登记、注销登记、停业复业登记、外出经营活动税收管理证明。

1) 开业登记

开业登记是指从事生产经营活动的纳税义务人经工商行政管理机关批准开业并发给营业执照后,在 30 日内向所在地主管税务机关申报办理税务登记,也称注册登记。办理开业登记的程序如下:

(1) 纳税人提出书面申请报告,并提供下列证件、资料。

营业执照副本或其他核准执业证件原件及其复印件;注册地址及生产、经营地址证明(产权证、租赁协议)原件及其复印件;公司章程复印件;法定代表人(负责人)居民身份证、护照或其他证明身份的合法证件原件及其复印件;组织机构代码证书副本原件及其复印件;书面申请书;有权机关出具的验资报告或评估报告原件及其复印件;纳税人跨县(市)设立的分支机构办理税务登记时,还须提供总机构的税务登记证(国、地税)副本复印件;改组改制企业还须提供有关改组改制的批文原件及其复印件;税务机关要求提供的其他证件资料。

(2) 填报税务登记表。

纳税人领取并填写《税务登记表》,如表 9 - 1 - 2 所示。

表 9 - 1 - 2　税务登记表
(适用单位纳税人)

填表日期:

纳税人名称		纳税人识别号			
登记注册类型		批准设立机关			
组织机构代码		批准设立证明或文件号			
开业(设立)日期		生产经营期限		证照名称		证照号码	
注册地址			邮政编码		联系电话	
生产经营地址			邮政编码		联系电话	
核算方式	请选择对应项目打"√"□独立核算□非独立核算		从业人数____其中外籍人数____		
单位性质	请选择对应项目打"√"□企业□事业单位□社会团体□民办非企业单位□其他				
网站网址		国标行业		□□ □□ □□ □□	
适用会计制度	请选择对应项目打"√"　□ 企业会计制度　□ 小企业会计制度 □ 金融企业会计制度　□ 行政事业单位会计制度				
经营范围	请将法定代表人(负责人)身份证复印件粘贴在此处				

续表

内容\项目 联系人	姓名	身份证件		固定电话	移动电话	电子邮箱
		种类	号码			
法定代表人(负责人)						
财务负责人						
办税人						
税务代理人名称		纳税人识别号		联系电话		电子邮箱

注册资本或投资总额	币种	金额	币种	金额	币种	金额

投资名称	投资方经济性质	投资比例	证件种类	证件号码	国籍或地址

自然人投资比例		外资投资比例		国有投资比例	

分支机构名称	注册地址	纳税人识别号

总机构名称		纳税人识别号	
		经营范围	
法定代表人姓名	联系电话		注册地址邮政编码

代扣代缴代收代缴税款业务情况	代扣代缴、代收代缴税款业务内容	代扣代缴、代收代缴税种

附报资料：

经办人签章： ___月___日	法定代表人（负责人）签章： ___月___日	纳税人公章： ___月___日

以下由税务机关填写：

纳税人所处街乡		隶属关系	
国税主管税务局	国税主管税务所（课）	是否属于国税、地税共管户	
地税主管税务局	地税主管税务所（课）		
经办人（签章）：	国家税务登记机关	地方税务登记机关	
国税经办人： 地税经办人： 受理日期： ___年___月___日	（税务登记专用章）： 批准日期： ___年___月___日 国税主管税务机关：	（税务登记专用章）： 批准日期： ___年___月___日 地税主管税务机关：	
国税核发《税务登记证副本》数量：	本	发证日期：	___年___月___日
地税核发《税务登记证副本》数量：	本	发证日期：	___年___月___日

纳税人填写完相关内容后，在相关位置盖上单位公章、法人代表章，然后将《税务登记表》及其他相关材料送交税务登记窗口。

（3）税务机关审核、发证。

纳税人报送的《税务登记表》和提供的有关证件、资料，经主管国家税务机关审核批准后，应当按照规定的期限到主管国家税务机关领取税务登记证及其副本，并按规定缴付工本管理费。

2）变更登记

变更登记是指纳税人原税务登记表上的内容发生变化需要重新办理的税务登记变更手续。如：纳税人名称，法定代表人（负责人）或个体业主姓名及其居民身份证、护照或其他合法证明的号码，注册地址，生产经营地址，生产经营范围，经营方式，登记注册类型，隶属关系，行业，注册资本，投资总额，开户银行及账号，生产经营期限，从业人数，营业执照及号码，财务负责人，办税人员，会计报表种类，低值易耗品摊销方式，折旧方式等。

（1）办理变更登记的程序。

第一步，提出书面申请，并提供资料。

纳税人税务登记内容发生变化时，应在发生变更后三十日内，持营业执照或其他核准执业的证件向原税务登记机关提出书面变更申请，同时依照以下不同情形提交附送资料（查验原件，提供复印件）。

因工商登记发生变更而需变更税务登记内容的，需要提供以下资料：①营业执照、工商变更登记表及复印件；②纳税人变更登记内容的决议及有关证明文件；③《税务登记证》（正、副本）原件。

非工商登记变更因素而变更税务登记内容的，需要提供纳税人变更登记内容的决议有关证明文件。

第二步，填写《税务登记变更表》。

纳税人领取并填写《税务登记变更表》，如表9-1-3所示。

表 9-1-3 税务登记变更表

税务登记号				
纳税人名称				
变更登记事项				
序号	变更项目	变更前内容	变更后内容	变更时间
送交证件：				

纳税人（盖章）

法定代表人（负责人）：　　　经办人：　　　年　　月　　日

变更税务登记证号情况：	
原税务登记证号码：	
现税务登记证号码：	（税务登记专用章）
经办人：	
变更日期：　年　月　日	

　　纳税人填写完相关内容后，在相关位置盖上单位公章、法人代表章、经办人章以及税务登记专用章，然后将税务登记变更表交至税务登记窗口。如果有涉及税种变更时，同时领取并填写《纳税人税种登记表》，纳税人根据填表要求填写表格，经负责人签章并加盖公章后将表格交税务登记窗口。

　　第三步，税务机关审核、发证。

　　主管税务机关登记窗口对纳税人填写的申请表格，审核是否符合要求，所提交的附列资料是否齐全，符合要求的给予受理，开具《税务文书领取通知单》给纳税人。

　　纳税人按照《税务文书领取通知单》注明的日期到主管税务机关的税务登记窗口领取变更结果，涉及登记证内容变更的，登记窗口要收缴原《税务登记证》（正、副本），纳税人缴纳变更登记工本费后，领取新的《税务登记证》（正、副本）和《税务登记变更表》。

　　（2）注意事项。

　　一是纳税人改变单位名称的必须先缴销发票；

二是如果纳税人未在规定期限内办理变更税务登记的，税务机关按照规定进行违章处罚；

三是纳税人经营地址发生跨征收区域变更（指迁出原主管税务机关）的，必须按照迁移税务登记程序办理跨区迁移。

3）注销登记

纳税人发生解散、破产、撤销以及依法终止纳税义务情形的，应当在向工商行政管理机关或者其他机关办理注销登记前，持有关证件向原税务登记机关申报办理注销税务登记。

按照规定不需要在工商行政管理机关或者其他机关办理注销登记的，应当在有关部门批准或宣告注销之日起十五天内，持有关证件向原税务登记机关申报办理注销税务登记。

纳税人被工商行政管理机关吊销营业执照或者被其他机关予以撤销登记的，应当自营业执照被吊销或者被撤销登记之日起十五日内，持有关证件向原税务登记机关申报办理注销税务登记。

（1）办理注销登记的程序。

第一步，提出书面申请，并提供资料。

纳税人在办理工商登记注销前和营业执照被吊销或终止日起十五日内或迁出日前，向原税务登记机关申报办理注销税务登记，同时向税务登记窗口提供如下资料：①主管部门或董事会（职代会）的决议以及其他有关证明文件；②营业执照被吊销的应提交工商行政管理部门发放的吊销决定；③税务机关发放的原税务登记证件（《税务登记证》正、副本及《税务登记表》等）；④分支机构的注销税务登记通知书（涉外企业提供）；⑤发票、发票购领证；⑥税务机关要求提供的其他有关证件和资料。

如属增值税一般纳税人，还需提供以下资料及设施：增值税一般纳税人资格证书；企业用金税卡、IC卡（指已纳入防伪税控的纳税人）。

第二步，填写《注销税务登记申请审批表》。

纳税人领取并填写《注销税务登记申请审批表》，如表9-1-4所示。

表9-1-4 注销税务登记申请审批表

纳税人识别号：															
纳税编码：															

纳税人名称：		是否双定户	□	是否一般纳税人	□
联系地址			联系电话		
注销原因			经济性质		
批准机关	名　称				
	批准文号及日期				
迁入地税务机关代码			税务机关名称		
迁入地址					
法定代表人（负责人）：		办税人员：	纳税人（签章） 年　月　日		
以下由税务机关填写					
实际经营期限			已享受税收优惠		

续表

发票管理环节缴纳发票情况	负责人：		经办人：		年	月	日
	购领发票名称						
	购领发票数量						
	已使用发票数量						
	结存发票数量						
	起止号码						
	发票领购簿名称						
稽查环节清查情况	负责人：		经办人：		年	月	日
	负责人：		经办人：		年	月	日
征收环节结算清缴税款情况							
登记管理环节审批意见	封存税务机关发放证件情况	税务登记证		税务登记证副本		其他有关证件	
	负责人：		经办人：		年	月	日
分支机构名称	税务登记注销情况			主管税务机关			
税证环节资格取消情况	负责人：		经办人：		年	月	日
批准意见	主管税务机关： 局长签字：						

纳税人填写完相关内容后，在相关位置盖上单位公章、法人代表章、经办人章，然后将《注销税务登记申请审批表》送交税务登记窗口。

第三步，税务机关核准。

纳税人正常注销的，必须经过主管税务机关收缴证件、清缴发票、结清税款、有关资格注销等步骤，由主管税务机关核准后领取《注销税务登记通知书》。

（2）注意事项

一是如果纳税人未在规定期限内办理注销税务登记的，税务机关按照规定进行违章处罚；

二是纳税人有在查案件的，必须办理结案后才能办理注销登记；

二是纳税人注销手续办结前尚需向主管税务机关进行纳税申报。

4）停业、复业登记

（1）办理停业、复业登记的程序。

第一步，申请并提供相关资料。

纳税人在营业执照核准经营期限内停业15天以上时（或停业后复业），应向主管税务机关的税务登记窗口提出停业（复业）登记申请报告，连同如下资料交税务登记窗口：工商行政管理部门要求停业的，提交工商行政管理部门的停业文件；主管税务机关原发放的《税务登记证》正、副本；《发票购领证》及未使用的发票。

第二步，领取并填写《停业登记表》（《复业单证领取表》）。

纳税人领取并填写《停业登记表》（《复业单证领取表》），如表9-1-5所示。

表9-1-5 停业登记表

纳税人识别号码：□□□□□□□□□□□□□□□
纳税人名称：

停业原因：			
批准机关	名　称		
	批准文号及日期		
申请停业期限	年　　月　　日 至 　　年　　月　　日		
纳税人（签章） 法定代表人（负责人）：　　　　办税人员：　　　　年　月　日			
以下由税务机关填写			
发票管理	序号	证件名称	
	数量	证件号码	证件顺序号
环节封存发票情况	发票名称		
	结存发票数量		
	起止编号		
	发票领购簿名称		
	负责人：　　　　经办人：　　　　年　月　日		
稽查环节清查情况	负责人：　　　　经办人：　　　　年　月　日		
征收环节结算清缴税款情况	负责人：　　　　经办人：　　　　年　月　日		

续表

登记管理环节审核意见	序号		证件名称			
	数量		证件名称		证件顺序号	
	封存税务机关发放证件情况	税务登记正本		税务登记副本	其他有关证件	
	批准停业期限	年	月	至	年	月 日
	负责人：		经办人：		年 月 日	
批准意见	主管税务机关：					
	局长签字：			（公章）年 月 日		

纳税人应按税务机关要求如实填写《停业登记表》（《复业单证领取表》）后，交税务登记窗口。

第三步，税务机关审核、批准。

主管税务机关税务登记窗口确认申请停业的纳税人税款已结清，已清缴发票并收缴税务登记证件等涉税证件后，核准其停业申请，制发《核准停业通知书》和《复业单证领取表》给纳税人。

纳税人按期或提前复业的，应当在停业期满前持《复业单证领取表》到主管税务机关办理复业手续，领回或启用税务登记证件和发票领购证等，纳入正常营业纳税人管理。

（2）注意事项。

一是对需延长停业时间的，纳税人应在停业期满5天前提出申请，报税务机关重新核批停业期限；

二是对停业期满未申请延期复业的，税务机关视为已恢复营业，实施正常的税收管理；

三是纳税人提前复业的，按提前复业的日期作为复业日期。

5）税务登记验证、换证

《税务登记证》实行定期验证和换证制度，一般每年验证一次，三年更换一次。纳税人应当在规定的期限内，持《税务登记证》（正、副本）到主管税务机关办理验证或换证手续。

（1）税务登记验证、换证的程序。

第一步，申请并提供资料。

纳税人按照税务机关发布的验证、换证或于有关部门联合年检公告要求的时间、地点到主管税务机关税务登记窗口，申请办理验证、换证或联合年检手续，需换证的纳税人，还应领取并填写相应类型的《税务登记表》。

纳税人办理税务登记验证、换证或联合年检时，应提交以下资料：《税务登记证》（正、副本）；营业执照副本及复印件；全部银行账号证明及复印件；组织机构统一代码证书及复印件。

第二步，领取并填写《税务登记验证（换证）登记表》。

纳税人领取《税务登记验证（换证）登记表》，并按规定填写齐全后，盖章确认，交税务机关税务登记窗口。

第三步，税务机关审核。

主管税务机关税务登记窗口受理、审阅纳税人填报的表格是否符合要求，所提交的资料是否齐全。符合条件的给予受理，按规定收缴工本费。

纳税人按照税务机关通知的时间领回有关证件及资料。不需重新发证的，在纳税人的税务登记证件上贴上验证贴花标识；换证的，重新制发税务登记证件。

（2）注意事项。

一是纳税人未按期验、换证的，视作未按期办理税务登记，税务机关按规定进行违章处罚；

二是纳税人有变更事项而未办理变更登记的，必须先按程序办理变更手续；

三是验证和换证必须提供原登记证件，换证的收缴证件，如有遗失的应先在新闻媒体公开声明作废后申请补发。

6）外出经营活动税收管理

从事生产、经营的纳税人到外县（市）进行生产经营的，应向主管税务机关申请开具《外出经营活动税收管理证明》。

（1）办理外出经营活动税收管理证明的程序。

第一步，申请。

纳税人持《税务登记证》（副本）及书面证明到主管税务机关领取并填写《外出经营活动税收管理证明申请审批表》。

第二步，税务机关审核、发证。

纳税人向主管税务机关登记窗口提交《外出经营活动税收管理证明申请审批表》及相关资料，税务机关审核后，符合要求的制发《外出经营活动税收管理证明》，加盖公章后交给纳税人。

纳税人到外埠销售货物的，《外出经营活动税收管理证明》有效期一般为三十日；到外埠从事建筑安装工程的，有效期一般为一年，因工程需要延长的，应当向核发税务机关重新申请。

第三步，核销。

外出经营纳税人在其经营活动结束后，纳税人应向经营地税务机关填报《外出经营活动情况申报表》，按规定结清税款、缴销未使用完的发票。

《外出经营活动税收管理证明》有效期届满十日内，纳税人应回到主管税务机关办理核销手续，需延长经营期限的，必须先到主管税务机关核销后重新申请。

（2）注意事项。

一是纳税人到外县（市）进行生产经营的，必须向主管税务机关申请开具《外出经营活动税收管理证明》，未持有该证明的，经营地税务机关一律按6%的征收率征收税款，并处以10 000元以下的罚款。

二是纳税人应当向经营地税务机关结清税款、清缴未使用的发票，在证明上加盖经营地税务机关印章。

2. 账证设置

1) 涉税账簿的设置

从事生产、经营的纳税人应当自领取营业执照之日起 15 日内设置账簿，一般企业要设置的涉税账簿有总分类账、明细账（按具体税种设置）及有关辅助性账簿。"应交税费——应交增值税"明细账使用特殊的多栏式账页，其他明细账使用三栏式明细账页，总分类账使用总分类账页。扣缴义务人应当自税法规定的扣缴义务发生之日起 10 日内，按照所代扣、代收的税种设置代扣代缴、代收代缴税款账簿。同时从事生产、经营的纳税人应当自领取税务登记证件之日起 15 日内，将其企业的财务制度、会计处理办法及会计核算软件报送税务机关备案。

生产经营规模小又确无建账能力的纳税人，可以聘请注册会计师或者经税务机关认可的财会人员代为建账和办理账务；聘请上述机构或者人员有实际困难的，报经县以上税务机关批准，可以按照税务机关的规定，建立收支凭证粘贴簿、进货销货登记簿或者使用税控装置。

附：什么是税控装置？推广税控装置有何现实意义？

税控装置是指能正确反映纳税人的收入情况，保证计税依据和有关数据的正确生成、安全传递、可靠存储，并能实现税收的控制、管理的器具和支持该器具的管理系统。其应用对象主要是以流转额为课税对象的纳税人。税控装置从技术装置入手，是为降低税收成本、加大税收征管力度、打击偷逃税行为而采取的有效措施，世界上许多国家已普遍采用，近年来我国在加油站、出租车行业推广税控装置已收到较好效果。税务机关应根据征管需要积极推广使用税控装置，纳税人应按规定安装、使用税控装置，不得损毁或擅自改动税控装置。

2) 发票的领购

纳税人领取《税务登记证》后，应携带有关证件向税务机关提出领购发票的申请，然后凭税务机关发给的发票领购簿中核准的发票种类、数量以及购票方式，向税务机关领购发票。

发票是指在购销商品、提供或者接受劳务和其他经营活动中，开具、收取的收付款凭证。发票是确定经济收支行为发生的证明文件，是财务收支的法定凭证和会计核算的原始凭证，也是税务稽查的重要依据。《征管法》规定：税务机关是发票主管机关，负责发票印制、领购、开具、取得、保管、缴销的管理和监督。发票一般分为普通发票和增值税专用发票。

（1）普通发票领购簿的申请、核发。

纳税人凭《税务登记证》（副本）到主管税务机关领取并填写《普通发票领购簿申请审批表》，如表 9-1-6 所示，同时提交如下材料：经办人身份证明（居民身份证或护照）、财务专用章或发票专用章印模及主管税务机关要求报送的其他材料。

表9-1-6 普通发票领购簿申请审批表

纳税人识别号：□□□□□□□□□□□□□□□
企业编码：□□□□□□
纳税人名称：

发票名称	联次	金额版	文字版	数量	每月用量

申请理由：	申请人财务专用章或发票专用章印模
申请人签章：	
办税人员签章：　年　月　日	

续表

以下由税务机关填写					
发票名称	规格	联次	金额版	文字版	数量	每次限购数量

购票方式		保管方式	

主管税务机关发票管理环节审批意见：

（公章）

负责人：　　　经办人：　　　　年　月　日

注：①本表系纳税人初次购票前及因经营范围变化等原因，需增减发票种类数量时填写；

②经审批同意后，有关发票内容填写在《普通发票领购簿》中；

③此表不作为日常领购发票的凭据；

④此表一式两份，一份纳税人留存，一份税务机关留存。

主管税务机关发票管理环节对上述资料审核无误后，将核批的发票名称、种类、购票数量、购票方式（包括批量供应、验旧供新、交旧供新）等填发在发票领购簿上，同时对发票领购簿号码进行登记。

（2）普通发票的领购。

领购普通发票时，纳税人须报送《税务登记证》（副本）、发票领购簿及经办人身份证明，一般纳税人购增值税普通发票还需提供税控IC卡，供主管税务机关发票管理环节在审批发售普通发票时查验，对验旧供新和交旧供新方式售票的，还需提供前次领购的发票存根联。

审验合格后，纳税人按规定支付工本费，领购发票，并审核领购发票的种类、版别和数量。

（3）增值税专用发票领购簿的申请、核发。

已经认定的增值税一般纳税人，凭增值税一般纳税人申请认定表，到主管税务机关发票管理环节领取并填写增值税专用发票领购簿申请书。然后提交下列资料：①领取增值税专用发票领购簿申请书，如表9-1-7所示；②盖有增值税一般纳税人确认专用章的税务登记证副本；③办税员的身份证明；④财务专用章或发票专用章印模；⑤领取最高开票限额申请表，如表9-1-8所示。

表9-1-7 增值税专用发票领购簿申请书

_____国家税务局：　　　　　　　　企业编码：☐☐☐☐☐☐☐

我单位已于_____年_____月_____日被认定为增值税一般纳税人。纳税人识别号：☐☐☐☐☐☐☐☐☐☐☐☐☐☐☐现申请购买增值税专用发票。

发票名称	发票代码	联次	每次领购最大数量
			本/份
			本/份
			本/份

　　为做好专用发票的领购工作，我单位特指定_____（身份证号：_____）和_____（身份证号：_____）____位同志为购票员。

　　我单位将建立健全专用发票管理制度。严格遵守有关专用发票领购、使用、保管的法律和法规。

　　法定代表人（负责人）（签章）。

申请单位（签章）
年　　月　　日

主管税务机关审核意见：

（公章）
年　　月　　日

主管税务机关审核意见：

（公章）
年　　月　　日

　　注：本表一式三份，一份纳税人留存，各级税务机关留存一份。

表 9-1-8　最高开票限额申请表

申请事项（由企业填写）	企业名称		税务登记代码	
	地址		联系电话	
	申请最高开票限额	□一亿元　　□一千万元　　□一百万元 □十万元　　□一万元　　□一千元		
	经办人（签字）：　　　　　　企业（印章）： 　　年　月　日　　　　　　　　年　月　日			
区县级税务机关意见	批准最高开票限额： 经办人（签字）：　　批准人（签字）：　　税务机关（印章）： 　年　月　日　　　　年　月　日　　　　年　月　日			
地市级税务机关意见	批准最高开票限额： 经办人（签字）：　　批准人（签字）：　　税务机关（印章）： 　年　月　日　　　　年　月　日　　　　年　月　日			
省级税务机关意见	批准最高开票限额： 经办人（签字）：　　批准人（签字）：　　税务机关（印章）： 　年　月　日　　　　年　月　日　　　　年　月　日			

注：本申请表一式两联；第一联，申请企业留存；第二联，区县级税务机关留存。

主管税务机关发票管理环节对上述资料审核无误后，填发增值税专用发票领购簿，签署准购发票名称、种类、数量、面额、购票方式、保管方式等审核意见。

（4）增值税专用发票的初始发行。

一般纳税人领购专用设备后，凭《最高开票限额申请表》、《发票领购簿》到主管税务机关办理初始发行，即主管税务机关将一般纳税人的下列信息载入空白金税卡和 IC 卡：①企业名称；②税务登记代码；③开票限额；④购票限量；⑤购票人员姓名、密码；⑥开票机数量；⑦国家税务总局规定的其他信息。

一般纳税人发生上列信息变化，应向主管税务机关申请变更发行；发生第②项信息变化，应向主管税务机关申请注销发行。

（5）增值税专用发票的领购。

增值税专用发票一般由县级主管税务机关发票管理环节发售，发售增值税专用发票实行验旧供新制度。

审批后日常领购增值税专用发票，需提供以下资料：《发票领购簿》；IC 卡；经办人身份证明；上一次发票的使用清单；税务部门规定的其他材料。

对资料齐备、手续齐全、符合条件而又无违反增值税专用发票管理规定行为的，主管税务机关发票管理环节予以发售增值税专用发票，并按规定价格收取发票工本费，同时开具收据交纳税人。

3）发票的开具

纳税人在对外销售商品、提供服务以及发生其他经营活动收取款项时，必须向付款方开具发票。在特殊情况下由付款方向收款方开具发票（收款单位和扣缴义务人支付给个人款项时开具的发票），未发生经营业务一律不准开具发票。

（1）普通发票的开具要求。

开具普通发票应遵守以下开具要求：①发票开具应该按规定的时限，顺序、逐栏、全联、全部栏次一次性如实开具，并加盖单位财务印章或发票专用章；②发票限于领购单位在本省、自治区、直辖市内开具；未经批准不得跨越规定的使用区域携带、邮寄或者运输空白发票；③任何单位和个人都不得转借、转让、代开发票；未经税务机关批准，不得拆本使用发票；不得自行扩大专用发票使用范围；④开具发票后，如果发生销货退回需要开红字发票，必须收回原发票并注明"作废"字样，或者取得对方有效证明；发生折让的，在收回原发票并注明"作废"字样后重新开具发票。

（2）专用发票的开具要求。

开具增值税专用发票，除要按照普通发票的要求外，还要遵守以下规定：①项目齐全，与实际交易相符；②字迹清楚，不得压线、错格；③发票联和抵扣联加盖财务专用章或者发票专用章；④按照增值税纳税义务的发生时间开具。

4）账证的保管

单位和个人领购使用发票，应建立发票使用登记制度，设置发票登记簿，定期向主管税务机关报告发票的使用情况。增值税专用发票要专人保管，在启用前要检查有无缺号、串号、缺联以及有无防伪标志等情况，如发现问题应整本退回税务机关，并设立发票分类登记簿以记录增值税专用发票的购、领、存情况，每月进行检查统计并向税务机关汇报。

对已开具的发票存根和发票登记簿要妥善保管，保存期为五年，保存期满需要经税务机关查验后销毁。

纳税人、扣缴义务人必须按有关规定保管会计档案，对会计凭证、账簿、会计报表，以及完税凭证和其他有关纳税资料，应当保管十年，不得伪造、变造或者擅自销毁。

任务 9.2　财务报表分析

9.2.1　知识准备

1. 财务报表概述

1）财务报表及其目标

从程序上讲，财务会计报告是公司每个会计期间内财务会计工作的最后一道"工序"。

财务会计报告包括财务报表和其他应当在财务报告中披露的相关信息和资料。在我国，严格意义上的财务会计报告应当包括财务报表、审计报告和自己披露的信息。其中，财务报表应符合财政部会计准则的规定，是对企业财务状况、经营成果和现金流量的结构性表述；是反映企业某一特定日期财务状况和某一会计期间经营成果、现金流量的书面文件。审计报告指由具有相关从业资格的注册会计师遵守审计准则所出具的报告；自己披露的信息指应经注册会计师审问并发表的意见。

我国国务院于 2000 年 6 月 21 日颁布的《企业财务会计报告条例》，是我国第一个专门针对企业财务会计报告的法规，该条例构建了企业财务会计报告的基本框架。2006 新颁布的《企业会计准则——财务报表》、《企业会计准则——中期财务报告》、《企业会计准则——现金流量表》等企业会计准则对上市公司财务报告列报等问题做出了规范。

企业编制财务报表的目标是向投资者、债权人、政府及其有关部门和社会公众等财务报表使用者提供与企业财务状况、经营成果和现金流量等有关的会计信息，反映企业管理层受托责任履行情况，有助于财务会计报告使用者做出经济决策。

2）财务报表的组成和分类

按照《企业会计准则——财务报表列报》的规定，我国财务报表至少应当包括资产负债表、利润表、现金流量表、所有者权益（或股东权益，下同）变动表以及附注。财务报表格式和附注分一般企业、商业银行、保险公司、证券公司等类型予以规定。企业应当根据其经营活动的性质，确定本企业适用的财务报表格式和附注。本书主要阐述一般企业财务报表的编制。

财务报表可以根据需要，按照不同的标准进行分类。

（1）按反映内容分类。

按财务报表反映内容，可分为动态报表和静态报表。动态报表是指反映企业在一定时期内资金耗费和资金收回的报表，如利润表是反映企业在一定时期内经营成果的报表；静态报表是指综合反映一定时点企业资产、负债和所有者权益的报表，如资产负债表是反映资产负债表日企业资产总额和权益总额的报表，从企业资产总量方面反映企业的财务状况，从而反映企业资产的变现能力和偿债能力。

（2）按编报时间分类。

按财务报表编报时间的不同，可分为中期财务报表和年度财务报表。中期财务报表是以短于一个完整会计年度的报告期间为基础编制的财务报表，包括月报、季报和半年报等。企业至少应当按年编制财务报表。年度财务报表涵盖的期间短于一年的，应当披露年度财务报表的涵盖期间，以及短于一年的原因。中期财务报表至少应包括资产负债表、利润表、现金流量表和附注。其中，中期资产负债表、利润表和现金流量表应当是完整报表，其格式和内容应当与年度财务报表相一致。与年度财务报表相比，中期财务报表中的附注披露可适当简略。

（3）按编制的基础分类。

按财务报表编制的基础不同，可分为个别财务报表、汇总财务报表和合并财务报表。个别财务报表是由企业在自身会计核算基础上对账簿记录进行加工而编制的财务报表，它主要用以反映企业自身的财务状况、经营成果和现金流动情况；汇总财务报表是由企业主管部门或上级机关，根据所属单位报送的个别财务报表，连同本单位财务报表汇总编制的综合性财务报表；合并财务报表是由母公司编制的，在母公司和子公司个别财务报表的基础上，对企业集团的内部交易进行相互抵消后编制的财务报表，以反映企业集团综合的财务状况和经营成果。

根据我国现行《企业会计准则》和《公司法》的规定，企业应定期编报的报表种类如表9-2-1所示。

表9-2-1 企业财务报表一览表

编　号	财务报表名称	编报期
会企01表	资产负债表	中期报告、年度报告
会企02表	利润表	中期报告、年度报告
会企03表	现金流量表	（至少）年度报告
会企04表	所有者权益（或股东权益）增减变动表	年度报告

3）财务报表的作用

（1）财务报表反映企业管理当局的受托经营管理责任。股份有限公司的"两权分离"使股东和企业管理当局之间出现委托与受托关系。股东把资金投入公司，委托管理人员进行经营管理。他们为了确保自己的切身利益，保证其投入资本的完整与增值，需要经常了解管理当局对受托经济资源的经营管理情况。通过公认会计原则和其他一些法律规章的制约，财务会计报告能够较全面、系统、连续和综合地跟踪反映企业投入资源的渠道、性质、分布状态以及资源的运用效果，从而有助于评估企业的财务状况、经营绩效以及管理当局对受托资源的经营管理责任履行情况。

（2）财务报表是与企业有利害关系的外部单位和个人了解企业财务状况和经营成果，并据以做出决策的重要依据。企业的投资者（包括潜在的投资者）和债权人（包括潜在的债权人）根据财务报告提供的信息，了解企业目前的经营能力、偿债能力、获利能力及资本实力，再做出是否向企业投资、以什么方式投资、投资或贷款的方法等决策；政府部门（包括财政、税务、银行、证券交易监管机构和工商行政管理部门等）根据财务报表提供的信息，了解和监督企业在完成社会义务和责任方面的情况，以加强对企业的财政税务监督、财经纪律监督、信贷监督和证券交易法规监督，同时为政府部门进一步完善、制定法规提供决策依据。

（3）财务报表是国家经济管理部门进行宏观调控和管理的信息源。由于财务报表能综合反映企业的财务状况和经营成果，经过逐级汇总上报的财务报表能相应地反映出某一行业、某一地区、某一部门乃至全国企业的经济活动情况信息。这种信息是国家经济管理部门了解全国各地区、各部门、各行业的经济情况，正确制定国家宏观政策，调整和控制国民经济运行，优化资源配置的主要决策依据。

（4）财务报表提供的经济信息是企业内部加强和改善经营管理的重要依据。企业经营管理人员通过财务报表可以随时掌握企业的财务状况和经营成果，并通过与计划比较，检查企业预算或财务计划的执行情况，及时发现问题，评价业绩，进而采取有效措施，加强和改善企业经营管理。同时，利用财务信息可以预测企业的发展前景，进行经济决策，确定企业的近期经营计划和远期规划。

必须指出，财务报表主要是总结过去所发生的经济业务及其结果，而且所提供的仅仅是企业财务会计方面的信息。虽然这些信息是大多数使用者的主要信息来源，能满足使用者的基本需要，但并不能满足使用者进行经济决策的全部需要，有关人力资源、企业文化等非财务会计信息也将对财务报告使用者的经济决策产生重大影响。

4）财务报表的编制要求

（1）真实可靠。企业财务报表必须如实地反映企业的财务状况、经营成果和现金流动情况，使财务报表的各项数据建立在真实可靠的基础之上。因此，财务报表必须根据核实无误的账簿资料编制，不得以任何方式弄虚作假。否则将会导致财务报表使用者对企业的财务状况、经营成果和现金流动情况做出错误的评价与判断，致使报表使用者做出错误的决策。

（2）相关可比。企业财务报表所提供的财务会计信息必须与报表使用者进行决策所需要的信息相关，并且便于报表使用者在不同企业之间及同一企业前后各期之间进行比较。只有提供相关且可比的信息，才能使报表使用者分析企业在整个社会特别是同行业中的地位，了解、判断企业过去、现在的情况，预测企业未来的发展趋势，进而为报表使用者的决策服务。

（3）全面完整。企业财务报表应当全面地披露企业的财务状况、经营成果和现金流动情况，完整地反映企业财务活动的过程和结果，以满足各有关方面对财务会计信息资料的需要。为了保证财务报表的全面完整，企业对外提供的财务报表应当依次编定页数，加具封面，装订成册，加盖公章。封面上应当注明企业名称、企业统一代码、组织形式、地址、报告所属年度或者月份、报出日期，并由企业负责人和主管会计工作的负责人、会计机构负责人（会计主管人员）签名并盖章。设置总会计师的企业，还应由总会计师签名并盖章。在编制会计报表时应当按照有关准则、制度规定的格式和内容填写，特别是对于企业某些重要的事项，应当按照要求在会计报表附注中说明，不得漏编漏报。

（4）编报及时。企业财务报表所提供的资料，具有很强的时效性。只有及时编制和报送财务报表，才能为使用者提供决策所需的信息资料。企业应当依照法律、行政法规和企业会计准则有关财务报表提供期限的规定，及时对外提供财务报表。月度中期财务报表应当于月度终了后 6 天内（节假日顺延，下同）对外提供；季度中期财务报表应当于季度终了后 15 天内对外提供；半年度中期财务报表应当于年度中期结束后 60 天内（相当于两个连续的月份）对外提供；年度财务报表应当于年度终了后 4 个月内对外提供。随着市场经济和信息技术的迅速发展，财务报表的及时性要求将变得日益重要。

（5）便于理解。可理解性是指财务报表提供的信息可以为使用者所理解。企业对外提供的财务报表是为广大报告使用者提供企业过去、现在和未来的有关资料，为企业目前或潜在的投资者和债权人提供决策所需的财务信息，因此，编制的财务报表应清晰明了。当然，财务报表的这一要求是建立在报告使用者具有一定的财务会计报告阅读能力的基础上。

2. 资产负债表概述

1）资产负债表的作用

资产负债表是反映企业某一特定日期财务状况的报表，它反映企业在某一特定日期所拥有或控制的经济资源、所承担的现时义务和所有者对净资产的要求权。它是根据资产、负债和所有者权益（或股东权益，下同）之间的相互关系，按照一定的分类标准和一定的顺序，把企业一定日期的资产、负债和所有者权益各项目予以适当排列，并对日常工作中形成的大量数据进行高度浓缩整理后编制而成的。例如,公历每年 12 月 31 日的财务状况,由于它反映的是某一时点的情况,因此,它是一张静态会计报表。

资产负债表所提供的信息,对于企业管理部门、上级主管部门、投资者、债权人、银行及其他金融机构、税务部门来讲,都具有重要的作用。资产负债表,可以提供某一日期资产的总额及其结构,表明企业拥有或控制的资源及其分布情况;可以提供某一日期的负债总额及其结构,表明企业未来需要用多少资产或劳务清偿债务以及清偿时间;可以反映所有者所拥有的权益,据以判断资本保值、增值的情况以及对负债的保障程度。资产负债表还可以提供进行财务分析的基本资料,如将流动资产与流动负债进行比较,计算出流动比率;将速动资产与流动负债进行比较,计算出速动比率等。这些资料可以表明企业的变现能力、偿债能力和资金周转能力,从而有助于财务报表使用者做出经济决策。

2)资产负债表的结构

资产负债表一般有表首、正表两部分。其中,表首概括地说明报表名称、编制单位、编制日期、报表编号、货币名称及计量单位等。正表是资产负债表的主体。资产负债表是根据"资产=负债+所有者权益"会计等式的原理设计的,格式主要有账户式和报告式两种。报告式是上下平衡,账户式是左右平衡。我国资产负债表采用账户式,根据资产、负债、所有者权益(或股东权益,下同)之间的钩稽关系,按照一定的分类标准和顺序,把企业一定日期的资产、负债和所有者权益各项目予以适当排列。资产按其流动性大小排列,流动性大的资产如"货币资金"、"交易性金融资产"等排在前面,流动性小的如"长期股权投资"、"固定资产"等排在后面。负债按偿还期长短和先后顺序进行列示,具体分为流动负债和非流动负债等,"短期借款"、"应付票据"、"应付账款"等需要在一年以内或者长于一年的一个正常营业周期内偿还的流动负债排在前面,"长期借款"等在一年以上才需偿还的非流动负债排在中间;在企业清算之前不需要偿还的所有者权益项目排在后面,所有者权益则按其永久性递减的顺序进行列示,具体按实收资本、资本公积、盈余公积、未分配利润等项目分项列示。这种排列方式反映了企业资产、负债、所有者权益的总体规模和结构,直观地反映出企业财务状况的优劣、负债水平和偿债能力的强弱。

我国一般企业资产负债表格式如表 9-2-2 所示。

表 9-2-2 资产负债表

编制单位:　　　　　　　　　　　　　年　月　日

会企 01 表

元

资　产	期末余额	年初余额	负债和所有者权益	期末余额	年初余额
流动资产:			流动负债:		
货币资金			短期借款		
交易性金融资产			交易性金融负债		
应收票据			应付票据		
应收账款			应付账款		

续表

资　产	期末余额	年初余额	负债和所有者权益	期末余额	年初余额
预付款项			预收款项		
应收利息			应付职工薪酬		
应收股利			应交税费		
其他应收款			应付利息		
存货			应付股利		
一年内到期的非流动资产			其他应付款		
其他流动资产			一年内到期的非流动负债		
流动资产合计			其他流动负债		
非流动资产：			流动负债合计		
可供出售金融资产			非流动负债：		
持有至到期投资			长期借款		
长期应收款			应付债券		
长期股权投资			长期应付款		
投资性房地产			专项应付款		
固定资产			预计负债		
在建工程			递延所得税负债		
工程物资			其他非流动负债		
固定资产清理			非流动负债合计		
生产性生物资产			负债合计		
油气资产			所有者权益（或股东权益）：		
无形资产			实收资本（或股本）		
开发支出			资本公积		
商誉			减：库存股		
长期待摊费用			盈余公积		
递延所得税资产			未分配利润		
其他非流动资产			所有者权益（或股东权益）合计		
非流动资产合计					
资产总计			负债和所有者权益（或股东权益）总计		

3. 利润表概述

1）利润表的作用

利润表是反映企业在一定会计期间经营成果的报表。例如，反映1月1日至12月31日经营成果的利润表,由于它反映的是某一期间的情况,所以又称为动态报表。有时,利润表也称为损益表、收益表。

利润表主要提供有关企业经营成果方面的信息。通过利润表,可以反映企业一定会计期间的收入实现情况;可以反映一定会计期间的费用耗费情况;可以反映企业生产经营活动的成果,即净利润的实现情况,据以判断资本保值、增值情况。将利润表中的信息与资产负债表中的信息相结合,还可以提供进行财务分析的基本资料,如将赊销收入净额与应收账款平均余额进行比较,计算出存货周转率;将销货成本与存货平均余额进行比较,计算出存货周转率;将净利润与资产总额进行比较,计算出资产收益率等。利润表可以表现企业资金周转情况以及企业的盈利能力和水平,便于会计报表使用者判断企业未来的发展趋势,做出经济决策。

2) 利润表的结构

利润表一般有表首、正表两部分。其中,表首说明报表名称、编制单位、编制日期、报表编号、货币名称、计量单位等;正表是利润表的主体,反映形成经营成果的各个项目和计算过程。所以,曾经将这张表称为损益计算书。

利润表是根据"利润=收入-费用"的会计等式设计的。这里所讲的收入、费用均指广义的收入、费用概念,即列入利润表中的收入和费用。利润表正表的格式一般有两种:单步式利润表和多步式利润表。单步式利润表是将当期所有的收入列在一起,然后将所有的费用列在一起,两者相减得出当期净损益。多步式利润表是通过对当期的收入、费用、支出项目按性质加以归类,按利润形成的主要环节列示一些中间性利润指标,如营业利润、利润总额及净利润,分步计算当期净损益。利润表的这种阶梯式的结构,直观地反映了企业的三大动态要素状况及企业的获利能力。

我国企业利润表格式如表9-2-3所示。

表9-2-3 利润表

会企02表

编制单位:	年度	元
项 目	本期金额	上期金额(略)
一、营业收入		
减:营业成本		
营业税金及附加		
销售费用		
管理费用		
财务费用		
资产减值损失		
加:公允价值变动收益(损失以"-"号填列)		
投资收益(损失以"-"号填列)		
其中:对联营企业和合营企业的投资收益		
二、营业利润(亏损以"-"号填列)		

续表

项　目	本期金额	上期金额（略）
加：营业外收入		
减：营业外支出		
其中：非流动资产处置损失		
三、利润总额（亏损总额以"-"号填列）		
减：所得税费用		
四、净利润（净亏损以"-"号填列）		
五、每股收益：		
（一）基本每股收益		
（二）稀释每股收益		

4. 现金流量表概述

1）现金流量表概述

（1）现金流量表含义。

现金流量表是反映企业在一定会计期间现金和现金等价物流入和流出的财务报表。它是一张动态报表，它与资产负债表、利润表和所有者权益变动表共同构成了企业对外编制的主要报表。

为便于理解现金流量表，有必要结合资产负债表和利润表来谈。资产负债表是反映企业在某一特定日期财务状况的报表。但却没有说明企业的资产、负债和所有者权益为什么发生了变化，从期初的总量和结构到期末的总量和结构，即财务状况为什么发生了变化。利润表是反映企业在一定会计期间经营成果的报表，但却没有提供经营活动引起的现金流入和现金流出的信息，没有反映投资和筹资本身的情况，即对外投资的规模和投向，以及筹集资金的规模和具体来源。因此，资产负债表和利润表只能提供某一方面的信息，编制现金流量表有助于回答上述问题，弥补资产负债表和利润表的不足。它以收付实现制为基础，详细说明了两个资产负债表编表日期间现金流入和流出的构成情况，揭示资产、负债和所有者权益变化的原因，提供企业在一个会计期间内进行经营活动、投资活动、筹资活动等所产生的现金的流入和流出，因而，该报表是反映企业现金流量变化的动态报表。

（2）现金流量表的编制基础。

现金流量表是以现金为基础编制的，这里的现金与会计核算中的现金概念是不同的。根据《企业会计准则——现金流量表》的规定，这里的现金包括现金及等价物。具体内容：

①现金。

现金，是指企业库存现金以及可以随时用于支付的存款。不能随时用于支付的存款不属于现金。其构成如下：

库存现金。库存现金是指企业持有可随时用于支付的现金限额，即与会计核算中"库存现金"科目所包括的内容一致。

银行存款。银行存款是指企业存入金融企业、随时可以用于支付的存款，即与会计核算中"银行存款"科目所包括的内容基本一致。

其他货币资金。其他货币资金是指企业存在金融企业有特定用途的资金，如外埠存款、银行汇票存款、银行本票存款、信用证保证金存款、信用卡存款等。

应注意的是，银行存款和其他货币资金中有些不能随时用于支付的存款，如不能随时支取的定期存款等，不应作为现金，而应列作投资；提前通知金融企业便可支取的定期存款，则应包括在现金范围内。

②现金等价物。

现金等价物，是指企业持有的期限短、流动性强、易于转换为已知金额现金、价值风险很小的投资。其中，期限短是指从购买日起三个月内到期。流动性强是指能够在市场上进行交易。易于转换为已知金额现金主要是指准备持有至到期的债权性投资（不包括股权性投资）。价值变动风险很小是指债券等（股票价值风险变动较大）。

涉及现金和现金等价物而不需要在现金流量表上反映，包括现金与现金之间的经济活动，例如企业将现金存入银行、企业开出银行本票和银行汇票；现金与现金等价物之间的经济活动，例如企业用银行存款购买三个月到期的短期债权性投资；还有一类是等价物之间的经济活动。

（3）现金流量的分类。

现金流量，是指现金和现金等价物的流入和流出，可以分为三类，即经营活动产生的现金流量、投资活动产生的现金流量和筹资活动产生的现金流量。

①经营活动产生的现金流量。

经营活动，是指企业投资活动和筹资活动以外的所有交易和事项，包括销售商品或提供劳务、购买商品或接受劳务、收到的税费返还、支付职工薪酬、支付的各项税费、支付广告费用等。

②投资活动产生的现金流量。

投资活动，是指企业长期资产的购建和不包括在现金等价物范围内的投资及其处置活动。包括取得和收回投资、购建和处置固定资产、购买和处置无形资产等。

③筹资活动产生的现金流量。

筹资活动，是指导致企业资本及债务规模和构成发生变化的活动，包括发行股票或接受投入资本、分派现金股利、取得和偿还银行借款、发行和偿还公司债券等。

（4）现金流量表的作用。

现金流量表主要提供有关企业现金流量方面的信息，编制现金流量表的主要目的是为会计报表使用者提供企业一定会计期间内现金和现金等价物流入和流出的信息，以便于财务报表使用者了解和评价企业获取现金和现金等价物的能力，并据以预测企业未来的现金流量。所以，现金流量表在评价企业经营业绩、衡量企业财务资源和财务风险以及预测企业未来前景方面，有着十分重要的作用。具体来说，现金流量表的作用主要表现在以下四个方面：

一是帮助投资人、债权人及其他信息使用者评估公司创造未来现金净流量的能力。公司的投资人、债权人的投资和信贷动机，最终都会落在对获取现金流量的追求上。为了做出正确的投资决策和信贷决策，他们必须依据财务报告提供的信息评估公司现金收入的来源、时间和不确定性，包括股利或利息的获得、证券变卖所得、贷款本金的清偿等。

二是帮助投资人、债权人评估公司偿还债务的能力，支付股利的能力以及对外融资的需求。公司清偿债务时，需动用现金资源；向股东支付股利也需付出现金。公司净现金流量越多，对外融资的需求度越低。

三是帮助报表使用者分析净收益与相关的现金收支产生差异的原因。财务报告中对损益的确认是遵循权责发生制的原则而非收付实现制的原则。这就不可避免地导致净收益与现金收支之间差异。这就需要利用现金流量表分析差异产生的原因，以利于正确决策。

四是帮助报表使用者评估当期的现金和非现金投资与理财活动对公司财务状况的影响。现金流量表不仅要披露与现金收支有关的经营活动、投资活动和筹资活动，而且还要披露非现金的投资活动和理财活动，即通过现金流量表，可以揭示公司全部财务状况的变动。

2）现金流量表的结构

我国企业现金流量表采用报告式结构，分类反映经营活动产生的现金流量、投资活动产生的现金流量、筹资活动产生的现金流量，最后汇总反映企业某一期间现金及现金等价物的净增加额。

我国一般企业现金流量表的格式如表9-2-4所示。

表9-2-4 现金流量表

会企03表

编制单位：　　　　　　　　　　　　年　月　　　　　　　　　　　　　　　元

项　目	本期金额	上期金额
一、经营活动产生的现金流量：		
销售商品、提供劳务收到的现金		
收到的税费返还		
收到其他与经营活动有关的现金		
经营活动现金流入小计		
购买商品、接受劳务支付的现金		
支付给职工以及为职工支付的现金		
支付的各项税费		
支付其他与经营活动有关的现金		
经营活动现金流出小计		
经营活动产生的现金流量净额		
二、投资活动产生的现金流量：		
收回投资收到的现金		
取得投资收益收到的现金		
处置固定资产、无形资产和其他长期资产收回的现金净额		
处置子公司及其他营业单位收到的现金净额		
收到其他与投资活动有关的现金		
投资活动现金流入小计		
购建固定资产、无形资产和其他长期资产支付的现金		

续表

项　目	本期金额	上期金额
投资支付的现金		
取得子公司及其他营业单位支付的现金净额		
支付其他与投资活动有关的现金		
投资活动现金流出小计		
投资活动产生的现金流量净额		
三、筹资活动产生的现金流量：		
吸收投资收到的现金		
取得借款收到的现金		
收到其他与筹资活动有关的现金		
筹资活动现金流入小计		
偿还债务支付的现金		
分配股利、利润或偿付利息支付的现金		
支付其他与筹资活动有关的现金		
筹资活动现金流出小计		
筹资活动产生的现金流量净额		
四、汇率变动对现金及现金等价物的影响		
五、现金及现金等价物净增加额		
加：期初现金及现金等价物余额		
六、期末现金及现金等价物余额		

5. 所有者权益变动表概述

1）所有者权益变动表的定义和作用

所有者权益变动表，是指反映构成所有者权益各组成部分当期增减变动情况的会计报表。所有者权益变动表应当全面反映一定时期所有者权益变动的情况，不仅包括所有者权益总量的增减变动，还包括所有者权益增减变动的重要结构性信息，特别是要反映直接计入所有者权益的利得和损失，让报表使用者准确理解所有者权益增减变动的根源。

所有者权益变动表在一定程度上体现了企业综合收益。综合收益，是指企业在某一期间与所有者之外的其他方面进行交易或发生其他事项所引起的净资产变动。综合收益的构成包括两部分：净利润和直接计入所有者权益的利得和损失。其中，前者是企业已实现并已确认的收益，后者是企业未实现但根据会计准则已确认的收益。用公式表示如下：

综合收益 = 收入 − 费用 + 直接计入当期损益的利得和损失

在所有者权益变动表中，净利润和直接计入所有者权益的利得和损失均单列项目反映，体现了企业综合收益的构成。

所有者权益变动表为公允价值的广泛运用创造了条件；所有者权益变动表可以从综合收益角度为企业的股东和投资者提供更加全面的财务信息；所有者权益变动表既能反映企业以

历史成本计价已确认实现的收入、费用、利得和损失,又能反映以多种计量属性计价的已确认但未实现的利得和损失,有利于全方面反映企业的经营业绩,进而满足报表使用者对企业会计信息披露多样化的需求。

2) 企业所有者权益变动表的结构

为了清楚地表明构成所有者权益的各组成部分当期的增减变动情况,所有者权益变动表以矩阵的形式列示:一方面,列示导致所有者权益变动的交易或事项,改变了以往仅仅按照所有者的各组成部分反映所有者变动情况,而是按所有者权益变动的来源对一定时期所有者权益变动情况进行全面反映;另一方面,按照所有者权益各组成部分(包括实收资本、资本公积、盈余公积、未分配利润和库存股)及其总额列示交易或事项对所有者权益的影响。此外,企业还需要提供比较所有者权益变动表,因此,所有者权益变动表还就各项目再分为"本年金额"和"上年金额"两栏分别填列。具体格式如表9-2-5所示。

表9-2-5 所有者权益变动表

会企04表

编制单位:　　　　　　　　　　年度　　　　　　　　　　　　　　元

项目	本期数					
	股本	资本公积	减:库存股	盈余公积	未分配利润	股东权益合计
一、上年年末余额						
加:会计政策变更						
前期差错更正						
二、本年年初余额						
三、本期增减变动金额						
(一)净利润						
(二)直接计入股东权益的利得和损失						
1.可供出售金融资产公允价值变动净额						
2.权益法下被投资单位其他股东权益变动的影响						
3.与计入股东权益项目相关的所得税影响						
4.其他						
上述(一)(二)小计						
(三)股东投入和减少股本						
1.股东投入股本						

续表

项目	本期数					
	股本	资本公积	减：库存股	盈余公积	未分配利润	股东权益合计
2. 股份支付计入股东权益的金额						
3. 其他						
（四）利润分配						
1. 提取盈余公积						
2. 对股东的分配						
3. 其他						
（五）股东权益内部结转						
1. 资本公积转增股本						
2. 盈余公积转增股本						
3. 盈余公积弥补亏损						
4. 其他						
四、本期期末余额						

公司法定代表人：　　　　主管会计工作负责人：　　　　会计机构负责人：

6. 常用财务报表分析指标

财务报表分析可计算的指标是相当多的。由于分析的目的和分析的角度不同，对所计算的指标可做不同的分类。但这种分类并不存在标准化的模式，也不存在标准化的指标体系。因为企业的各项业务是相互关联、相互制约的，所以某项指标的意义可能是多方面的，它也许既与企业的周转能力相关，又与企业的偿债能力或盈利能力相关。财务比率分析有一个显著的特点，那就是它使得各个不同规模的企业的会计数据所传递的经济信息单位化或标准化。当然，单单是计算各种分析指标，其作用非常有限，更重要的是应对计算出来的指标做出比较分析，以帮助企业的经营者、投资者以及其他有关人员正确评估企业的经营成果和财务状况，及时调整投资结构和经营决策，并对未来做出科学的规划。下面根据其考核的范围和分析的重点不同，介绍企业常用财务报表分析指标。

1）偿债能力分析

偿债能力是指企业对各种到期债务的偿付能力，其本质就是支付能力，偿债能力不足即表示财务状况不佳。

（1）短期偿债能力分析。对企业的财务分析首先从偿债能力分析开始，短期偿债能力分析的主要指标有：

一是流动比率，是流动资产与流动负债的比率，用于评价企业流动资产在短期债务到期前，可以变为现金用于偿还流动负债的能力。计算公式为：

$$流动比率 = 流动资产 \div 流动负债$$

一般情况下，流动比率越高，说明企业短期偿债能力越强。但流动比率过高，表明企业流动资产占用较多，会影响资金的使用效率和企业的筹资成本，进而影响获利能力。通常认为流动比率以2:1为好。

二是速动比率，是速动资产与流动负债的比率，用于衡量企业流动资产中可以立即用于偿付流动负债的能力。计算公式为：

$$速动比率 = 速动资产 \div 流动负债$$

公式中，速动资产＝流动资产－存货。通常情况下，1:1被认为是较为正常的速动比率。表示企业有良好的短期偿债能力。比率过高，资金往往滞留在应收账款上；而比率过低，则又表示支付能力不足。

三是现金流动负债比率，是企业一定时期的经营现金净流量与流动负债的比率，它可以从现金流量的角度反映企业偿付短期负债的能力。计算公式为：

$$现金流动负债比率 = 经营现金净流量 \div 流动负债$$

该比率本身并不能说明什么问题，通常只是作为前两个比率的补充。这项比率越高，表明偿债风险越小，但持有现金是有成本的，所以该比率也不能过高，只要现金额度满足企业正常经营需要即可，无须专门为偿还到期债务储备一定量的现金。在企业应收账款和存货都抵押出去或变现存在问题的情况下，折算该比率更为有效。对于该比率，难以确定一个普遍的合理值，各企业可根据自己的实际情况来判定。

(2) 长期偿债能力分析。长期偿债能力是指企业偿还长期债务的能力，它反映了企业资金结构是否合理和稳定，同时也反映了企业的长期获利能力。其主要指标有：

一是资产负债率，又称为举债经营比率，反映债权人所提供的资本占全部资本的比例，即反映在总资产中有多大比例是通过借债来筹资的，也可以衡量企业在清算时保护债权人利益的程度。计算公式为：

$$资产负债率 = 负债总额 \div 资产总额$$

该指标有以下几方面的含义：

其一，从债权人的立场看，他们最关心的是贷给企业的款项的安全程度，也就是能否按期收回本金和利息。他们希望债务比例越低越好，企业偿债有保证，贷款不会有太大的风险。

其二，从股东的角度看，由于企业通过举债筹措的资金与股东提供的资金，在经营中发挥同样的作用，所以，股东所关心的是全部资本利润率是否超过借入款项的利率，即借入资本的代价。从股东的立场看，在全部资本利润率高于借款利息率时，负债比例越大越好，否则反之。

其三，从经营者的立场看，如果举债很大，超出债权人心理承受程度，则认为是不保险，企业就借不到钱。如果企业不举债，或负债比例很小，说明企业畏缩不前，对前途信心不足，利用债权人资本进行经营活动的能力很差。借款比率越大（当然不是盲目地借款），越是显得企业活力充沛。从财务管理的角度来看，企业应当审时度势，全面考虑，在利用资产负债率制定借入资本决策时，必须充分估计预期的利润和增加的风险，在二者之间权衡利害得失，做出正确决策。

二是产权比率，又称负债权益比率，是企业负债总额与所有者权益之比，它反映了企业财务结构和所有者权益为负债提供的保障。计算公式为：

$$产权比率 = 负债总额 \div 所有者权益（股东权益）$$

该比率反映由债权人提供的资本与股东提供资本的相对关系，反映企业基本财务结构是否稳定。一般来说，股东资本大于借入资本较好，但也不能一概而论。从股东来看，在通货膨胀加剧时期，企业多借债可以把损失和风险转嫁给债权人；在经济繁荣时期，多借债可以获得额外的利润；在经济萎缩时期，少借债可以减少利息负担和财务风险。产权比率高，是高风险、高报酬的财务结构；产权比率低，是低风险、低报酬的财务结构。该指标同时也表明债权人投入的资本受到股东权益保障的程度，或者说是企业清算时对债权人利益的保障程度。国家规定债权人的索偿权在股东前面。

资产负债率侧重于分析债务偿付安全性的物质保障程度，产权比率则侧重于揭示财务结构的稳健程度以及自有资金对偿债风险的承受能力。

三是已获利息倍数。债权人进行投资，除了关心其本金的回收，还需考察企业营业利润对其利息的保障程度。计算公式为：

$$已获利息倍数 = 税息前利润总额 \div 利息支出$$

通过计算该比率，可以进一步分析债权人的投资风险。该比率反映企业经营收益为所需支付的债务利息的多少倍。只要已获利息倍数足够大，企业就有充足的能力偿付利息，否则相反。但如何合理确定企业的已获利息倍数，需要将该企业的这一指标与其他企业，特别是本行业平均水平进行比较，来分析决定本企业的指标水平。同时从稳健性的角度出发，最好比较本企业连续几年的该项指标，并选择最低指标年度的数据，作为标准。

2）营运能力分析

营运能力是指企业经营效率的高低，即资金周转的快慢及有效性。其主要指标有：存货周转率和应收账款周转率等。

（1）存货周转率。由于存货在流动资产中占很大比重，所以进一步分析存货周转率非常重要。计算公式为：

$$存货周转率（次数）= 营业成本 \div 平均存货余额$$

该比率表明，企业所拥有的存货在一定时期内周转了几次。一般而言，存货周转率越高，表明企业的存货管理效率越高，存货资金得以有效利用。然而太高的存货周转率则可能是存货水平低或库存经常中断的结果，企业也许因此而丧失某些生产销售机会。如存货周转率过低则说明采购过量或产品积压，要及时分析处理。当然，存货周转率在不同行业之间可能有较大的差别，进行财务分析时要将本企业与同行业的平均数进行对比，以衡量其存货管理的效率。同时在实际工作中也可以利用存货周转天数进行补充分析。

（2）应收账款周转率。应收账款是企业流动资产除存货外的另一重要项目。应收账款周转率是反映企业销售货款回笼速度和管理效率的指标。

$$应收账款周转率 = 营业收入 \div 平均应收账款余额$$

该指标表明企业的应收账款在一定时期内周转了几次。对于应收账款周转次数一般认为越高越好，因为它表明收款速度快，资金占用少，坏账损失可以减少，资金流动性高，企业偿债能力强。进行分析时，要注意与同行业其他企业、本企业以前实际情况进行比较，判断其优劣和发展趋势。

（3）流动资产周转率。流动资产周转率是流动资产在一定时期所完成的周转额与流动资产的平均占用额之间的比率，是反映企业流动资产周转速度的指标。其计算公式为：

$$\text{流动资产周转率（次）} = \text{营业收入} \div \text{平均流动资产总额}$$

$$\text{流动资产周转期（天）} = 360 \div \text{流动资产周转率}$$

流动资产周转速度快，会相对节约流动资产，等于扩大资产投入，增强企业盈利能力；而延缓周转速度，会降低企业盈利能力。生产经营任何一个环节上的工作改善，都会反映到流动资产周转速度上来。

（4）固定资产周转率。固定资产周转率是指企业营业收入与固定资产净值的比率。它是反映企业固定资产周转情况，衡量企业固定资产利用效率的一项指标。

$$\text{固定资产周转率（周转次数）} = \text{营业收入} \div \text{平均固定资产净值}$$

一般情况下，固定资产周转率越高，表明企业固定资产利用越充分，固定资产投资得当，固定资产结构合理，能够充分发挥效率。

（5）总资产周转率。总资产周转率是企业主营业务收入净额与资产平均占用额的比率，它可用来反映企业全部资产的利用效率。其计算公式为：

$$\text{总资产周转率} = \text{营业收入} \div \text{平均资产总额}$$

总资产周转率高，表明企业全部资产的使用效率高；如果这个比率较低，说明使用效率较差，最终会影响企业的盈利能力。

3）获利能力分析

对增值的不断追求是企业经营的动力源泉和直接目的。获利能力就是企业资金增值能力。其分析指标主要有：

（1）营业利润率。营业利润率是企业营业利润与营业收入的比率。其计算公式为：

$$\text{营业利润率} = (\text{营业利润} \div \text{营业收入}) \times 100\%$$

该比率反映每 1 元营业收入带来营业利润的多少，表示营业收入的收益水平。该指标越高，表明企业主营业务市场越强，发展潜力越大，获利能力越强。通过分析营业利润率的升降变动，可以促使企业在扩大销售的同时，注意改进经营管理，提高盈利水平。

（2）成本费用率。成本费用率是指利润与成本费用的比率。其计算公式为：

$$\text{成本费用率} = (\text{利润总额} \div \text{成本费用总额}) \times 100\%$$

其中，成本费用总额 = 营业成本 + 营业税金及附加 + 销售费用 + 管理费用 + 财务费用。该指标越高，表明企业为取得利润而付出的代价越小，成本费用控制得越好，获得能力越强。

（3）盈余现金保障倍数。盈余现金保障倍数是经营现金净流量与净利润的比率。其计算公式为：

$$\text{盈余现金保障倍数} = (\text{经营现金净流量} \div \text{净利润}) \times 100\%$$

一般来说，当企业当期净利润大于零时，盈余现金保障倍数应当大于 1。该指标越大，表明企业经营活动产生的净利润对现金的贡献越大。

（4）总资产报酬率。总资产报酬率是企业一定时期内获得的报酬总额与平均资产总额的比率。它是反映企业综合资产利用效果的指标，也是衡量企业利用债权人和所有者权益总额所取得盈利的重要指标。其计算公式为：

$$\text{总资产报酬率} = (\text{息税前利润总额} \div \text{平均资产总额}) \times 100\%$$

该指标越高，表明企业的资产利用效益越好，整个企业获利能力越强。

（5）净资产收益率。净资产收益率是指企业一定时期内的净利润同平均净资产的比率。它可以反映投资者投入企业的自有资金获取净收益的能力，是评价企业资本经营效益的核心指标。其计算公式为：

$$净资产收益率 = （净利润 \div 平均净资产）\times 100\%$$

一般认为，净资产收益率越高，企业的自有资金获取收益的能力越强，运营效益越好，对企业投资人、债权人的保证程度越高。

（6）资本收益率。资本收益率是指企业一定时期内的净利润与平均资本的比率。其计算公式为：

$$资本收益率 = （净利润 \div 平均资本）\times 100\%$$

其中，资本即指实收资本和资本公积（仅指资本溢价和股本溢价）。资本收益率是企业一定时期净利润与平均资本的比率，反映企业实际获得投资额的回报水平。

（7）每股收益。每股收益是综合反映企业获利能力的重要指标，它是企业某一时期净利润与股份数的比率。其计算公式为：

$$基本每股收益 = 归属于普通股股东的当期净利润 \div 当期发行在外普通股的加权平均数$$

每股收益越高，说明公司的获利能力越强。而稀释每股收益是在考虑潜在普通股稀释性影响的基础上，对基本每股收益的分子、分母进行调整后再计算的每股收益。稀释性潜在普通股主要包括可转换债券、认股权证和股票期权。

当然，这一比率也并非能完全说明问题。还需要结合其他的比率进行分析。而且在不同企业间进行比较时，需注意不同会计政策导致的差别，以免引起误解。

（8）市盈率。市盈率是某种股票每股市价与每股盈利的比率。其计算公式为：

$$市盈率 = 普通股每股市价 \div 普通股每股收益$$

市盈率表明投资者为取得一股收益所需进行的投资。投资者（股民）最为关心的是企业的盈利能力，力图将投入的资金与能获取的回报相比较权衡。

市盈率评判的标准不是越高越好，也不是越低越好，而是以证券市场平均的市盈率为依据。一般而言，一个成熟、健全的金融市场，市盈率约为10～20倍。从另一个角度理解市盈率，可将其看作投资收回的年限，即在这样的每股净收益下需要多少年才能收回所有的投资。这样看似乎市盈率越低越好，因为市盈率低表明股票的市价低而每股净收益却较高，投资收回的年限较短、风险较小。但应该注意到股票价格的上升往往伴随着盈利的增加，较高的市盈率也许正是由于较高的盈利能力带来的，而较低的市盈率可能是盈利能力较弱的结果。由于市盈率本身的这一特点，使得投资者在利用它评价企业的盈利能力时，不能绝对化，关键是看其变动的趋势，揭示这种变动的原因，更好地为投资决策服务。

4）发展能力分析

发展能力是企业在生存的基础上，扩大规模、壮大实力的潜在能力。在运用会计报表数据分析企业发展能力时，其分析指标主要有：

（1）营业收入增长率。营业收入增长率是指企业本年营业收入增长额同上年营业收入总额的比率，它是评价企业成长状况和发展能力的重要指标。其计算公式为：

$$营业收入增长率 = （本年营业收入增长额 \div 上年营业收入增长总额）\times 100\%$$

该指标是衡量企业经营状况、市场占有能力、预测企业经营业务拓展趋势的重要标志，也是企业扩张增量和存量资本的重要前提。营业收入增长率若大于零，表示企业本年主营业务收入有所增长，指标值越高表明增长速度越快，企业市场前景越好。

(2) 资本保值增值率。资本保值增值率是指企业经营期内扣除客观增减因素后的期末所有者权益总额与期初所有者权益总额的比率。它表示企业当年资本的积累能力,是评价企业发展潜力的重要指标。其计算公式为:

资本保值增值率 = (扣除客观因素后的年末所有者权益总额 ÷ 年初所有者权益总额) ×100%

一般认为,资本保值增值率越高,表明企业的资本保全状况越好,所有者权益增长越快,债权人的债务越有保障,该指标通常应大于100%。

(3) 资本积累率。资本积累率是指企业本年所有者权益增长额与年初所有者权益的比率,它表示企业当年资本的积累能力,是评价企业发展潜力的重要指标。其计算公式为:

资本积累率 = (本年所有者权益增长额 ÷ 年初所有者权益) ×100%

该比率是企业当年所有者权益的增长率,反映了企业所有者权益在当年的变动水平,体现了企业资本的积累情况,反映了投资者投入企业资本的保全性和增长性。该指标越高,表明企业的资本积累越多,企业资本保全性越强,应付风险、持续发展的能力越强。如为负值,表明企业资本受到侵蚀,所有者利益受到损害,应予充分重视。

(4) 总资产增长率。总资产增长率是指企业本年总资产增长额与年初资产总额的比率,它可以衡量企业本期资产规模的增长情况,评价企业经营规模总量上的扩张程度。其计算公式为:

总资产增长率 = (本年总资产增长额 ÷ 年初资产总额) ×100%

该指标是从企业资产总量扩张方面衡量企业的发展能力,表明企业规模增长水平对企业发展后劲的影响。该指标越高,表明企业一定时期内资产经营规模扩张的速度越快,但在分析时需要注意资产规模扩张的质和量的关系,以及企业的后续发展能力,避免盲目扩张。

9.2.2 财务报表分析

甲股份有限公司的财务报表资料,如表9-2-6~表9-2-8所示。

表9-2-6 资产负债表

编制单位:甲股份有限公司　　　　　　　　　　　　　　　　　　　　　　　　万元

资产	年初数	年末数	负债及股东权益	年初数	年末数
流动资产			流动负债		
货币资金	905	850	短期借款	10 750	14 050
交易性金融资产	102	50	应付票据	1 500	1 700
应收票据	2 200	2 180	应付账款	2 200	4 156
应收账款	4 400	5 470	预收款项	100	200

续表

资产	年初数	年末数	负债及股东权益	年初数	年末数
预付账款	150	200	应付职工薪酬	580	650
其他应收款	280	200	应交税费	500	800
存货	20 800	2 3800	应付股利	1 100	1 300
流动资产合计	28 837	32 750	其他应付款	150	200
			流动负债合计	16 880	23 056
非流动资产			非流动负债		
长期股权投资	500	1 400	长期借款	4 700	2 700
固定资产	22 902	24 402	应付债券	700	606
在建工程	3 000	3 300	非流动负债合计	5 400	3 306
无形资产	1 300	1 150	负债合计	22 280	26 362
递延所得税资产	200	150	股东权益		
非流动资产合计	27 902	30 402	股本	14 000	14 000
			资本公积	16 100	16 100
			盈余公积	3 420	4 738
			未分配利润	939	1952
			股东权益合计	34 459	36 790
资产总计	56 739	63 152	负债及股东权益总计	56 739	63 152

表 9-2-7 利润表

编制单位：甲股份有限公司 万元

	本年	上年
一、营业收入	112100	120 000
减：营业成本	87 900	94 000
营业税金及附加	9 880	10 000
销售费用	3 120	4 200
管理费用	2 700	2 600
财务费用	1 300	1 100
资产减值损失		
加：公允价值变动收益		
投资收益	200	100

续表

	本年	上年
二、营业利润		
加：营业外收入	250	250
减：营业外支出	150	450
三、利润总额	7 500	8 000
减：所得税费用	2 250	2 400
四、净利润	5 250	5 600
五、每股收益		
（一）基本每股收益（1.4亿股）	0.375	0.4
（二）稀释每股收益（1.4亿股）	0.375	0.4

表9-2-8 现金流量表

编制单位：甲股份有限公司　　　　　　　　　　　　　　　　　　　万元

项　目	本年金额	上年金额
一、经营活动产生的现金流量		
销售商品、提供劳务收到的现金	111 050	118 800
收到的税费返还		
收到的其他与经营活动有关的现金	4 030	800
经营活动现金流入小计	115 080	119 600
购买商品、接受劳务支付的现金	88 744	91 210
支付给职工以及为职工支付的现金	9 100	9 910
支付的各项税费	11 830	12 600
支付的其他与经营活动有关的现金		
经营活动现金流出小计	109 674	113 720
经营活动产生的现金流量净额	5 406	5 880
二、投资活动产生的现金流量		
取得投资收益所收到的现金	200	100
处置固定资产、无形资产和其他长期资产收回的现金净额	500	500

续表

项　目	本年金额	上年金额
收到的其他与投资活动有关的现金		
投资活动现金流入小计	700	600
购建固定资产、无形资产和其他长期资产支付的现金	3 800	0
投资支付的现金	900	300
投资活动现金流出小计	4 700	300
投资活动产生的现金流量净额	-4 000	300
三、筹资活动产生的现金流量		
取得借款收到的现金	3 300	1 050
筹资活动现金流入小计	3 300	1 050
偿还债务支付的现金	2 094	2 950
分配股利、利润或偿付利息支付的现金	2 719	3 300
支付的其他与筹资活动有关的现金		
筹资活动现金流出小计	4 813	6 250
筹资活动产生的现金流量净额	-1 513	-5 200
四、汇率变动对现金的影响		
五、现金及现金等价物净增加额	-107	980
加：期初现金及现金等价物余额	1 007	27
六、期末现金及现金等价物余额	900	1 007

思考题：

根据以上甲股份有限公司的财务报表资料，对企业的财务状况质量进行综合分析。

讨论与分析：

1. 财务状况变化分析

1）资产变化情况分析

根据表9-2-6所示的甲公司资产负债表，编制甲公司比较和共同比资产负债表，如表9-2-9所示。

表 9-2-9　甲公司比较和共同比资产负债表

万元

资产	年初数		年末数		增减额	
	绝对数	比重/%	绝对数	比重/%	绝对数	比重/%
货币资金	905	1.60	850	1.35	-55	-0.25
交易性金融资产	102	0.18	50	0.08	-52	-0.10
应收票据	2 200	3.88	2 180	3.45	-20	-0.43
应收账款	4 400	7.75	5 470	8.66	1 070	0.91
预付账款	150	0.26	200	0.32	50	0.05
其他应收款	280	0.49	200	0.32	-80	-0.18
存货	20 800	36.66	23 800	37.69	3 000	1.03
流动资产合计	28 837	50.82	32 750	51.86	3 913	1.04
长期股权投资	500	0.88	1 400	2.22	900	1.34
固定资产	22 902	40.36	24 402	38.64	1 500	-1.72
在建工程	3 000	5.29	3 300	5.23	300	-0.06
无形资产	1 300	2.29	1 150	1.82	-150	-0.47
递延所得税资产	200	0.35	150	0.24	-50	-0.11
非流动资产合计	27 902	49.18	30 402	48.14	2 500	-1.04
资产总计	56 739	100.00	63 152	100.00	6 413	0.00
短期借款	10 750	18.95	14 050	22.25	3 300	3.30
应付票据	1 500	2.64	1 700	2.69	200	0.05
应付账款	2 200	3.88	4 156	6.58	1 956	2.70
预收款项	100	0.18	200	0.32	100	0.14
应付职工薪酬	580	1.02	650	1.03	70	0.01
应交税费	500	0.88	800	1.27	300	0.39
应付股利	1 100	1.94	1 300	2.06	200	0.12
其他应付款	150	0.26	200	0.32	50	0.05
流动负债合计	16 880	29.75	23 056	36.51	6 176	6.76
长期借款	4 700	8.28	2 700	4.28	-2 000	-4.01
应付债券	700	1.23	606	0.96	-94	-0.27
非流动负债合计	5 400	9.52	3 306	5.23	-2 094	-4.28
负债合计	22 280	39.27	26 362	41.74	4 082	2.48
股本	14 000	24.67	14 000	22.17	0	-2.51
资本公积	16 100	28.38	16 100	25.49	0	-2.88
盈余公积	3 420	6.03	4 738	7.50	1 318	1.47
未分配利润	939	1.65	1 792	3.09	1 013	1.44
股东权益合计	34 459	60.73	36 790	58.26	2 331	-2.48
负债及股东权益总计	56 739	100.00	63 152	100.00	6 413	0.00

从总资产总额来看，甲公司年末比年初增加了 6 413 万元，比年初增长了 11.3%，表明企业占有的经济资源有所增加，经营规模有所扩大。从总资产构成来看，流动资产增加了 3 913 万元，占总资产的比重由年初的 50.82%，上升为年末的 51.86%，上升了 1.04 个百分点；长期投资增加了 900 万元，占总资产的比重由年初的 0.88%，上升为年末的 2.21%，上升了 1.33 个百分点；固定资产金额虽然增加了 1 800 万元，但占总资产的比重由年初的 45.66%，下降为 43.87%，下降了 1.79 个百分点。无形资产因摊销而逐年下降属于正常情况，且占总资产的比重不大，在分析中可以省略。从总资产构成来看，企业流动性资产比重上升，固定资产比重下降，表明企业资产流动性增强、风险降低。再结合固定资产绝对值增加这一点来分析，可发现企业资产风险降低并不会导致经营规模缩小、盈利减少。因此，可以对企业总资产结构变化予以好评。

从各大类资产金额和构成的变化来看，固定资产等非流动资产的变化应属正常。而流动资产的变化则存在一定的问题。这主要表现在应收账款和存货两个项目上。应收账款年末比年初增加 1 070 万元，上升 24.32%，存货年末比年初增加 3 000 万元，上升 14.42%。两个项目合计年末比年初增加 4 070 万元，占总资产的比重上升 1.93 个百分点，占流动资产增加额的 104%。

应收账款的增加，结合本公司利润表中的营业收入减少这一事实，可以认定公司的信用政策发生了变化，通过放松信用来增加营业收入。

存货总额的增减变化受其构成的影响，进一步观察该公司存货的构成如表 9 – 2 – 10 可发现，原材料存货年末比年初减少 1 800 万元，减少 18%；在产品存货年末比年初增加 550 万元，上升 8.87%；产成品存货年末比年初增加 4 250 万元，上升 92.39%。可见，存货增加的主要原因是产成品存货激增。产成品库存增加一般是产品销路不畅的原因所致。就甲公司而言，从应收账款与产成品存货同时增加和营业收入减少这一点看，几乎可以断定该公司产成品存在积压现象。从该公司各组成项目的变化中可以看出，公司已经采取了一定的措施减少生产物资的储备，大幅削减材料存货可视为企业压缩产量的先兆。而生产量下降的结果将使企业生产能力不能得到充分的运用，单位产品成本因固定成本分摊率的提高而上升，使企业盈利能力下降。另外，积压产品还表明它的变现能力低、风险大。通过上述分析，可知甲公司存货，特别是产成品存货激增，对公司生产经营活动极为不利，它使公司存货资产的质量下降，对未来的盈利能力和风险水平带来了不利的影响。

表 9 – 2 – 10　甲公司存货构成变动分析表

存货项目	年初数		年末数		差异额	
	金额/万元	百分比/%	金额/万元	百分比/%	金额/万元	百分比/%
原材料	10 000	48.08	8 200	34.45	–1 800	–13.62
在产品	6 200	29.81	6 750	28.36	550	–1.45
产成品	4 600	22.12	8 850	37.18	4 250	15.07
存货合计	20 800	100.00	23 800	100.00	3 000	0.00

总的来说，虽然甲公司资产总额有所增加，经营能力也有所提高；但由于应收账款和产

成品存货等资产质量下降,因此,该公司的经营能力的提高并不如账面表示得那样快。

2)负债变化情况分析

从负债总额看来,年末比年初增加 4 082 万元,增长率为 19.32%,占资金来源的比重从 39.27% 上升为 41.74%,上升 2.47 个百分点,表明了企业财务风险年末较年初高。

从负债总额的构成来看,流动负债年末比年初增加 6 176 万元,增长率为 36.59%,占资金来源的比重从 29.75% 上升为 36.51%,上升 6.76 个百分点;非流动负债年末比年初减少了 2 094 万元,降低率为 38.78%,占资金来源的比重从 9.52% 下降为 5.23%,下降 4.29 个百分点。从理论上看,流动负债风险大于非流动负债。流动负债比重上升就意味着企业的财务风险增大。所以,甲公司年末财务风险较年初有所增加。

从流动负债内部结构来看,对流动负债变化影响最大的两项是短期借款和应付账款,年末与年初相比,短期借款增加了 3 300 万元,增长率为 30.7%,占总资金来源的比重上升 3.29 个百分点;应付账款 1 956 万元,增长率为 88.91%,占总资金来源的比重上升 2.7 个百分点;两个项目合计增加了 5 256 万元,占流动负债增加总额的 85.1%。可见,控制流动负债的主要项目应是短期借款和应付账款这两个项目。

从短期借款的性质来看,该借款是根据借款合同取得的,企业如不能按期还本付息,其风险较大。从应付账款的性质来看,它是随采购发生的,一般采购量越大,应付账款的量也就越大。如果出现采购量减少与应付账款量同时增大的情况,则可能是企业拖欠应付未付的货款所致,表明企业信誉级别下降。从甲公司来看,材料存货的年末余额低于年初余额 18%。一般而言,其本年采购量也应低于上年采购量,特别与应付账款相关的本年最后几个月的采购量应有所减少。如果该公司付款策略不变,那么应付账款余额年末数也应低于年初数。但是,实际上应付账款余额年末数却大大高于了年初数,这表明企业付款策略发生了变化,信用程度有所降低。至于由信用程度降低所引起的风险水平是否超过可承受程度,则需要结合更多的资料进行深入分析才能回答。

从非流动负债的内部结构来看,导致非流动负债降低的主要因素是长期借款减少,本年度偿还借款 2 000 万元,使长期借款年末比年初数下降 42.55%,占资金来源的比重下降 4.01 个百分点。到期还款虽属正常,但却导致了流动负债的增加,使财务风险增大。至于这种风险增大是否可取,则需要进行更深入的分析才能回答。

总体而言,甲公司本年度财务风险有所增加,而且这种增加不仅是流动负债增加和非流动负债减少的原因引起的,更重要的是流动负债内部结构的变化不均匀所引起的,因此,实际财务风险可能被放大,从而超过账面上所表示出来的风险。

3)所有者权益变化情况分析

从所有者权益总额来看,年末数比年初数增加 2 331 万元,增长率为 6.76%。且由于本年度并未发行新股,故 6.76% 的增长均来自于经营方面的贡献,表明经营有成绩。

从所有者权益占总资金来源的比重看,年末比年初下降 2.47 个百分点。这表明所有者权益增加数,不仅不能满足资产增加的金额需要,也不能按原比例满足资产增加的需要。所有者权益占总资金来源比重的下降,意味着该公司的财务风险大于年初,究其原因主要是企业在外部环境发生变化时,资金使用欠合理和资金筹集欠科学所致。

4)财务状况变化的总括分析和评价

根据前述分项分析,可以得出如下总括的分析结论:第一,甲公司经营能力增加。这不仅可以从企业总资产增加中推出，而且也可以从净资产增加中推出。第二，企业整体财务风险增大。它既可以从负债比重上升和所有者权益比重下降中推出，又可以从流动负债比重上升和非流动负债比重下降中推出。第三，无效资产增加，资产质量降低。这可以从产成品存货和应收账款同时增长以及营业收入反而减少的现象中推出。第四，企业绝对经营能力的增长速度低于风险水平的增长速度。这可以从以上三点中推出。

导致财务风险水平上升的原因，可从企业资金筹集和资金使用两个方面来考察：第一，从资金筹集来看，随着非流动负债到期偿还，企业非流动负债减少，但生产经营资金需求却在不断扩大，企业必须再筹措新资金才能满足需要。这些新的资金来源中，除小部分靠经营利润留存弥补之外，大部分依赖于流动负债，从而导致流动负债激增，财务风险增大。第二，从资金使用上看，资金使用不太合理，它突出表现在企业在偿还非流动负债中，大量购建固定资产 3 300 万元和从事长期投资 900 万元，两者合计高达 4 200 万元，远远超过了所有者权益增加数的 2 331 万元，占总资产增加额的 65.49%，偿还非流动负债和增加其他资产只能依靠追加流动负债来解决，从而导致财务风险增大。

非流动负债虽是客观原因，但企业可以通过主观努力来控制财务风险水平的上升。比如，企业可以通过再筹措非流动负债资金，减少流动负债的筹资量，通过改变企业负债结构来控制财务风险，也可以暂缓对外长期投资和购建固定资产，通过减少资金需用量来减少流动负债，控制财务风险。

当然，企业财务风险扩大未必就不是一件好事，因为财务风险扩大，可以给企业带来更大的财务杠杆利益。对财务风险扩大后的得失判断，必须进行深入的细致分析。

2. 盈利能力变化分析

表 9-2-11 为甲公司比较和共同比利润表。

表 9-2-11　甲公司比较和共同比利润表

项目	上年		本年		增减额	
	金额/万元	百分比/%	金额/万元	百分比/%	金额/万元	百分比/%
一、营业收入	120 000	100.00	112 100	100.00	-7 900	0.00
减：营业成本	94 000	78.33	87 900	78.41	-6 100	0.08
营业税金及附加	10 000	8.33	9 880	8.81	-120	0.48
销售费用	4 200	3.50	3 120	2.78	-1 080	-0.72
管理费用	2 600	2.17	2 700	2.41	100	0.24
财务费用	1 100	0.92	1 300	1.16	200	0.24
资产减值损失		0.00		0.00	0	0.00
加：公允价值变动收益		0.00		0.00	0	0.00
投资收益	100	0.08	200	0.18	100	0.10
二、营业利润		0.00		0.00	0	0.00
加：营业外收入	250	0.21	250	0.22	0	0.01

续表

项目	上年		本年		增减额	
	金额/万元	百分比/%	金额/万元	百分比/%	金额/万元	百分比/%
减:营业外支出	450	0.38	150	0.13	-300	-0.24
三、利润总额	8 000	6.67	7 500	6.69	-500	0.02
减:所得税费用	2 400	2.00	2 250	2.01	-150	0.01
四、净利润	5 600	4.67	5 250	4.68	-350	0.02
五、每股收益						
(一)基本每股收益(12亿股)	0.40		0.375		-0.03	
(二)稀释每股收益(12亿股)	0.40		0.375		-0.03	

从表9-2-11中可看出，企业营业收入本年度比上年度下降6.58%，营业利润下降11.11%，利润总额和净利润则下降6.25%。从表格数据中可以发现，虽然企业利润总额和净利润的下降幅度基本上与营业收入的下降幅度相当，但营业利润的下降幅度则高于营业收入的下降幅度，这表明利润表中的各个项目并不都是与营业收入同比例下降。

期间费用本年比上年减少1 280万元，降低率为14.71%。期间费用减少，部分地抵减了利润的下降，若从期间费用整体考察，期间费用减少导致利润增加（抵减利润下降）可以给予好评；但是，如从期间费用的性质考察，对这类费用减少的利弊，还需进行深入分析才能回答。从期间费用的各构成项目来看，管理费用和财务费用均有所上升，只有销售费用大幅度下降，下降幅度高达31.6%。一般而言，采取积极的攻式营销策略，营业费用会因广告费的增加而增加；反之，采取保守的营销策略，销售费用则会减少。该公司营业费用大幅度减少的主要原因，可能是营销策略的变化所致。

投资收益增长了100%，结合资产负债表可以看出，这是企业长期投资增加的结果。

公司营业收入下降，但营业成本占营业收入的比重基本上没有上升，从表面上看，该公司在产品成本控制上有一定的成绩。因为产品成本是由变动成本和固定成本所构成的。一般情况下，随着产销量的下降，单位产品所分担的固定成本会增加，从而导致产品的单位成本上升，占营业收入的比重上升。从公司的比较资产负债表中可以看出，本年度产大于销（产成品期末数大于期初数），说明该公司产品营业成本占营业收入的比重基本上没有上升这一现象并非成本控制的业绩。另外，营业成本占营业收入比重的变化，还受产品销售价格的影响，该比重与销售价格成反比，在产品销售成本不变时，产品销售价格越高，该比重越低。

3. 现金流量变化分析

表9-2-12为甲公司比较和共同比现金流量表。

表 9-2-12　甲公司比较和共同比现金流量表

万元

项目	本年		上年		差异	
	金额/万元	百分比/%	金额/万元	百分比/%	金额/万元	百分比/%
一、现金流入量						
1. 经营活动产生的现金流入量	115 080	96.64	119 600	98.64	-4 520	-2.00
其中：销售商品、提供劳务收到的现金	111 050	93.26	118 800	97.98	-7 750	-4.72
收到的其他与经营活动有关的现金	4 030	3.38	800	0.66	3 230	2.72
2. 投资活动产生的现金流入量	700	0.59	600	0.49	100	0.09
其中：取得投资收益所收到的现金	200	0.17	100	0.08	100	0.09
处置固定资产、无形资产和其他长期资产收回的现金净额	500	0.42	500	0.41	0	0.01
3. 筹资活动产生的现金流入量	3 300	2.77	1 050	0.87	2 250	1.91
其中：取得借款收到的现金	3 300	2.77	1 050	0.87	2 250	1.91
现金流入量合计	119 080	100.00	121 250	100.00	-2 170	0.00
二、现金流出量						
1. 经营活动产生的现金流出量	109 674	92.02	113 720	94.55	-4 046	-2.54
其中：购买商品接受劳务支付的现金	88 744	74.46	91 210	75.84	-2 466	-1.38
支付的各项税费	11 830	9.93	12 600	10.48	-770	-0.55
支付给职工以及为职工支付的现金	9 100	7.64	9 910	8.24	-810	-0.60
2. 投资活动产生的现金流出量	4 700	3.94	300	0.25	4 400	3.69
其中：购建固定资产、无形资产和其他长期资产支付的现金	3 800	3.19	0	0.00	3 800	3.19
投资支付的现金	900	0.76	300	0.25	600	0.51
3. 筹资活动产生的现金流出量	4 813	4.04	6 250	5.20	-1 437	-1.16
其中：偿还债务支付的现金	2 094	1.76	2 950	2.45	-856	-0.70
分配股利、利润或偿付利息支付的现金	2 719	2.28	3 300	2.74	-581	-0.46
现金流出量合计	119 187	100.00	120 270	100.00	-1 083	0.00

经营活动产生的现金流入量占总现金流入量的比重本年度比上年度下降两个百分点，其中销售产品收到的现金下降幅度更大，达4.72个百分点，这说明该公司现金流入量的

质量有所下降。因为经营活动产生的现金流入量，特别是销售产品收到的现金，其稳定性要大于其他渠道来源的现金流入量。不过，本年度虽然经营产生的现金流入量占总现金流入量的比重有所下降，但是其比重仍高达96.64%，质量是相当高的。投资活动产生的现金流入量占总现金流入量比重极低，可不作分析重点。筹资活动产生的现金流入量来自借款，占现金流入量比重本年度虽有增加，但仅为2.77%，对总现金流入量的影响不大。该企业现金流入量这些特征说明，该企业是一个主营业务突出、投机性小、主要依靠自身创造的现金流入量生存和发展的企业。

从现金流出量看，经营活动产生的现金流出量占现金总流出量的比重很大，上年为93.79%，本年为92.10%。这表明，该企业在生产经营领域之外，可以动用的现金流出量的比例较小，上年为6.21%，本年为7.90%，企业靠经营积累来扩张企业规模的能力较弱。若这种能力过弱，不但会制约企业的发展，而且会降低其偿债能力，最终危及企业的生存。企业投资活动产生的现金流出也大幅攀升，本年度比上年度上升3.7个百分点，但占总现金流出量的比重并不算高，仅为3.95%，因此，尚在企业的承受能力之内，可算正常。筹资活动产生的现金流出量占总现金流出量的比重，从上年度的5.15%下降为本年度的4.04%，下降了1.11个百分点。对于筹资活动产生的现金流出量应分为法定流出和自由流出两个方面来考察，其中自由流出量是指股利分配所引起的现金流出量，企业在现金紧张时，可以不支付股利。因此，这部分现金流出量不作为分析的重点。法定流出量是指由借债合同规定的还本付息金额，如果企业不按期还本付息，可能会面临破产的风险。结合取得借款收到的现金可以看出，该公司本年度借款数大于还款数1 206万元，未来将存在一定的还款压力。

综上分析，对甲公司现金流变化可作如下结论：

第一，公司现金流入量稳健，经营中投机性小，但本年度现金流入量的质量低于上年度；

第二，公司可动用的现金流入量比例低，积累能力不强，但该问题在本年度已有一定的改善；

第三，综合前述两点，该公司应属生存尚可、发展潜力不足、转向速度较慢、应变能力不强的正处于成熟期的公司。

甲公司是一个已步入成熟期的企业，盈利能力和风险能力处于相对稳定状态，但已经开始出现盈利能力下滑和财务风险上升的势头。在此形势下，公司采取了收缩发展速度的方针政策，无论对外减少营销宣传，还是对内缩减分利，都暴露出企业试图集聚资金以应付不测之需的动机。公司为了防止企业步入衰退期，除仍在从事固定资产投资外，还注意增加对外股权投资，调整资产结构，转变经营方略，进取心犹存。但公司自身创造的现金流入量少，不足以满足调整之需，导致负债增加，特别是流动负债增加。总之，该公司属于较典型的成熟期企业，即风险水平有所上升但仍在可控范围内，盈利能力有所下降但仍不算低，有进取意识但内部资源的支持力不够，内部控制能力较强但经营创新意识不强。对该企业投资可以获得风险较小的稳定回报。

任务 9.3　案例阅读

上市礼品电商公司——1-800-flowers.com

一、公司简介

公司销售的产品包括花卉、树木、高级食品、红酒、糖果、儿童玩具和特种礼物等。公司于1976年成立，当时只是纽约市的一家花店。到1992年时，公司已经扩张成为拥有14家门店的花卉连锁店，并且开通了免费预订电话800-flowers。到1999年，公司正式更名为1-800-flowers.com。当今，电子商务占公司营业额的70%。在2011财年度总营业额中，花卉销售业务占比64%，其他业务加在一起占比36%。

1-800-flowers.com公司于1999年8月3日上市，上市的时候正好赶上了互联网泡沫。公司在高盛的承销下以21美元发行，而当日18美元的收盘价就是公司的历史收盘最高价，公司当前的股价只有3.59美元。目前，公司总共有约2300名员工。截至2012年8月11日，公司的总市值为2.32亿美元。最近一个财年营业收入6.9亿美元，净利润600万美元。公司动态市盈率为20.9倍，动态市净率1.5倍，公司暂不进行分红。

二、行业分析

在线礼品零售行业的竞争特别激烈。总体说来，由于客户没有转换成本，其可以轻松地在网络上货比三家之后再选择性价比最高的一家。所以，大多电商都只能通过薄利多销的方式来运营，几乎没有什么提价的可能。

在在线花卉零售行业之中，FTD和Teleflora形成了双寡头竞争之势。另外，Proflowers也是一个规模较大的公司。凭借其规模，Proflowers公司能够通过薄利多销的方式经营，它的玫瑰花平均比1-800-flowers.com和FTD便宜10美元。而1-800-flowers.com的优势则在于公司推出的着重B2B的BloomNet业务，通过这个业务，公司向实体的花卉商提供多种多样的商品和服务，而这个差异化的经营策略是其竞争对手难以比拟的。另外，美国70%的花卉来自进口，其中50%的进口来自哥伦比亚。所以，供给端过于集中给整个行业带来了经营上的风险。一旦哥伦比亚出现糟糕的天气，那么整个在线花卉零售行业都会受到冲击。

在高级食品和礼物行业之中，虽然行业容量较大，达到160亿美元，但是行业中的各个公司也面临着不小的竞争压力。由于产品差异化十分困难，多数时间，同一产品都会同时出现在几个网站之中。这给消费者比价带来了巨大的方便。只有在电商拥有自有品牌的时候，消费者才面临无法比价的状况。这就要求电商积极经营自有品牌的高级食品和礼品，以得到更高的利润率。

三、增长方向

为了追求更高的利润率，最近几年，公司并购了不少有着品牌知名度的高端礼品公司。它于2006年收购糖果公司FannieMay，又于2008年收购了礼品设计公司Design Pac Gifts。公司希望通过并购这些有品牌认知度的公司，获得在这些产品上的定价权，以提高整体的利润率。另外，公司希望通过进一步的并购，把1-800-flowers.com打造成一个一站式礼品购物平台，而不仅仅是一个在线购买花卉的平台。1-800-flowers.com 首页已经成为一个同时销售花卉、爆米花、糖果、水果花篮和各式礼物的综合平台。

在完成这些对礼品公司并购的同时，公司也同时收购了这些礼品公司旗下的礼品生产厂以及实体零售店。他们将比单纯的网络销售占用更多的资本，这也是未来经营的一点隐忧。

未来，公司还会继续实施从花卉零售行业向外拓展的计划，将核心业务拓展到整个在线礼品销售行业。公司计划进一步完善公司的在线销售平台的功能，使得合并入公司的高端品牌礼品与花卉销售更好地发挥协同效应。此外，公司对于科技的追求还不止于电脑版网站的完善。公司也把完善的手机版 APP 和手机版网站列为优先考虑的对象。

四、财务分析

1-800-flowers.com 公司的近五年业绩波动较大，营业收入在 2008 年达到 9.2 亿美元的顶峰之后迅速下滑，到 2011 财年时营业收入只有 6.9 亿美元。除了 2009 年公司净亏损较大之外，其他年份都只处于微利或者微亏状态，净利率最高时也只有 2.3%。公司的毛利率大约在 40%，但是每年三项费用的数额显著影响了公司的利润状况，导致公司的净利润也非常起伏不定。

公司在收购了几家品牌礼品公司之后，存货周转有了明显的放缓。当然，花卉的保鲜期比糖果和儿童玩具的保质期要短许多，所以这种放缓也是合乎情理的。在 2002 年时，公司的存货周转周期为 19 天；而到了最近 12 个月，存货周转周期已经长达 46 天。另外，公司的速动比率为 0.55，流动比率为 1.42，这样的流动性比率难以说是十分安全的。

五、股价趋势

公司的股价在 2007 年到 2009 年年初的时间内下跌了超过 75%，最低跌到 1.37 美元，股价在此后的 3 年也一直没有超过 5 美元。公司 5 年的股价涨幅为 -63%，5 年之中年复合跌幅达到 -18%，落后于标准普尔指数 1.54% 的年收益，更远远落后于整个行业 8.06% 的年收益。

六、公司估值

根据晨星公司的数据，公司的动态市盈率是 20.9 倍，市净率为 1.5 倍。说明市场预计公司未来会有较高的利润增长率和中等的净资产收益率。公司的五年平均市净率为 1.4 倍。

（案例来源：中国电子商务研究中心）

本项目教学建议

1. 教学要求

通过本项目的学习与实训，要求学生能够了解网店经济核算与税收的重要意义与办法。学会税务登记的流程，网上纳税的操作。初步学会如何阅读财务报表、资产负债表、利润表，能及时判断网店盈利状况。

2. 教学重点

网店纳税申报知识、资产负债表阅读方法、利润表阅读方法。

3. 教学难点

网店纳税申报流程、资产负债表阅读、利润表阅读。